赵馥洁 著

哲苑耘言

赵馥洁文集

第五卷

中国社会科学出版社

图书在版编目(CIP)数据

赵馥洁文集.第五卷,哲苑耘言/赵馥洁著.—北京:中国社会科学出版社,2022.5
ISBN 978-7-5203-8970-9

Ⅰ.①赵… Ⅱ.①赵… Ⅲ.①哲学—中国—文集 Ⅳ.①B2-53

中国版本图书馆 CIP 数据核字(2021)第 172789 号

出 版 人	赵剑英
责任编辑	朱华彬
责任校对	张爱华
责任印制	张雪娇

出　　版	中国社会科学出版社
社　　址	北京鼓楼西大街甲 158 号
邮　　编	100720
网　　址	http://www.csspw.cn
发 行 部	010-84083685
门 市 部	010-84029450
经　　销	新华书店及其他书店

印刷装订	北京市十月印刷有限公司
版　　次	2022 年 5 月第 1 版
印　　次	2022 年 5 月第 1 次印刷

开　　本	710×1000　1/16
印　　张	30.75
插　　页	2
字　　数	443 千字
定　　价	188.00 元

凡购买中国社会科学出版社图书,如有质量问题请与本社营销中心联系调换
电话:010-84083683
版权所有　侵权必究

前　　言

　　这部文集是我平生从事哲学教学和研究的记录。我与哲学结缘始于 1960 年，这一年夏天，我高中毕业报考大学时选择了哲学专业。当时，考哲学专业必须加试数学，而我的数学学得并不好，尽管如此，我还是报考了哲学。

　　那一年，在我的家乡富平县招收哲学专业学生的大学只有西北政法学院，于是我毫不犹豫地报考了这所院校。入学后，适逢大学贯彻落实"高教六十条"，教学秩序良好，读书气氛浓郁，师生关系融洽，同学关系和谐，总之，学习环境非常好。1964 年毕业后，我留校从事教学工作。这时，社会主义教育运动（"四清运动"）开始，我被抽调到农村参加"社教"，直到 1966 年 8 月下旬即"文化大革命"已开始两个多月才回到学校。回校后因为学校已停课"闹革命"，所以，我未从事任何教学工作。直到 1972 年 5 月，西北政法学院遵照上级指示停办、解散。解散时，学校的教职人员被分配到陕西多所高校和机关单位，我被分配到陕西师范大学。到师大后我先在宣传部工作数月，9 月师大开始招收工农兵大学生，我即到政教系哲学教研室教学。当时由于旧教材不能用，又无新教材，政教系的马克思主义哲学课主要是辅导学生选读马克思主义经典著作，我先后辅导学生读的著作有：马克思的《关于费尔巴哈的提纲》、恩格斯的《反杜林论》、列宁的《哲学笔记》（选）和《国家与革命》、毛泽东的《实践论》《矛盾论》。收入本文集第七卷的哲学讲义，有的就是当时为教学而写的。

在师大工作七年后，适逢"文化大革命"结束，西北政法学院复校，我又于1979年5月被调回。复校后的西北政法学院设置了法律系和政治理论系，政治理论系又设立了哲学和经济学两个专业，我被安排在哲学专业从事教学工作。此年9月政法学院招收了复校后的首届大学生，我即给这一年级哲学专业的学生讲授马克思主义哲学课。1980年9月我由教研室派往武汉大学哲学系进修，有幸跟萧萐父、唐明邦、李德永等先生学习中国哲学史，期满归来后我就专心从事中国哲学史的教学和研究。开设的课程主要有"中国哲学（史）原著选读""中国哲学史研究法"（包括史料学）等。20世纪80年代初，价值哲学在中国蔚然兴起，我即将自己的治学重点确定为中国传统哲学价值论研究，我给哲学专业的硕士研究生开设了"价值哲学研究""中国传统哲学价值论研究"等课程，撰写关于中国传统哲学价值论的论文，参加有关价值哲学的学术会议，特别是申报了1989年的国家社会科学基金课题：中国传统哲学价值论研究。1991年由陕西人民出版社出版了该课题的最终成果——《中国传统哲学价值论》。该书出版后受到了学术界的关注和鼓励，1994年12月该书获陕西省政府社会科学优秀成果一等奖，1995年9月荣获国家教委全国高等学校人文社会科学研究优秀成果二等奖。此后，我继续在这一领域进行探索和拓展：一是深化对中国传统哲学价值论之思维特征的研究，发表了一系列探讨中国哲学中价值论与本体论、认识论、历史观、人性论相融通的论文，这些论文合编为《中华智慧的价值意蕴》一书，该书由中国政法大学出版社于2002年出版。二是探索了中国传统价值观的历史演变，并以此报批了陕西省社会科学基金项目，其最终成果为《价值的历程——中国传统价值观的历史演变》一书，该书由中国社会科学出版社于2006年出版。

作为陕西的学者，我十分关注陕西历史上的哲学遗产，因此在研究中国传统哲学价值论的过程中，我把张载及其关学作为自己治学的重要内容，既将关学研究作为一门课程给哲学专业的研究生开设，又撰写发表了不少学术论文，这些论文运用的仍然是价值论方法，其主题则聚焦于关学的基本精神，在此基础上撰成《关学精神论》一书，该书2015年由西北大学出版社出版。其后，我又编著了《关学哲人诗传》一书，于2020年1月由陕西人民出版社出版，在这次汇编文集时我对上述两部著作进行了增订、修改和充实，取名"关学研究"。

在从事教学和研究的同时，我还参与了诸多社会性学术活动和学术组织工作，兼任了一些学会的职务，参加了多次学术会议，举办过多场学术讲座，撰写了不少有关学术发展和社会发展的论文、评论、发言、讲话，这方面的成果汇集成了《哲苑耘言》和《中华文化的价值观念》两个论文集。

阅读和吟咏诗词是我平生的爱好，也是我业余调剂精神生活的重要方式，我的诗词习作曾编为《静致斋诗》，于2015年由上海中西书局出版，今又增入新作，辑成《静致斋诗稿》收入文集。静致斋是我的书斋名，此文集中冠以"静致斋"的著述还有《静致斋哲话》，这是我多年来写的哲理性札记，因记述的所感所思为零散无主线、零碎无体系、零杂无统摄的随时心得，类似古代的诗话、词话、文话之属，故名曰"哲话"。与上述著作一起编入文集第八卷的还有我为《中国儒学辞典》《中国儒学百科全书》所写的辞条的汇总，因为所撰写的条目都是按主编所分派的任务而定的，亦属于无系统之作，故以"静致斋释辞"名之。

需要说明的是，在将上述著述收录本文集时，我尽量按照现在的出版要求进行了修改，特别是修改了一些现在看来不合时宜的内容，补充完善了脚注的版本信息，改用最新的版本等。同时，一些原来常用的词语包括一些地名等专有名词，则保留了原著的用法，未做更改，这样更能体现时代感。

从进入大学算起，我在哲学这片园地里已经耕耘了整整60年，从留校任教到现在，也已度过56年。回顾半个多世纪的治学历程，回望自己在教学和科研方面所留下的雪泥鸿爪，真可谓浮想联翩，感慨良多！而凝结到一点就是：虽然逝者如斯夫，人生的时光已进入桑榆晚景，然而对我来说，思想和学业都还行进在漫漫的长路上！书籍在阅读的路上，文章在撰写的路上，著作在修改的路上，讲义在充实的路上，诗词在推敲的路上……既有的一切，都还没有达到自己所期望的高标准，还未进入自己所追求的高境界。自己已经形成的学术观点和治学成果，都还有待深化、拓展和完善。学术研究只有无限绵延的进路和不断升高的阶梯，但却没有顶峰，永远都不能达到"会当凌绝顶"的境地。所谓的至善之域、至美之境，其实都是学人们持续努力的志向和不懈追求的理想。既然人生和治学永远都处在一个不断追求、不断提升的过程中，那么，自己几十年来所感所思所写而形成的这些著作，只可放在思想认识和学术探索的历史过程中去阅读，只能当作一道在旅途中未臻至境的风景去观赏。在这个意义上，方可引用李白"却顾所来径，苍苍横翠微"之诗句，来表达自己的自慰之情和自觉之识！

本文集的编辑出版是西北政法大学和西北政法大学哲学与社会发展学院的无量功德。学校和学院为了推进学科建设，弘扬学术创新，积累学术成果，延续学脉传承，在经费十分困难的情况下，决定筹措资金，编辑出版这部文集，实在令人感戴无既。学校的孙国华书记、杨宗科校长及其他各位领导十分关心、大力支持文集的编辑出版，并尽力帮助解决困难；哲学与社会发展学院的周忠社书记、寇汉军书记、山小琪院长，亲自领导文集的编辑出版工作，郭明俊副院长负责各项具体事务包括落实手稿录入、清样校对、联系出版等诸多繁重而琐细的事宜。在此，我首先对西北政法大学各位领导和哲学与社会发展学院各位领导表示诚挚的感谢！博士生朱风翔为收集论文、择取编排、校勘文字、编订目录，付出了巨大辛劳；博士生张雪侠为哲学讲义的文稿修正、文字校对等做了大量工作；博士生李伟弟为《静致斋诗稿》的编目和繁简字体的转换和统一，反复编排核对；我的硕士生刘亚玲研究员，多年前就认真仔细地阅读和校对了《静致斋哲话》；哲学与社会发展学院的不少硕士研究生也参加了繁重的手稿录入和清样校对工作。对这些为文集付出过辛勤劳动和珍贵汗水的青年学子们，我特表衷心谢意！而文集所凝结的中国社会科学出版社大力支持的珍贵情义和责任编辑朱华彬先生精心编校的辛勤劳绩，更值得铭记、致谢和赞佩！

最后，我为能给中国哲学的学术发展尽一点绵薄之力而由衷地感到高兴，也诚恳欢迎读者不吝批评指正！

赵馥洁

2021年11月27日

于西北政法大学静致斋

目　　录

卷首自题 …………………………………………………… (1)

哲理刍言

如何理解物质概念 ………………………………………… (5)
消除运动观上的种种误解 ………………………………… (11)
学习辩证法　克服片面性 ………………………………… (18)
全面理解内因和外因的辩证关系 ………………………… (20)
澄清混乱　把握精髓 ……………………………………… (26)
谈谈矛盾的特殊性 ………………………………………… (32)
理解辩证法否定观的钥匙 ………………………………… (36)
把握实践标准的唯物辩证法特征 ………………………… (42)
划清实践标准与实用标准的界限 ………………………… (45)
辩证地把握"两个标准" …………………………………… (49)
解放生产力和发展生产力的辩证统一 …………………… (55)
两个文明发展的辩证法 …………………………………… (57)
再论两个文明发展的辩证法 ……………………………… (62)
论观念更新的几个问题 …………………………………… (72)
爱国主义精神的丰富内涵 ………………………………… (86)
共产主义制度和共产主义运动的关系 …………………… (89)

哲史片言

马克思主义哲学史观初探 ………………………………… (93)

论墨子 …………………………………………………………（114）
"道"的历程 ………………………………………………………（127）
庄子思维方式的特征 ……………………………………………（139）
从《齐物论》看庄子的相对主义 ………………………………（153）
唐代哲学的特征、贡献和影响 …………………………………（165）
论隋唐时期价值主体的移位 ……………………………………（171）
"皎日丽天，无幽不烛"的张载哲学 …………………………（178）
王阳明的"价值"与蒋介石的"根本" …………………………（185）
简论毛泽东的民众意识 …………………………………………（191）
深沉历史感的理论升华 …………………………………………（195）
中国古代"智"力培养论 ………………………………………（200）
价值语境中的南冥哲学精神 ……………………………………（208）

哲学简言

通过比较　理解哲学 ……………………………………………（215）
论马克思主义世界观对人生观的指导意义 ……………………（221）
论马克思社会发展理论的精髓 …………………………………（230）
以哲理观念提高人 ………………………………………………（242）
宗教的本质和起源 ………………………………………………（244）
对无神论研究对象和方法的一点看法 …………………………（251）
试谈哲学发展的大趋势 …………………………………………（256）
《论十大关系》的哲学精神 ……………………………………（259）
关于秦学研究的致思取向问题 …………………………………（261）

文化建言

精神文明建设的辩证思考 ………………………………………（267）
论西部大开发的文化意蕴 ………………………………………（271）
西部开发与价值自觉 ……………………………………………（275）
发挥传统文化优势　创建现代城市文明 ………………………（282）

使传统文化精神向现代文明转化 …………………………………（285）
变文化优势为文化活力 ………………………………………………（288）
试论西安传统文化精神 ………………………………………………（291）
适应时代前进步伐　优化西安文化精神 …………………………（294）
"道器统一"是发挥西安传统文化优势的重要思路 ………………（297）
"八大工程"建设与西安传统文化精神 ……………………………（301）
论西安精神文明建设"八大工程"的思路特征 ……………………（305）
论领导干部的道德建设 ………………………………………………（310）
领导干部的道德核心是"以权为公" ………………………………（316）

读书系言

富有时代精神的哲学智慧 …………………………………………（321）
马克思主义哲学研究的新视角 ……………………………………（325）
"伟大发现"的当代阐发 ……………………………………………（329）
哲学价值论研究的新成果 …………………………………………（333）
中国哲学伟大变革的宏阔画卷 ……………………………………（341）
邓小平哲学思想研究的新开拓 ……………………………………（346）
《邓小平改革的哲学思维》评介 ……………………………………（349）
《马克思主义哲学导读》序 …………………………………………（351）
《中西哲学比较论》序 ………………………………………………（357）
《佛学西学在中国——中国比较哲学的历程》序 …………………（361）
审视中国文化的新角度 ……………………………………………（365）
《老子》研究的新成果 ………………………………………………（369）
《白话解读公孙龙子》序 ……………………………………………（373）
张载学术生命的再现 ………………………………………………（376）
在学说与为人之间的张力中把握王阳明哲学 ……………………（384）
《文化哲学导论》序 …………………………………………………（387）
《哲学视野中的全球化问题》序 ……………………………………（390）
《科学方法要论》序 …………………………………………………（392）

《圆点哲学》序 …………………………………………… (394)
科学家的品格与辩证法的本质 ………………………… (396)
《爱国主义与中华文明》序 ……………………………… (398)
人文素质教育的探索性"文本" ………………………… (401)
中国法制史研究的可喜成果 …………………………… (405)
党风廉政建设研究的新成果 …………………………… (409)
《中国古代惩贪》序 ……………………………………… (412)
咸阳文化的宏伟画卷 …………………………………… (414)
在书中读自己 …………………………………………… (418)

教学感言

新的大学理念与人文素质教育 ………………………… (423)
提高人的素质是大学教育的终极关怀 ………………… (434)
以求实、科学、积极的精神进行高校的精神
　　文明建设 ……………………………………………… (443)
高校的哲学、社会科学研究工作亟待改进 …………… (452)
论教师 …………………………………………………… (456)
学风十戒 ………………………………………………… (464)
无形的环境　巨大的力量 ……………………………… (467)
严格·严谨·严明 ……………………………………… (469)
非学无以广才 …………………………………………… (471)
戒浮求实 ………………………………………………… (473)
做人师 …………………………………………………… (475)
灵魂工程师的美好心灵 ………………………………… (477)
振作精神 ………………………………………………… (479)

后　　记 ………………………………………………… (481)

卷首自题

哲苑耕耘四十年，
思痕墨影入芸编。
文心愧梦雕龙笔，
理境遥寻智慧泉。
溪水能添江水涌，
前薪乐助后薪燃。
喜看学海千帆竞，
再奋秋风万里鞭。

赵馥洁
2002 年 5 月 31 日

哲理名言

如何理解物质概念

物质概念是辩证唯物主义哲学最基本的概念，更是唯物论部分的理论基石。只有准确地理解它，牢固地掌握它，才能弄懂世界的物质性、物质对于意识的根源性和物质与意识的关系等重要原理。然而，对于初学哲学的人来说，理解物质概念却是相当困难的，甚至有些学过哲学的人，仍对这一概念的意义，含混不清。

为什么学习者对理解物质概念常感困难呢？重要原因在于，这个概念的高度抽象性，使人们往往把哲学上的物质概念和日常生活中经常说的物质概念以及同自然科学（如物理学、化学）中所使用的物质概念纠缠不清，混为一谈。

这就告诉我们，弄清哲学上的物质概念和日常生活中的物质概念以及自然科学中的物质概念的区别和联系，是正确理解辩证唯物主义的物质概念的关键所在，是克服理论难点，扫除认识障碍和澄清思想混乱的必由之路。

日常生活中人们常说的物质概念，一般指的是"实物""东西"，即可以看得见、摸得着的有形物体。它或者说的是自然界的物体，例如说"花岗石是天然物质"；或者指的是生活物品，例如说"住房是关系到职工物质利益问题""柴米油盐是起码的物质生活条件"；或者谈的是生产和工作用品，例如说"生产中的物质损耗"，"水彩、毛笔、宣纸是中国水彩画的物质条件"；或者指的是金钱，例如说"发奖金是一种物质鼓励"。可见，日常生活中说物质，不论其具体形态和特性如何，一般都是有形的物体，是目可见、手可触的东西。

自然科学中的物质概念则指的是物质的结构和特性，它是对自然界具体物质形态的结构和特性的认识。物理、化学上讲的物质就是指构成物质的分子、原子等等。所以，自然科学的物质概念是关于物质结构的学说。它主要不是指看得见、摸得着的物质实体，而是指构成物质的微粒。在19世纪末以前，自然科学家只认识到物质结构的原子层次，认为一切物质都是由不可分割的原子构成的，原子是物质的最小单位，是"宇宙之砖"。他们把原子具有固定不变的质量和不可分割等机械性质，说成物质的惟一不变的根本属性。19世纪以后，自然科学对物质结构的认识日益深入，先后发现了基本粒子、层子等更深层的物质结构，从而打破了原子是不可分割的物质微粒的旧观念，于是，一些固守原子是"宇宙之砖"这种看法的科学家和哲学家，就宣称"原子非物质化了""物质消失了"。可见，自然科学中所说的物质指的是物质结构及其具体特性。

辩证唯物主义哲学中的物质概念指的是不依赖于人的意识并能被意识所反映的客观实在。不依赖于人的意识而独立存在的客观实在性和可以被意识所反映所认识的可知性乃是物质的基本特性。可见，哲学上所说的物质乃是相对于意识而且仅仅是相对于意识而言的。就是说，凡人的意识之外的一切，都是哲学的物质概念所概括的对象。不论是自然现象还是社会现象，不论是宏观世界还是微观世界，不论是有形实物还是无形的场（如引力场、核力场、电场、磁场），不论是各种实体还是它的各种属性和相互关系，由于它们都具有不依赖于人的意识并能为人的意识所反映的客观实在性，因之都统统被总和、概括到物质概念中去了。很显然，作为哲学概念的"物质"和人们日常生活中所指的有形的、可见可触的实物的物质概念不同，也和自然科学中用以表示物质结构微粒（原子、基本粒子、层子等）的物质概念有别。

把哲学上的物质概念和日常生活中的物质概念、自然科学中的物质概念的区别概括起来，主要有以下几点：

第一，它们所反映的对象和范围不同。日常生活和自然科学中的物质概念反映的是具体物质的形态、结构和属性；而辩证唯物主义哲学的物质概念是对客观世界一切事物的本质的高度概括。前者的对象范围窄而狭，后者的对象范围宽而广。哲学上的物质概念是各种实物、物质实体、物质结构、物质属性、物质关系的总和反映。

第二，它们的内涵和外延不同。从逻辑角度看，概念反映的客观事物的本质叫作概念的内涵，概念所反映的那一类事物叫作概念的外延。概念的内涵有多少之分，概念的外延有广狭之别。在有从属关系的概念之间，外延比较广的概念，内涵就比较少；外延比较狭的概念，内涵就比较多。日常生活中的物质概念，仅指各种有形的实物，但它们的性质多种多样，各有特点。自然科学中的物质概念，仅指构成物质的各种微粒、层次，它们的性质丰富多彩，千差万别，各具特色。而哲学上的物质概念，泛指独立于意识之外的一切客观实在，它的惟一特性是客观实在性。因此，哲学上的物质概念比日常生活中的和自然科学中的物质概念外延广（反映的对象范围广）而内涵小（概括的本质属性少，仅仅概括了客观实在性）。或者说，日常生活和自然科学中的物质概念比哲学上的物质概念外延狭（仅反映某些物质形态）而内涵多（某种具体物质形态的特性多种多样）。

第三，它们的特性不同。日常生活中关于物质实体的观念，是随着社会生活的变化而不断变化的，自然科学的物质结构观念是随着科学技术的发展而不断更新的。因此，这些概念是可变的、有条件的、相对的。就是说，物质的具体形态、结构和特性都是可变的、有条件的、相对的，所以人们对它们的认识也就具有可变性、有条件性、相对性，即人们对它们的认识是不断深化的辩证发展过程。但是辩证唯物主义哲学物质概念所反映的物质的客观实在性，却不会因物质的具体形态、结构和特性的变化以及人们对其认识的变化而发生任何改变。不论作为生产、生活条件的物品是石器、陶器、木器、铁器，还是铝器、电器，它们独立于意识之外，不依赖于意识并能为意识所反映的客观实在性永远不会消失。不论构成物质的微粒是原子、粒子，还是层子，它们相对于意识的客观实在性永远都会具有。正因为一切具体物质形态、结构、特性的客观实在性是不变的、无条件的、绝对的，所以辩证唯物主义的物质概念具有不变性、无条件性、绝对性。

将上述区别集中到一点，就是作为哲学概念的物质，概括了一切物质形态、结构、特性的最高、最根本、最普遍的本质——客观实在性，因此，它比起日常生活和自然科学中的物质概念来，有着最高度的抽象性。这正是哲学物质概念在思维上的基本特征。

哲学中的物质概念和日常生活、自然科学中的物质概念虽然有区别，但是它们还是联系的。

首先，日常生活和自然科学中的物质概念表示的是物质的具体形态、结构和属性，而哲学上的物质概念表示的正是它们的共同本质（客观实在性）。任何具体物质形态、结构和属性中都包含着客观实在性这一共同本质，而客观实在性总是通过种种具体物质形态、结构和特性表现出来。种种物质具体形态中都有着客观实在性，客观实在性总是存在于各种物质形态中。因此，既没有不包含客观实在性的物质形态，也没有脱离具体物质形态的客观实在性，二者是紧密联结而不可分割的。

其次，辩证唯物主义哲学的物质概念是从日常生活、自然科学的物质概念中概括出来的，日常生活和自然科学的物质概念是哲学物质概念形成、发展的基础。恩格斯说："场、物质无非是各种物的总和，而这个概念就是从这一总和中抽象出来的。"[①] 就是说哲学物质概念是从日常生活和自然科学物质概念所反映的内容中，抽象出它们的共性而形成的。日常生活和自然科学中的物质概念已经是一种抽象和概括（不然它就不能称为概念），而哲学物质概念是在它们的基础上作更进一步、更高一层的抽象和概括。随着人们认识的发展，人们对物质实体、物质结构、物质特性都会有许多新发现，因此自然科学物质概念的内容也会不断丰富。在此基础上，辩证唯物主义物质概念才会不断被充实、证实和丰富。

---

① 《马克思恩格斯选集》第3卷，人民出版社2012年版，第939页。

可见，离开了日常生活和自然科学物质概念，辩证唯物主义物质概念就不会形成，也不会发展。

最后，辩证唯物主义的物质概念对于人们在日常生活中认识各种物质实体，对于自然科学研究各种物质结构，都有重大的指导意义。既然，物质的任何实体、结构、特性和关系都不能脱离客观实在性而独立，那么只有承认各种认识对象和研究对象的客观实在性，才能使认识和研究遵循正确的方向，获得科学的成果。这也就是说，只有坚持辩证唯物主义的物质观，才能在认识各种事物时，做到一切从实际出发，使主观符合客观，才能在从事科学研究中，力求认识和事实相一致，使理论成为真理。反之，如果离开了辩证唯物主义物质观的指导，人们的一切认识活动和科学研究就会走上邪路，陷入荒谬。很显然，正如离开反映具体物质形态的日常生活和自然科学的物质概念，就不能概括出哲学的物质概念一样，离开了反映客观实在性的哲学物质概念，也不能使日常生活和自然科学的物质概念具有真理性、科学性。

综上所述，辩证唯物主义哲学的物质概念和日常生活、自然科学的物质概念，既有区别也有联系。如果只讲区别不看联系，就容易将它们割裂，如果只谈联系不说区别，又可能把它们混同。在理解物质概念时，之所以容易发生种种误解和混乱，原因常在于此。

通过以上讨论，我们可以看出：辩证唯物主义物质概念和日常生活、自然科学的物质概念，其实是共性与个性、普遍与特殊、绝对与相对的关系。共性、普遍、绝对存在于个性、特殊、相对之中，但共性不等于个性，普遍不等于特殊，绝对不等于相对。所以，哲学物质概念所揭示的客观实在性，包含于各种各样的具体物质形态、结构、特性之中，但并不等于物质的特殊形态、特殊结构和特殊性质。只要我们从局限于日常生活的习惯性思维方式中摆脱出来，从个性中看出共性，从特殊中把握普遍，从相对中找到绝对，那么就不难理解哲学物质概念的真正涵义。这种学习方法，从思维能力的训练来看，是学会抽象性思维的过程；从辩证唯物主义哲学的学习特点来看，就是坚持辩证法和唯物论的统一。

辩证唯物主义哲学本身既是唯物的又是辩证的，因此对它的每个部分、每条原理的理解，也都要坚持唯物论和辩证法的统一。就是说，在学习唯物论原理（物质概念是唯物论的基石）时，要善于运用辩证方法，在学习辩证法理论时，要善于坚持唯物论原则。我们如果懂得共性与个性、普遍与特殊、绝对与相对的基本道理，那么，分析哲学物质概念与日常生活、自然科学的物质概念的区别和联系，理解辩证唯物主义物质概念的真正涵义，肯定会容易得多。在哲学教学过程中，自始至终应该重视的问题，就是不断提高学生抽象思维的能力，不断引导学生学会唯物辩证法的思维方法，这样，就能够抓住关键，突破难点，扫除障碍入新境，指顾崎岖成坦途。

（原载于《中学政治教学参考》1983 年第 7 期）

消除运动观上的种种误解

运动观是辩证唯物主义的重要原理，也是一个很复杂的问题。动静由来歧义多。哲学史上关于运动的探讨和争论，源远流长，见解纷纭；生活中人们对运动的看法，多种多样，五花八门。这些看法中，常常包含着许多误解，给正确理解辩证唯物主义的运动观造成了困难。因此，注意消除误解，澄清混乱，就显得特别重要。下面我们对在运动观常见的种种误解，分别予以分析。

1. 认为有不运动的物质。在客观世界中，物质运动变化的情形十分复杂，千姿百态，有的明显，有的隐蔽，有的急速，有的缓慢，有的规模宏大，有的范围微小，有的近在眼前，有的远在天外。对于人的认识来说，有的易觉，有的难识，有的靠肉眼即可察，有的用仪器尚难测。于是，在日常生活中，人们只能看到一些明显而易察的运动而看不到那些隐微而难觉的变化。如果囿于这种直观经验，很容易产生世界上有些物质运动，另一些物质不动的看法。例如，人常说"青山不改，绿水长流""行星运转不息，恒星永久不动"。古诗中也有"人世几回伤往事，山形依旧枕寒流"。又为形容某事物坚固不变时常说："坚如磐石，稳如泰山"。在这些说法中，似乎青山、恒星、山形、磐石、泰山等都是不运动的，无变化的。这当然是对物质运动的一种误解。针对这种误解，应该指出：辩证唯物论认为运动是物质的存在方式，是物质的根本属性。从生物到非生物，从微观到宏观，从自然到社会，一切物质都在运动。"无论何时何地，都没有也不可能有没有运动的物质。"[①] 各种事物的运

[①] 《马克思恩格斯选集》第3卷，人民出版社2012年版，第435页。

动形态有着自身的特点，但是运动则是世界上一切事物的共同属性。不能因某事物运动形态的特殊性而否认物质世界运动的普遍性。

2. 认为世界上有脱离物质的运动。这种误解和迷信思想有关。有迷信思想的人相信有什么"鬼神"的运动、"命运"的运动、离开肉体的"灵魂"的运动、非物质性的"妖精魔怪"的运动。宗教信仰者宣扬"上帝"的运动，唯心论者认为世界是"绝对精神"或者是"概念""人心"的运动。这些看法的共同点是离开物质思考运动，把运动主体说成是某种精神力量。为了消除这种误解，要强调辩证唯物主义认为凡运动的都是物质，"物质是一切变化的主体"①。精神运动归根到底无非是物质运动的一种形式和反映，它绝不能脱离物质而独立存在。非物质性的或脱离物质的"鬼神""命运""妖精""上帝""绝对精神""心"等等的运动是根本不存在的。离开物质思考运动和离开运动思考物质，都是错误的。

3. 把运动只理解为位置移动。人们经常看到的运动现象，大都是月转星移，云飘水流，鸟飞兽奔，船行车驰，物增物减，人来人往这类机械运动，即物体在空间位置上的移动或数量上的变化。这就容易发生把运动只理解为机械运动，甚或把一切运动都归结为机械运动的错误。18世纪法国的唯物主义哲学家就持这种论点。在辩证唯物主义看来，"运动"是一个广泛的概念，它包括宇宙中发生的一切变化和过程。物质运动的形式多种多样，不可穷尽，物体在空间位置上的移动，只是其中的一种形式，而且是最低级的形式。根据现代科学已达到的认识，物质运动形式按其发展顺序和复杂程度排列，大体有机械的、物理的、化学的、生命的和社会的五种基本形式。而且，每一基本形式中又包含许多具体形式。因此，把运动只理解为位置移动是很片面的。

4. 把高级运动形式等同于低级运动形式。物质的高级运动形式是以低级运动形式为基础的，它本身就包含着低级运动形式。如生命运动中

---

① 《马克思恩格斯文集》第1卷，人民出版社2009年版，第332页。

包含有机械运动（动物心脏的跳动，肠胃的蠕动等）、物理运动（如体温的变化等）和化学运动（如食物的分解和化合等）。社会运动中则包含着各种低于它的运动形式。人们如果不能正确地看待这种关系，就容易发生误解，以为高级运动形式完全与低级运动形式无别。法国哲学家笛卡尔认为动物是机器，拉美特利又进而指出人是机器，就是把生命运动归结为机械运动的突出表现。英国社会学家斯宾塞把人类社会比作生物机体，社会达尔文主义者朗格、阿蒙等人，用生存竞争和自然选择说明社会发展，则是把社会运动等同于生物运动的典型论点。辩证唯物主义哲学固然承认高级运动形式中包含低级运动形式，也可以转化为低级运动形式，但是同时认为高级运动形式和低级运动形式各有不同的物质基础和特殊矛盾，因而它们之间有着质的区别。抹杀区别，混淆界限，是对它们之间相互联系的错误理解。

5. 认为高级运动形式可以离开低级运动形式。这是上一种误解的另一极端，它只执着于各运动形式的区别而忽视了它们的联系和转化。生命起源上的神造说认为生物和人都是上帝按一定计划和目的创造的，唯物主义的自然发生说提出生命运动是某种超物质因素进入非生命物质而形成的。它们都完全否认生命运动是在机械的、物理的、特别是在化学的运动的基础上经过长期发展而逐渐产生的，使较高级的运动形式离开了低级运动形式。从而把高级运动形式神秘化。辩证唯物主义认为，高级运动形式是由低级运动形式发展来的，各种运动形式，既互相区别又互相联系、互相转化。摩擦生热、生电，发热引起燃烧，就是机械运动转化为物理运动（热、电），物理运动转化为化学运动（燃烧）的例子。正因为高级运动形式以低级运动形式为基础，而且是由较低级的运动形式发展来的，所以我们只有在深入研究低级的、简单的运动形式的基础上才能认识较高级的、复杂的运动形式的本质和特征。

6. 认为静止只是指物体的位置不动。和把运动只理解为位置移动相联系，把静止只理解为位置不动，也是常见的一种误解。人们口头上常说的"静止"，往往只是指物体在空间中的位置不变。湖水不流，人说是"死水一潭";山岗不移,人说是"青山长在";鸟栖树,兽伏穴,人说它"静而不躁";船靠岸,车停站,人说它"止而不行"。这些说法中的所谓静止,都只是指物体未发生机械位移。人们把这种意义上的静止予以普遍化,就会认为静止的涵义仅止于此。为了消除这种误解,就得说明,哲学意义上的静止,除了空间位置不变之外,还指事物性质相对稳定。如果某一事物从产生到灭亡其根本性质未变,就呈现出相对静止的面貌。如果只从空间位置不变这一种意义上理解静止就失之片面了。

7. 认为静止是绝对的。这种误解既常见而普遍,且牢固而难消。它表现在,一说静止就认为是"丝毫不动",或者是"永恒不变"。也就是说,凡静止的物体都绝对不动,凡稳定的事物都根本无变化。古希腊哲学家芝诺的"飞矢不动"和"阿基里斯追不上乌龟"等诡辩命题和中国佛教哲学家僧肇的"旋风偃狱而常静,江河竞注而不流"等形而上学观点,就是把静止绝对化的典型理论。当然,一般人认为静止是绝对的乃是局限于生活中的狭隘经验所致,与诡辩不同。针对这种误解,必须讲明,辩证唯物主义所谓的静止,都是暂时的,有条件的,相对的。任何相对的静止中都包含有绝对的运动。某物在地面上位置不变,但它和地球一起在太阳系中运动,所谓"坐地日行八万里"。一物不发生某种形式的运动(在此意义上说它是静止的),但它内部总还进行着其他形式的变化。因此,静止本身不过是运动的一种特殊形式,世界上根本不存在什么绝对静止的现象。静中有动,非无动也,"静者静动,非不动也"(王夫之语),这才是对静止的正确理解。

8. 否认相对静止。这种观点是第七种误解的另一极端。它认为,世界上的事物没有什么静止状态,事物都是瞬息万变,转眼即逝,疾如旋风,快似驰电,没有丝毫的确定性和稳定性。古希腊哲人克拉底鲁说,人甚至一次也不能踏进同一条河流,中国古代的庄子说"方生方死,方死方生"。这是哲学史上否认相对静止的例子。古代有个戏剧写道:甲向乙讨债,乙说一切皆变,借钱的我已不是今日之我,因此我不欠债。甲打了乙,法官责问,甲说一切皆变,打人的我已不是现时之我,因此我未打他。这是生活中否认相对静止的故事。辩证唯物主义既反对把静止绝对化，也反对这种否认相对静止的错误。它认为，静止尽管是相对的，但却是存在的，处于绝对运动中的任何事物都有相对静止的一面。有些基本粒子寿命极短，速度极快，但在未衰变前，还是处于相对静止状态。事物只有在相对静止的条件下，才呈现出它自身的固有性质，人们也才能认识它，分辨它，测量它。正如离开绝对运动的静止是不存在的一样，脱离相对静止的绝对运动也是不存在的。静中有动，动中也有静，这就是动静关系的辩证法。

9. 把物质运动的某些外部现象误认为规律。物质运动是有规律的，但对于什么是规律却有不少误解。请看下面的说法："花红叶绿是规律""水往低处流是客观规律""昼伏夜出是野兽活动的规律""苹果落地、太阳升天是不依人的意志为转移的规律"。这些说法显然是把物质运动的某些外部现象误认为规律。规律指的是物质运动过程本身固有的本质的必然联系，它存在于事物的内部，而不能浮现于事物的表面。虽然本质和规律总是通过外部现象表现出来，但它不等于现象。因此规律不能凭感官去观察，而只能在感性认识的基础上通过抽象思维去把握。凡是能用眼睛直接看到的现象，诸如上述的"花红叶绿""水向低处流""野兽昼伏夜出""苹果下落""太阳上升"等虽然是客观事实，但都不是规律，隐藏在它们背后的内在必然联系才是规律。

10. 把人们制定的规则、规定和法律等误认为规律。社会生活中人们为了某种需要，制定出一些规则、规定、公约、法律等要求大家遵守。如交通规则、卫生公约、学生守则、作息制度、法律条例，等等。这些规范对于人们有一定的制约性，于是有人就把它误认为是规律。例如说："他每天 6 时起床，8 时工作，12 时吃饭，14 时上班，22 时睡觉，生活很有规律。"这就是把人们制定出来而自觉遵守的生活规则当成了规律。其实，事物运动的规律对于人来说它具有客观的性质，即不依人的意志为转移，人不能随意创造它，改变它，消灭它。规则、法律等规范，诚然应该反映客观规律的要求，以客观规律为根据，但它是人依照自己的意志制定的，也可以由人修改或废除。因此，它不是规律。

11. 认为人可以根据自己的设想任意创造规律。这种观点，一方面是由于把人制定的规则、法律等当作规律而发生的错觉；另一方面是由于夸大了人的主观能动性所产生的误解。有些人看到人们有移山填海，改天换地的本领，有除灾灭祸、破旧立新的能力。特别是看到人们在社会历史活动中，能够推翻旧制度，建立新社会，改变旧秩序，创立新局面，就误认为人能任意创造规律，"为自然立法则，为历史定命运"。其实，辩证唯物主义认为，规律（无论是自然规律或社会规律）都具有客观性，它不以任何人、任何阶级的主观意志为转移。人有认识规律、利用规律的能力，有遵循客观规律改造世界的本领，但却不能创造规律，也不能改变和消灭规律。物质运动规律的客观性和物质本身的客观实在性一样，是不能由人来随意决定的、任意支配的。

12. 认为人在规律面前无能为力。这是上一种误解的反面。它认为，既然规律是客观的，不以人的意志为转移，那么人在规律面前只能是束手无策，无所作为，只能消极听从规律的摆布。宿命论者说，"命里应吃八合米，走遍天下不满升""命里穷来总是穷，拾到黄金也变铜""命里有个祸，飞天走不过"。还说，"时来天地皆同力，运去英雄不自由"。都以为人既不能认识客观环境，更不能改造客观环境，只能听凭命运的安排，接受神秘力量的支配。这种观点的错误就在于否认了人的主观能动性，把客观规律神秘化。辩证唯物主义虽然重视规律的客观性，承认规律对人的制约作用，主张尊重规律，服从规律。但在此前提下，还承认和强调人的主观能动性，认为人能够认识规律，利用规律。当人正确地和有力地驾驭了客观规律的时候，就能够实现自己改造世界的目的，从而成为自然和社会的主人。由此可见，不顾客观规律，主张盲目蛮干的主观主义和否认人的主观能动性，把规律神秘化，主张消极等待的宿命论、机械论，都是对客观规律性和主观能动性关系的片面理解，必须予以澄清。

上述这些误解之所以发生，或者是由于受到狭隘的直观经验的束缚，或者是因为离开了唯物论的原则，或者是由于不懂得辩证的思维方法。这就要求我们在教学中，努力把学生的思维从日常生活的狭小圈子里解放出来，并且要重视在划清唯物论与唯心论、辩证法与形而上学的界限中，在正确与错误的对比中，阐明原理。以便消除误解，破假求真，澄清混乱，分辨是非，使学生正确而清楚地掌握辩证唯物主义的运动观。

（原载于《中学政治教学参考》1983 年第 10 期）

学习辩证法　克服片面性

马克思主义哲学坚持唯物论和辩证法的统一，它要求我们在观察问题和处理问题时，既要做到客观性，一切从实际出发，又要做到全面性，克服片面性。

片面性是思想上的绝对化，是违反辩证法的形而上学方法。唯物辩证法认为世界上的事物是普遍联系的，一事物内部诸因素也是互相联系的。相互联系就使得一个事物的性质、特点和作用是由多方面的因素决定的。这就要求我们看问题要全面，要从各方面去看，不能从单方面看。而有片面性观点的人，却不真正懂得这个普遍联系的道理，把一事物从世界总联系中绝对孤立出来，把它与其他事物割裂开来，只见树木，不见森林，以点代面，以偏概全，只看到事物的一个局部，就把它看成事物的全体或主流。例如，干部队伍中的官僚主义和特殊化，固然是我们四化建设道路上的一个严重障碍，必须坚决反对；但毕竟是个局部问题，如果把它看成是全局或主流势必会作出错误的估计，甚至把反官僚主义放在一切工作的首位，这就会干扰四化建设的全局。这种片面性的思想方法，正是由于背离了辩证法的普遍联系的观点，把事物绝对化、孤立化，从而陷进了形而上学。

辩证法的普遍联系的观点，是以承认矛盾为基础的。任何一个事物都是由既对立又统一的两个方面组成的，都是一分为二的。因此，就要求我们看问题时坚持"两点论"，既看到甲方，又看到乙方；既看到正面，又看到反面，这样就能做到全面地看问题。而片面性方法，只抓住事物的一个方面而否定另一方面，只强调一个侧面而忽视另一侧面，知其一不知其二，甚至从一个极端跳到另一个极端。本来，加强政治工作与按经济规律办事、民主与集中、红与专、解放思想与坚持"四项原则"、改善生活与艰苦奋斗、自力更生与学习外国，都是辩证统一的关系，可是有片面性的人往往是一强调这一面就否定那一面，扶得东来又西倒。原因都是由于不懂得矛盾法则，不会从对立面的互相依赖、互相制约和互相转化中看问题。可见，抛弃辩证法的对立统一规律，离开"两点论"，是形而上学片面性的要害。

辩证法承认矛盾，坚持"两点论"，并非不讲重点，不分主次。任何事物都是对立的统一，都含有矛盾，但矛盾有主要矛盾和次要矛盾之分，矛盾双方也有主要方面和次要方面之别，它们在事物发展中的地位和作用是不同的。这就是辩证法的"重点论"。辩证法的"两点论"和"重点论"是统一的，两点中必有重点，重点必在两点之中。因此，我们在看问题、办事情时，要正确处理主要矛盾和次要矛盾、矛盾主要方面和次要方面的关系，在两点中把握重点，在抓重点时兼顾两点。而持片面性观点的人，却往往把复杂的问题简单化，在抓重点时丢掉两点，把重点论搞成一点论，用单打一来代替弹钢琴，用一刀切来代替分析矛盾的特殊性，看不到矛盾主次之间的互相制约和互相转化，孤立、静止地去抓重点。例如反右时，不注意防"左"，搞反右一贯制；反"左"时，又不注意防右，搞反"左"一贯制，没有注意一种倾向可能掩盖着另一种倾向。而且，也不注意各地区、各单位情况的差别，不是有什么问题就解决什么问题，而是搞一刀切。这种搞法，都没有如实反映客观事物中矛盾的全貌。由此看来，割裂"两点论"和"重点论"的统一关系，离开两点讲重点，把重点（主要矛盾或矛盾的主要方面）绝对化、孤立化乃是掉入形而上学片面性泥坑的又一原因。

总之，片面性之所以是违反辩证法的形而上学观点，就在于它离开了普遍联系的观点，忘记了对立统一规律，不懂得两点论和重点论的统一。因此，要克服片面性，就必须认真学习唯物辩证法。

（原载于《西安日报》1980年7月16日）

全面理解内因和外因的辩证关系

普遍联系的观点和永恒发展的观点,是唯物辩证法的总特征。所谓联系,指的是事物内部诸要素之间和事物之间的相互作用、相互影响的关系;所谓发展,指的是旧东西不断地死亡,新东西不断地产生,事物通过新陈代谢不断地由简单到复杂、由低级到高级向前运动、变化的趋势。事物的联系和发展都是以矛盾为基础的,矛盾既是联系的本质,又是发展的动力。因此矛盾观点是理解普遍联系和永恒发展的钥匙,是把握唯物辩证法总特征的关键,从而也是唯物辩证法和形而上学两种世界观对立和斗争的焦点。因此,在理解唯物辩证法的总特征时,要突出阐明矛盾观点,着重分析事物的内部矛盾(内因)和外部矛盾(外因)在事物发展中的作用。

然而,全面正确地理解内因和外因在事物发展中的不同作用以及它们之间的关系,却并非易事。这一方面是因为初学哲学的人对内、外因的涵义比较生疏;另一方面是由于对内因和外因的辩证关系缺乏了解。这后一方面是造成理解上困难的重要原因。

唯物辩证法关于内因和外因在事物发展中的作用的基本观点是:内因是变化的根据,外因是变化的条件,外因通过内因而起作用。要全面理解和掌握这一观点,必须注意以下几个问题:

一 内因和外因的性质是有区别的

内因指的是事物的内部矛盾。内部矛盾是事物存在的基础,它规定着事物自身的性质,决定着事物发展的方向。它是事物向另一事物变化发展的源泉和动力。因此说，内因是变化的根据。外因指的是，此事物和它周围的其他事物的联系和影响，它不决定事物的性质和变化方向，但却为事物的运动、发展提供必要的环境和外部因素，从而使事物的变化能够实现。它是事物变化、发展的外部原因。所以说，外因是变化的条件。从涵义来说，内因是指事物的内部矛盾，外因是指事物之间的联系；从对事物变化的作用来看，内因是根据，外因是条件。可见，内因和外因的性质是不同的，对某一特定的具体事物说来，它的内因和外因的区分是确定不变的，不能混淆，更不能颠倒。例如，生产力和生产关系、经济基础和上层建筑的矛盾，是社会发展的内因。而自然条件、地理环境等则是社会发展的外因。在人类社会这个特定的对象中，绝不能将内因说成外因，也不能将外因倒为内因，内因与外因的区别是确定的，界限是分明的。如果否认其区别，模糊其界限，混淆其性质，就会发生误解，引起混乱，导致错误。

二 内因和外因的区别是相对的

就某一特定范围，对某个特定事物来说，内因、外因的性质不同，界限分明，不容混淆。但是，如果范围发生了变化，事物联系的条件有了改变，那么内因和外因就会发生转化。或者，原来是内因的变成了外因；或者，原来是外因的却变成了内因。例如，生物界各种不同物种之间的生存竞争，对于整个生物界的进化来说是内因，但是对于某一生物个体的生长发育来说则是外因（生物个体生长发育的内因是其内部同化和异化的矛盾）。又如，对于农业发展来说，工业和农业的矛盾是它的外因，然而对于整个国民经济的发展来说，工业和农业的矛盾则又是内因。可见，由于范围不同，由于所说明的对象的变化，也就是说，由于条件的变化，内因和外因可以相互转化，二者的区别又是相对的。所以，在一定范围内，对其一特定对象来说，若将内、外因颠倒，否认二者区别的绝对性，是不对的。但是，如果范围和对象变化，却仍坚持原来的内、外因的界限，无视二者区别的相对性，也是错误的。

三 内因和外因的地位是可以转化的

由于内因是变化的根据,外因是变化的条件,所以在一般情况下,内因对事物的变化发展起决定作用,处于主要地位;外因不起决定作用,处于次要地位。但是,由于事物情况的复杂性,所以在一定条件下,外因对事物的发展却会起非常重大的作用,甚至起决定性作用。这时,外因就由次要地位转化为主要地位,或者说由矛盾的次要方面转化为矛盾的主要方面了。例如孵小鸡,当已具备了受精的鸡蛋这个根据的时候,有没有必要的空气、适当的温度,就成为决定性的因素,对于能否孵化出小鸡就起着决定性的作用。如果有了适当的温度,小鸡就会破壳而出,反之,如果缺乏适当的温度,鸡蛋只能"依然故我"。生命垂危的病人,能否遇到高明医生和良好医疗条件,对其生死存亡至关重要,也属于此类情况。当然,这里说的地位的转化,只是指内因和外因对事物发展的作用程度的大小可以转化,并不是说,外因能够成为变化的根据,也不是说外因的作用可以离开内因。即使在外因处于主要地位,起着决定作用的情况下,内因仍然是变化的根据,外因仍然是变化的条件,外因也仍然必须通过内因才能起作用。假若一个"病人"各个器官都已坏死,生理机能毫无活力,生存的内在根据完全丧失,那么医术再精湛的医生也不能使他起死回生。或者,他虽然具有生存的内在根据,而且又喜遇良医妙药,但他却讳疾忌医,拒绝治疗,致使外因不能通过内因发生作用,那么,外因的决定作用虽有如无,岂能发挥。

四 内因和外因的作用是并存的

内因和外因在事物发展中的作用不同,一个是根据,一个是条件,但二者对事物的发展都有作用,而且是同时发生作用的。内因是根据,但它不能离开外因"包打天下",单独地推动事物发展;外因是条件,有时甚至起决定性的作用,但是它也不能脱离内因,更不能取代内因"越俎代庖",孤立地引起事物变化。任何事物的发展,都不可能只有内因而没有外因，更不可能只有外因而没有内因，而总是在内因外因的相互结合、共同存在、同时作用下发展变化的。假如离开内因作用，设想只靠外因去推动事物的发展，那就从根本上否认了事物的内部矛盾，违背了内部矛盾是发展源泉的辩证法观点，从而陷入了形而上学的唯外因论；假若离开外因，认为只靠内因事物就能够发展变化，那就抹杀了事物与事物之间的相互联系和相互作用，背离了一切事物都处于普遍联系中的辩证法原理，从而走上把事物看成彼此孤立、互不联系、不受周围条件制约的形而上学孤立观点。因此，必须坚持内因和外因对事物作用的并存性，既不能因为强调内因是根据而否认外因的作用，更不能因为外因在一定条件下有决定作用而忽视内因是根据。比如，一个人在学习和工作中取得的成绩，总是内因和外因同时起作用的结果。过分强调一方面而忽视另一方面，就会产生片面性，就会使人陷入盲目性。

五　内因和外因是相互依赖的

内因和外因对事物发展的作用，不但是同时存在、共同发生的，而且还是相互依赖、彼此结合的，二者并非是各自孤立、互不相干、相互平行作用于事物的。内因是事物的内部矛盾，矛盾双方既统一又斗争，于是推动了事物的运动、变化和发展。在这个过程中，矛盾双方的力量和地位必须发生变化，可是这种变化总需要一定的外部条件的影响和作用。如果没有任何外在条件，事物内部矛盾双方的力量和地位就不可能发生变化。所以，内因对事物发展起作用时，必须依赖于外因。外因是一事物与另一事物的联系，是事物的外部条件，它要对事物的变化起作用，首先必须深入到事物的内部去，转化为事物内在的一种力量才有可能。就是说，外因必须能够影响事物的内部矛盾，即加强矛盾一方的力量，削弱矛盾另一方的力量，加剧矛盾双方力量对比的不平衡性，从而使矛盾双方的地位发生转化。只有这样，它才能作用于事物的发展。因此，外因只有通过内因才能起作用，外因的作用必须依赖于内因。例如，我国进行社会主义建设，在依靠自己力量的基点上，需要学习和引进外国的先进科学技术,但要使这些先进技术对我国的建设发生作用,必须结合我国的实际情况,对它予以改造,使其转化为我们国内的积极因素,才有可能。如果生搬硬套,现成拿来,置于一旁,不使其转化为内在力量,不通过内因,那么再先进的技术也毫无用处。可见,内因和外因对事物发展的作用,既不是单独发生的,也不是各自孤立发生的,而是在相互依赖、相互联结的关系中发生的。

六 内因和外因的对象是具体的

内因和外因都是对每个具体事物而言的,而不是对整个宇宙总体而言的。一个特定的具体事物有它的内部根据,也有它的外部条件,也就是说有它的内部矛盾,也有它的外部联系。但是整个宇宙总体则无所谓内外之分。物质世界是一个统一整体,它在时间上空间上都是无限的,时间上无始无终,则没有先后之别,空间上无边无际,则没有内外之分。如果设想,整个物质世界之外还有一个不属于物质世界的外部环境,那就等于说,物质世界之外还存在一个神灵或上帝的世界,它在推动物质世界的发展。这岂不是同有神论和唯心论混为一谈了吗?辩证唯物主义坚持物质世界的无限性,自然就否认物质世界的发展有其外因。我们在运用内因是变化的根据,外因是变化的条件这个原理来说明事物的发展时,都是以具体的事物为对象的。例如,某个同学的进步,有他的主观努力,也有他的客观条件。某个学校的变化,有它的内部原因,也有它的外部因素。某个工厂的发展,有它的内在根据,也有它的外部条件。我们国家的繁荣,有它的内部力量,也有它的外部环境。可见,内因和外因都是对于具体的特定事物而言的(也只有具体的特定事物才有它的内外之别),而不是对于整个物质世界这个统一整体而言的。如果认为整个物质世界的运动变化还有它的外部条件,那就大错而特错了。

综上所述,可以看到,性质的差别性、区别的相对性、地位的转化性、作用的并存性、关系的依赖性和对象的具体性,乃是内因和外因关系的辩证性质。只有全面地把握内因和外因的这种辩证关系,才能正确理解内因是变化的根据，外因是变化的条件，外因通过内因而起作用这个根本观点，才能彻底与否认内部矛盾是事物发展源泉的形而上学划清界限，也才能够灵活运用内因与外因的辩证法，指导我们的学习、工作和现代化建设事业。

（原载于《中学政治教学参考》1983 年第 12 期）

澄清混乱　把握精髓

矛盾普遍性和特殊性关系的原理，在唯物辩证法的矛盾学说中处于重要地位，毛泽东同志指出："这一共性个性、绝对相对的道理，是关于事物矛盾的问题的精髓，不懂得它，就等于抛弃了辩证法。"① 然而，全面正确地理解这一问题却不是轻而易举的。通过以往的教学实践来看，在对这个问题的理解上存在着许多混乱，出现过不少误解，如果不加以澄清，就难免以假乱真。这些混乱主要表现在以下几个方面。

一　把矛盾普遍性和特殊性的关系混同于多数和少数的关系

有的学生在学习了矛盾普遍性和特殊性关系的原理后所写的心得中说："我们班绝大多数同学都能遵守纪律，这是矛盾的普遍性；但还有极少数同学不遵守纪律，这是矛盾的特殊性。在我们班里，矛盾的普遍性和特殊性是相互联结的。"很显然，这是把普遍和特殊的关系混同于多数和少数的关系。固然，对于同一事物来说，构成它的几种不同成分之间，在量上可能有多数和少数的区别和联系，但是，这种区别和联结乃是同一整体的一部分与另一部分的关系，其中的每一部分可以离开另一部分而独立存在，二者之间不一定有内在的有机联结。就拿上述的例子来说，遵守纪律的多数和不遵守纪律的少数，在是否遵守纪律这一点上，二者性质不同，而且，它们二者都可以离开对方单独存在，即多数可以在少数之外，少数也可以在多数之外。而矛盾普遍性和特殊性的关

---

① 《毛泽东选集》第1卷，人民出版社1991年版，第320页。

系却不是这样。矛盾的普遍性和特殊性是相互联结的,一方面,矛盾的普遍性寓于特殊性之中,并通过特殊性表现出来,没有特殊性就没有普遍性。普遍性是各种不同的特殊事物所共同具有的,所以它只能存在于各种特殊之中,而不能在种种特殊性之外独立存在;另一方面,矛盾的特殊性中则包含了矛盾的普遍性,它不能离开矛盾的普遍性。一个事物无论怎样特殊,它总和同类事物中的其他事物有共同之处,不包含普遍性的特殊性是没有的。以阶级矛盾为例,阶级矛盾是阶级社会矛盾的普遍性、共性,它存在于奴隶社会的奴隶和奴隶主的矛盾之中,存在于封建社会的农民和地主的矛盾之中,也存在于资本主义社会无产阶级和资产阶级的矛盾之中。没有各个阶级社会里这些特殊性的阶级矛盾,也不存在阶级社会里的共有的普遍的阶级矛盾;而每一个具体的特殊的阶级矛盾(如无产阶级和资产阶级的矛盾)中,也包含了阶级社会共有的阶级矛盾的普遍性。可见,矛盾的普遍性寓于矛盾的特殊性之中,矛盾的特殊性中也包含了矛盾的普遍性,二者相互联结,不能割裂。如果把矛盾普遍性和特殊性说成多数和少数的关系,那就会把普遍性看成可以在特殊性之外存在,特殊性也可以在普遍性之外存在,这当然就陷入错误了。

二 把矛盾普遍性和特殊性的关系混同于全局和局部的关系

有的学生在回答矛盾的普遍性和特殊性的关系问题时说:"矛盾的普遍性和特殊性是相互联结的,普遍性包括各种特殊性,各个特殊性又总合成了普遍性。"很清楚,这是把矛盾普遍性和特殊性的关系说成了全局和局部的关系。全局和局部是表示客观事物整体与它的组成部分之间矛盾关系的一对范畴。全局是指由事物的各内在要素构成的有机统一体及其发展的整个过程,局部是指组成有机统一体的各个部分、方面、分支,及其发展的某个阶段。全局和局部的相互联系表现在全局由局部构成,没有局部就不存在全局;局部由全局统帅,没有全局统帅,各局部间不能协调发展。全局和局部的区别表现在全局是整体,局部是部分,全局大,局部小;全局起着统帅、决定作用,局部处于隶属、服从地位。例如,中央和地方之间、组织和个人之间、整体利益和局部利益之间、人体整个系统和各组成部分之间都有这种全局和局部的关系。但是全局和局部之间的这些关系与矛盾的普遍性和特殊性之间的关系并不相同。普遍性是许多不同的特殊事物所共同具有的共性,特殊性是某个具体矛盾所独有的个性。它们之间的区别既不是在量上普遍性大而特殊性小的区别,也没有在作用上普遍性起决定作用而特殊性处服从地位的差异;它们之间的联结,也不是整体和它的构成要素之间的联系。就拿"马和白马"的例子来说,普遍性的"马"寓于各种特殊性的"白马""黄马""红马"……之中,特殊性的"白马"中包含着和其他颜色的马相同的共性。在这里,"马"的概念只是概括了"白马"和其他各种马的共性,但并不是把"白马"的所有属性包括完了,如马的颜色、大小、年龄等就没有概括进去。可见,特殊性中包含着普遍性但特殊性并不能完全进入普遍性;普遍性寓于特殊性之中,但普遍性并不能全部包括特殊性。因此,不能说普遍性是由各种特殊性总和相加所构成的整体。也就是说,不能将矛盾普遍性和特殊性的关系混同于全局和局部的关系。

三 把矛盾普遍性和特殊性的关系混同于本质和现象的关系

有的教师在讲解矛盾普遍性和特殊性的关系时说:"矛盾的普遍性是各个特殊矛盾内部共同具有的属性,是眼睛看不见的,只能用思维去分析;而矛盾的特殊性则是矛盾普遍性的各种各样的外部表现,是眼睛可以直接看到的。"显然,这种说法把普遍性和特殊性的关系与本质和现象的关系混淆起来了。本质和现象是揭示客观事物内部联系和外部表现的相互关系的一对范畴。本质是指事物的性质及这一事物和其他事物的内部联系;它是事物内在的、较深刻的、较稳定的方面,不能被我们的感官直接感知,只有通过抽象思维才能把握。现象是指能被人的感觉器官感觉到的事物的外部联系或表现形态,它是事物本质的各种各样的外部表现。本质是同类现象中一般的、共同的东西,现象则是本质的多方面的表现。例如，地球上的绚丽多彩、丰富奇异的生命现象，葱茏的树木、鲜艳的花朵、鸣叫的鸟、奔跑的兽，等等，它们的本质都是高分子化合物——蛋白质和核酸运动变化的结果。由此看来，本质和现象之间的确存在着一般和个别、普遍和特殊、共同性和差异性的关系。然而，本质和现象的关系与矛盾普遍性和矛盾特殊性的关系并不相同。第一，本质和现象是事物内在联系和外部表现的关系，而矛盾普遍性和矛盾特殊性则都是事物的内部联系，都属于事物的本质方面，只不过有共同本质和特殊本质的区别罢了。例如，资本主义社会存在的生产资料私人占有同生产社会化的矛盾，对于人类社会普遍存在的生产力和生产关系的矛盾来看，它是矛盾的特殊性，但它并不是现象，而是资本主义社会的本质，相互竞争、追逐利润、工厂关闭、工人失业、通货膨胀、经济危机等等问题的不断发生，才是这本质所表现出来的种种现象。第二，对于人的认识来说，事物的现象能被我们的感官直接感知，事物的本质要通过科学思维来把握，而矛盾的普遍性和矛盾的特殊性都要用科学思维去把握，它们中的任何一方都不能靠感官直接感知。例如，生物体存在的同化和异化的矛盾，相对于整个自然界来说，它是矛盾的特殊性，但是人们对它的认识并不是通过感官直接感知的，而是在观察种种生物运动现象的基础上，通过抽象思维认识到的。由此可见，不能把矛盾普遍性和特殊性的关系，理解为本质和现象的关系。它们不但不属于现象范围，而且也不能简单地归结为本质，因为，矛盾比本质更深刻，它决定事物的本质，普遍性矛盾决定事物的普遍本质，特殊性矛盾决定事物的特殊本质。

除了上述三种混乱之外，还有把矛盾普遍性和特殊性的关系混同于内容和形式、必然和偶然的关系，等等，这里不再详析。

为什么在理解矛盾普遍性和矛盾特殊性的关系时会出现许多混乱呢？主要原因是：（1）对于矛盾的普遍性、矛盾的特殊性以及二者关系的真正涵义没有确切的理解。脑子里只有二者是相互联结、相互转化的关系这个笼统的印象，但对于究竟如何联结，究竟怎样转化没有具体弄清，因而形成了一些似是而非的观念。（2）对于有对立统一关系的辩证法范畴，在说明双方的关系时把"相互联结、相互转化"的观点当成僵死的公式，任意套用，不认真探讨这些不同的成对的辩证法范畴之间在相互联结、相互转化形式上的各自特点。上述多对辩证法范畴，其中每对范畴双方都是相互联结、相互转化的关系，但是各对范畴在联结、转化的具体形式上却不完全相同，如果不仔细区别，就容易把某一对范畴的特有联结、转化形式，套用于另一对范畴上，造成"张冠李戴"的错误。上述三种混乱就是把多数与少数、全局和局部、本质和现象等对范畴内部两方面的相互联结的方式套用到矛盾普遍性和特殊性的关系上所产生的。

这就告诉我们，在理解矛盾普遍性和矛盾特殊性的关系时必须准确深入地了解其真正涵义，弄清二者相互联结、相互转化的具体特点，以免与其他辩证法范畴的涵义相混淆。而要确切理解这两个方面的具体涵义，应注意以下几个问题：

1. 不能将二者视为外在并列关系。普遍性和特殊性的联结方式是普遍性寓于特殊性之中，而不在特殊性之外；特殊性中包含着普遍性，而不是离开了普遍性。可见，二者的联结是"渗透式"的而不是外在"并列式"的。如果把二者视为外在并列式的联结就与"多数与少数"的联结方式相混了。

2. 不能将二者说成总和构成关系。普遍性存在于各种特殊性之中，是许许多多不同的特殊事物所共同具有的，没有特殊性就没有普遍性。但是，普遍性却并非由许多特殊性相加后的总和所构成的。如果认为一切殊特性的总和构成普遍性，就会将二者误解为整体与部分、全局与局部的关系。

3. 不能将二者彼此等同。普遍寓于特殊之中，不能离开特殊，特殊中包含着普遍，不能离开普遍。但是，普遍不等于特殊，特殊也不等于普遍，相互联结并不是彼此等同。就是说二者的关系既有统一的一面，又有对立的一面。如果将二者相互联系、相互转化的关系误认为彼此等同，那就取消二者之间的差异和对立，与形而上学划不清界限了。

4. 不能将二者绝对对立。矛盾的普遍性是指矛盾无处不在、无时不有的性质，矛盾的特殊性是指矛盾着的事物及其每一个侧面各有的特点，二者是矛盾存在情形的两种不同性质。这两种性质，虽然有差别、有对立，但不是绝对对立的，而是既对立又统一，相互联结、相互转化就是二者的统一性。在说明矛盾普遍性和矛盾特殊性的关系时，如果只注意二者的统一性，忽视二者的对立性，就可能将二者等同了，但如果只看到二者的对立性，否认二者的统一性则容易把二者割裂。这两种片面观点都会导致形而上学。因此，将二者绝对对立起来也会造成误解，发生混乱。

总之，矛盾的普遍性和特殊性的关系问题是一个非常重要的原理，只有准确而全面地理解二者的辩证关系，并注意澄清在理解这一问题上可能发生的种种混乱，才能清楚而正确地把握这个关于事物矛盾问题的精髓。

（原载于《中学政治教学参考》1984 年第 5 期）

谈谈矛盾的特殊性

　　世界一切事物中充满着矛盾运动，每一矛盾运动的发展过程又有各自不同的特点。只有研究这些不同特点的矛盾运动，才能够正确认识世界和改造世界。一个无产阶级的政党，要引导无产阶级和人民群众取得革命胜利，就必须善于分析矛盾发展过程中的不同阶段的特点，来制定自己的路线、方针和政策，这是夺取革命事业胜利的根本保证。粉碎"四人帮"后，特别是三中全会以来，党中央根据我国的实际情况，制定了一系列方针、政策，迅速、果断地把全党工作的重点转移到社会主义建设上来，这是马列主义、毛泽东思想的普遍真理在我国新形势下的正确运用，完全符合事物发展的客观规律。今天，研究矛盾的特殊性，对于深刻理解三中全会精神，继续解放思想，实事求是，一切从实际出发，完成新时期的总任务，无疑是有益的。

　　那么，什么是矛盾的特殊性呢？矛盾的特殊性，就是指各种具体事物中、各个具体过程或阶段中所包含的矛盾的特点。正是由于这种矛盾特点，才把各种不同的事物区分开来，才把事物发展的不同过程、不同阶段区分开来。例如，自然界的事物和社会上的事物之所以不同，是因为自然领域中的矛盾和社会领域中的矛盾各有自己的特点。在社会领域中，原始社会、奴隶社会、封建社会、资本主义社会和社会主义社会是社会发展的不同过程，它们的区别，也是由各个过程中矛盾的特点决定的。社会主义社会里，有许多不同的活动领域，不同的工作部门，也有着不同的发展阶段，这些不同领域、部门和阶段中的矛盾，也各有其特殊性。

可见，世界上各种物质运动形式都有它的特殊矛盾；同一运动形式中所包含的不同发展过程，各有它的特殊矛盾；同一发展过程中的不同阶段，也各有它的特殊矛盾。这些都是矛盾特殊性的表现。

分析矛盾的特殊性，对于我们正确地认识事物、观察形势和处理问题极为重要。因为，矛盾的特殊性，是世界上的万事万物千差万别的内在根据。所以，分析矛盾的特殊性，就成为我们科学地认识事物的基础。也就是说，只有认识了矛盾的特殊性，才能区别事物，划清不同事物的界限。社会主义社会的基本矛盾仍然是生产关系和生产力的矛盾，上层建筑和经济基础的矛盾。但是社会主义社会的这些矛盾却有着自己的特点，它同旧社会的基本矛盾，已经有着根本不同的性质和情况。如果不认识这种特点，就不能把社会主义同资本主义区别开来，当然也就更谈不到认识社会主义制度的优越性了。再拿社会主义社会本身来说，在它发展的长过程中，由于矛盾特点的变化，所以呈现出各个不同的发展阶段。只有注意到矛盾在各个阶段中的特点，才能适当地处理事物的矛盾。我国国内的阶级矛盾，在生产资料所有制的社会主义改造完成以后同这个改造完成之前，就有着不同的状况，当前的情况也同十多年前、二十年前的情况不同。正如五届人大二次会议的《政府工作报告》指出的，在我们国家（除台湾外），作为阶级的地主阶级、富农阶级已经消灭，作为阶级的资本家阶级也已经不再存在，尽管各种阶级敌人还存在，阶级斗争还没有结束，但是阶级斗争已经不是我国社会目前的主要矛盾。如果不认识在新的历史条件下阶级矛盾和阶级斗争的这种新的特点，就不能正确地分析形势，处理问题，当然也就谈不上把工作中心转移到实现四个现代化上来。

分析矛盾的特殊性，不但是我们区别事物，划分事物发展的不同过程和不同阶级的基础，而且，就人类认识运动的秩序说来，它还是我们认识事物的出发点。人们认识事物的过程，总是先从对具体的特殊矛盾的分析开始，概括出普遍的矛盾规律，又用这个普遍规律作指导，进一步去研究特殊的矛盾。这就是由特殊到一般，再由一般到特殊的无限的认识过程。可见，只有首先认识个别事物的特殊本质，才有可能充分认识各种事物的普遍本质。认识了普遍本质之后，还必须以此为指导去进一步研究事物发展过程中新出现的特殊矛盾。我们实现四个现代化，必须遵循经济发展的客观的普遍的规律，而要认识普遍规律，就得具体分析工业、农业、商业等各条经济战线中的特殊的矛盾运动，就得全面研究生产、流通、分配、消费等各个环节中的特殊矛盾。然后，再从特殊中概括出一般，从个性中认识到共性。当掌握了一般性的共同性的东西之后，再以此为指导，去解决各地区、各部门的问题，推动各项工作。而且在运用普遍规律作指导时，还要从本地区、本部门、本单位的实际情况出发，因地制宜，因时制宜，不能"一概而论"，搞"一刀切"。

分析矛盾的特殊性，是为了用不同的方法去解决不同的矛盾，做到具体事物具体分析，具体问题具体解决，也就是做到我们经常说的"量体裁衣""对症下药""一把钥匙开一把锁"。列宁指出："马克思主义的最本质的东西，马克思主义的活的灵魂：具体地分析具体的情况。"[①]毛泽东同志也说："用不同的方法去解决不同的矛盾，这是马克思列宁主义者必须严格地遵守的一个原则。"[②] 当前，我国正处于伟大的历史性转变时期，我们面前有许多矛盾，工作中有很多需要解决的问题。要正确解决这些矛盾，做好工作，就要时时考虑到矛盾的特殊性，要从客观实际运动包含的具体的条件，去看出这些现象中的具体的矛盾、矛盾各方面的具体的地位以及矛盾的具体的相互关系，进而在这种具体分析的基础上找出解决矛盾的具体方法。如果做到了这一点，就一定能使我们的思想符合客观实际，使我们的工作取得显著成效。反之，就会产生认识上的主观性、片面性和工作中的盲目性，犯这样或那样的错误。

我党历史上的教条主义者，正是由于违背了具体情况具体分析，用不同的方法解决不同的矛盾这个原则，因而使革命事业遭受了严重挫折，造成了巨大损失。王明在第二次国内革命战争时期，不认真研究本国、

---

① 《列宁选集》第4卷，人民出版社1972年版，第290页。
② 《毛泽东选集》第1卷，人民出版社1991年版，第311页。

本民族的社会历史特点，不肯根据这些矛盾的特殊性，具体地运用马克思主义的普遍真理，而是千篇一律地使用一种自以为不可改变的公式到处硬套。结果，给革命事业造成了极大的危害。"四人帮"在思想路线上也有教条主义的特征。他们离开矛盾的特殊性，夸大和歪曲矛盾的普遍性，用阶级矛盾代替一切矛盾。他们根本否认生产斗争和科学实验中的矛盾具有与阶级矛盾不同的特点，胡说"革命搞好了，生产自然而然就上去了。"他们完全抹杀科学文化领域的矛盾同政治、经济领域中的矛盾的区别，狂吠对各个领域都要实行"全面专政"。他们肆意混淆敌我矛盾和人民内部矛盾的严格界限，叫嚣要用"铁的手腕"对付无产阶级和广大人民群众。一言以蔽之，在他们看来，社会主义社会的一切矛盾，毫无区别地都是阶级矛盾，一切阶级矛盾也从根本上说都是敌我矛盾，解决一切矛盾的方法都只能是"斗、斗、斗"。他们正是用这套谬论和手法，造成了我国长期的政治动乱和严重的经济破坏。

综上所述，注意研究矛盾的特殊性，坚持对具体事物作具体分析，具有十分重要的意义。它是关系到革命事业成败的大问题，是关系到能否从实际出发，做好革命工作的重要条件。因此，我们在坚持矛盾普遍性的同时，必须特别重视矛盾的特殊性，掌握矛盾的普遍性和特殊性的辩证关系，学会按唯物辩证法办事。

（原载于《西安日报》1979年7月25日）

理解辩证法否定观的钥匙

唯物辩证法的否定观以及否定之否定规律，是哲学教学的难点之一，教师觉得难讲解，学生感到难理解。那么，怎样突破这个难点呢？恩格斯有句话能给我们以宝贵的启示。他说："由矛盾引起的发展或否定的否定——发展的螺旋形式。"[①] 这就是说，事物发展中的否定和否定之否定过程是由矛盾引起的，因而唯物辩证法的否定观、否定之否定规律也即是矛盾规律的展开形式。矛盾规律是贯穿否定观以及否定之否定规律全部内容和基本观点的中心线索。只要抓住这条线索，就如同掌握了一把钥匙，既能打开辩证法否定观的"奥秘"，也可解开教和学过程中的疑团。

运用矛盾观点分析理解辩证法的否定观，必须抓住以下几个要点：

一 事物是肯定方面和否定方面的对立统一

事物的发展是由其内在矛盾引起的，而肯定和否定就是事物内在矛盾的两个方面。肯定方面是维持事物的存在、保持事物的性质和现状的方面；否定方面是促使现存事物灭亡，破坏现存事物原状的方面。这两方面是一对矛盾，它们之间存在着对立统一关系。说它对立，是指肯定和否定双方在事物存在和发展中的性质、作用、地位不同，因此总是在进行斗争。说它统一，是指肯定和否定在一定条件下相互依存，共处于矛盾的统一体中，而且双方在一定条件下还会发生转化。当肯定方面处

---

① 《马克思恩格斯全集》第26卷，人民出版社2014年版，第965页。

于支配地位时，事物保持其原有的面貌，而当否定方面通过斗争由次要地位转变为矛盾的主要方面时，事物的性质随之发生变化，旧事物就变为新事物。事物的否定过程，正是由于肯定方面与否定方面地位转化而引起的。

懂得事物的肯定方面和否定方面是一对矛盾就不难理解辩证法否定观的实质和特征。第一，因为肯定和否定是事物内部固有的矛盾，所以辩证的否定是事物自身的否定，即自己否定自己。第二，因为肯定与否定的矛盾既存在于任何事物内部，又贯彻于事物发展过程的始终，所以辩证的否定是普遍规律，任何事物都会经过否定由旧事物变为新事物，而新事物还会被更新的事物所代替。

二　否定是克服和保留的对立统一

不但事物内部肯定方面和否定方面是矛盾，而且新事物否定旧事物的过程也包含着矛盾。这个矛盾就是既克服又保留，哲学上把这种特点叫作"扬弃"。所谓克服，就是改变旧事物的性质，抛弃旧事物中已经腐朽、衰亡、消极的部分；所谓保留，就是吸取、保存旧事物中积极的可以利用的因素，并将它加以改造作为新事物生存和发展的基础。例如，铁被氧化变成氧化铁，改变了铁的原有性质，这是克服；而氧化铁中又包含着、保存着铁的成分，就是保留。又如，无产阶级夺取资产阶级政权，推翻资本主义制度，是克服；而继承和利用资本主义社会积累起来的物质文明和精神财富，这又是保留。否定过程就是克服和保留的对立统一。说它对立，是因克服和保留性质相反，形式有别，不能混淆。说它统一，是指克服和保留在统一的否定过程中相互依存、相互依赖。只有根本改变旧事物的性质，打破旧枷锁的束缚，旧事物中的合理因素，才能真正被吸收，也才会对新事物的发展起积极作用，保留依赖于克服；同样，只有善于吸取、保存和改造旧事物中包含的积极因素，也才能使新事物代替旧事物有现实的基础，使新事物战胜旧事物有更加充实的力量，克服又依赖于保留。在人类历史上，旧社会制度中发展起来的科学、技术和生产力只有突破旧生产关系的束缚才会长足前进。而新的社会形态只有善于保护、利用和改造旧社会中已有的先进生产经验和物质资料，才会促使旧制度迅速灭亡，推动新社会巩固和发展。这充分证明了克服和保留的相互依存关系。总之，克服和保留是对立的统一。

把握住否定过程中克服和保留的对立统一关系，就很容易理解辩证的否定在事物发展中的地位和作用了。正因为否定是克服和保留的对立统一，所以否定既是事物发展的环节，也是事物联系的环节。克服——改变旧事物的性质，抛弃旧事物的消极部分，从而实现了从旧质到新质的飞跃。因此，否定是发展的环节。保留——吸取旧事物的积极成分，使其成为新事物生存和发展的条件，从而把新旧事物联系起来。因此，否定又是联系的环节。可见辩证否定作为发展环节和联系环节的这种作用，正是由否定的克服和保留的对立统一（"扬弃"）所决定的。

三　发展是新事物和旧事物的对立统一

事物通过否定得到发展，而发展的实际内容则是新事物的产生和旧事物的灭亡，即新事物战胜旧事物。新事物和旧事物的关系也是对立的统一。所谓对立，是指新旧事物有着根本不同的性质，新事物是符合客观规律，有着强大生命力和远大前途的东西，旧事物则是违背客观规律，日趋衰落、死亡，没有任何前途和出路的东西。所谓统一，一方面是指新事物总是在旧事物内部、旧事物"母胎"中孕育成熟的，它的成长的条件是旧事物提供的，而旧事物也必须通过既利用又压抑新事物来保存自己，二者相互依存，共处于一个统一体中；另一方面是指新旧事物在一定条件下可以转化。当新事物在斗争中不断成长壮大，由劣势上升为优势时，就会把旧事物战而胜之，取而代之，旧事物转化为新事物。而新事物本身又包含着将来取代它的更新因素，当这更新因素成长到一定程度时，原有的新事物就会转化为旧事物而退出历史舞台。这种新旧事物相互转化的新陈代谢过程永远不会完结。

懂得了新旧事物这种既对立又统一的矛盾关系，对于区别新旧事物的标准和认识新事物战胜旧事物的必然性就会迎刃而解了。新旧事物根本对立的性质，正是我们区别新旧事物，识别什么是新事物的唯一根据。那种简单以出现时间的先后作为鉴别新旧事物的标准之所以错误，就是由于这种观点离开了新旧事物在本质上的矛盾对立。此外，新旧事物之间对立统一的矛盾关系正是新事物必然战胜旧事物的根本原因。新事物的合规律性和有生命力的优点乃是在同旧事物的矛盾斗争中形成和发展起来的。没有同旧事物的对立统一关系，新事物的优点既不能形成也不能发展；而新事物如果不能获得超过旧事物的优越性，说它必然战胜旧事物，岂不成了笑话。可见，新旧事物的对立统一，是新事物战胜旧事物的源泉和动力。只有通过对新旧事物关系的矛盾分析，才能顺理成章地得出新事物必然战胜旧事物的结论。如果离开了矛盾观点，要论证新事物胜利的必然性，将会一筹莫展。

四　发展的道路是前进性和曲折性的对立统一

事物发展的实际内容是新旧事物的矛盾运动，这一矛盾在演变过程中所经历的道路则表现为前进性和曲折性的对立统一。前进性说的是事物发展的总趋势、总方向不可逆转，总是新的产生，旧的死亡，由低级上升到高级，由简单发展到复杂。每经过一次否定，就进入一个新的阶段，新的境地，犹如"芳林新叶催旧叶，流水前波让后波"，不断向新的高峰迈进。曲折性指的是事物发展的具体道路，有回旋，有反复，起伏曲折，坎坷不平。事物经过两次否定，在高级阶段（否定之否定阶段）会重复低级阶段（肯定阶段）的某些特征、特性。而且，在有的情况下发展过程中还会出现暂时的倒退。这种曲折性好像"千岩万壑路不定，回崖沓峰凌苍苍"。人们常说"勇往直前"，其实"勇往"诚可赞，"直前"却未必。可见，前进性和曲折性是事物发展道路上两种对立的特征。然而，二者之间也有统一性，这就是前进性与曲折性的相互依存，即前进中有曲折，曲折中有前进。前进的总方向，通过曲折的道路来达到，曲折的道路又被前进的总趋势所制约。事物的发展总是在前进性与曲折性的对立统一中实现的，这种特点可以借用"山重水复疑无路，柳暗花明又一村"两句诗来描绘。前进性与曲折性统一的形态，就是人们常说的波浪式前进或螺旋式上升。

发展总方向的前进性、上升性，是由新事物战胜旧事物的必然性决定的，而发展道路的曲折性则是由新旧事物矛盾的复杂性和事物经历肯定——否定——否定之否定三个阶段后所呈现的周期性决定的。新事物开始时势单力弱，旧事物却力量强大；旧事物为了维持生存总要利用自己的支配地位竭力扼杀、摧残和阻挠新事物成长；加之新事物在成长的初期往往斗争经验不足。这些复杂因素就势必导致新事物发展道路的崎岖不平，迂回曲折。特别是事物经过两次否定而形成的周期性本身就是一种曲折。可以看出，离开了矛盾观念，要理解发展的前进性和曲折性特征是根本不可能的。

不但辩证否定观的上述要点要用矛盾规律来说明，而且要划清在否定问题上辩证法和形而上学的界限，也必须牢牢抓住矛盾观点。在对待事物的态度上，肯定一切或否定一切的形而上学错误，其根源就在于它孤立地绝对地看待肯定和否定，否认肯定和否定二者之间的对立统一，认为凡是否定的地方就没有肯定，凡是肯定的时候，也没有否定。说克服，讲批判，就认为不能保留，不能继承；谈保留，言继承，就认为不能克服，不能批判，总而言之，要么全盘继承，要么统统抛弃。其要害不正是缺乏辩证法的矛盾观吗？在看待事物的发展道路时，直线论或循环论的形而上学观点，其原因在于片面地孤立地观察事物的发展。讲前进，就认为没有偏离，没有曲折，畅通无阻，一帆风顺，可以走笔直的道路；说曲折，则又认为没有发展，没有上升，循环往复，"旧地重游"，总是周而复始地重复。一言蔽之，发展的道路要么是"一条线"，要么是"团团转"。这里的症结不正是离开了对立统一规律吗？可见，是否承认矛盾是辩证法和形而上学对立的焦点，是否坚持矛盾观点也是辩证法否定观和形而上学否定观分歧的基础。

总之，辩证法否定观的全部内容，都围绕着矛盾这根红线。只有懂得了矛盾观，才能真正理解辩证法的否定观；只有运用矛盾双方的对立统一关系，才能透彻说明否定观的基本内容。因此我们说，矛盾观是分析否定观的一把钥匙。

（原载于《中学政治教学参考》1982年第7期）

把握实践标准的唯物辩证法特征

二十年前关于实践是检验真理的唯一标准的大讨论，冲破了"两个凡是"的思想禁锢，揭开了当代中国第一次思想解放运动的序幕。二十年来改革开放的成就充分证明了这场讨论的重大意义。在我国又面临一次思想解放运动的今天，重温二十年前的真理标准大讨论，可以获得不少新的启示。这些启示集中到一点，就是只有把握实践作为检验真理标准的唯物辩证法特征，才能真正发挥实践标准对于解放思想的巨大作用。

根据马克思主义哲学的实践观和真理观，实践作为检验真理的标准既是唯物的又是辩证的，既是绝对的又是相对的。把握实践标准的唯物辩证法特征主要应重视以下几点：

1. 坚持实践标准的"唯一性"，突破陈旧观念。关于真理标准问题，在哲学史上长期争论不休，有的主张以权威意见为标准，有的主张以多数人的感受为标准，有的主张以自己的"良知"为标准，甚至有的主张以神意为标准，只有马克思主义才在科学实践观的基础上，真正解决了这一问题，明确提出：只有实践才是检验认识真理性的唯一标准。所谓"唯一"就是强调了除了实践这一标准之外再没有任何其他标准，从根本上说，人类的一切认识、人类一切时代的认识是否具有真理性，只能由实践来检验，这是绝对的、确定无疑的。二十年前，我们强调了实践标准的唯一性，冲破了以"两个凡是"为真理标准的教条主义，解放了思想；今天我们只有继续坚持实践标准的唯一性，才能突破陈规，特别是在传统公有制理论上的种种旧观念，推动再一次解放思想，从而，在新的实践基础上去努力探索能够极大促进生产力发展的多样化的公有制实现形式。

2. 认识实践标准的历史性，超越狭隘经验。真理性的认识是主观和客观在一定具体范围内和一定历史条件下的统一；实践和真理一样，也有自己特定的具体范围和历史条件。因此，实践对真理的检验，也是具体的历史的。就是说，个别的局部的一定历史条件下的实践，只能检验特定范围和特定历史条件下认识的真理性，并不能证明人们的所有认识。就每一具体历史过程来说，实践的检验作用总是具有具体的历史性的特征。新中国成立以来，我们在革命和建设方面取得了许多重大成就，也积累了许多好的经验，一些做法在当时的历史条件下，被实践证明是正确的，但是随着社会的发展，历史条件变了，我们就不能以经验主义的态度盲目崇拜过去个别的局部的实践，而应该抓住新的历史机遇，努力探索，大胆革新，以新的历史条件下的具体实践去发展和检验我们的认识。实践标准的历史性告诉我们，躺在过时的个别历史经验上是没有出路的。

3. 把握实践标准的动态性，不断发展理论。主观和客观的矛盾，是认识过程的基本矛盾。实践、认识、再实践、再认识……是人们解决认识基本矛盾的无限运动过程。在这一动态过程中，实践在发展，认识在发展，真理也在发展。既然认识和真理是思想向客体、主观向客观的无止境的动态接近过程，而不是一经达到便永远不变的静止状态，因而，实践对真理的检验也是一个不断发展的动态过程。从根本上说，只有不断发展着的人类实践的总和才能成为鉴别真理的可靠标准。这就要求我们要随着实践的发展不断解放思想，在新的实践检验中，不断激发真理的生命力。邓小平理论的重要精神之一，就是解放思想、实事求是的坚定性和动态性。所以，对待马克思主义，一定要着眼于随着实践的发展而不断检验，不断发展；对于在改革开放和现代化建设实践中形成和发展起来的邓小平理论，要在坚持其科学体系用以指导我们各项工作的同时，也需要随着实践运动的步伐，从各方面进一步丰富和发展，这才是真正高举邓小平理论的旗帜。

"唯一性"是实践作为检验真理标准的唯物论特征,"历史性"和"动态性"是实践作为检验真理标准的辩证法特征。列宁说,实践标准"是这样的'不确定',以便不至于使人的知识变成'绝对',同时它又是这样的确定,以便同唯心主义和不可知论的一切变种进行无情的斗争"。我们只有全面理解实践标准的确定性和不确定性的统一、唯物论和辩证法的统一,才能正确地把握实践标准,才能正确地把握真理的发展过程,才能在实事求是的基础上,推动思想解放。

(原载于《西安日报》1998年5月11日)

划清实践标准与实用标准的界限

实用主义者常常使用一些和马克思主义大体相似的名词，来鱼目混珠，往往使人们在一些问题上划不清马克思主义同实用主义的原则界限。因此，在深入讨论真理标准问题当中，分清实践标准与实用标准的原则界限，是十分重要的。

实践标准和实用标准的区别，首先是二者的实践观不同。马克思主义所说的实践，是指人们改造客观世界的活动，主要包括生产斗争、阶级斗争和科学实验，而生产斗争则是最基本的实践活动。马克思主义哲学认为，实践是客观的、物质的活动，它能引起客观世界的变化；实践是社会的、历史的活动，它是人们在一定的历史时期和一定的社会关系中进行的；实践活动的主体是人民群众，只有人民群众、特别是劳动群众改造自然和改造社会的革命实践，才能推动生产发展和社会进步。这些都是辩证唯物主义对实践概念的科学规定。我们说实践是检验真理的唯一标准，就是指用这种具有客观性、社会性和群众性的实践活动的结果来判定人的思想是否符合客观实际，是否符合事物发展的客观规律。实用主义者也讲实践，而他们所说的"实践"，根本不是指人民群众改造客观世界的物质活动，而是指个人的"应付环境"的行为，实质上是个人的主观经验。所以，他们把在实践中是否"有用"，是否能获得"效果"作为真理标准，也就根本不是证明认识是否与客观实际相符合，而只是用来说明认识是否与个人的主观经验相符合，是否对个人"应付环境"有用。凡是对个人活动有用，与主观经验相符合的观点和思想，就给予"真理"的美名。

其次，二者的真理观不同。马克思主义坚持客观真理论，认为真理是人们对客观事物及其规律的正确反映，真理的内容是客观的。这种客观真理只是如实反映事物的本来面目，而不附加任何客观事物本身所没有的东西。例如，我们说某些干部的工作经验是正确的，这只是说这些经验如实反映了一定部门和一定环境的客观实际。我们说马列主义、毛泽东思想是真理，也只是因为它如实反映了社会发展和革命运动的客观规律。从真理是客观的这一前提出发来选择真理标准，那么这种标准就必须能够沟通主观与客观，必须能够把主观认识变成客观事实，从而使我们能够确定主观思想与客观实际的符合程度，而只有社会实践才具有这种作用。可见，马克思主义坚持客观真理，本质上就包含了对实践标准的肯定。而实用主义在真理观上则竭力否定客观真理，坚持主观真理论。他们不承认真理是对客观实际的反映，而认为真理不过是由人主观任意虚构的。实用主义从"真理是人造的工具"这种主观真理论出发，就当然要把是否对我"有用"，能否"发生功效"作为真理的标准。某种观念和理论是对我"有用"的工具，是能够"发生功效"的工具，它就是真理，否则就是谬误。这就是实用主义把主观真理论作为前提而得出的必然结论。把这个命题用一句通俗而又形象的话来概括，就是"有奶便是娘"。

再次，二者的功利观不同。马克思主义以社会实践作为检验真理的标准，主要是指实践的客观效果，就是说，把理论、政策、计划、办法等等放到社会实践中去，看是否能得到预期的效果。一般说来，成功了的就是正确的，失败了的就是错误的。而且，马克思主义也承认，真理是有用的，它能够给人们带来利益。否则，探求真理还有什么意义？但是，马克思主义所说的"成功""有用""有利"等与实用主义的表面相似的说法，在实质上却完全是两回事。第一，马克思主义所说的"成功"，是指社会实践证明了认识同客观规律相符合，因而使人们达到了预期的目的。而实用主义所说的"成功"，是指认识同个人的主观意图相符合，使个人的需要得到了满足。正如列宁指出的："在唯物主义者看来，人类实践的'结果'证明着我们的表象和我们所感知的事物的客观本性相符合。在唯我论者看来，'成功'是我在实践中所需要的一切，而实践是可以同认识论分开来考察的。"①第二，马克思主义说真理是"有用"的，是以承认真理的客观性为前提的。正因为真理是对客观事物及其规律的正确认识，所以它才对指导人们改造自然和改造社会有着重大的作用。也就是说，真理的客观性决定了真理的有用性，而实用主义所谓的"有用"，则是否定客观真理意义下的"有用"，是对实现个人利益、达到个人目的"有用"。在他们看来，并非因为是真理，所以才有用，而是因为"有用"所以才是真理。由此可见，马克思主义的"有用"是建立在客观性基础之上的，而实用主义的"有用"是建立在满足个人欲望的基础之上的；马克思主义是从真理性引出效用性，而实用主义则从效用性引出真理性。这两种"有用"是不可同日而语的。第三，马克思主义认为真理是"有利"的，这里所说的"有利"，是指对整个人类的发展，对整个社会的进步，对整个历史的前进有利。在阶级社会里，首先是指对被压迫被剥削的阶级、对革命的进步的阶级和阶层有利。而实用主义所谓的"有利"，则仅仅指对个人或个人所属的那个集团有利。在资产阶级看来，就是看是否对压迫劳动人民、侵略其他民族、发动侵略战争有利，凡是对这些行为有利的理论，他们就统统宣布为真理。总而言之，马克思主义的功利观同实用主义的功利观是截然不同的。

正由于马克思主义和实用主义的实践观、真理观、功利观完全不同，所以马克思主义的实践标准与实用主义的实用标准是根本对立的。

林彪、"四人帮"是一伙野心家、阴谋家，他们为了达到篡党夺权的目的，必然要大搞实用主义。他们观察事物、判断路线、审查干部都是以"我"为核心，以对"我""有用""有利"为标准。凡是对他们篡党夺权有用、有利的就是"真理"，就是"正确路线"，就是"好干部"，反之，就是"谬论"，就是"修正主义路线"，就是"走资派"。

---

① 《列宁全集》第18卷，人民出版社2017年版，第141页。

对待马列主义、毛泽东思想,他们任意割裂,断章取义,肆意歪曲,使其为"我"所用。对待路线是非,他们不顾客观实际,大搞"依人划线"。对待干部,他们不看其在历史和现实的革命实践中的表现,大搞"依人站队",凡紧跟他们的都是"好"人。对待历史人物,他们任意褒贬,随便篡改,符合他们心意的就是"法家"。如此等等,不一而足。他们甚至公开宣扬说:"一切都要根据需要""事实要为政治服务""搞历史,就是搞实用主义"。这就不打自招地供认他们是实用主义的忠实信徒。

由于林彪、"四人帮"在理论上鼓吹,在实际中奉行,因而使实用主义的毒素严重地侵蚀了我们党的肌体。我们有些同志程度不同地沾染了这种毒素。看人、看事、想问题,不是以千百万群众的社会实践为标准,不是以是否符合客观实际为准则,而是以是否对个人"有用""有利"为尺度。例如,明明是违背党的原则的事,但觉得对个人有某种好处,硬是要搞;明明经过实践证明是正确的政策、措施,但对个人有某些不利,硬是不实行;明明经过实践考验是德才兼备的好干部,但出于某种非党性的偏见,就是不使用;明明是损害群众利益的错误做法,但为了回避矛盾,明哲保身,就是不纠正,等等。这些同志,权衡的是个人得失,计较的是个人利害,实质上采取的是实用标准。

实用主义是反马克思主义的,它采取的实用标准同马克思主义的实践标准是完全对立的。我们只有划清它同马克思主义的原则界限,才能正确理解和真正坚持实践是检验真理的唯一标准这个马克思主义的基本原理。

(原载于《西安日报》1979年9月5日)

辩证地把握"两个标准"

一

1978年在全国开展的关于真理标准的大讨论迄今已经十年了。十年来的历史告诉我们，这场讨论绝不是一个单纯的哲学理论问题，而是一个重大的政治问题，是关系到党和国家前途和命运的大问题。正是这场讨论，冲破了"两个凡是"的藩篱，破除了现代迷信，推动了思想解放运动，为党的十一届三中全会的召开做了重要的思想和舆论准备，端正了党的思想路线，从指导思想上促进了全面改革和开放，使我们的国家和民族充满了生机和活力。十年来，我们在思想理论和改革实践上取得的一系列重大进展，就是正确运用实践标准观察、分析和解决现代化建设中的新问题的结果。今天，我们一方面要深化改革，同时要从根本上解决前进中出现的困难和问题，更应该高举起实践是检验真理的标准这面旗帜。

然而，要使"实践标准"在改革中继续发挥重要作用，必须认真总结十年来的经验教训，辩证地理解和掌握"实践标准"。

首先，我们要知道，实践是检验真理的标准这一原理说明的是实践和理论、实践和认识辩证关系的一个方面，即实践是认识和理论的基础，认识和理论产生于实践并且只能由实践来检验。而实践和认识、实践和理论的关系还有另一个重要方面，这就是理论能够指导实践，实践必须由理论来指导。在辩证唯物主义的认识论看来，不仅人们的认识受实践的制约，而且实践也受认识的制约。这集中地表现为理论对实践的指导作用。在自然科学中，理论在实践前面充当先导的事例是常见的；在社会历史运动中,科学理论对实践的指导作用尤为突出。国际共产主义运动一开始,就是在科学理论的指导下兴起和发展的;中国革命和建设的每一次前进,每一项胜利,都是在科学理论的指导下取得的。改革、开放和现代化建设是比以往的革命更加广泛深刻,更为复杂困难的实践,在这一伟大实践中,科学理论的指导作用愈益显得重要。

科学理论所以能指导实践,就在于它正确地揭示了事物的内在本质和发展规律,因此具有洞察实质,统观全局,预见未来的功能,从而给人们指明前进的方向。

实践产生理论、检验理论,理论制约实践、指导实践,这就是实践和理论的辩证法。如果我们不把这两个方面统一起来,就不会全面理解"实践标准"的科学涵义。

在对实践标准的理解和把握中,的确存在着一种片面性的看法。有些人认为,既然实践是检验真理的惟一标准,那么科学理论就是消极的、是被动的了,理论对实践的指导作用似乎无关紧要了。什么马克思主义理论,什么社会科学,既然它们要受实践的检验,那它们还有什么先导价值和能动作用呢?于是在口头上,"马列主义没力量""社会科学空荡荡""读书不如去经商"等论调应运而生;在改革中,不顾规律,不重科学,盲目乱干,边走边看,只顾眼前,缺乏运见的现象屡见不鲜。这种否认或忽视科学理论指导作用的观点和行为,貌似坚持实践第一,坚持实践标准,事实上是一种把实践标准庸俗化的经验主义。这种经验主义,只会给人们的实践活动带来极大的盲目性,从而造成种种失误。因此,我们在强调实践标准的同时,一定要把实践检验真理和理论指导实践辩证地统一起来。

其次,实践作为检验真理的标准,既有其绝对性,又有其相对性。绝对性是指,人们的认识是否正确,某种理论是否有真理性,应该而且只能用实践来检验,此外再无其他标准。相对性是说,每一历史阶段的实践不能完全证实或驳倒它那个时代提出的一切理论和学说。而且,一定历史阶段的实践所证实的某种认识或理论的正确性,也是有限度的,超出这个限度未必是正确的。也就是说,未经当前实践所证实的理论不一定全是错的,已被当前实践所证实的正确认识也不一定具有永恒的真理性。实践标准就是这种绝对性和相对性的统一。

如果否认了实践标准的绝对性,就会主观随意地把某种脱离实际并未经实践证实的认识宣布为真理,或者把某些书本上的条条框框,当作裁剪实践的尺度,如果看不到实践标准的相对性,就会简单地把当前的实践还不能检验的理论统统说成是没有价值的,甚至是错误的。或者把在某一次、某个阶段实践中获得了成功的认识,说成是时时处处都适用的普遍而永恒的真理。自然科学中的一些假说,社会科学中的某些预见,其真理性都不可能在有历史局限的某一次实践中得到证实,但它们不一定就不是真理。因为,它们虽然不能在当前的实践中证实,却有可能在将来的实践中证实。所以,如果看不到实践标准的相对性,就会只根据个别人或个别地区的片面性经验来判断是非。

真理标准讨论十年来,实践标准的绝对性已被人们不同程度的有所认识。但是,实践标准的相对性却被一些人忽视了。他们对关于社会主义发展规律和改革发展前景的预见性理论,由于还未能在眼前产生效果,就统统认为是不着边际的空谈,却把仅在某些个人、某个地区或某一阶段实践中取得了一些成功的政策、措施、办法视为包医百病、永远有效的灵丹妙药加以宣传。他们不懂得,在实际工作中,往往有这样的情形,某一种认识,从一定时间、局部的实践来看是正确的,但是从长远的、全局的实践来看,则可能是不正确的。反之,某一种理论,从当前的、局部的实践来看是不正确的,但从长远的、全局的实践来看,则可能是正确的。这是因为,人们的实践总是具体的历史性的,总有这样或那样的局限性,所以它对认识和理论的检验总带有不确定性。我们如果只看到实践标准的确定性、绝对性,而不懂得实践标准的不确定性、相对性,同样会犯经验主义的错误。

总之,实践和理论、实践标准的绝对性和相对性是辩证的统一,我们只有既坚持实践标准又重视理论指导,既认识实践标准的绝对性又承认实践标准的相对性,才能真正地理解和科学地掌握实践标准。在当前,要治理经济环境,整顿经济秩序,为深化改革廓清道路,更需要理论的支持、指导。我们应该认真思考恩格斯的话:"一个民族想要站在科学的最高峰,就一刻也不能没有理论思维。"

二

党的十三大报告对生产力标准的确认,同十一届三中全会肯定实践标准一样,是马克思主义基本原理的恢复,无论从实践和理论上说,都具有重大意义。按照唯物史观,生产力是社会发展的最终决定力量,因此,我们才把是否有利于生产力的发展作为社会领域中判断进步还是倒退的主要标志,当作考虑一切问题的出发点和检验一切工作的根本标准。

生产力标准的科学性,在理论上是无可置疑的,但要在实际工作中正确地运用它,使它转化为推动改革,推动社会前进的物质力量,却有待于我们对这一命题进行深入的探讨,全面的理解,科学的把握。这里最值得注意的是,要从唯物论和辩证法的统一中,理解和把握这一标准的精髓。

生产力标准的辩证性主要表现在以下几点。

第一,生产力的整体性。一个社会的生产力是指构成这个社会的各个局部的生产力的总和,而不是只指某个部门,某个地区的局部的生产力。发展生产力也指的是社会生产力的整体发展,即增加生产力的总量。固然,社会整体生产力的发展,必须以各局部生产力的发展为基础,但是某一部门、某一企业、某一地区生产力提高了,并不等于全社会整体生产力都提高了。因此,一项政策、一种措施究竟符合不符合生产力标准,就不能只看它可否带来某种局部的利益,而要看它是否能经得起社会生产力整体的检验,即是否有利于整体生产力的发展,在现实中,甚至有这种情形,一些部门只顾本部门的发展,不惜损人利己,以邻为壑,或者损公肥私,化公为私。其结果是,自己部门的生产力提高了,却严重影响了别部门和整个社会生产力的发展。这种本位主义和实用主义,绝不是在坚持生产力标准，而是在歪曲生产力标准。从认识上说，它背离了生产力标准的整体性原则。

　　第二，生产力的动态性。生产力是一个前后承续、相互衔接的动态历史过程。在人类历史上，每一时期的生产力运动总是和以往的生产力运动相联结，又同尔后的生产力运动相联系。在这一连续链条中，任何一个阶段以生产力的发展为基础的，也都将转化为下一阶段生产力赖以存在和发展的前提。这种"前人栽树，后人乘凉"或"先人欠债，后人偿还"的特点，要求我们在发展生产力时必须考虑到前因后果，必须预见到当前生产力的使用及其变化给以后带来的直接和间接的影响。因此，一项政策、一种措施究竟符合不符合生产力标准，不能只看它能否带来某种眼前的生产力的提高，而要看它是否能经得起历史发展的检验。即眼前生产力的发展是否能够为下一阶段生产力的发展提供顺利进行的前提和更高的基点。在历史和现实中不乏这样的事例，为了追求眼前实惠和短期效益，超负荷地使用现有的生产力，盲目地"开发"利用自然资源，过量地消耗现有生产设备，这种只顾眼前不顾长远的短视的实用主义，即使生产一时兴旺，却使未来的发展难以为继，甚至会给以后的生产造成巨大的危害。正确的做法应该是，认识生产力的历史动态性，把眼前效益和长远效益统一起来。

　　第三，生产力和其他社会因素的联系性。唯物史观认为，生产方式是人类社会赖以存在的基础，而生产力不仅是生产方式的，同时也是整个社会的最终的决定力量。然而生产力却并非社会存在和发展的唯一因素，而且生产力的发展也不能离开生产关系，上层建筑、意识形态等因素的作用。人类社会是在生产力和生产关系、经济基础和上层建筑、物质文明和精神文明、经济建设和文化建设、物的因素和人的因素等多种因素的相互联结、相互作用的过程中向前发展的。在这个社会有机体的发展过程中，每一因素、每个环节都有它应处的地位和应起的作用。而且任何一个因素的存在和发展都离不开其他诸多因素的制约和影响。即使作为社会发展的决定因素的生产力，也不可能脱离其他社会因素而孤立发展。我们在承认生产力决定作用的基础上，也必须承认生产关系、上层建筑诸因素的巨大反作用。因此，我们在把握生产力标准时应该注意，衡量社会进步，除了生产力这个根本标准之外，还有其他由生产力派生的标准，例如生产关系的性质，上层建筑，意识形态的性质和状况等，也能从不同层次和方面说明社会的进程，衡量社会的进步程度。而且，在社会生活的各个领域，各项工作中，除了生产力这个终极标准之外，还有许多适应于各自特殊领域和工作的判断是非、区分善恶、鉴别优劣的具体标准。如果我们不顾构成社会的因素的复杂性和社会生活内容的丰富性，简单地直接地用生产力这一根本标准取代其他一切具体标准，那就把生产力标准庸俗化了。

当前在改革中的确存在着把生产力标准庸俗化的现象：以为既然坚持生产力标准，就是主张一切向钱看，就是要求教育、出版、文化、艺术、体育等事业面向金钱，以是否赚钱作为衡量这些领域工作好坏的准则；就认为可以取消自然科学和社会科学的基础理论研究，只搞那些能够收取实惠的应用学科就以为可以置思想政治工作、道德理想教育、健康人格塑造于不顾，只去追求物质实惠。这种急功近利的金钱实用主义，完全歪曲了生产力标准的精神实质，它不但不会促进生产力的发展，而且还会使生产力由于缺乏来自制度的、政治的、文化的、教育的、精神的等各方面的营养而面临"虚脱"。也就是说，一旦割断了生产力因素和其他社会因素的联系，生产力就会被窒息。

生产力的整体性、动态性和生产力与其他社会因素的联系性，就是生产力标准的辩证法，人类社会的生产力正是在这种辩证运动的过程中发展的。把握和坚持生产力标准，必须把唯物论和辩证法统一起来，抛弃种种实用主义的短视，克服种种片面性的理解，才能真正发挥生产力标准对改革和建设的指导作用。

（原载于《理论导刊》1989年第2期）

解放生产力和发展生产力的辩证统一

解放生产力和发展生产力是建设社会主义的根本任务，过去，我们讲社会主义的根本任务时，着重讲要发展生产力，没有强调还要通过改革解放生产力，这是不全面的。应该把解放生产力和发展生产力两个方面结合起来。这是因为：

1. 解放生产力和发展生产力有着不同的涵义。解放生产力是相对于生产力受到束缚、遇到阻碍而言；解放生产力就是要破除束缚，排除阻力。具体地说，就是在社会主义基本制度确立以后，还要从根本上改变束缚生产力发展的经济体制，建立起充满生机和活力的经济体制，促进生产力发展。而发展生产力则是相对于生产力水平低下而言；发展生产力就是要把生产力由低水平推向高水平。具体地说，就是在社会主义条件下，充分发挥社会主义生产关系的优越性，调动一切积极因素，推动生产力不断发展。

2. 解放生产力和发展生产力的客观依据同中有异。虽然这两个方面的任务都是依据社会主义社会基本矛盾运动的客观规律提出的，但是所依据的矛盾状况却有不同。社会主义生产关系建立以后，它同生产力的发展要求既有基本适合的一面，又有某些方面和某些环节上不适合的一面。"基本适合"的状况能够充分发挥劳动者的主动性和积极性，从而保证生产力高速度向前发展，造成高度发达的生产力。据此，我们必须充分利用社会主义生产关系的强大生命力和优越性，把大力发展生产力作为根本任务。"某些环节不适合"的状况，必然影响人们主动性、积极性的发挥，阻碍生产力的正常发展。据此，就要进行改革，从根本上改变束缚生产力发展的经济体制，使生产力得到解放。可见，发展生产力和解放生产力是依据社会主义社会基本矛盾运动中存在的"基本适合"和"某些环节的不适合"这两种状况提出的任务。

所以，我们既要提出在社会主义条件下发展生产力，还要强调通过改革解放生产力。

当然，在社会主义条件下，解放生产力和发展生产力并不是截然分开的，更不是对立的。二者是辩证统一的。从两者的关系看，解放生产力是进一步发展生产力的条件，而生产力的迅速发展又为生产力的进一步解放奠定物质基础，两者是相互作用的；从两者的动力看，解放生产力和发展生产力都要靠发挥社会主义制度的优越性，靠社会主义的自我改造，自我完善，靠改革。一句话，要靠社会主义自身的力量；从两者的目的看，解放生产力和发展生产力都是为了消灭剥削，消除两极分化，不断满足人民日益增长的物质文化需要，最终达到共同富裕。

总之，解放生产力和发展生产力，作为建设社会主义根本任务的两个方面是辩证统一的。

（原载于《西北政法学院院刊》1992年3月20日）

两个文明发展的辩证法

建设高度的物质文明和精神文明是建设社会主义的一个战略任务。要实现这个具有历史意义的伟大任务，必须深入探讨两个文明间的关系，以及两个文明内部各因素间的关系。把握两个文明的发展规律。而要解决这个问题，则要坚持和运用唯物辩证法和唯物史观的基本原则。

一 "物质文明"和"精神文明"两个范畴的哲学意义

"文明"这个概念除了在日常生活中表示一种进步的或新式的状态外，从理论上说它有两种基本涵义。一是"文明"表示人类历史进程中脱离蒙昧和野蛮时代之后的特定历史时期，即以社会第三次大分工——商品生产的出现为标志，并和阶级社会同时开始的时代。这是"文明"概念的历史学意义。摩尔根、马克思、恩格斯以及卢梭、傅立叶基本上是在这个意义使用"文明"概念的。就历史学的意义说，"文明"是表示从奴隶社会所开始的人类历史时期，不能将原始社会称为"文明"。二是"文明"表示人们改造自然和改造主观世界的积极成果，改造自然的物质成果是物质文明，改造主观世界的成果是精神文明。这是"文明"概念的哲学意义。党的十二大报告正是在这个意义上阐明和使用"文明"概念的，明确赋予了"文明"概念以哲学意义。这就将过去基本上在历史学领域里所使用的"文明"的涵义大大推广和发展了。十二大报告赋予"文明"概念以哲学意义，就使"物质文明""精神文明"成为历史唯物主义的基本范畴，从而丰富和发展了唯物史观的内容。唯物史观表述社会结构因素的重要范畴有"社会存在""社会意识""生产力""生产关系""经济基础""上层建筑"等;描绘历史运动发展的重要范畴有"生产力与生产关系的矛盾""经济基础和上层建筑的矛盾""阶级斗争""社会革命"等;而标志人们改造世界活动的成果的基本范畴就是"物质文明""精神文明"。十二大报告正式提出了这对范畴,就为历史唯物主义从人类改造世界成果这一方面,去研究历史发展规律,奠定了初步的基础。这无疑是有重大理论意义的。

二 物质文明和精神文明发展的辩证性

物质文明和精神文明,是人们改造客观自然和主观精神两个不同性质的领域所取得的两种不同性质的成果。两者构成了一对矛盾。作为矛盾的两个方面,它们的关系既有相互适应、相互一致的性质,又有不相适应、不相一致的性质。其适应性、一致性表现在物质文明是精神文明的基础,为精神文明的发展提供物质前提,并决定精神文明的特点和水平;精神文明对物质文明不仅有巨大的推动作用,而且影响它的发展方向。两个文明相互依赖,又相互作用,互为条件,又互为目的。这是二者在一定条件下的同一性。其不适应性、不一致性表现在,精神文明的性质与物质文明不同,它在依赖物质文明的基础上又有自己的相对独立性。所以,两者往往在性质、特点、水平等方面存在着很大差别。这是二者的差异性和矛盾性。

物质文明和精神文明的这种适应性、同一性和不适应性、差异性的关系,在它们的发展过程中就必然表现为平衡性和不平衡性。所谓平衡性就是从人类历史发展的总趋势、总进程来看,二者的性质和水平基本上是一致的、相应的,有什么样的物质文明就有什么样的精神文明,物质文明发达到什么程度,精神文明也发达到什么程度。所谓不平衡性就是在实际社会生活中,二者往往是不相适应的,发展的程度和水平不一致,不同步,甚至还会有较大的距离和严重的脱节。物质文明很发达的国家,而精神文明(主要指它的道德思想方面)不高,甚至精神不文明;物质文明不甚发达的国家而精神面貌好、道德水准高,就是这种不平衡性的表现。

为什么物质文明和精神文明在其发展中会有如此复杂的情形呢？除上述二者作为一对矛盾，双方本身就存在着既统一又差异、既适应又不适应的对立统一关系外，社会制度的影响和制约是十分重要的原因。社会制度（包括生产关系和体现生产关系的政治制度）的建立和发展，是人们改造社会的成果，它和人们改造自然的物质成果——物质文明，改造主观世界的成果——精神文明，三者相互影响、相互作用、相互制约。社会制度处于两个文明的中间环节，物质文明与精神文明的相互作用多半是通过社会制度的"中介"而发生的。恩格斯说："经济"对"思想资料"总是起作用的，而"这一作用多半也是间接发生的"。一旦经过社会制度这个棱镜的折射，物质文明和精神文明之间就可能出现偏离。社会制度对两个文明发展的制约作用表现在：如果社会制度的性质能同时适应物质文明和精神文明发展的要求，那它就会不断调节二者的关系，使它们协调发展，共同前进；而如果社会制度的性质与两个文明中的任何一方面发生尖锐的矛盾或对立，那就会打乱两者前进的步伐，造成它们的不平衡性。西方资本主义制度在它建立后的前期，同生产力的发展要求相适应，曾使物质文明和精神文明基本上能够同时阔步前进；而后来，它的进步性丧失了，于是既束缚了物质文明的发展速度，更阻碍了精神文明的健康成长，致使精神颓废、思想腐败、道德堕落成了无法解决的社会难题。物质文明和思想、道德的不文明形成了尖锐的对立。我国的社会主义制度是适合生产力发展要求的进步制度，因此在建立起了社会主义制度以后，我们就能够在建设物质文明的同时，建立起高度的社会主义精神文明。所以说，社会制度的性质如何，对两个文明发展的平衡性与不平衡性，有着巨大的制约作用。

三 文化建设和思想建设发展的辩证性

不但两个文明的关系和发展是辩证的，精神文明内部文化建设和思想建设两个方面的关系和发展也是辩证的。

文化建设的核心是科学知识的进步，思想建设的核心是道德觉悟的提高。知识方面和道德方面也是一对矛盾，二者的关系也是矛盾的统一。从统一性看，知识是道德的认识基础，知识增长是道德提高的重要条件，人们对人、对事、对社会有什么样的认识，就会持什么样的态度；而道德则又是知识的精神支柱，道德的提高又会促进人去探索知识、追求真理。知识和道德互相依赖，互相联结，互相渗透，互相促进，这就是二者的统一性。由于这种统一性，一个人的知识和道德的发展水平（即德和才两方面），从本质上说，是相一致的，一个社会的文化建设和思想建设发展的总趋势，归根到底应该是互相适应、彼此平衡的。然而，二者也有矛盾和差异的一面，它们的具体形态和社会作用都存在着区别。知识是理性形态，作用在于把握世界的本质和规律，指导人们改造世界的实践；道德基本是感性形态，作用在于调整人们的社会关系，指导人们正确处理人与人的关系。这种差别就形成了双方的矛盾性，其表现是：知识丰富的人，不一定道德高尚，而道德高尚的人，知识却不一定丰富。就一个社会来看，文化科学发达，而思想道德水平不高，甚至道德境界低下；道德健康，而科学文化较低，甚至文化落后，这种现象在历史上和现实中都是不乏其例的。文化建设和思想建设的这种脱节和分离，就是二者发展的不平衡性表现。

文化建设和思想建设在发展中的平衡性和不平衡性的原因，除了二者作为矛盾两方面，既相统一、相适应，又相矛盾、相差异而外，社会制度又在这里大显"神通"。对于精神文明来说，物质文明是它的物质基础，而社会的生产关系（经济制度）却是它的经济基础，建立在生产关系上的政治上层建筑（政治制度）则是它的重要条件。因此，精神文明内部诸因素都受制于社会制度，当然它们也对社会制度发生作用。在同一种生产关系基础上和在同一种政治上层建筑制约下的精神生活的各方面总是有着某些共性（例如在资本主义制度中，科学文化被资产阶级占有，为剥削人民服务，而资产阶级的思想道德在社会上也占统治地位），因此，它们的发展也就有相适应和平衡性的一面。然而，由于社会制度对科学知识的制约，主要表现在决定它的阶级归属（被谁占有）和左右它的服务方向（为谁服务，为什么事业服务）上，特别对自然科学知识来说更是如此，但对思想道德的制约主要表现在决定它的阶级性质和发展水平上。这就势必造成不同社会制度中的文化科学在占有、使用和服务目的上有别，而不同社会制度中的思想道德却主要在阶级性质上根本不同，同时还会形成即使在同一制度中文化建设和思想建设在发展水平上出现差异、不适应和不平衡。可见，社会制度的性质，对精神文明内部两方面的发展也有很大的制约作用。

总之，物质文明和精神文明的发展以及精神文明内部文化建设和思想建设的发展，都是平衡性和不平衡性的统一，相对的平衡中包含着不平衡，不平衡通过双方的矛盾作用又趋于平衡。从人类社会历史发展的总趋势看，二者是相适应、相平衡的，但在现实生活中却又往往不适应、不平衡。平衡总是通过不平衡来表现而且也是通过不平衡来实现的。这就是两个文明发展的辩证法。在它们的辩证发展过程中，社会制度有重大的制约和影响作用。之所以如此，根本原因在于，作为改造世界的主体的人，总是生活和活动在一定的社会关系之中。人们在社会关系中创造文明，所以人们改造世界的整个过程及其成果就势必受到社会关系、社会制度的制约。今天我们在开展两个文明的建设中，要深入探索两个文明发展的辩证法，自觉遵循历史的规律，充分发挥社会主义制度的优越性，从而努力使物质文明和社会主义精神文明协调发展，共同繁荣。

（原载于《陕西社联》1983年第3期）

再论两个文明发展的辩证法

党的十二大确定，为了建设现代化的社会主义强国，我们在建设高度物质文明的同时，一定要努力建设高度的社会主义精神文明。"两个文明一起抓"，这是一个具有重大战略意义的指导思想。因此，从理论上探讨两个文明发展的辩证关系，对于深入研究毛泽东思想，加深对十二大精神的理解，推动社会主义现代化建设，都有着重大的理论意义和现实意义。

一 物质文明和精神文明发展的平衡性和不平衡性

物质文明和精神文明都是人们改造世界的成果，它们的进步，表现着人们改造世界能力的增强和提高。所以，文明的发展、社会的进步和人类的解放是一个统一的历史过程。从人类历史发展的总进程来说，物质文明和精神文明二者的进步水平是相互适应、相互平衡的。就是说，有什么样的物质文明就会有什么样的精神文明与之相应。纵观人类历史的各个大的时期，这种发展的平衡性是不难得到证明的。原始社会、奴隶社会、封建社会、资本主义社会和社会主义社会，都有着各自特殊的生产力水平、社会物质财富的积累程度和人们物质生活条件的提高程度。而它们各自的精神文明，也总是与其物质文明相适应。在任何社会形态中，一定的物质文明与一定的精神文明总是具体的历史的统一。

从历史发展的长时期来观察，物质文明发展到什么性质和水平，精神文明也会达到与之相应的性质和水平。虽然，在各个具体的历史阶段上，二者的发展会出现种种偏离和脱节的复杂景象，但是从历史发展的总趋势来看，精神文明发展的曲线毕竟和物质文明发展的曲线相平行。两个文明发展的这种平衡性，乃是人们改造主观世界的能力和改造客观世界的能力二者发展的平衡性的表现。

然而，总进程、总趋势上的平衡性，却是由许多具体的不平衡性所构成的。在不同的历史阶段、不同社会制度的国家里，二者的发展往往是不平衡的。在物质文明性质和水平大体相同或相近的不同国家、地区之间，精神文明会有很大程度的不同。例如，社会主义的中国同西方发达的资本主义国家相比，中国的物质文明相对的还低于西方，而精神文明的性质却优于西方，程度却高于西方。在中国，广大人民政治思想先进，道德品质高尚，精神振奋，思想健康；在西方，损人利己、尔虞我诈成为普遍风气，精神颓废、道德堕落成了社会危机。这种差别，正是两个文明发展的不平衡性的显著表现。马克思说："关于艺术，大家知道，它的一定的繁荣时期决不是同社会的一般发展成比例的，因而也决不是同仿佛是社会组织的骨骼的物质基础的一般发展成比例的。"① 恩格斯也指出："经济上落后的国家在哲学上仍然能够演奏第一小提琴……"② 这完全适用于对两个文明发展的不平衡性的说明。

可见，两个文明的发展，既有平衡性的一面，又有不平衡的一面，总的发展趋势是平衡的，在具体阶段上的表现往往是不平衡的，平衡中存在着不平衡，不平衡又趋向平衡，这就是两个文明发展的辩证法。在人类历史中，两个文明总是在平衡与不平衡的矛盾统一中发展的。社会主义时期也不例外。

那么，物质文明和精神文明在发展中这种平衡和不平衡的错综复杂状况，究竟是什么原因形成的呢？

首先，这是由物质文明和精神文明这对矛盾内部两方面的对立统一关系决定的。两个文明是人们改造自然界和主观世界两个不同领域而取得的成果，这两种成果具有不同的性质。物质文明中虽然凝结着人们的

---

① 《马克思恩格斯选集》第2卷，人民出版社2012年版，第710页。
② 《马克思恩格斯选集》第4卷，人民出版社2012年版，第612页。

知识和智慧,但其本质是物质性的,精神文明虽然附带着物质性的外壳,但其本质是精神性的。因而,两个文明构成了一对矛盾。矛盾双方是统一对立的关系。所谓统一,是指物质文明是精神文明的基础,它是形成精神文明的物质前提,并决定着精神文明的性质和水平,物质文明对精神文明中科学文化的发展有直接决定作用,对精神文明中的思想、道德的影响固然是间接的,但也有归根结底的决定作用。物质文明对精神文明的决定作用,也就是生产力对整个社会的决定作用的一种表现。一个时代的生产力对当前和以后的社会主体——人来说,是征服自然界的能力,而对以前时代的人们来说,则是他们改造自然的物质成果(主要指生产力中的劳动工具和某些劳动对象)。正如马克思说的"任何生产力都是一种既得的力量,是以往的活动的产物"[1],是人们的实践能力的结果。当我们承认生产力是人们的"全部历史的基础"时,自然也就承认了物质文明对精神文明的决定作用。然而,精神文明也并非是消极被动的,它在依赖物质文明的基础上,反过来又对物质文明的发展起巨大的推动作用。人们改造自然、创造物质文明的实践活动只有在正确的思想认识和一定的文化科学知识指导下才能进行,所以精神文明也是物质文明发展的重要条件。这就是两个文明的统一性。所谓对立,是说两个文明在性质上有着很大的差异,一是物质性的,一是精神性的。当精神文明一旦在物质文明基础上形成以后,就有了自己的相对独立性,因之也就有着自己相对独立的发展历史。一个社会的精神文明的水平不仅依赖于它的物质文明基础,还依赖于它所继承的以往的精神遗产的性质和水平。如果一个民族有悠久而优秀的文化传统和丰富而灿烂的精神遗产,那么它就会在与别一民族相近的物质文明基础上,创造出比别一民族先进得多的精神文明。这是社会意识的相对独立性在精神文明中的表现。这就是精神文明与物质文明的差异性和矛盾性。

正由于物质文明和精神文明之间存在着对立统一关系,所以在二者

---

[1] 《马克思恩格斯选集》第4卷,人民出版社2012年版,第409页。

的发展中就呈现出既平衡又不平衡的景象。二者相互依赖、相互作用、互为条件的统一性，是它们能够彼此适应、平衡发展的依据。二者相互差异、相互矛盾，各具特色的对立性，则是它们可能分离脱节、不平衡发展的原因。

其次，这是由社会制度对两个文明发展的制约作用决定的。人们改造世界的活动包括改造自然、改造社会和改造主观世界三项任务，也会获得三方面的成果，社会制度就是其中的一个方面。十二大报告说："改造社会的成果是新的生产关系和新的社会政治制度的建立和发展。"因为社会的改造，社会制度的进步，最终都将表现为物质文明和精神文明的发展，所以人们改造世界的成果从最终表现来看是两个，从直接现实的意义上看，却是三个，即物质文明（改造自然的物质成果）、社会制度（改造社会的成果）和精神文明（改造主观世界的成果）。三个成果相互作用，相互影响，构成了形如三足鼎立的联系之网。物质文明和精神文明之间的相互作用，多半是不能直接发生的，而是要通过生产关系（经济制度）和建立在生产关系基础上的政治上层建筑（政治制度）这个中介来实现的。这样，社会制度作为中间环节，就在两个方向上对两个文明发挥制约作用。这种作用其实就是经济基础向下对生产力的制约作用和向上通过政治上层建筑对社会意识的制约作用的一种具体表现，也是政治上层建筑向下通过生产关系对生产力发生反作用和向上对思想上层建筑发生作用的一种具体表现。所以在物质生产成果（物质文明）和精神生产成果（精神文明）之间也就必然会有一个改造社会的成果（社会制度）发生作用的问题。

正因为社会制度对两个文明的发展有巨大制约作用，所以就形成了二者发展的平衡性和不平衡性。如果社会制度的性质能够同时适应两个文明发展的要求，那就会使二者相互协调、平衡发展；如果它的性质与两个文明中的任何一个的发展产生了尖锐的矛盾或对立，当然就会打乱二者协调前进的步伐，形成不平衡的局面。资本主义制度在它建立后的前期，同社会生产力的发展是适应的，因而曾经同时创造出了人类社会以前任何一个历史时代都不可比拟的物质文明和精神文明，可是，随着社会生产力的发展，资本主义制度逐渐暴露出它的腐朽和没落，并愈来愈成为社会发展的桎梏。今天，在资本主义国家里，在发达的现代物质文明的躯体上，笼罩着精神空虚的迷雾，徘徊着道德沉沦的怪影。两个文明发展的不平衡性，把社会的面貌扭曲成了可怕的畸形，这不正是社会制度的作用显示了"神通"吗！

马克思曾经说过："要研究精神生产［IX—409］和物质生产之间的联系，首先必须把这种物质生产本身不是当作一般范畴来考察，而是从一定的历史的形式来考察。例如，与资本主义生产方式相适应的精神生产，就和与中世纪生产方式相适应的精神生产不同。如果物质生产本身不从它的特殊的历史的形式来看，那就不可能理解与它相适应的精神生产的特征以及这两种生产的相互作用，从而就不能超出庸俗的见解。"①这就十分明确地告诉我们，在研究两种生产、两个文明的关系和发展时，必须将其放到一定的生产方式中来看，必须充分估计到生产关系等社会制度对两个文明发展的巨大制约作用。

总之，两个文明的发展乃是平衡和不平衡的统一，造成这种辩证特征的原因在于两个文明的内部矛盾和社会制度的制约作用。我们只有坚信两个文明在历史发展总趋势中的统一性和平衡性，才能在理论上把马克思主义历史观的唯物论原则贯彻到底，才会在实践中努力创造条件使两个文明协调发展，从而避免和克服那种以物质文明不够发达而精神文明较为进步的现实为满足，甚至为光荣的片面性认识。我们只有承认两个文明的发展在具体历史阶段上往往存在着不适应、不平衡的事实，才能在理论上坚持历史辩证法，在现实生活中正确解释西方资本主义国家物质文明发达而道德风尚堕落的矛盾现象，从而反对那种把资本主义的腐朽思想和文化，当成与发达的物质文明相适应的现代精神文明予以美化，甚至兼收并蓄的错误倾向。我们也只有看到社会制度对两个文明发

---

① 《马克思恩格斯全集》第 33 卷，人民出版社 2004 年版，第 346 页。

展的制约作用,才会坚信我国现阶段的物质文明虽然还不发达,但是由于建立起了社会主义制度,我们就能够通过充分发挥社会主义制度的优越性,使两个文明协调发展,共同前进;就能够靠继续发展社会主义民主来保证和支持物质文明和精神文明的建设。

二 科学知识和思想道德的辩证统一

在社会主义的两个文明建设中,建设精神文明具有更突出的意义。十二大报告指出:社会主义精神文明是社会主义的重要特征,没有以共产主义思想为核心的精神文明,就不可能建设社会主义。从人类历史来看,一个社会制度的优劣,先进还是落后,精神文明是主要标志之一。物质文明主要是讲物,精神文明主要是讲人,精神文明的发展水平,标志着人对自身主观世界改造的程度。

人的精神世界是一个结构极为复杂、内容十分丰富的体系,因之人们对主观世界的改造成果也包括许多方面。概括地说,基本可以分为文化科学知识和思想、信念、道德两大方面。前者是人的精神中的认识因素,后者是精神中的道德因素,简言之,就是"智"和"德"两方面。

在人类精神文明的发展史上,精神文明的两大方面也是在平衡和不平衡的矛盾统一中前进的。从发展的总趋势和历史的总进程来看,教育、科学、文化知识的发达和人们思想、政治、道德水平的提高是相互一致、彼此适应的。文化科学知识每向前推进一步,最终必然引起人们道德水平和道德面貌向新的更进步的方面前进。当人们的科学知识发生重大突破的时候,或迟或早终将引起道德规范的革新。西欧中世纪宗教道德和神学观念的破除,就是同自然科学的发展联系在一起的。正是以哥白尼的太阳中心说为代表的近代自然科学才给了基督教神学以沉重的打击。许多照亮人们知识领域的自然科学研究成果,都成了新的世界观和道德观的启蒙火炬。这不正表明了文化科学知识和思想道德观念二者发展的平衡性吗?当然,在各个具体阶段或各个具体的国度里,文化科学知识和思想道德觉悟二者发展的不平衡性也是常见的。就一个人来说,文化程度高、科学知识多并不一定思想觉悟高、道德品质好；就一个国家来看，文化科学先进，而这个社会居主导地位的思想道德水平却可能落后、衰颓，甚至腐败、堕落，严重地腐蚀着人们的灵魂，阻碍着社会的发展。在现代发达的资本主义国家，文化科学和思想道德之间的矛盾日益加剧，对立十分尖锐，科学文化和思想道德发展的轨道相脱离，呈现着明显的不平衡状态。在科学文化高度发达的日本，封建迷信十分盛行，电子计算机也成了占卜、算命的工具。恰如马克思所说："甚至科学的纯洁光辉仿佛也只能在愚昧无知的黑暗背景上闪耀。"[①]

由此看来，精神文明内部两个方面的发展，也表现为平衡与不平衡两种状态。然而，这两种状态并不是各不相干、各自独立的，而是平衡中有不平衡，不平衡又必然趋向平衡。在社会发展的某个阶段或某个地域如果出现了二者的严重不平衡，那么历史发展的客观规律必然会通过各种形式的力量加以调节，使二者保持相对的平衡。因而，任何局部上的不平衡状态，都不能改变历史总进程中的平衡趋向。

那么，为什么精神文明内部文化科学知识和思想道德觉悟会在发展历程中表现出这种平衡和不平衡的矛盾复杂景象呢？

第一，因为科学知识和思想道德是对立的统一。科学知识来源于人们改造自然和改造社会的实践，其内容是对自然、社会的客观规律的反映，而思想道德则来源于处理人与人的社会关系的实践活动，其内容是对人们的利益关系、个人利益与整体利益的关系的反映。二者的性质和特征是有差异的，在人的精神世界里各自有相对的独立性。然而，二者之间也存在着互相依赖、互相联结，互相渗透和互相促进的统一性。人们对自然和社会规律的认识水平，会促使人们思想道德水平的提高，当人们真正认识了客观规律，掌握了科学真理之后，就会使人们的觉悟、理想、信念、道德建立在科学的基础上从而使思想道德达到更自觉、更高尚的境界。反过来，人们思想觉悟和道德水平的提高，也会成为人们

[①] 《马克思恩格斯选集》第1卷，人民出版社2012年版，第776页。

研究科学、追求知识、探寻真理的精神动力，也能为人们运用科学知识指明正确方向。不能想象，一个完全不懂自然界和人类社会发展规律，对一切文化科学知识都茫然无知的人，能够真正树立共产主义理想和信念，能够牢固确立共产主义人生观，能够自觉养成高尚的共产主义道德。也不能想象一个真正具有共产主义理想和道德的人，一个有为人民服务的献身精神和忘我的劳动态度的人，却轻视文化、歧视知识，鄙视科学。拿一个社会来说，即使当它的精神文明的两方面存在着尖锐对立时，也不能说二者没有一点统一性。发达资本主义国家的先进的教育设备、文化机构和科学知识，对促使人们重视教育、科学，讲究工作效率，重视环境保护，养成卫生习惯等也起着一定作用，这些无疑都是人类精神文明发展中的积极成果。这就是精神文明中两个方面的统一性。精神文明中知识和道德的对立统一关系，就必然形成二者在发展中通过不平衡而趋向平衡的规律。而这个规律正是我们向人们提出"德育智育并重"等要求的客观根据。

第二，因为精神文明的两方面都受到社会生产关系和政治制度的制约。精神文明的两方面都对社会制度的建立和发展有着巨大的推动作用，同时社会制度（包括经济制度和政治制度）又制约着文化科学和思想道德的发展。精神文明的这两方面，其本质是社会意识形态，它们都是以社会的生产关系为基础的，而建立于生产关系上的政治制度也对它们有重大影响。由于社会制度的性质对于科学知识的制约（主要指自然科学）表现在决定它的阶级归属（归那个阶级占有）、左右它的活动方向（为那个阶级服务，为什么事业服务）和影响它的发展规模与速度，并不直接决定它的真理性和水平（这只能决定于生产力和科学实验状况）；而对思想道德的制约却表现为直接决定它的性质和水平。因而社会制度的性质怎样，对于精神文明两个方面能否平衡发展就起极大作用。在剥削阶级占有生产资料、掌握国家政权的社会制度下，特别是当掌权的阶级走向反动之后，一切科学知识都为少数剥削阶级所控制，使其成为满足贪欲、聚敛财富、对内压迫、对外侵略的手段，这必然使统治阶级越来越穷奢极欲、享乐腐化、精神衰败、道德没落。而剥削阶级的道德又在社会上占统治地位，这就势必影响整个社会的道德风尚。于是科学文化知识虽然不断发展，而整个社会的道德水平却日趋下降，形成了尖锐的对立和严重的不平衡。可是在先进的社会制度中，掌权的剥削阶级处于进步时期，它在利用科学知识满足本阶级利益的同时，还会注意运用科学知识发展生产，增加整个社会的财富，而且处于上升阶段的剥削阶级的道德，建立在新的生产关系的基础上，因此也包含着许多健康成分和进步因素。于是，社会的前进，科学的发展和道德的进步，就会有一个相对的适应和平衡时期。可见，社会制度的性质如何对精神文明内部两个方面能否平衡发展有极大的制约性。

第三，因为文化科学知识和思想道德同其他社会意识形态处于相互影响的关系中。精神文明的两大基本方面是人们改造主观世界的积极成果，但并不是社会意识的全部。它们同社会意识的其他因素例如政治法律思想、文学艺术、哲学、宗教等等，相互影响，相互制约。在同一种社会制度中，由于它们受制于同一性质的生产关系和政治上层建筑，所以它们总是有某些同一性和平衡性，但是，因为它们各自的特点不同，各自与社会制度的关系不同，各自在精神生活中所处的地位不同，各自对社会存在的反作用也不同，因而它们彼此之间总会有差异、有矛盾。就拿科学和道德两方面来说，它们接受其他社会意识形态影响的情况，是有很大差别的。这无疑也是它们往往不能平衡发展的一个原因。

社会主义精神文明的建设分为文化建设和思想建设两个方面。文化建设是思想建设的重要条件，思想建设决定着精神文明的社会主义性质。社会主义社会发展文化科学事业的根本目的是为了推动物质生产，改善人民生活，完全符合人民群众的利益；而且，它在发展文化科学，提高人民知识水平的同时，还特别重视对人民进行共产主义的思想教育和道德教育，因此就能使文化建设和思想建设在共产主义思想指导下，获得前所未有的和谐关系。从而，就为精神文明两个方面的平衡发展开辟了广阔的道路。我们相信,只要我们掌握了两个文明发展的辩证规律,又经过坚持不懈的努力,一定能把我国建设成具有高度的物质文明和高度的社会主义精神文明的国家。

(原载于《西北政法学院学报》1984 年第 1 期)

论观念更新的几个问题

中国的改革正迈着稳健的步伐不断前进，随着改革的发展，人们的活动方式和思想观念将经历一场广泛深刻的革命。思想观念是人们在长期社会实践中形成的对客观现实的反映，它在历史进程中逐渐凝结和积淀，成为一种具有综合性、稳定性的社会意识形式。当它形成之后，就对人们的行动和社会存在，发生着深远的影响。因此，每当社会处于大变革的时代，某些传统的思想观念就受到有力的挑战。改变旧观念、树立新观念就成为人们必须解决的严峻课题。我国目前就处于这样的历史关头。不可逆转的改革潮流，要求人们尽快摆脱旧观念的束缚，冲破旧思想的羁绊，跟上新的形势，创造新的事物。

要摒弃旧观念，树立新观念，实现观念更新，就首先得对什么是"旧观念"，什么是"新观念"进行深入的思考，作出科学的回答。"旧"和"新"是相对的概念，要确定二者的区别，必须对我们时代的特征、历史的趋向、社会的阶段进行分析。有位哲学家说，当今的中国是新技术革命的潮流和共产主义运动的潮流的汇合点，改革就是汇合的"潮头"。中国处于社会主义初级阶段，改革是这个阶段的重大任务。这是一种深刻的科学见解，是对时代本质特征和历史趋势的准确概括。这就是我们区别新旧观念的总的"参照系"。也就是说，凡是阻碍这种潮流的观念是"旧观念"，而凡是顺应这个潮流的观念就是"新观念"。具体说来，封建主义的残余思想，资本主义的腐朽观念和三十多年我们形成的若干错误观念，都属摒弃破除之列。而有利于推动中国特色的社会主义现代化建设，有利于中国共产主义运动发展的思想，则是我们要努力在实践中树立的新观念。孙中山先生说过:"历史潮流,浩浩荡荡,顺之则昌,逆之则亡。"今天我们就要顺应新技术革命和共产主义运动两股潮流,以社会主义初级阶段为依据,来更新观念,解放思想,弄潮前进。

那么,我们应该破除哪些阻碍历史潮流进程的旧观念,树立哪些顺乎潮流的新观念呢?这里仅就社会领域的总体观念,提出几个主要方面:

一 破除封建的小农经济观念和资本主义的唯利是图观念,建立社会主义的有计划的商品经济观念

我国的封建社会经历了相当长的历史过程,人们也在自然经济的生产方式中度过了漫长的年月。而这种自然经济又是以小农经济为其主要特征的。近代的中国资产阶级由于自身的软弱和历史条件的局限,没有把我国农村从自然经济转变为商品经济。新中国成立后,经过社会主义改造本应根据生产力的状况,建立相应的经济模式,促使自然经济的解体,培育社会主义的商品经济。然而,由于我们指导思想上"左"的影响,实行了不适应农业生产力发展的集中经营、集中劳动的体制,不但没有促使农村经济向商品化转变,反而延缓了这一转变进程。中国长期的自然经济历程,在人们的思想上留下了牢固的小农经济观念,它像绳索一样紧紧束缚了人们的思想,大大妨碍着改革的前进和社会的发展。

封建性的小农经济的基本特征是以生产资料的分散为前提,以个人和家庭的个体劳动为活动单位,以简单再生产为经营原则,以衣食的自给自足为生产目的。正如马克思说的:"这种生产方式是以土地及其生产资料的分散为前提的。它既排斥生产资料的积聚,也排斥协作,排斥同一生产过程内部的分工,排斥社会对自然的统治和支配,排斥社会生产力的自由发展。它只同生产和社会的狭隘的自然产生的界限相容。"[①]和小农经济形态的生产规模狭小、经营单位分散、经营方式保守、再生

[①] 《马克思恩格斯选集》第 2 卷,人民出版社 2012 年版,第 298 页。

产基础贫乏、支配自然力量薄弱等特征相适应,小农思想就"天然"地具有狭隘性、个体性、分散性、封闭性和保守性的特点。在经济问题上,其主要表现是:(1)崇农抑商。认为土地是立足之本,农业是百业之"王",所谓"七十二行,庄稼为王"。把经商看作"末",看作"奸",甚至看成"剥削"。所谓"生意不如手艺,手艺不如种地";"生意买卖眼前花,狂风吹不倒犁尾巴";"买卖赚的好人钱"。(2)重食轻货。与崇农抑商思想相联系,小农思想认为粮食比货币更重要,主张把积粮作为第一要务,反对把货币当作追求目标。所谓"钱如地上草,粮是宝中宝"。重视粮食当然是对的,可是过分轻视货币作用就有很大的局限性。(3)贵均患殊。在分配上小农思想追求平均主义,害怕贫富不均,反对财产占有上的多寡悬殊。农民起义的英雄们就曾把"等贵贱,均贫富"的口号写在自己的旗帜上。这种思想在历史上对于反对封建土地兼并及贫富悬殊的不平等社会制度无疑有进步作用。但却把平均主义观念深深烙印在人们的头脑中,在新的历史条件下就成了有害的思想。此外还有满足于小规模经营、满足于个体劳动,满足于自给自足;重经验,轻科学,重体力劳动,轻脑力劳动等观念也是小农思想的固有弱点。

　　小农经济观念的长期遗传和普遍存在,对社会主义经济建设和当前的经济改革是极为不利的,是妨碍改革前进的重要思想阻力。三十年来意识形态领域中"左"的思想和小农经济观念有着千丝万缕的联系,二者结合一起构成束缚人们思想的精神枷锁。长期以来我们把社会主义计划经济同运用价值规律、发展商品经济对立起来的固定观念,显然可以从"崇农抑商",排斥商品经济的小农观念里找到历史渊源。在消费资料分配上存在的似乎社会主义就要平均,收入上有较大差别就是背离社会主义的误解,也同"贵均患殊"的小农思想有着内在的联系。这些观念都是发展社会主义商品经济、贯彻按劳分配原则的严重障碍。只有予以摒弃,才能为改革开辟道路。

　　伴随着封建自然经济的解体,商品经济以其旺盛的活力出现在人类历史上。自近代以来,人类生产方式的发展史就是商品经济的历史。商品经济可以存在于极为不同的社会经济制度中,因此,它除了具备商品经济的一般性之外,还有着在不同社会制度中形成的特殊性。在资本主义制度中商品经济得到了比较充分的发展,可是它是在生产资料私有制基础上的以雇佣劳动为根本特征的商品生产。它所体现的生产关系,是资产阶级剥削和无产阶级被剥削的生产关系,劳动力转化成了商品。它把生产剩余价值或榨取剩余劳动作为特定的内容和目的。正如马克思所说:"生产剩余价值或赚钱,是这个生产方式的绝对规律。"① 无休止地、不择手段地、不顾一切地谋利赚钱是资本主义商品经济的根本性质。于是,在这种经济形态土壤中滋生起来的经济观念可以用一句话来概括:唯利是图。"在资产阶级看来,世界上没有一样东西不是为金钱而存在的,连他们本身也不例外,因为他们活着都是为了赚钱,除了快快发财,他们不知道还有别的幸福,除了金钱的损失,也不知道还有别的痛苦。"② 唯利是图是资产阶级经济观念的基础,在此基础上还形成了把弱肉强食、你死我活的自由竞争、买空卖空的投机倒把、设置陷阱、诱人上当的虚伪欺诈、生产和交换的无政府状态等都视为合情合理的观念。正是这一些观念支配着资产阶级的全部经济活动,渗透到资本主义社会的各个方面。

我国封建社会中自然经济居于主导地位,但商品经济很早就产生了,到近代社会资本主义商品经济更进一步有了发展。虽然从总体上看,我国的商品经济还很不发达,但在整个社会经济结构中还占有一定地位,而且西方资本主义在旧中国也有相当的经济势力。社会存在决定社会意识,资本主义商品经济存在的客观的事实,也自然使一些人形成了资本主义的唯利是图观念。例如为了谋利,有的党政干部违反规定经商办企业;为了谋利,损国家以肥私,损大公肥小公,损消费者以利己;为了谋利,不择手段靠歪门邪道捞外快;为了谋利,违法乱纪、营私舞弊、中饱私囊;为了谋利,乱涨物价,倒买倒卖紧缺物资等等恶劣行径,其

---

① 《马克思恩格斯全集》第42卷,人民出版社2016年版,第636页。
② 《马克思恩格斯文集》第1卷,人民出版社2009年版,第476页。

实质莫不是唯利是图观念在实际生活中的种种表现，莫不是趁搞活开放之机，鼓吹和奉行资产阶级的腐朽思想，为个人或小单位谋取私利。可见，资本主义的唯利是图观念，不仅不利于发展社会主义的商品经济，妨碍了改革的顺利进行，而且会破坏社会主义物质文明和精神文明的建设，必须予以坚决破除。

由此看来，封建小农经济观念和资本主义的唯利是图观念都是违反时代精神，违背社会主义和共产主义原则的旧观念。而且这两种观念在中国社会特定的历史条件下往往彼此结合、相互渗透，构成干扰、阻碍改革顺利进行和健康发展的思想障碍。我们决不能在破除封建小农观念的时候，宣扬资本主义的唯利是图观念；也不能在抵制、反对资本主义唯利是图观的时候，固守小农经济观念。正确的做法是，既要突破把社会主义同商品经济对立起来的传统观念，也要防止和纠正把社会主义商品经济与资本主义商品经济完全等同起来的错误认识，正确地树立社会主义的有计划的商品经济观念。必须明确，社会主义革命在我国这个商品生产不发展的国家取得胜利后，必须充分发展商品经济，这个过程是不可逾越的，而且是实现我国经济现代化的必要条件。也要看清，我国社会主义商品经济是以公有制为基础的有计划的商品经济。它的生产目的是不断满足人民日益增长的物质文化生活需要，它所体现的生产关系是当家作主的劳动人民之间在根本利益一致基础上互相协作、互相支援和互相帮助的平等关系。它是在局部利益和整体利益，计划管理和市场调节、互相协同和彼此竞争的辩证统一中运动的。我们只有正确树立这些科学的经济观念，才能推动改革的顺利进行，才能实现"四化"，建成中国特色的社会主义。如果我们继续躺在过去那种有着浓厚小农经济色彩的僵化模式上，是不会有任何出路的，而如果我们从这种模式中解脱出来后又陷进了资本主义的迷魂阵，那却又走入邪路了。时代的精神振奋我们，历史的潮流推动我们，只能以雄伟的气魄、自觉的创造和清醒的认识为指导，走我们自己的经济发展的道路，奔向光明的前程。

二　破除封建专制观念和无政府主义观念，树立社会主义的民主和法制观念

中国自秦始皇横扫六合，建立了"六王毕，四海一"的中央封建集权国家以后，两千多年间，一直生活在封建专政主义的政治制度中。辛亥革命赶走了皇帝，但没有最终摧毁封建制度，反而让封建军阀袁世凯窃夺了政权；五四运动高举科学和民主的旗帜，对封建专制主义意识形态是一次沉重打击，但远远没有完成这个任务；中国共产党领导工农民众，进行新民主主义革命，推翻了"三座大山"，但是新中国成立以来，在很长时间里，只讲"反资批修"，不提肃清封建影响。致使本来就十分顽固的封建传统观念，至今还如幽魂一般游荡在我国社会政治生活的许多方面，严重妨碍着体制改革和"四化"建设。现在应该明确提出破除思想政治方面封建专制主义残余观念的任务。

封建专制主义的政治制度以君权为核心组成自上而下的有等级的官僚机构网，实施政治统治，控制整个社会。中国的封建专制制度又与宗法制度紧密结合，以血缘为纽带，结成盘根错节的人身依附关系。与这种制度相适应的政治观念，是以权力观念为核心的。王权高于一切，大于一切，重于一切。王权超过神权、王权贵于金钱，更是中国封建政治观点的突出特征。围绕权力观念，形成了一整套封建政治思想。一曰特权观念，认为君王和官吏的权力可以不受法律约束。特别是君王，他的意志就是法律，他可以为所欲为，任意对臣民生杀予夺。各级官吏的权限虽说有所规定，但对于民众来说，他们都处于特殊地位，官位越高，就越不受法律的约束和限制。二曰以权谋私。掌权的最高统治者，视天下为一家的私产，各级官吏视权力是谋私的工具。他们把利用手中的权力，谋私利、饱私囊、用私人，看作天经地义。"贵为天子，富有四海""三年清知府，十万雪花银"就是封建当权者以权谋私的生动写照。三曰权力崇拜。"一人得道，鸡犬升天""一人当官，全家富贵"的制度，有权就有一切的现实，使权力价值高于一切，从而在人们思想中形成权力崇拜观念。四曰等级观念。君王居首的封建官僚机构，以级别的高下，分成森严的等级。特权都有，但不同等级分享不同特权，论班辈，排坐次，不得僭越。五曰宗法观念。宗法制度的核心是以血缘关系的亲疏决定政治上的权利和社会地位。皇帝是世袭制，皇亲国戚结成皇族，扭在一起，实行统治，天下实际上是由某个家族统治着。社会上，家庭是家长制，长子有继承权，族权是缩小了的皇权。整个社会弥漫着宗法观念。

上述种种观念，在历史上源远流长，影响深远，至今在我国现代社会机体上还残存着点点斑痕。例如，社会关系中残存的宗法观念，干部队伍中存在的特权观念，上下级关系和干群关系中的等级观念等等。党和国家领导制度和干部制度方面的官僚主义现象，权力过分集中的现象，家长制现象，领导职务终身制和种种特权现象以及国家政治生活中存在的"一言堂"，专制作风滥用权力、压制民主、徇私行贿、贪赃枉法、任人唯亲、论资排辈等弊端，莫不是上述观念在实际中的表现。

这些观念，是历史的遗迹，是社会的祸害，是改革的障碍。它妨害着社会主义民主和法制的建立，破坏着人民的自由和民主权利，影响着人们积极性、创造性的发挥，压抑着人才的成长。只有与其实行彻底的决裂，现代化的骏马才能在古老的中国大地上奔驰前进。

然而，在破除封建专制残余观念的同时，我们却不能忽视作为它的一种惩罚的无政府主义思想也是一种毒害人们思想的旧观念。无政府主义的希腊文本意是"无权力、无秩序的状态"，19世纪德国小资产阶级思想家施蒂纳是近代无政府主义思潮的最早鼓荡者，而被称为"无政府主义之父"的普鲁东则使它形成一种政治派别。经过了俄国巴枯宁、克鲁泡特金的进一步发展，使其更加广泛流传。无政府主义是小私有者和流氓无产者的思想观念，其思想核心是极端的个人主义。以此为基础，它崇尚的主要观念是：（1）个人至上。它把"一切为了个人"作为口头禅，视个人利益高于一切。施蒂纳说："对于我，再没有什么比我高的了"。他们把为个人谋利益，标上"正义事业"的美名，给为个人利益奋斗戴上"为真理而斗争"的桂冠。（2）绝对自由。它从"自由意志论"出发，鼓吹摆脱必然、取消纪律的"自由"。把自由抽象化、神圣化、绝对化。认为自由就是无拘无束，随心所欲，并以此作为最高的追求目标。（3）极端民主。它崇尚所不要任何法纪和任何集中的民主，认为民主就是按个人的意见办，只要个人民主，不许他人民主。把民主和专政、民主和法制、民主和集中绝然对立起来。（4）否定权威。无政府主义追求绝对自由和极端民主，必然反对和否定一切权威。认为任何权威都是"祸害"。追求"无命令、无权力、无服从、无制裁"的社会状态。这些观念，在历史上对反对专制主义、反对资产阶级独裁统治虽起过一定作用，但对建设社会主义，实行社会主义的民主和法制，只能是极大的危害。

中国社会虽是一个小资产阶级的汪洋大海，具有无政府主义思潮传播的社会基础。"文革"中，林彪、"四人帮"把无政府主义与民主相混淆，煽动所谓"大民主"，"怀疑一切，打倒一切"，破坏社会的安定团结和正常秩序，干扰社会主义建设事业的顺利前进，给国家和人民带来了极大灾难。然而，无政府主义的观念影响并没有随着"四人帮"的粉碎，"文革"的否定而自然消失，在当前的社会生活中还时有表现。"令不行，禁不止"的不正之风，"上有政策，下有对策"的邪门歪道，就是例证。

由此可见，封建专制观念和无政府主义观念，都是与中国社会主义现代化建设的发展相违背的陈旧观念。现代化要求我们在政治上必须树立社会主义的民主和法制观念。只有建设高度的社会主义民主，才能使各项事业的发展符合人民的意志、利益和需要，使人民增强主人翁的责任感，充分发挥主动性和积极性，才能对极少数敌对分子实行有效的专政，保证现代化建设的顺利进行。只有建设社会主义的法制才能使民主制度化、法律化。（1）社会主义的民主，就是使人民当家作主，行使国家权力，管理各项事业。各级干部都是为人民服务的，是"公仆"而不是"主人"。它与封建专制主义视人民为奴仆，压迫人民，剥夺人民的一切权利是完全对立的。（2）社会主义民主，是民主与专政、民主与集中、自由与必然、自由与纪律的辩证统一，它与无政府主义的个人至上、绝对自由、极端民主、不要任何权威的观念根本不同。(3) 社会主义法制是维护人民权利，保障生产秩序、工作秩序、生活秩序，制裁犯罪行为的强大武器。是一切社会成员都必须遵守的规范。它和不受任何法律约束和限制，"有官无法，官多法乱"，以长官意志来定罪的封建特权不可同日而语，与不要任何制度、反对任何权威的无政府主义毫无共同之处。为了保证现代化建设的进行，推动中国的历史车轮沿着社会主义轨道前进，就必须使广大干部和人民大众牢固树立社会主义的民主和法制观念，从思想上驱走封建专制意识和无政府主义思想的幽灵，实现政治观念的更新。

三　破除迷信观念和实用主义观念，树立科学观念

封建文化的特征是愚昧，其所以形成这种特征，除政治文化上的专制主义之外，主要由于观念上的迷信。西方中世纪迷信上帝，以神的智慧取代人的智慧，基督教视人的智慧为罪恶，人类的原罪就在于吃了知善恶树上的果实。中国封建社会，人们迷信君权，以皇帝的头脑取代一般人的头脑，在当时的臣民看来，君主的头脑是智慧的大宝库，只有他能为整个国家、整个社会，以至整个人类思维。在"圣明"的君主面前，臣子们除了一边口呼"吾皇圣明，臣罪当诛"一边顶礼膜拜外，更何敢置一词。而封建帝王则对可以开发民智的文化极尽灭绝之能事。从秦始皇的"焚书坑儒以愚黔首"，到汉高祖以"儒冠为溺器"，再到梁元帝把古今图书十四万卷付之一炬。虽说，其中包含着对旧贵族的精神武器的痛恨，但也明显地暴露了封建统治者想通过摧毁文化以"愚民"的用心。封建统治者，口头上似乎也办学府、讲"文明"，但他们倡导的学习不过是"以吏为师"，所说的"文明"不过是朝廷的仪礼，根本不是什么科学和智慧。这当然只能使迷信观念愈演愈浓，使迷信行为愈演愈烈。

中国封建社会除了迷信君主外，还有四大迷信观念重而且深。一是迷信天命。从君主到平民，几乎无人不信神秘的天命，视天命为最高主

宰，把人力、人智看作无所谓的陪衬。即使在一定范围内承认"人谋"的作用，但最终则断之以天命，所谓"谋事在人，成事在天"。二是迷信祖宗。祖宗生前有智，死后有灵，祖宗之法不可改，祖宗之命不可违。一举一动先求天命显灵，再求祖宗保佑。过节日，既设天地神位，又立祖宗神案；行婚礼，先拜天地，再拜祖先。祖先迷信是宗法制度必然产生的意识观念。三是迷信圣人。"天不生仲尼，万古如长夜"，孔圣人是智慧的化身，他"至圣先师"的地位，不可动摇；他的教训是万古不变的准则，不能背离。千百年来，他被当作神灵，受膜拜，凌驾在人们的头上。凡诋毁圣人，就是犯了大逆不道的罪过。四是迷信经典。把"四书五经"看作绝对真理，视为放之四海而皆准，传之千秋也是真的教条。人们对它只有信奉的义务，没有怀疑的权利。上自君主，下至臣民，都得学习它，实践它。到了近代社会，洋人用大炮轰开了清朝帝国的大门，西方的技艺、货物随之输入中国，中国一些人又由妄自尊大，一变而为妄自菲薄，对外国人奴颜婢膝，认为外国什么都好，月亮也比中国的亮，于是拜倒在洋人的脚下。结果，在上述四大迷信观念上又加上一个迷信洋人的观念。有迷信就会盲从，就会僵化，于是搬条条，套框框，弄八股，信阴阳，看风水，翻皇历，找吉日，蔚为风气，成为民俗。

上述种种迷信观念，如铁锈一般锈住了人们的头脑，堵塞了科学思想流行的渠道。使近代中国一直在世界科学技术发展的主流之外徘徊不前。五四运动的科学大旗，在人们头上扫开了一片蓝天，新民主主义革命的火车头，在新中国大地上开解了科学发展的大道。可是，由于"左"的思想的干扰，致使我们不但没有把"破除迷信，解放思想"的口号变为现实，反而又陷进了十年现代迷信的泥潭，迫使我们不得不再来一次思想解放运动。三中全会以来，我们在破除迷信方面，取得了巨大的成绩，但是封建迷信观念是不肯轻易退出历史舞台的，反对迷信，反对盲从，反对思想僵化仍然是思想战线上的一个严重任务。迷信经典本本、盲从上级指示、坚持老经验、奉行旧规程，不加分析地生搬外地经验，不顾国情地模仿外国办法，在现实生活中依然随时可见。这些都不过是旧迷信的新翻版，是现代化的旧阻力。

在破除迷信观念这一方面，西方资产阶级作出过杰出的历史贡献。他们在用人权打倒神权的过程中，就不断地发展近代科学，用科学的智慧之光冲破了中世纪的愚昧。可是，在赞扬他们科学技术文明发展成就的时候，应该看到他们的科学观念中包含着一种以私利为标准的价值观念，这就是实用主义。即对我有用的就是科学真理。把是否对我有用作为真理的标准，势必形成"公说公有理，婆说婆有理""有奶便是娘"的错误观念，因为各人都有自家的标准，就等于没有统一的客观标准。这种实用主义观点，表面上承认科学，实际上歪曲了科学，扼杀了科学。固然所有的科学真理都是有用的，都能给人们带来效益。可是，有用的却不一定都是科学真理，宗教有麻醉作用，谎言有欺骗作用，能够说它都是真理吗？实用主义的真理标准论，既会把那些不会给某些人带来私利的科学统统斥之为谬误；也会把一些能用来谋私利的歪道理宣布为真理。这必然颠倒是非，混淆黑白，亵渎科学，迷惑智慧。实用主义，曾是"四人帮"搞阴谋诡计，制造混乱，歪曲马列主义、毛泽东思想的得力工具。它的余毒至今没有肃清。现实生活中，有的人从个人或小团体利益出发，拿出种种歪道理为自己的行为辩护，从正确的理论或政策中抓住一点为我所用，大搞"对策学"，莫不是实用主义的观念在作祟。

封建迷信观念把圣人之言、祖宗之教、君主之命、经典之论作为真理标准，加以盲从；实用主义观念把个人私利、实利效用作为真理标准，加以信奉，都是违背客观真理，排斥科学智慧的错误观念。对建设现代化，发展科学技术都是极其有害的。我们必须树立真正的科学观念：（1）努力探索自然界和社会发展的客观规律；（2）相信反映客观规律的科学知识；（3）坚持实践是检验真理的标准。勤奋学习现代科学文化，勇于创造新的科学理论，并运用科学理论为中国特色的社会主义建设服务。在科学研究和理论探讨中开展自由讨论，实行双百方针。使我们的思想既从种种迷信观念的束缚下解放出来，也从实用主义狭隘私利中摆脱出来。只有这样，才能使观念现代化，才能推动社会主义物质文明和精神文明的建设。

四　破除保守观念和投机冒险观念，树立科学的创新观念

当今之世，科学发明、技术革新、社会改革，形成潮流，蔚为风气。它要求和迫使人们必须有强烈的创造性观念、高度的创造性思维。这就必须同妨碍创造性的旧的传统观念决裂。妨碍创造性的旧观念，主要是保守观念，此外还有投机冒险观念。

保守观念是农业社会的产物，是封建时代的固有思想。中国的封建时代，把"畏天命，畏大人，畏圣人之言""述而不作""一仍旧贯"作为思想和行为的基本原则。历史上虽然也发生过一些取得了一定成就或产生过深远影响的改革，例如王安石变法和康、梁的百日维新，但却遇到了保守势力和保守观念的极大抵制和强烈反对，或最终失败或中途夭折。中国的保守观念的主要表现是：（1）尊重经验。经验是对以往实践的总结，在农业社会中，生产是小范围内一年一度的循环，从以往生产中取得的直接经验对生产者十分重要，而且掌握了这些经验就足以应付这种循环性的生产运动。所以就在人们思想中形成了对经验的极端重视。经验固然有用，但过于固守老经验，则不利于创新。（2）珍视传统。越是历史悠久的民族，传统的内容越多，传统的力量越强。传统中的优秀部分，是一个民族优于其他民族的重要因素，它可以促使一个民族的自立，也有利于一个民族的发展；而传统中的糟粕，则形成了一个民族的弱点，会使它的发展受到束缚。不加分析地珍视传统，就不能剔除阻碍一个民族前进的惰性，会使它背上沉重的历史包袱而步履蹒跚。（3）崇尚中庸。中庸观念是儒家的重要思维方式和道德原则，其包含着重视统一、重视平衡、要求适度的合理因素，但由于它过分强调这一方面，而忽视甚至排斥分离、不平衡、突破旧的质量界限在事物发展中的作用，把反对"过"和"不及"绝对化，于是它就产生了安于现状、甘居中流的消极影响。（4）嫉贤妒能。"堆出于岸，流必湍之；木秀于林，风必摧之；才高于人，众必非之""名之所至，谤以随之"，是古老中国对人才的传统观念之一。在历史上,它常常造成"出头的椽子先烂""枪打出头鸟"的人才悲剧。这些观念不但阻碍了创造性人才的成长,而且扼杀了许多敢于革新,勇于创造的贤能之士。于是往往让那些墨守成规、因循守旧、"老成持重"的无能之辈被重用,给社会的发展造成极大危害。(5)闭关自守。闭关自守观念是自然经济的必然产物,自然经济满足于自给自足,不需要与外界开放交往,而且它追求和平宁静的田园生活,很害怕外界事物作为异己力量渗入,搅乱了它的宁静。所以就形成了闭关自守的观念。到了封建社会后期,满清政府为了维持大一统的帝国统治,把闭关自守作为一项国策实行。于是,在人们的思想中留下了深刻的影响。有了闭关自守的观念,就会"一叶障目不见泰山",关起门来,自吹自擂,夜郎自大。势必落后于世界历史前进的步伐。这些保守观念是在历史上逐渐形成的,但不断地积淀起来,就成为一种坚韧的羁绊,缚住了创造的手脚。因此必须予以破除。

我们要破除保守观念,并不是要去盲目蛮干、投机冒险。投机冒险观念,似乎有"智"有"勇",其实是反科学的。投机冒险观念是与资本主义商品经济中的自由竞争联系在一起的。以资本家私人占有生产资料的所有制为基础的商品经济,在一个企业内部生产是有计划有组织的,但在整个社会范围里则处于无政府状态。资本家在这种状态中,不能全面而确实地了解竞争对手的生产实际,处于盲目状态。当他把商品投放市场时,总是抱有一种"投赌注"的心理;冒风险以碰运气,钻空子以得利益。冒险主义的基本特征是(1)不顾客观实际;(2)不顾主观条件;(3)没有科学根据;(4)不顾任何危险。因此,带有极大的随意性、盲目性、侥幸性和自私性。这种关于人的行为的观念是保守观念的另一极端。它同科学的创新观念不可同日而语。

科学的创造观念既反对因循守旧、故步自封的保守观念,也反对不顾一切、孤注一掷地去冒险投机。它认为,锐意创新必须:(1)以对客观实际的分析和对客观规律的认识为前提;(2)创新的过程是主观目的和客观条件统一的过程;(3)创新过程中当然要经过试验,但这种试验的进行也是以科学论证为根据的。在试验中有时产生了失败，但这种失败的原因或者在于对客观对象和主观条件的认识还未达到与实际情况相符合的程度，或者在于经验的不足，而不是由于完全不顾一切情况的主观主义所致。（4）创新是破旧立新的过程，当然会遇到困难，碰到阻力，甚至会受到压抑和打击，也就是说会有危险。勇于创新、锐意进取的人当然要有冒风险的精神，但是这种冒险精神是建立在对客观形势和发展趋势有清醒认识和冷静分析基础上的，和冒险主义的不顾一切情况的盲目蛮干并不相同。搞"四化"，搞改革，就是创新，就是革命，我们必须具有强烈的创新观念，充沛的勇敢精神，但它必须坚持实事求是、一切从实际出发的思想路线。如果丢掉了这种科学的唯物主义的态度，孤立地不加分析地倡导"冒险"，那不但不会成功，还会给我们的事业造成巨大的损失，甚至会带来不堪设想的后果。

创造观念、保守观念、冒险投机观念，在现实中都是存在的，我们必须在认真分析的基础上，作出正确的选择。在选择时，往往会遇到许多迷惑。保守观念常常把从实际出发的、以科学认识为指导的创新观念当成冒险主义加以反对；冒险观念则往往把实事求是的创新观念说成保守主义予以排斥。这就要求人们要树立创新观念，必须在反保守主义、反冒险主义两条战线上作战，必须在否定两个相反的极端中确定自己的位置和价值。

（原载于《社会主义社会的矛盾与改革》，
陕西人民出版社 1987 年版）

爱国主义精神的丰富内涵

爱国主义是我国各族人民共同的精神支柱，是推动我国社会历史前进的巨大精神力量。爱国主义精神包含着十分丰富的内涵，它是由诸多要素构成的完整精神体系。其中的主要要素是：

一　对祖国悠久历史、现实国情和发展目标的深入了解和正确认识

思想认识水平的高低影响着爱国主义水平的差异。中国是一个历史悠久的国家，在漫长的历史进程中，中华民族自强不息、百折不挠，创造了光辉灿烂、博大精深的文化成果，在世界民族之林中处于十分重要的地位，为人类文明的发展作出了伟大贡献。近代以来，又在反对外来侵略和压迫，反抗腐朽统治，争取民族独立和解放的斗争中，表现了崇高的精神，创建了光辉的业绩。只有正确认识中华民族的长期奋斗历程和丰硕的文化成果，才能树立民族的自尊心和自豪感，增强民族的自信心和凝聚力。中国的现实国情也有自身的特点，只有在世界环境的大背景下，在与其他国家的对比中，系统的了解和深入地认识我国经济、政治、军事、外交及社会、文化、人口、资源等方面的历史与现状、优势和差距、有利条件和不利因素，才能保持清醒的头脑，增强使命感和责任感；我国当前的任务和目标是建设有中国特色的社会主义，努力建设富强、民主、文明的现代化国家，振兴中华民族。只有对我国现代化建设的目标、步骤和宏伟前景有深入的了解和认识，才能把爱国主义与社会主义内在地统一起来，明确前进的方向，树立必胜的信念，采取实际的行动，投身于现代化建设。

二 热爱祖国、忠于祖国的深厚情感

爱国既要有识,更要有情,中国大地是中华民族诞生的摇篮,在这块古老广袤的大地上,我们民族生存于斯、繁衍于斯、发展于斯,爱国之情就是我们恋乡之情,故土之情、念祖之情、依亲之情的融合和升华。中华民族几千年来,"取天地之物以养身""判天地之美以怡神",祖国内涵丰富的"大美",也是激发我们爱国热情的源泉。中国历史上的爱国之士,民族英雄,之所以能以自己的卓越才能和艰苦实践,为国家、民族的生存、发展和繁荣昌盛,而建功立业,甚至不惜牺牲自己的宝贵生命,强烈的爱国热情,是非常重要的推动力。因此,通过各种途径和方式,激发人们的爱国热情,增强人们的爱国情感,也是爱国主义教育的重要内容。

三 祖国的尊严和利益至高无上的价值观念

凡是引起人们"爱"的感情的对象,总是对于人具有价值的对象。热爱祖国的感情是和把祖国的荣誉、尊严和利益置于至高无上的地位这种价值观相一致的。在一个爱国者的价值观念体系中,祖国是最崇高的价值,祖国的荣誉、尊严和利益是他竭力维护的对象;祖国的繁荣、昌盛和富强是他的崇高理想。在实际生活中,我们要对一个人、一种行为是否爱国进行评价,就要看这个人、这种行为是否把祖国利益置于个人利益之上,是否自觉地维护祖国的尊严、荣誉。

四 为民族振兴、国家繁荣积极奉献的高尚道德

一个爱国者首先要关心国家、民族的兴盛发展和前途命运,要有"国家兴亡,匹夫有责"的强烈的责任心,进而要把这种责任心转化为维护祖国尊严,推动民族振兴,促进国家繁荣昌盛的实际行动。历史上,范仲淹"先天下之忧而忧,后天下之乐而乐"的品质,就是这种崇高道德的体现;当前,爱国主义道德的集中体现就是为中华民族的振兴而奋

斗，为建设有中国特色的社会主义伟大事业，艰苦创业，多做贡献。

　　由此可见，爱国主义精神是有着丰富内涵的精神体系，它是思想认识层次、心理感情层次、价值观念层次和道德规范层次的有机统一，是知、情、志的有机结合。只有将这些层次的要素综合起来，并赋予其时代内容，全面地进行教育，爱国主义才能真正发挥精神支柱和精神力量的作用，才能更好地转化为爱国的行动，成为动员和鼓舞人民团结奋斗的伟大旗帜。

（原载于《西安日报》1994年11月1日）

共产主义制度和共产主义运动的关系

党的十二大报告中指出:"共产主义作为社会制度,在我国得到完全的实现,还需要经过若干代人的长时期的努力奋斗。但是共产主义首先是一种运动。"这是对共产主义涵义的精辟论述。

所谓共产主义社会制度就是生产资料公有,没有阶级,没有剥削,各尽所能,按需分配的人类社会发展的最高阶段。所谓共产主义运动就是以实现这一社会制度为最终目标的实践活动的全过程。两者是关系密切、不可分割的。

首先,从人类历史发展的客观进程来看,共产主义制度是历史发展的必然结果。共产主义运动则是达到这一结果所必经的途径和过程,两者是目标与途径的关系。

其次,从人民群众创造历史的社会活动来看,共产主义制度是无产阶级努力奋斗的伟大理想,共产主义运动则是为实现这个伟大理想而进行的革命实践,两者是理想和实践的关系。

可见,在这两者的关系中体现着人民群众创造历史的活动和社会发展客观规律的统一。把共产主义的涵义明确规定为共产主义制度和共产主义运动两个方面,这是完全符合马克思主义唯物史观的基本原理的。

在共产主义制度和共产主义运动的联系中始终贯穿着一根思想红线,就是共产主义思想体系。共产主义社会制度必然实现是这一思想体系所揭示的人类社会历史发展的客观规律,共产主义运动则正是在这种思想体系指导下的实践活动。于是,共产主义思想体系把这个"制度"和"运动"从思想和理论上紧密地联系起来了。

共产主义思想既存在于我们过去的革命斗争实践中,也指导着我们今天的社会主义革命和建设,还将指导我们今后为实现共产主义目标所从事的一切实践活动。那种认为"共产主义是渺茫的幻想""共产主义没有经过实践检验"的观点之所以是错误的,就在于它把共产主义制度和共产主义运动割裂开来,把共产主义思想同我们过去和现在的实践活动割裂开来。

正由于共产主义制度和共产主义动运有密切的关系,而共产主义思想体系又是联系二者的一根思想红线,因此,我们在建设高度的社会主义物质文明的同时,一定要努力建设高度的社会主义精神文明,并把共产主义思想作为这一精神文明的核心。只有这样,才能保证现代化建设的社会主义方向,才能把我们的现实生活同远大理想结合起来。十二大报告说得好:"社会主义社会是向着未来共产主义高级阶段的目标不断前进的,这个进程不能仅仅依靠物质财富的增长,还必须依靠人们共产主义思想觉悟的不断提高。"

(原载于《西北政法学院学报》试刊第 1 期,1982 年 10 月)

哲史片言

马克思主义哲学史观初探

马克思主义的创始人马克思和恩格斯都十分重视对哲学史的研究和探讨。从1841年3月，24岁的马克思以"德谟克利特的自然哲学与伊壁鸠鲁的自然哲学的差别"为题所写的博士论文起，到1886年年近70岁高龄的恩格斯发表《路德维希·费尔巴哈和德国古典哲学的终结》一书时止，在近半个世纪的革命实践和理论活动中，他们为了适应指导工人运动和创立马克思主义哲学的需要，花费了很大的精力，研究了从古希腊罗马到德国古典哲学的哲学发展史，写下了光辉的著作，发表了深刻的见解，几乎对他们以前的欧洲哲学史上每个重要哲学家都作过评论。在研究哲学史的过程中，马克思和恩格斯形成了他们的哲学史观。像马克思主义哲学的创立，是哲学史上的伟大革命变革一样，马克思主义哲学史观的形成，也是哲学史学上的伟大革命变革。

马克思主义的哲学史观是通过对德国古典哲学家，其中特别是对黑格尔和费尔巴哈的哲学史观的批判和改造而形成的，它的基本特征是运用唯物辩证法和唯物史观揭示哲学史的本质和发展规律，阐明哲学史对锻炼理论思维能力的重要作用。马克思主义的哲学史观既是辩证唯物主义和历史唯物主义在哲学史领域的具体贯彻，也是马克思主义哲学的组成部分。

一

德国古典哲学是马克思主义哲学的直接理论来源，德国古典哲学家的哲学史观也是马克思主义哲学史观的直接理论来源。其中特别是黑格尔和费尔巴哈的哲学史观对马克思主义哲学史观有重大影响。马克思主义哲学史观是通过批判地吸取、科学地改造黑格尔和费尔巴哈的哲学史观而形成的。

马克思很早就仔细读过黑格尔的《哲学史》，对其作了很高的评价，他称赞黑格尔是"最早了解全部哲学史的人"，①并在《德意志意识形态》一书中，多次引证黑格尔《哲学史讲演录》的论述。恩格斯在许多著作和通讯里也多次提到黑格尔的哲学史。他称赞黑格尔的《哲学史讲演录》是"最天才的著作之一"，②并在《自然辩证法》里，摘录和评述了其中论述希腊哲学的部分。

马克思和恩格斯之所以高度评价黑格尔的哲学史著作，除了因为该书叙述的内容包含着极为丰富的辩证法思想之外，黑格尔的哲学史观的合理性无疑也是重要原因。恩格斯说："黑格尔的思维方式不同于所有其他哲学家的地方，就是他的思维方式有巨大的历史感作基础""他是第一个想证明历史中有一种发展、有一种内在联系的人""在《现象学》《美学》《哲学史》中，到处都贯穿着这种宏伟的历史观，到处是历史地、在同历史的一定的（虽然是抽象地歪曲了的）联系中来处理材料的"。③的确和以往的哲学史观不同，黑格尔认为哲学史作为"发展中的系统"，有其内在的必然性和规律性。他说："全部哲学史是一有必然性的、有次序的进程。"④他指出，把哲学史视为在时间中产生和表现出来的各种分歧的哲学意见的堆积是一种"粗率的""肤浅的"观念。他说："只有能够掌握理念系统发展的那种哲学史，才够得上科学的名称（也只有这样，我才愿意从事哲学史的演讲）；一堆知识的聚集，并不能构成科学。"⑤

---

① 《马克思恩格斯全集》第29卷，人民出版社2016年版，第653页。
② 《马克思恩格斯全集》第38卷，人民出版社2016年版，第327页。
③ 《马克思恩格斯选集》第2卷，人民出版社2012年版，第12—13页。
④ ［德］黑格尔：《哲学史讲演录》第1卷，贺麟、王太庆等译，上海人民出版社2013年版，第81页。
⑤ ［德］黑格尔：《哲学史讲演录》第1卷，贺麟、王太庆等译，上海人民出版社2013年版，第76页。

在这一基本观点的指导下，黑格尔深刻揭示了哲学史发展的各种必然规律，诸如历史与逻辑的一致、由抽象到具体的过程、发展的道路类似一串"圆圈"等等。这些规律概括起来就是哲学史的辩证法。黑格尔明确指出："这种发展的主导力量是各种多样性形态之内在的辩证法则。"①总之，把哲学史看作是按照辩证规律而发展的，这就是黑格尔哲学史观的精华所在，这也正是马克思和恩格斯高度评价他的哲学史观的原因所在。

然而，马克思和恩格斯对黑格尔的哲学史观并非一味赞扬，而是在肯定其合理性的同时，也深刻地指出它的错误之处。马克思说："黑格尔看来，思维过程，即他称为观念而甚至把它变成独立主体的思维过程，是现实事物的创造主，而现实事物只是思维过程的外部表现。我的看法则相反，观念性的东西不外是移入人的头脑并在人的头脑中改造过的物质的东西而已。"② 恩格斯也指出：在黑格尔那里"历史哲学、法哲学、宗教哲学等等也都是以哲学家头脑中臆造的联系来代替应当在事变中指出的现实的联系，把历史（其全部和各个部分）看作观念的逐步实现，而且当然始终只是哲学家本人所喜爱的那些观念的逐渐实现"。历史"是为了实现他的绝对观念而努力，而达到这个绝对观念的坚定不移的意向就构成了历史事变中的内在联系"③。马克思和恩格斯这些论述虽然是在总体意义上对黑格尔的唯心主义世界观和唯心主义历史观的批判，但这完全适用于也可以说包括对黑格尔哲学史观的批判。在黑格尔看来，哲学和哲学史的本质都是理念发展的方式，是"思维精神运动"。哲学是从纯粹逻辑的角度说明绝对理念的发展的，哲学史是从历史上所出现的各种哲学形态中去说明绝对理念发展的。这样，黑格尔就把表现人类认识发展历程、反映人类社会历史发展过程的哲学史，说成了绝对观念

---

① ［德］黑格尔：《哲学史讲演录》第1卷，贺麟、王太庆等译，上海人民出版社2013年版，第81页。
② 《马克思恩格斯选集》第2卷，人民出版社2012年版，第93页。
③ 《马克思恩格斯全集》第28卷，人民出版社2018年版，第355页。

自我认识、自我发展的历史。历史上不同阶段出现的哲学形态，不过是理念所演出的"一幕一幕的戏剧"。哲学史的内在联系和内在规律完全是由"绝对理念"所决定的。马克思和恩格斯的批判正是针对这种唯心主义本质和神秘主义特征而发的。

可见，马克思和恩格斯一方面继承和吸收了黑格尔哲学史观的"合理内核"；另一方面批判和剥除了它的唯心主义外壳和形而上学观念，从而把哲学史观建立在辩证唯物主义的基础上，使其成为真正科学的哲学史观。

对于费尔巴哈的哲学史观，马克思和恩格斯也作过仔细地分析研究。19世纪30年代，在费尔巴哈逐步从黑格尔唯心主义转变的过程中，潜心研究过哲学史，写了许多关于哲学史的论著。后来，在1847—1848年间，已经成为唯物主义者的费尔巴哈又对自己写的哲学史作了自我评论和部分修改。这些著作中所体现的哲学史观有许多可取之处。例如他明确地把理性和宗教、哲学和神学对立起来，把哲学史看作人类理性从宗教和神学的统治下解放出来的过程，在他的哲学史著作中始终贯穿着反对宗教世界观的斗争；他高度评价了近代唯物主义哲学在哲学史上的重要地位和意义；他对史料进行严格的内在分析，"尽可能迫使哲学家自己讲话，使他从自身出发并通过自己说明自己"（费尔巴哈语）。但是，由于费尔巴哈从事哲学史的著述时，还没有完全转到唯物主义立场上，所以他的哲学史观中还保留着不少黑格尔主义的观念，即使在40年代，当他与黑格尔哲学彻底决裂以后，由于形而上学思想方法和唯心主义历史观的束缚，他的哲学史观仍然存在着很大的缺陷。马克思和恩格斯批判地吸取了费尔巴哈哲学史观的不少精华，消除了它的唯心主义成分和形而上学方法，使其成为促使马克思主义哲学史观形成的重要思想营养。从《神圣家族》中对哲学史的某些论述，特别是对培根等人的评价中，可以明显看出马克思恩格斯对费尔巴哈哲学史观的批判继承关系。例如，马克思在论述培根时说："英国唯物主义和整个现代实验科学的真正始祖是培根。在他的眼中，自然科学是真正的科学，而以感性经验为基础的物理学则是自然科学的最重要的部分。"①这和费尔巴哈说的"培根在近代科学史的重要地位和意义,在于他把经验变成不可避免的必然性,变成哲学的事情,变成科学原则本身""培根哲学的意义在于他使经验成为自然科学的基础,从而用客观的、纯粹物理学的自然观取代了从前幻想的、烦琐的研究方法"②等论述是完全一致的。而马克思恩格斯在《德意志意识形态》一书中对费尔巴哈唯心史观的批判,也完全适合于他的哲学史观的弊病。马克思和恩格斯指出:"当他(指费尔巴哈——引者注)去探讨历史的时候,他决不是一个唯物主义者。"③费尔巴哈把哲学和宗教等社会意识都从人的本质予以说明,把哲学史看作人类理性的发展过程,没有看到它们都是社会的产物,这显然是唯心主义哲学史观的表现。

总之,马克思恩格斯在继承和批判黑格尔和费尔巴哈哲学史观的过程中,逐步形成和发展了马克思主义的哲学史观。马克思主义的哲学史观和辩证唯物主义、历史唯物主义的哲学是统一的,和马克思主义哲学的形成发展过程也是一致的。

二

哲学史观回答的首要问题是哲学史的本质是什么。哲学史是哲学发展的历史,因此,要揭示哲学史的本质,就得说明哲学的本质,说明哲学与哲学史的关系。马克思主义的哲学史观和马克思主义的哲学观是紧密联系在一起的。

马克思恩格斯运用他们所创立的唯物史观说明一切社会现象、历史现象。对于哲学和哲学史的本质,他们也是用唯物史观作为方法论原则来阐明的。当青年马克思还是一个黑格尔唯心主义者的时候,他的"博士论文"就强调精神和现实的结合,把哲学和周围世界的关系理解为是

---

① 《马克思恩格斯全集》第39卷,人民出版社2020年版,第363页。
② 《费尔巴哈哲学史著作选》第1卷,商务印书馆出版社1979年版,第30—31页。
③ 《马克思恩格斯全集》第3卷,人民出版社2016年版,第61页。

相互制约、相互作用的。后来通过参加《莱茵报》的实际斗争,他进一步发展了这一观点。在 1842 年写的《第 179 年〈科伦日报〉社论》一文中,马克思驳斥了《科伦日报》反对在报纸上谈哲学,企图把哲学与现实隔离开来的谬论,指出从整个哲学的发展来看,它虽然不是通俗易懂的,但是它仍然充满了现实的内容。他说:"任何真正的哲学都是自己时代精神的精华",哲学家"是自己的时代、自己的人民的产物,人民最精致、最珍贵和看不见的精髓都集中在哲学思想里。"他还说:"哲学不仅从内部即就其内容来说,而且从外部即就其表现来说,都要和自己时代的现实世界接触并相互作用。"他反复指出:"哲学不是世界之外的遐想,就如同人脑虽然不在胃里,但也不在人体之外一样。""哲学非常懂得生活""现世的智慧即哲学""未来的智慧即宗教"。而且马克思还阐明了哲学真理的客观性和普遍性,把它同少数统治者所宣扬的宗教迷信和主观"真理"区别开来。他说:"哲学是问:什么是真理?而不是问:什么被看作真理?它所关心的是大家的真理,而不是某几个人的真理;哲学的形而上学真理不知道政治地理的界限"。针对《科伦日报》编者们宣扬宗教迷信的行径,马克思指出:"你们许诺人们天堂和人间,哲学只许诺真理;你们要求人们信仰你们的信仰。哲学并不要求人们信仰它的结论,而只要求检验疑团"。更为重要的是,在此文中,马克思已经认识到了哲学在政治活动中的实际作用,他说:"哲学在政治方面所做的事情,就像物理学、数学、医学和任何其他科学在自己领域内所做的事情一样",是"一门有成果的科学"。[①] 这一点,在 1843 年 9 月《致卢格》的信中表述得更为鲜明,他说:"现在哲学已经变为世俗的东西,最确凿的证明就是哲学意识本身,不但表面上,而且骨子里都卷入了斗争的旋涡。"[②] 尽管在《莱茵报》时期,马克思对哲学本质和作用的认识仍然是唯心主义的,仍然用理性的创造活动来说明哲学的性质和哲学改变现实的斗争,但是这些观点已经孕育着他转向唯物主义,形成

[①] 《马克思恩格斯全集》第 1 卷,人民出版社 1956 年版,第 127—128 页。
[②] 《马克思恩格斯全集》第 1 卷,人民出版社 1956 年版,第 416 页。

科学的哲学观的萌芽。

马克思完成哲学观点的转变，是从对黑格尔法哲学批判开始的，1843 年末写的《〈黑格尔法哲学批判〉导言》在哲学观上最重要的贡献就是阐明了哲学斗争与政治斗争的关系以及哲学和无产阶级历史使命的密切联系。他说："批判的武器当然不能代替武器的批判，物质力量只能用物质力量来摧毁；但是理论一经掌握群众，也会变成物质力量。"又说，"人的解放……的头脑是哲学，它的心脏是无产阶级""哲学不消灭无产阶级，就不能成为现实；无产阶级不把哲学变成现实，就不可能消灭自己"[①]。这就是说，要把哲学斗争和革命斗争结合起来。哲学只有把无产阶级当作自己的物质武器才能在革命斗争中发挥作用；而无产阶级只有以哲学为精神武器，才能完成自己的历史使命。此外，在该文中马克思还进一步发挥了哲学属于现实世界的思想。

进而，马克思恩格斯在对当时资产阶级、小资产阶级各种流行思潮的斗争中，通过批判青年黑格尔派的思辨唯心主义和费尔巴哈唯物主义的局限性，制定了辩证唯物主义和历史唯物主义的基本理论。并在此基础上创立了马克思主义的哲学观和哲史观。这个哲学观和哲史观在《神圣家族》和《德意志意识形态》中已经作了叙述，而在《共产党宣言》中得到鲜明的表达。此后相继的一系列成熟的光辉的著作，又使它得到了充实和发展。

马克思主义的哲学观和哲史观的要点可以概括为以下几个方面：

首先，马克思恩格斯指出，哲学是社会意识形态之一，是社会存在的反映，哲学史是人类思维发展的历史，它的发展归根到底是由人类社会生产力和经济结构的发展决定的，是社会经济生活发展在思维领域中的反映。《共产党宣言》说："人们的观念、观点、概念，简短地说，人们的意识，是随着人们的生活条件、人们的社会关系和人们的社会存在的改变而改变的。""思想的历史，岂不是证明，精神生产是随着物质生

----
① 《马克思恩格斯选集》第 1 卷，人民出版社 2012 年版，第 16 页。

产的改造而改造的吗?"又说:"在旧社会内部已经形成了新社会的因素,旧思想的解体与旧生活条件的解体是同时进行的。"①

其次,马克思恩格斯认为,哲学总是受阶级和政治的制约,哲学史上的斗争,是历史上阶级斗争的反映,某种哲学思想在历史上的地位是由它所属的阶级在历史上的地位决定的。他们说:"一切历史上的斗争,无论是在政治、宗教、哲学领域中进行的,还是在任何其他意识形态领域中进行的,实际上只是各社会阶级的斗争或多或少明显的表现。"②"统治阶级的思想在每一时代都是占统治地位的思想。"③ 根据这一观点,恩格斯具体分析了哲学史上各种哲学形态及其演变与阶级斗争历史的关系,他指出:15世纪中叶起的整个文艺复兴时代的哲学,在本质上仅仅是那些和中小市民阶级发展为资产阶级的过程相适应的思想的哲学表现。英国的经验主义哲学,从培根、洛克的唯物主义到贝克莱、休谟的唯心主义的发展过程,实质上乃是英国资产阶级由进步的倾向转向保守的倾向的过程。而在康德到黑格尔的德国古典哲学中,德国资产阶级庸人的面孔有时从肯定方面,有时又从否定方面表现出来。马克思恩格斯论述哲学的阶级性时还提出过两点重要看法,一是他们认为历史上各阶级的哲学家并不公开承认自己哲学的阶级性,而是"赋予自己的思想以普遍性的形式,把它们描绘成唯一合理的、有普遍意义的思想。"④ 二是他们指出,历史上的唯物主义哲学并不总是反映进步阶级的利益和为进步的政治服务,例如"霍布斯是第一个近代唯物主义者(18世纪意义下的),但是当君主专制在整个欧洲处于全盛时代,并在英国开始和人民进行斗争的时候,他是专制制度的拥护者"⑤。"在法国,唯物主义最初也完全

---

① 《马克思恩格斯全集》第4卷,人民出版社2016年版,第612—613页。
② 《马克思恩格斯全集》第1卷,人民出版社2016年版,第615页。
③ 《马克思恩格斯全集》第3卷,人民出版社2016年版,第74页。
④ 《马克思恩格斯全集》第3卷,人民出版社2016年版,第79页。
⑤ 《马克思恩格斯全集》第23卷,人民出版社2016年版,第552页。

是贵族的学说。"① 而历史上的唯心主义哲学有时也会成为进步阶级的武器，例如19世纪的德国唯心主义哲学也"作了革命变革的前导"。

第三、马克思恩格斯承认，哲学对社会存在来说，有相对的独立性，哲学史的发展固然总体上说是与经济和政治史的发展相适应的，但它也自成系统，有其自身的历史渊源，有自己独立的发展道路。而且，哲学史的发展对社会经济史和政治史的发展还有重大的影响作用。这一观点在恩格斯晚年的书信中得到了进一步的强调和发展。恩格斯说："历史思想家在每一科学部门中都有一定的材料，这些材料是从以前的各代人的思维中独立形成的，并且在这些世代相继的人们的头脑中经过了自己的独立的发展道路"。② 恩格斯指出，正是由于哲学史的这种继承性，才造成了哲学发展与经济发展的不平衡性，"每一时代的哲学作为分工的一个特定的领域，都具有由它的先驱者传给它而使由以出发的特定的思想资料为前提。因此，经济上落后的国家在哲学上仍然能够演奏第一提琴：18世纪的法国对英国（而英国哲学是法国人引为依据的）来说是如此，后来的德国对英法两国来说也是如此。"③ 恩格斯还认为，历史上各种思想领域不但各有自己独立的历史发展，而且它们相互间还发生影响，并都对政治和经济发展有反作用。

第四，马克思恩格斯还说明了哲学对社会物质生活条件的依赖性和对社会经济的反作用的特点。指出哲学是更高的即更远离物质经济的意识形态，它与经济基础的联系由于经过许多中间环节而被弄得混乱和模糊了；哲学对经济基础的反作用也经过中间环节的影响而不是直接的。恩格斯说："更高的即更远离经济基础的意识形态，采取了哲学和宗教的形式。在这里，观念同自己的物质存在条件的联系，愈来愈混乱，愈来愈被一些中间环节弄模糊了。"④ 又说：经济发展对哲学的最终的支配

---

① ［德］恩格斯：《社会主义从空想到科学的发展》，英文版导言，人民出版社2018年版，第11页。
② 《马克思恩格斯全集》第39卷，人民出版社1974年版，第95页。
③ 《马克思恩格斯选集》第4卷，人民出版社2012年版，第612页。
④ 《马克思恩格斯全集》第28卷，人民出版社2018年版，第362—363页。

作用表现在各种经济影响"对先驱者所提供的现有哲学资料发生作用……它决定着现有思想资料的改变和进一步发展的方式。而且这一作用多半也是间接发生的,而对哲学发生最大的直接影响的则是政治的、法律的和道德的反映。"[1] 这就是说,政治、法律、道德是哲学和经济基础间的中间环节,经济对哲学的决定作用和哲学对经济的反作用都经过这些中间环节的折射。

第五,马克思和恩格斯还阐明了哲学和哲学史的对象和基本问题。马克思恩格斯多次称哲学为"世界观",称自己创立的辩证唯物主义和历史唯物主义哲学为"新世界观"。他们不止一次地称哲学史为"思想的历史"、"关于人的思维的历史发展的科学"[2]、"人的思维的历史发展过程"[3]。关于哲学的基本问题及其与哲学史的关系,恩格斯有一段著名的论断:"全部哲学,特别是近代哲学的重大的基本问题,是思维和存在的关系问题……思维对存在、精神对自然界的关系问题,全部哲学的最高问题,像一切宗教一样,其根源在于蒙昧时代的狭隘而愚昧的观念。但是,这个问题,只是在欧洲人从基督教中世纪的长期冬眠中觉醒以后,才被十分清楚地提了出来,才获得了它的完全的意义。"这个问题"在中世纪的经院哲学中也起过巨大作用"[4]。这些观点就是马克思恩格斯对哲学和哲学史对象和基本问题的规定。在他们看来,哲学是世界观的理论体系,它的对象就是自然、社会、思维亦即整个世界的本质和普遍规律,思维和存在的关系问题是哲学的基本问题。而哲学史就是人对世界本质和规律认识和思考的历史。思维和存在的关系问题贯穿于哲学史的全部发展过程中。

综合以上各点,可以看出,马克思恩格斯是从哲学和其他社会现象的关系中,从哲学史和其他社会因素的历史的关系中来揭示和说明哲学

---

[1]《马克思恩格斯选集》第4卷,人民出版社2012年版,第413页。
[2]［德］恩格斯:《自然辩证法》,人民出版社2016年版,第75页。
[3]［德］恩格斯:《自然辩证法》,人民出版社2016年版,第75页。
[4]［德］恩格斯:《路德维希·费尔巴哈和德国古典哲学的终结》,中央编译局译,人民出版社2018年版,第9页。

史的本质的。概括地说，他们认为哲学史就是人类对世界本质和规律的认识和思考的历史；它的发展归根到底是由社会经济的发展决定的，是受阶级斗争和政治发展制约的；它有着自己相对独立的发展过程，它的发展又反作用于社会经济和政治的发展。这就是马克思主义哲学史观的唯物主义的基本出发点。它和康德、黑格尔的唯心主义哲学史观是对立的，和费尔巴哈哲学史观中的唯心主义杂质也有本质的不同。

三

如果说，马克思主义哲学史观的基石是以人类生存的物质条件，以社会经济史来说明思维史的话，那么马克思主义哲学史观的核心就是用唯物辩证法揭示哲学史的发展规律，恩格斯在谈到辩证法的普遍性时说："辩证法的规律是从自然界和人类社会的历史中抽引出来的。辩证法的规律无非是历史发展的这两个阶段和思维本身的最一般规律而已。"[①] 哲学史的发展当然也遵循着辩证法的一般规律，不过它在这一特殊领域有着自己的特殊形式。

要研究哲学史的规律首先得承认哲学作为理论思维的科学是有自己的历史的，如果哲学没有历史，哲学史的规律也就无从说起。关于这一点，马克思恩格斯继承了黑格尔以"巨大的历史感作基础"的历史观，明确指出，理论思维是历史发展的产物。马克思说："观念、范畴也同它们所表现的关系一样，不是永恒的。它们是历史的暂时的产物。生产力的增长，社会关系的破坏，思想的产生都是不断变动的。"[②] 恩格斯也说："每一时代的理论思维，从而我们时代的理论思维，都是一种历史的产物，在不同的时代具有非常不同的形式，并因而具有非常不同的内容。因此，关于思维的科学，和其他任何科学一样，是一种历史的科学，关于人的思维的历史发展的科学。"[③]

[①] 《马克思恩格斯选集》第4卷，人民出版社1995年版，第310页。
[②] 《马克思恩格斯全集》第4卷，人民出版社2016年版，第268页。
[③] 《马克思恩格斯全集》第26卷，人民出版社2014年版，第499页。

既然哲学在不同的时代有着不同的形式和内容，哲学有着自己的历史发展，自然要探讨哲学史的发展动力问题。马克思和恩格斯认为哲学史的发展有外在的社会动力和内在的思想动力。外在的社会动力就是人类社会生产力的发展以及由此而引起的社会经济基础的变革。恩格斯说："每一历史时代的经济生产以及必然由此产生的社会结构，便是该时代政治和精神的历史基础。"①"经济上的需要曾经是，而且愈来愈是对自然界的认识进展的主要动力。"② 他把这一观点用于对近代哲学发展的分析时指出，从笛卡尔到黑格尔和从霍布斯到费尔巴哈这一长时期内，推动哲学家前进的，并不只是纯粹思想的力量，而主要是自然科学和工业的强大而日益迅速的进步。

他们还对经济生产如何推动哲学的发展作了分析，认为：第一，经济动力是通过阶级斗争而间接作用于哲学的；第二，经济动力对哲学的推动并不是创造新的东西，而是影响现有哲学思想资料的改变。也就是说经济动力必须通过哲学的内部因素才能起作用；第三，经济动力也不是哲学发展的惟一的社会原因，由经济原因造成的其他历史因素，也影响着哲学史的发展，例如自然科学、法律、道德、艺术、宗教等等。其中特别是自然科学对哲学发展有重大作用。第四，推动哲学的经济动力始终是哲学家所不知道的，历史上的哲学家总是不自觉地适应经济关系变化的需要。他认为他的哲学的内容和形式"都是从纯粹的思维中——不是从他自己的思维中，就是从他的先辈的思维中得出的。"（《恩格斯致弗·梅林》1893年7月14日）③ 因此，必须把哲学家"在现实中提供的东西和他只在他自己的想象中提供的东西"（马克思语）区别开来。也就是说把哲学体系中从"源"中得到的东西和从"流"（先驱者的思想资料）中取得的东西区别开来。

除过哲学外部的社会动力而外，马克思恩格斯承认在哲学史的内部

---

① 《马克思恩格斯全集》第28卷，，人民出版社2018年版，第7页。
② 《马克思恩格斯全集》第23卷，人民出版社2016年版，第552页。
③ 《马克思恩格斯全集》第38卷，人民出版社2016年版，第229页。

存在着推动它前进的思想动力。恩格斯在批判唯心主义的哲史观时，反对它"只是用纯粹思想的力量"说明哲学的发展，在批判旧唯物主义者的唯心史观时，指出它的错误在于把精神的动力看作历史发展的"最终原因"，而不在于它"承认精神的动力"。由此看来，马克思主义并不否认"思想的力量"和"精神的动力"，而只是不同意把它当作主要的、终极的原因。就是说，在坚持经济是主要的、最终的动力的前提下，马克思恩格斯是承认哲学史发展有其内在的思想动力的。承认这一点，和承认"各种思想领域有独立的历史发展""独立的发展道路"的观点是完全一致的。当然，在承认哲学史发展的内在思想动力时，仍须坚持"属于这个或那个领域的外部事实也能给这种发展以共同决定的影响"[①]。

看来，问题不在于哲学史有没有自身的内在动力，而在于这种动力是什么。根据唯物辩证法的基本原理和恩格斯对哲学基本问题的概括，可以说哲学史的内在动力就是哲学思想发展的主要矛盾，即围绕着思维和存在的关系问题的争论而形成的唯物论与唯心论的矛盾。恩格斯明确指出，这一基本问题在上古时代、中古时代和近代哲学中都是存在的，虽然其清楚程度不同、表现形式不同，但却是贯穿哲学史发展的中心线索。对于其他思想史领域来说，这一问题是哲学史的特殊问题，而对于各个时代、各个民族的哲学史来说，它则是普遍问题。哲学家依照如何回答这个问题而分成了唯物论和唯心论两大阵营，这两大阵营的矛盾，推动了哲学史的发展。恩格斯不但从理论上概括了这一点，而且，他和马克思还把这个观点运用到哲学史的研究上去。不论是分析古代奴隶社会希腊罗马的哲学、中世纪欧洲封建社会的哲学、"文艺复兴"时期的哲学，还是解剖近代欧洲资产阶级的哲学或德国古典哲学，他们都抓住唯物论与唯心论这个基本矛盾及其发展趋势。在他们合写的《神圣家族》和《德意志意识形态》中这一基本线索已经甚为鲜明，至于在恩格斯的《反杜林论》《自然辩证法》《社会主义从空想到科学的发展》《路

---

① 《马克思恩格斯书信选集》，人民出版社1962年版，第509页。

德维希·费尔巴哈与德国古典哲学的终结》等著作中,那就更为突出了。正如列宁说的,"恩格斯把唯心主义和唯物主义的'各派'哲学所分成'两大阵营'之间的根本差别提到首要地位。"①

马克思恩格斯把唯物论与唯心论的矛盾看作哲学史的主要矛盾,不但没有否认而且还十分强调哲学史内部还有其他思想矛盾存在,其中辩证法和形而上学的矛盾就是他们十分重视的问题。马克思赞扬说:黑格尔认为自然界的基本奥秘之一,就是对立统一规律。在黑格尔看来这是"伟大而不可移易的适用于生活一切方面的真理,是哲学家不能漠视的真理";②他还说,黑格尔指出近代哲学家的任务就是用辩证法来"取消僵硬的、确定的、不动的思想"。恩格斯明确地指出:"两个哲学派别:带有固定范畴的形而上学派,带有流动的范畴的辩证法派(亚里士多德、特别是黑格尔)。"③此外,马克思恩格斯还认为哲学史上还有无神论与有神论、可知论与不可知论、先验论与反映论、唯理论与经验论等矛盾。在其他较小的哲学理论领域内也有内在的矛盾。

对于哲学史内部的种种矛盾,马克思恩格斯并没有只从对立和斗争的意义上去理解,而是在讲对立斗争的同时也谈矛盾双方的相互依赖、相互渗透和相互转化,即分析矛盾的同一性。马克思说:"哲学最初在意识的宗教形式中形成,从而一方面它消灭宗教本身,另一方面从它的积极内容来说,它自己还只在这个理想化的、化为思想的宗教领域内活动。"④这里所说的哲学当然包括唯物主义在内。恩格斯讲到古代唯物主义向中世纪神学转化时说:"古希腊罗马哲学最初是自发的唯物主义。从这种唯物主义中,产生了唯心主义、唯灵论,即唯物主义的否定,它先是采取灵魂和肉体对立的形式,后来采取灵魂不死说和一神教的形式。

---

① 《列宁全集》第18卷,人民出版社2017年版,第96页。
② 《马克思恩格斯全集》第9卷,人民出版社1961年版,第109页。
③ 《马克思恩格斯全集》第26卷,人民出版社2014年版,第521页。
④ 《马克思恩格斯全集》第33卷,中共中央著作编译局译,人民出版社2004年版,第25—26页。

这种唯灵论通过基督教普遍地传播开来。"① 至于他们关于近代英法资产阶级的唯物主义哲学中有唯心因素的评论（如培根"还充满了神学的不彻底性"），关于黑格尔唯心主义是"倒置过来的唯物主义"的论断，关于近代哲学的唯心主义体系也愈来愈加进了唯物主义的内容的观点，关于唯物论因自身的缺陷而向其反面（唯心物）转化，唯心论由于观点的荒谬而被唯物论取代等看法，更清楚地表现了他们对唯心论和唯物论二者之间关系的辩证理解。对形而上学与辩证法的矛盾他们也注意到了双方的相互渗透和相互转化的关系。他们不止一次地指出黑格尔哲学的僵死的牵强的形而上学框架是和辩证法交织在一起的，培根把形而上学思维方式移入哲学，可是他的哲学中仍然包含着辩证观点，例如他说热是运动。恩格斯还指出，希腊辩证法哲学的缺陷使它被后来的形而上学所代替；近代唯物主义哲学的形而上学不能解释自然界和人类社会的普遍联系和发展，必然导致辩证法的兴起，可见，马克思主义的哲学史观把唯物论和唯心论、辩证法和形而上学看作哲学发展的内在矛盾，绝不是把双方的对立和斗争绝对化。

与此问题有联系的一个重要问题，就是对哲学史上唯心主义和形而上学的评价问题。从总的倾向来看，马克思和恩格斯对唯心论和形而上学是持批判和否定态度的。但是，也不是一棍子打死而是具体分析。对哲学史上的唯心主义，他们有三点看法值得重视：（1）哲学史上不少唯心主义哲学中包含着辩证法的合理因素；（2）唯心主义发展了人的认识的能动方面；（3）唯心主义在哲学史上的出现有其历史必然性。对哲学史上的形而上学，他们除指出其形成的历史必然性即"在当时是有它存在的重要历史理由的"而外，还认为它在一定范围内还有其正确性，恩格斯说：形而上学的思维方式"在相当广泛的、各依对象的性质而大小不同的领域中是正当的，甚至必要的"②。当然在看到这些评价的同时，应该牢记马克思主义的哲学史观是认为唯物主义是人类思维的伟大成果，在哲学史上起主导作用，辩证法是哲学上"伟大的基本思想"。

---

① 《马克思恩格斯全集》第 26 卷，人民出版社 2014 年版，第 362 页。
② ［德］恩格斯：《反杜林论》，中央编译局译，人民出版社 2018 年版，第 34 页。

哲学是在外部动力和内部矛盾的推动下发展的,而其发展的道路并不是直线,而表现为曲折的螺旋式的曲线。恩格斯说,"历史常常是跳跃式地和曲折地前进的"①,这也完全适合于哲学史。马克思和恩格斯关于哲学史发展的曲线运动的思想,主要是指:(1)唯物主义在同唯心主义的斗争过程中并不总是以唯物主义的胜利而告终,例如中世纪的宗教神学取代古代的朴素唯物论而在相当长的历史时期占了统治地位。(2)哲学史的发展经历了一个螺旋式的道路,前进中有"回复"或"复归"。恩格斯指出,哲学思想的发展,经历了朴素辩证法——形而上学——科学辩证法三个阶段,科学辩证法是对形而上学的否定,形式上是对朴素辩证法的复归;从唯物论发展来看则经历了朴素唯物论——神学唯心论——辩证唯物论三个阶段,辩证唯物论是对神学唯心论的否定,形式上是对朴素唯物论的复归。

马克思恩格斯这一观点其实就是对黑格尔提出哲学史发展是"一串圆圈"此种看法的继承和发展;后来列宁关于哲学史是圆圈的思想,并且画了古代、文艺复兴时代和近代哲学发展的四个圆圈就是这一思想的继续和进一步具体化。可见,哲学史发展的"圆圈逻辑"马克思和恩格斯也是承认的,只是在恩格斯看来,这不过是否定之否定规律在思维史上的表现而已。《反杜林论》中他正是从这个角度论述哲学史的。

把上述马克思恩格斯关于哲学史发展规律的观点概括起来,就是:哲学史在社会经济发展的决定和支配下,有着自己相对独立的发展过程,唯物论和唯心论的矛盾是哲学史发展的内在动力和中心线索,曲折地前进、螺旋式上升是哲学史发展的基本道路。如果说,社会存在史决定哲学史发展的观点是马克思主义哲学史观的基础的话,那么唯物论和唯心论的矛盾推动哲学史发展的观点则是马克思主义哲学史观的核心。

在论述哲学史发展的客观规律的基础上,马克思和恩格斯还探讨了哲学史的客观进程与人们的逻辑思维的关系,认为在哲学史领域中历史

---

① 《马克思恩格斯选集》第2卷,人民出版社2012年版,第13页。

进程和逻辑发展是一致的。这个观点本是黑格尔首先揭示出来的,他说:"历史上的那些哲学系统的次序,与理念里的那些概念的逻辑推演次序是相同的。"就是说哲学历史的进程和哲学体系中逻辑的次序是一致的。这是黑格尔哲学史观的杰出贡献,它说明了在哲学史的每一发展阶段上都有特定逻辑范畴与其相适应。但是,黑格尔的这一原则却是被歪曲和颠倒了的。他把自己的逻辑理念推演图式强加于哲学史发展的实际过程,让逻辑来限制历史,使历史去就范逻辑。马克思恩格斯批判改造了黑格尔的观点,吸取和继承了其合理性,将其作为马克思主义哲学史观的重要内容。恩格斯说:"在思维的历史中,某种概念或概念关系(肯定和否定,原因和结果,实体和变体)的发展和它在个别辩证论者头脑中的发展的关系,正如某一有机体在古生物学中的发展和它在胚胎学中(或者不如说在历史上和在个别胚胎中)的发展的关系一样。这就是黑格尔首先发现的关于概念的见解。"[1] 这就是说个人头脑中的思维运动逻辑,基本上与哲学史相一致。这是十分精辟和深刻的看法!人们对事物的认识运动程序是总体认识——个体分析——综合理解;这不正和哲学史发展进程:朴素辩证法——形而上学——唯物辩证法基本相一致吗?马恩的这一思想固然是从黑格尔哲学史观中继承来的,但它与黑格尔的历史与逻辑一致的原则有本质区别。第一,马恩认为历史是逻辑的基础,思维逻辑是对哲学史规律的总结和概括;第二,他们认为哲学史及其逻辑概括都是客观实在的历史发展的反映,逻辑和哲学史的统一是以哲学史和人类社会发展历史的统一为基础的。也就是说逻辑和认识史的一致是以认识和实践、思维和存在的统一为前提的。恩格斯指出:"历史从哪里开始,思想进程也应当从哪里开始,而思想进程的进一步发展不过是历史过程在抽象的、理论上前后一贯的形式上的反映。"[2] 马克思正是按照这一原则来建立《资本论》的逻辑体系的,使《资本论》的理论逻辑顺序同实际的人类社会历史顺序相符合。当然,逻辑和历史的统一中包

---

[1] 《马克思恩格斯全集》第20卷,人民出版社1971年版,第565页。
[2] 《马克思恩格斯选集》第2卷,人民出版社2012年版,第14页。

含着差别，逻辑反映历史"是经过修正的，然而是按照现实的历史过程本身的规律修正的。"①所谓"修正"就是逻辑再现历史时不必要也不应该完全绝对地亦步亦趋地追随历史的具体进程。因为只有这样才能更深刻更准确地反映现实历史发展的客观规律性。列宁描绘哲学史发展的圆圈时说，不一定以历史上哲学家的年代先后为顺序，就是这个道理。

历史从哪里开始，思维进程也从哪里开始，这诚然是哲学史发展的重要规律之一。然而，思维的起点及其在以后的发展，从逻辑思维本身来看，究竟有什么特征呢？马克思主义哲学史观认为哲学史作为逻辑系统，它的范畴、命题、体系发展的总趋势是由抽象到具体的过程。这是就说，在人类哲学思维形成的初期，哲学家们提出的范畴和命题只是一种萌芽和胚胎，它的涵义混沌、简单而且抽象，在以后的发展中，这些范畴所包括的内容就愈来愈具体，愈来愈丰富。恩格斯说："在希腊哲学的多种多样的形式中，差不多可以找到以后各种观点的胚胎、萌芽。"② 这些"胚胎、萌芽"无不具有抽象性的特征。他们的"原始的自发的"唯物主义，"不能彻底了解思维对物质的关系"；他们的辩证的思维"还以天然的纯朴的形式出现"，自然界还被当作一个整体而从总的方面来观察，"还没有在细节方面得到证明"。可是，随着哲学的发展，古代哲学的抽象范畴和观念就愈来愈具体化了。恩格斯说："只有这样一个本质的差别：在希腊人那里是天才的直觉的东西，在我们这里是严格科学的以实验为依据的研究的结果，因而也就具有确定得多和明白得多的形式。"③

特别值得重视的是，如果把从抽象到具体的思维进程用来说明哲学基本问题在哲学史上的发展，更能清楚看出这一问题的重大意义。恩格斯说："思维对存在、精神对自然界的关系问题……其根源在于蒙昧时代的狭隘而愚昧的观念。但是，这个问题，只是在欧洲人从基督教中世

---

① 《马克思恩格斯选集》第2卷，人民出版社2012年版，第14页。
② 《马克思恩格斯全集》第20卷，人民出版社1971年版，第386页。
③ 《马克思恩格斯选集》第4卷，人民出版社1995年版，第271页。

纪的长期冬眠中觉醒以后,才被清楚地提了出来,才获得了它的完全的意义。"① 这正是说,哲学基本问题在哲学史中经历了一个从抽象上升到具体的过程。恩格斯所以把这一问题称为"基本问题""最高问题",正是因为它是全部哲学思维史的最抽象的范畴,对象的最抽象的范畴集中着这个对象整体所包含的一切矛盾的胚芽。整个对象的复杂机体,都是由它发展起来的。所以,当在蒙昧时代灵魂与肉体、灵魂与世界的关系问题一旦确立,它在以后哲学史中的一系列发展形态就潜在着了。马克思在谈交换价值这个范畴时说:"作为范畴……有一种洪水期前的存在。"蒙昧时代的灵魂与肉体的关系问题,就是思维和存在、精神和自然界的关系问题的"洪水前的存在"②。科学的理论体系应当以最抽象的范畴为逻辑起点,客观的思维历史必然也是以最抽象的范畴为逻辑起点。因此,只有抓住思维和存在的关系问题,才能建立起科学的哲学体系;只有把围绕着这一问题而展开的唯物论与唯心论的矛盾运动作为基本线索,也才能把整个哲学史的全部过程描绘清楚。哲学史从根本上说就是思维和存在的"抽象的规定在思维行程中导致具体的再现。"(马克思语)由此看来,那种认为哲学基本问题没有普遍性的论点,那种认为唯物论和唯心论的矛盾不能作为哲学史发展的主线的看法,都是不符合马克思主义哲学史观的。当然这并不排斥我们也可以以别的问题为线索来考察和编写哲学史。

综上所述,我们可以得出这样的结论:马克思主义的哲学史观认为哲学作为社会意识的一种形态,它的历史发展是以社会存在、社会经济的历史发展为基础的,它的相对独立的发展史中贯穿着唯物论和唯心论的基本矛盾,遵循着螺旋式上升的基本道路。哲学史中的逻辑进程,和人类的思维进程是一致的,归根结底和人类社会历史的进程也是一致的;这个逻辑进程的范畴系统经历着由抽象到具体的程序。这就是马克思主义哲学史观对哲学史的本质及其发展规律的深刻揭示。马克思主义的哲学史方法论原则就建立在这种哲学史观的基础上。

---

① 《马克思恩格斯全集》第28卷,人民出版社2018年版,第332页。
② 《马克思恩格斯选集》第2卷,人民出版社2012年版,第74页。

在前两年关于哲学史方法论的讨论中，有同志提出以所谓的"螺旋结构"（哲学史发展是一串圆圈，每一种思想是整个人类思想发展的大圆圈上的一个圆圈）取代所谓的"对子结构"（哲学史是唯物论和唯心论矛盾斗争的过程），认为"对子结构"是根据日丹诺夫哲学史定义而提出的模式。其实，在马克思主义的哲学史观看来，"对子结构"和"螺旋结构"并不是完全对立的，二者都是对哲学发展规律的正确说明，而且二者还是统一的，"螺旋结构"是"对子结构"的一种表现形态，"对子结构"是"螺旋结构"形成的根本原因。如果近代机械唯物论不同中世纪的宗教唯心主义作斗争，何以能"回复"到古代朴素唯物论的原则上去；如果唯物辩证法不对近代唯物主义的形而上学方法进行批判，何以能"复归"到古代朴素辩证法的基本思想上去。即使从较小的历史阶段上说，如果没有费尔巴哈对黑格尔唯心主义的批判，何以能"返回到英国和法国的唯物主义"，"使唯物主义重新登上王座"（恩格斯语。重点为引者所加）。从费尔巴哈和黑格尔的关系看是"对子"，正由于有这个"对子"，使英、法唯物主义——黑格尔唯心主义——费尔巴哈唯物主义的过程成为"螺旋"。可见，没有"对子"，岂有"螺旋"！在马克思恩格斯对西方哲学史论述中，这种看法可以说是屡见不鲜。其实，就连因以"圆圈"比喻哲学史而著名的黑格尔也不曾否认"对子"结构，不曾否认哲学史上的矛盾和斗争，他说："哲学系统的纷歧和多样性，不仅对哲学本身或哲学的可能性没有妨碍，而且对于哲学这门科学的存在，在过去和现在都是绝对必要的，并且是本质的。"他所反对的是那种只讲对立斗争而否认"在思维精神的运动里有本质上的联系"的形而上学观点。他说："这种哲学系统的纷歧，绝不意味着真理与错误是抽象地对立着的。"[①] 所以，不论在黑格尔看来，还是在马克思恩格斯看来，哲学史上的"对子结构"和"螺旋结构"两者并无矛盾，而是互相补充的；由此也可以说哲学史"是整个认识的历史"（或"思维的历

[①] ［德］黑格尔：《哲学史讲演录》导言，贺麟、王太庆等译，上海人民出版社2013年版，第8页。

史")的论断同哲学史是"唯物论与唯心论矛盾的历史"的说法，二者也并非不可相容，而恰恰是相互统一的。只有这样看，才符合哲学史发展规律的多样性，才能认识到马克思主义哲学史观的丰富内容。

（原载于《理论学刊》1985年第7期）

论墨子

墨子是我国春秋战国时期一位重要的思想家，他所创立的墨家学派，同儒家相对立，在当时被称为"显学"。用马列主义观点研究墨子的学说，对于研究中国哲学史是极为重要的。可是，在"四人帮"垄断论坛的时候，一部中国哲学史和中国历史被弄得人妖颠倒，是非混淆。墨子被戴上了"中小奴隶主的思想家""经验主义的总代表""唯心主义哲学家""两千多年前的走资派"等大帽子。现在，是彻底批判"四人帮"所散布的种种谬论的时候了。本文想就墨子的阶级属性、哲学路线和政治主张略作分析，清算他们对墨子的歪曲。

一 是"代表中小奴隶主的思想家"，还是小手工业者和个体劳动者的代表?

阶级分析方法是研究历史的基本方法，是评论历史人物的指导线索。在阶级社会里，任何历史人物都是一定阶级的代表。要正确评价某一历史人物在历史上的地位和作用，首先得分析他的阶级属性。

如何确定一个思想家的阶级属性呢? 根据马克思主义的基本原理，应该看这个人物在当时的历史条件下，代表哪个阶级的利益，反映和表达哪个阶级的要求和愿望。用马克思的话来说，就是看他是那一种"阶级关系和利益的承担者。"

关于墨子的阶级属性问题，新中国成立以来，在学术界曾经有过异议。有人说他"完全代表着当时封建领主统治阶级的利益和要求。"[1] 有

---

[1] 《论墨子代表的阶级利益》，《学术月刊》1964年第10期。

人说他"是站在奴隶主阶级的立场上,代表奴隶主阶级的改良派。"① 但多数意见认为墨子出身于小手工业者,代表个体劳动者的利益和愿望。这后一种意见是有充分根据的。

墨子常常自称"贱人""野人""鄙人",并非完全出于谦意。据《墨子》和战国、秦汉时重要典籍记载,墨子"巧为跻""为木鸢,三年而成"(《韩非子·外储说左上》),还会做防御器械,曾和当时有名的器械师公输般比巧,可见他会做木工。墨子常以规、矩、绳为喻来阐明道理,以刻、镂、审曲度直量方圆为譬来说明问题,可见这些是他常用的工具和常干的工作。墨子自己说:"翟上无君上之事,下无耕农之难。(《墨子·贵义》)"可见他既未当官,也不务农。这些足以说明,墨子出身于小手工业者,当过制作器具的木匠。

到了中年以后,墨子从小生产者上升到士这一阶层,经常车中载着很多书(《墨子·贵义》),"昼日讽诵习业"(《吕氏春秋·博志篇》),讲学明道,"上说王公大人,次说匹夫徒步之士。"(《墨子·鲁问》)尽管他这时已成为一个"上说下教"的知识分子,但并没有脱离生产劳动,而且生活仍很艰苦朴素,"以裘褐(粗布)为衣,以跂跻(草鞋)为服"(《庄子·天下》),"度身而衣,量腹而食"(《吕氏春秋·高义》),工作"日夜不休,以自苦为极"(《庄子·天下》)。他不想当官,甘愿与下层社会为伍,喜欢接近劳动人民。(《吕氏春秋·高义》:"比于宾萌,未敢求仕。")他很能吃苦,《墨子·公输篇》记载,他为了劝楚国停止侵略宋国,从鲁国出发,昼夜兼程不顾疲劳,两脚磨破,撕块衣裳,裹住再走,赶了十天十夜,到了楚国都城,制止了这场侵略战争。鲁迅先生根据这个故事,写成了《故事新编》中的著名小说《非攻》,热情赞扬墨子的精神。墨子如果不是劳动者出身,会有这种艰苦作风和牺牲精神吗?墨子这种艰苦朴素的作风同孟轲的"后车数十乘,从者数百人,以传食于诸侯"(《孟子·滕文公下》)的作风相比,真可谓有天

---

① 《杭州大学历史系热烈讨论墨子的历史哲学》,《光明日报》1962年5月31日。

壤之别。

墨子的艰苦奋斗作风和勇敢牺牲精神,得到了当时和后代学者一致承认,不论是赞同他的主张的还是反对他的学说的,都对此作过如实的记述。孟轲说他"摩顶放踵,利天下为之"。庄子说他"其生也勤,其死也薄"。荀子说他"大俭约"。司马谈说,墨子之道"俭而难遵"。

物以类聚,人以群分。墨子的弟子,绝大多数也是手工业者,有的从事于器械制造,也有的以织草鞋、编席子为生。在墨子的教育和感染下,他们的生活也都极端刻苦。这也是墨子出身于小手工业者的一个有力证明。

正由于墨子和他的学生,出身于手工业者,精通器械制造技术,所以他们对力学、光学、几何学和一般物理学有丰富的知识。《墨子》一书中包含有这方面的重要内容,绝非偶然。

当然,判断一个人的阶级属性,不能只看他的出身和生活作风,更重要的是看他代表哪个阶级的利益,反映哪个阶级的要求和愿望。对于一个思想家,就必须分析他的理论的阶级实质,看他的理论和主张打着那个阶级的烙印。

墨子出身于手工业者,而"农民和手工业者是'绝对'意义上的小生产者。"[①] 小生产者阶级在不同的阶级社会形态和不同的历史时期以及在不同的行业中,具有不同的特点,但是,个性中包含着共性。小生产者的共同阶级属性是,他们既是劳动者,又是私有者。作为劳动者,他们反对剥削和压迫,主张通过自己的劳动获得生活资料;作为小私有者,他们要求维护劳动者的个体私有制,反对侵犯劳动者个人的私产。小生产者的这种阶级特性在墨子的学说中得到了明显的反映。

墨子在先秦诸子中,是极富于劳动观点的思想家。他说:"今人固与禽兽、麋鹿、蜚鸟、贞虫异者也。"禽兽不"耕稼树艺""纺绩织纴","衣食之财,固已具矣"。"今人与此异者也。赖其力者生,不赖其力者

---

① 《列宁全集》第1卷,人民出版社2017年版,第229页。

不生。"(《墨子·非乐上》)这就是说,靠劳动生活乃是人与禽兽区别的根本标志,物质资料的获得是人类社会生活的基础,没有劳动也就没有人类的生活。他认为只有强力劳动才能创造社会财富,满足生活的需要。"强必富,不强必贫","强必饱,不强必饥","强必暖,不强必寒"(《墨子·非命下》)。他说,如果"农夫怠乎耕稼树艺,妇人怠乎纺绩织纴,则我以为天下衣食之财,将必不足矣。"(《墨子·非命下》)墨子竭力反对那种不劳而获的行为。他认为,"不与其劳,获其实"(《墨子·天志下》)是不正当的,应该受到非议。墨子极力痛斥儒家鄙视劳动、好吃懒做的观点和作风,说他们"倍本弃事而安怠傲,贪于饮食,惰于作务。"(《墨子·非儒下》)从这种赞扬劳动、重视劳动、鄙视懒惰、反对剥削的思想出发,墨子主张俭省节约,反对剥削和铺张浪费,任意挥霍劳动人民的血汗。所有这些不正是小生产者阶级特性的表现吗?

从小生产者的立场出发,墨子主张小私有制,要求保护劳动者个人的私有财产,反对对私有财产的任何侵犯。他认为,"角人府库,窃人金玉蚤絫者""踰人之栏牢,窃人之牛马者""入人之场园,窃人之桃李瓜姜者""夺人车马衣裘以自利者"(《墨子·天志下》),都是不劳而获的"亏人自利"行为,应该受到国家的惩罚和群众的谴责。这些维护私有财产的主张,其根本都是为了巩固小生产者的经济地位。

马克思曾经指出,一个阶级的政治代表和著作方面的代表,"他们在理论上得出的任务和作出的决定,也就是他们的物质利益和社会地位在实际生活上引导他们得出的任务和作出的决定。"[1] 墨子在理论上提出的一系列重要主张,都是从小生产者的经济地位和阶级利益出发的。

他主张"兼爱""非攻",要求人们爱人利人,"视人之国若视其国,视人之家若视其家,视人之身若视其身","兼相爱,交相利"(《墨子·兼爱中》)。反对"大攻小,强执弱"的侵略战争和"亏人自利"的掠夺行为。这一方面反映了小生产者作为劳动者,希望彼此帮助和相互支持

---

[1] 《马克思恩格斯选集》第1卷,人民出版社2012年版,第698页。

的要求；另一方面反映了小生产者作为私有者要求互相尊重，互不侵犯，安居乐业的愿望。

他主张"尚同""尚贤"，希望有一个政令统一的中央政权和贤明的政治领导，并要求向"农与工肆之人"开放政权，让这些人中的"贤能者"也参与对国家的管理。这反映了本身经济力量单薄的小生产者相依靠一个强大统一的政权力量和贤明的统治者来保护自己的愿望，也反映了小生产者阶层企图提高自己政治地位的要求。

他主张"节用""节葬"，要求在生产消费方面，适可而止；在葬礼仪式方面，一切从俭。反对统治者穷奢极欲，挥霍浪费。这也是小生产者生产资料较少，生活收入微薄这种阶级地位所决定的，是个体劳动者阶级本质的表现。

把墨子这些主张归结为一点，就是"兴天下之利，除去天下之害"（《墨子·兼爱中》），他所谓的利害都是以是否符合小生产者的阶级利益为标准的。他理想的社会是"使饥者得食，寒者得衣，劳者得息。"（《墨子·非命下》）这正是小生产者的社会地位和劳动人民的深重灾难引导他提出的。墨子的学说无一不是小生产者阶级利益的理论表现。至此，我们可以完全肯定地说，墨子是战国初期小手工业者和其他个体劳动者的思想代表，是他们在政治上的代言人和理论上的宣传者，而绝非如"四人帮"所说的是"代表中小奴隶主的思想家。"

正由于墨子代表个体劳动者的利益和愿望，所以他对代表剥削阶级利益的儒家思想进行了严厉地批判，形成了当时儒墨"显学"的对立，而他自己也总是遭到剥削阶级思想家的诬蔑和攻击。孟子骂他"无君无父，是禽兽"，视他的言论为"淫辞""邪说""洪水猛兽"。庄子说他"反天下之心，天下不堪"。就连后来代表新兴地主阶级利益的荀子、韩非也都不赞成他的学说和主张。孟、庄、荀、韩等人对墨子的非难，在很大程度上乃是出于一种剥削阶级的偏见，是阶级斗争在思想领域中的表现。因为剥削阶级不赞成墨子的思想，不采纳墨子的主张，所以随着封建制度的巩固和发展，墨家学说销声匿迹，乃是势所必至，理所当然。

二　是"唯心主义哲学家",还是朴素的唯物论者?

"四人帮"不但歪曲墨子的阶级属性,而且还歪曲墨子的哲学思想。他们说,墨子是古代"经验主义的总代表"。姚文元公然说:"墨子的狭隘经验主义比儒家有更大的迷惑性。"不但如此,在他们炮制的出版物中甚至说墨子是"唯心主义哲学家"。这些统统是妄说。

不错,在墨子的认识论中有经验主义的成分,但不能归结为经验主义,在墨子的哲学体系中,有唯心主义因素,但也不能划入唯心主义阵营。

区别一个哲学家是唯物主义还是唯心主义的惟一标准,只能是看他如何回答思维和存在、精神和物质何者为第一性的问题。墨子在关于名与实、命与力的关系问题上,是坚持了存在第一性、思维第二性的唯物主义路线的。他提出了"名以实取"的观点,认为"名"(名称、概念)是从属于"实"(客观实在)的,是"取"之于身外之"实"的结果。不知道"实","名"就失去了意义。例如,人们对于"黑""白"的认识,是由于"明目者"对于客观存在的黑、白事物如实反映的结果;瞎子不知黑、白的实物,失去了辨别黑、白的能力。可见,黑、白之类的"实"是不依人的意志为转移的。墨子这种未见其"实"则不知其"名"、"取实予名"的观点,承认了独立于人的主观意识之外的客观事物的存在,无疑是符合唯物论原理的。它同孔子以"名"订"实"的唯心主义的"正名"论是完全对立的。可是,在"四人帮"控制下编纂的《哲学小辞典》(儒法斗争史部分)中,硬说墨子的名实观和孔丘的"正名"论毫无区别,都是"唯心论"。这是故意颠倒黑白、混淆是非。

在力与命的关系问题上,墨子针对当时十分流行的儒家宣称的"死生有命,富贵在天"的天命论,提出了"非命"的主张。他认为个人的富贫、国家的治乱,都不是天生命定的,而是人们主观上努力与否所造成的。他说:"天下皆曰其力也""必不能曰我见命焉。"(《墨子·非命中》)又说:"夫岂可以为命哉?因以为其力也。"(《墨子·非命下》)

意思是说，一切都靠自己努力，根本不存在支配人的命运。为什么说不存在命运呢？墨子说，因为"先王"的遗书中未记载，百姓的耳目中未见闻。既然命运"未尝有也"，为什么还有人信命呢？墨子认为，这是古代"暴王"（桀、纣、幽、厉）为了给自己因罪恶而失败作辩解所造的舆论，是古代"不肖之民"为了给自己因"惰其事"而陷于饥寒作掩饰所找的借口。正因为"暴王作之，穷人述之"，所以"疑众迟朴"——使老实人受骗上当，相信有命。墨子严肃指出相信命运的危害性在于会使各行各业的人怠于工作而消极待命。这种认为信命无凭、执命有害、人定胜天、事在人为的"非命崇力"思想，闪耀着唯物主义的灿烂光辉，充满了劳动者对自己力量的自信，是十分可贵的。

墨子坚持"取实予名"、主张"非命崇力"，但是他的世界观并非完全是唯物主义的。他不相信命运，却相信"天志"，主张尊天。他认为天不是自然形体，而是有意志的，天的意志就是"兼爱"。顺天之意即"兼爱天下人"是善行，就能得到天赏，反天之意，即"从事别，不从事兼"是不善行，就会受天罚。他把天志喻为"规矩法度"，提出天子的过失要由天来纠正。这种尊天思想，无疑是宗教迷信观念。但是，墨子的在思想同孔子的天命论并不相同。第一，孔子认为"天生德于予"；墨子则不自认是天生的圣人。第二，孔子认为"死生有命，富贵在天"，不可改变；墨子则认为天的意志正在于使贫变富。第三，孔子要求"知天命"的目的在"克己复礼"；墨子主张"顺天意"的目的在于"兼爱"。这说明，在当时的历史条件下，墨子的天志论比孔子的天命论还要进步一些。

墨子不但主张尊天，而且主张明鬼。他认为鬼神是存在的，"闻之见之，则必以为有"（《墨子·明鬼》）。而且，鬼神能"赏贤罚暴"无往不胜。所以，"诟天侮鬼"是乱道，"尊明鬼神"是治道。显然，这又是一种迷信观念。可是，墨子的"尊明鬼神"同孔子的"敬鬼神"也不相同。墨子尊鬼神的目的在于借助鬼神的"明智"来"赏善罚暴"，保护劳动者的利益。孔子"敬鬼神"则是为了"慎终追远"，维护贵族氏族祖先的尊严和权威。二者的出发点和目的是不可同日而语的。

尊天、事鬼的宗教迷信观念是墨子哲学中的唯心主义部分，这种观念的产生是有着深刻的阶级根源的。小生产者阶级由于生产资料单薄、生产范围狭小，所以目光短浅，力量薄弱，在认识上有很大的局限性。而且，由于他在当时社会上处于无权的地位，对"暴不得罚，贤不见赏"的不公平现象很不满，而自己又无力改变现实，于是就乞灵于超人力、超自然的"天志""鬼神"。这正表现了小生产者软弱性的一面。

墨子的唯物主义主要表现在他的认识论中。在认识论上，墨子坚持了从物到感觉和思想的路线，认为认识的来源是人们对客观事物的直接感觉。他十分强调"闻见"的重要性，重视"耳目之实"的感觉经验。他反对孔子的"生而知之"的先验论，认为人的知识才能不是先天就有的，而是客观事物的反映，由此出发，他竭力否认孔子"惟上智与下愚不移"的反动思想，严厉责问道："王公大人……焉故必知哉？"（《墨子·尚贤下》）在检验认识的真伪问题上，墨子提出了著名的"三表法"，指出区别是非、真伪，应坚持三条标准，一要推究来历，以前人的经验为依据；二要详察实情，以"百姓耳目之实"为标准；三是考察效用，以符合"国家百姓人民之利"为原则。可见，在这些标准中，墨子把间接经验和直接经验都提到了很高的地位，以此来反对认识中的主观性和片面性，坚持了唯物主义原则，具有重大的进步意义。不但如此，墨子还特别注重实行，强调知和行的符合。他提出："言必信，行必果，使言行之合犹合符节也。"（《墨子·兼爱下》）并指出，议论经得起行动考验的，才值得重视，经不起行动考验的，就不值得重视。他说："言足以复行者，常之；不足以举行者，勿常。"（《墨子·耕柱》）又说："言足以迁行者，常之；不足以迁行者，勿常。"（《墨子·贵义》）从这里可以看出，墨子初步看到了实践在认识中的一些作用，承认实践是辨别真假的客观标准。

当然，墨子的认识论也还是有严重缺陷的。首先，他虽然重视实际活动对于认识的意义，但不懂得认识和实践的辩证关系，不认识实践是认识的基础。他的认识论还很不科学、很不完整。其次，他过分夸大了感性认识的作用，忽视了理性认识的重要性，具有唯物论的经验论的特征。另外，他的认识论中也还有唯心主义因素，例如他引用古代传说来证明鬼神的存在，从主观愿望出发肯定天有意志等等。这说明他的唯物主义认识路线还不彻底，没有贯彻始终。

那么，能否因为墨子认识论中有经验论特征，就把他说成是经验主义的代表呢？我们认为不能。因为，认识论上的经验主义（即经验论）以为认识可以停顿在低级的感性阶段，以为只有感性认识可靠，而理性认识是靠不住的。墨子虽然夸大了感性认识而忽视了理性认识的重要性，但他并没有反对理性认识、排斥理性认识的观点。而且，他在逻辑思想上首先提出"类"和"故"的概念，作为明辨是非、审察异同的方法。他所说的"类"，就是用类比、类推的方法进行思维，他所说的"故"，就是通过推理追述事物的原因。如果根本否认理性思维，何以能够有这种在中国古代逻辑史上起过重要作用的思想呢？所以，我们认为墨子的认识论中尽管有经验论的某些特征，但不能归结为经验主义。"四人帮"把墨子说成古代"经验主义的总代表""狭隘经验主义"，是根本站不住脚的。

至于根据墨子哲学中有唯心主义成分而把他说成是"唯心主义哲学家"则更是错误的。因为，看一个哲学家属于那个阵营，要对他的哲学体系全面分析，看什么是他的基本方面，什么是主流。通过以上分析，我们可以清楚地看出，墨子哲学思想的基本方面是唯物主义的，把他划归于我国古代唯物主义哲学家的行列，墨子是当之无愧的。其实，在马克思主义以前的中外哲学史上即使是很杰出的唯物主义哲学家，由于其阶级和历史的局限，也都程度不同地包含有唯心主义因素，不过各人的表现形式不同罢了。何况时处两千多年前中国封建社会初期的墨子呢？

三 是复辟派，还是革新派？

对于墨子的政治态度，"四人帮"也加以歪曲。他们给墨子造了一顶"走资派"的帽子戴在头上,说他是"两千多年前的走资派"。意即墨子是复辟倒退派,是同儒家站在一起,反对革新派法家的。这种谬论也不值一驳。

判断一个思想家是倒退还是革新派,其标准在于看他在当时的历史条件下,是支持新生事物,还是维护腐朽事物,是站在进步阶级一边,还是站在没落阶级一边。归根到底,看他的学说和主张是否有利于生产力的发展,这就"要把问题提到一定的历史范围之内"加以考察。

墨子出生于春秋末年,他的主要活动是在战国初期。春秋时期是我国社会由奴隶制向封建制过渡的时期,战国是封建社会形成的时期。当时在各国内部都先后推翻了奴隶制度,建立了新的封建的生产关系,新兴地主阶级掌握了国家政权,取得了统治地位。对待新生的封建制度和地主阶级政权,采取什么态度,是当时划分进步和反动的分水岭。墨子的基本立场,是支持新生的封建制度和封建政权的,他提出的主张是有利于生产力发展的。

1. 墨子主张巩固封建制度的统治秩序,反对腐朽的奴隶主贵族势力对新生封建政权的颠覆和捣乱活动。这集中表现在墨子关于"治"的思想中。他说:"知者之事,必计国家百姓所以治者而为之,必计国家百姓之所以乱者而辟之。"(《墨子·尚同下》)他所谓的"治",就是"天下兼相爱,国与国不相攻,家与家不相乱,盗贼无有,君臣父子皆能孝慈。"(《墨子·兼爱上》)为此,他反对上下相贼。他赞同"入人之国,必务合其君臣之亲,而弭其上下之怨"的外交原则(《墨子·非儒》)。墨子这种求治除乱的思想,对于巩固新的封建政权,维持正在建立中的封建制的社会秩序,客观上是十分有利的。

2. 墨子主张建立权力集中,政令统一的封建统治体系,反对"天下异义""有离散之心"的混乱局面。这集中表现在他的"尚同"思想中。他说,"尚同为政之本而治(之)要也","以尚同为政,故天下治。"(《墨子·尚同下》)什么是"尚同"呢?就是"一同天下之义""一同其国之义"。用现今的话说,就是统一思想、统一政令。为此,他反对

"一人一义、十人十义、百人百义"。他认为,"义不同者有党","为政若此,国众必乱。"(《墨子·尚同下》)意思是说,政令不统一就会结党营私,造成天下大乱。墨子这种尚同思想,反映了从春秋到战国,人们要求统一的愿望。事实上,由于经济发展的要求,春秋时代的许多诸侯国,逐渐合并成"战国七雄",最后由秦完成了统一,结束了封建割据局面。墨子的尚同论中,包含着要求建立中央集权的统一的封建国家的合理因素,顺应着历史发展的趋势,所以是进步的。

3. 墨子主张选拔贤能的统治人才,反对奴隶主贵族的世袭特权。这集中表现在他的"尚贤"思想中。墨子认为,"尚贤者,政之本也"(《墨子·尚贤上》)。"国有贤良之士众,则国家之治厚;贤良之士寡,则国家之治薄。"他提出的贤士标准是"有力者疾以助人,有财者勉以分人,有道者劝以教人"。凡是符合这一标准的,"有能则举之","虽在农与工肆之人",也可以选拔任用(《墨子·尚贤上》)。他主张用提高物质待遇和社会地位的办法招纳贤士,"量功而分禄""以德就列",使他们有参加政权的机会。为此,他提出"官无常贵而民无终贱"的口号,竭力反对奴隶主贵族的世袭特权,批判"亲亲有术,尊贤有等,言亲疏尊卑之异"的儒家思想(《墨子·非儒下》)。墨子的尚贤论,尽管是从小生产者的利益和要求出发的,但在客观上为新生封建政权网罗贤才开辟了道路,对正处于崩溃中的奴隶主贵族世袭制度是一个沉重的打击。

4. 墨子主张发展生产,节约费用,改善人民生活,反对一切破坏社会生产的活动和浪费人力物力的不良风气。墨子提出的一切主张和改革措施,莫不从个体劳动者的生产和生活出发。他主张"兼爱""尚同""尚贤"都是为了"国家百姓之利"。他主张"非攻",因为"攻者农夫不得耕,妇人不得织,以守为事;攻人者,亦农夫不得耕,妇人不得织,以攻为事"(《墨子·耕柱》)。而且,攻人之国还会"夺民之用,废民之利",造成财力物力的浪费;对被攻的国家"刈其禾稼,斩其树木"(《墨子·天志下》),极大地破坏生产。他主张"非命",因为相信命运使农夫"怠乎耕稼树艺",妇人"怠乎纺绩织纴"(《墨子·非命下》)。

他主张"非乐",因为乐不但不能除民之患,还"亏夺民衣食之财",且听乐使农夫不能"早出暮入,耕稼树艺,多聚菽粟",妇人不能"夙兴夜寐,纺绩织纴,多治麻丝葛绪捆布缥"。总之,乐"不中万民之利"。(《墨子·非乐上》)他主张"节用",因为这样"用财不费,民德不劳,其兴利多矣。"(《墨子·节用上》)他主张"节葬",因为厚葬久丧"辍民之事,靡民之财,不可胜计也。"(《墨子·节葬》)墨子"非儒"的重要原因是因为儒家的"繁饰礼乐""盛饰邪术",劳民伤财,使百姓"当年不能行其礼,积财不能赡其乐";儒家的天命论使人们"怠于从事","农事缓且贫"(《墨子·非儒下》)。总之,儒家的主张对生产生活都极为有害。由此看来,墨子把有利于发展生产,改善劳动者生活作为一切主张的根本出发点和立论的根据。这当然是有利于社会发展和历史前进的进步思想。

墨子这些大胆、进步的革新理论,是与他的进步的历史观分不开的。在《非儒》篇中,他对以孔子为代表的儒家宣扬的复古倒退论,作了无情的批判,在批判中提出了他自己的观点。他针对孔丘"必古言古服然后仁"和"循而不作"的谬论,明确指出,古与新是相对的,今日认为古的,当时原是新的;若一味求古,那么古人中也无仁者。他认为儒家的"循而不作"的思想,是为了反对创新。他说,古代的许多创造,都不是"循"而是"作",儒者把这些有许多创造发明的人都说成不是"君子",这完全是对革新者的攻击。墨子这种"崇新尚作"的历史观乃是他提出革新主张的理论基础。

我们说墨子的思想从总体上看基本上是进步的,并不是说他没有什么局限和错误,同历史上其他思想家一样,由于阶级和历史的局限,墨子也存在许多不正确的观点。例如,他的"兼爱"论,主张"上下调和""上下相亲""爱无差等",包含着浓厚的阶级调和论观点。他的"非攻"说虽然反对的是"伐人之国"的侵略战争,但同当时用战争形式结束封建割据,实现集中统一的发展趋势是矛盾的。他的"尚同"说,进步性在于强调了思想和政令的统一,但另一方面却给封建统治者控制舆论、独断专行，搞专制主义提供了口实。另外，"非乐"说完全否定了文化艺术对社会的有益作用，"非命"说则把劳动者的苦难完全归之于工作不努力。这些都是十分片面的观点。墨子思想和学说中的缺陷，在客观上会被封建统治者利用来作为统治人民的工具。

总之，墨子在当时的历史条件下，是站在新生事物一边的，他的政治主张，客观上顺应了历史的潮流，主导方面是进步的。而且，由于他的学说反映的是小生产者的利益和要求，所以其中包含着许多连当时的新兴地主阶级思想家也不会有的合理因素（例如反对奢侈浪费，主张改善劳动者的生活等等）。据此，我们认为，墨子是战国初期的革新派，倒退派的帽子是戴不到墨子头上的。

（原载于《哲学研究》丛刊：《中国哲学史文集》，吉林省人民出版社1979年版）

"道"的历程

"道"是中国传统哲学的基本范畴之一。古代各大哲学派别，几乎都运用"道"阐述自己的哲学观点，道家更是把"道"作为最高哲学范畴建立哲学体系的。从先秦至清初，两千多年间，"道"驰骋于中国哲学的广阔领域，演变于中国哲学史的漫长历程。"道"的发展历程，大体经过了三个基本阶段，试概论之。

一 作为宇宙根源的"道"

"道"进入哲学领域，成为基本哲学范畴，始于《老子》。《老子》将其前已存在的"天道"概念，予以抽象升华，形成"道"的范畴，取代了殷周以至春秋流行的"天""帝"观念。中国哲学从此才真正实现了从"天命哲学"向"理性哲学"的转变，开始致力于对世界本原的思辨探讨。《老子》的"道"，无形无象，无名无为，惚恍窈冥，人不能感。这种"道"，"先天地生""象帝之先"。它在宇宙中的地位是"万物之母""万物之宗""万物之奥"；天地之"根"、天地之"始"、天地之"法"，它对宇宙万物的基本作用是"生"（"道生之"）。"道"生成万物的过程是："道生一，一生二，二生三，三生万物"，即一分为二，二分为多的分化过程。《老子》的"道"基本上是精神性的，精神性的"道"为什么能生出物质世界呢？其根本原因在"道"能"动"。《老子》认为，作为天地万物根本的"道"，相对于万物来说是静的，所谓"归根曰静"，但就其自身来说，却是动的，动的方式是向对立面转化，所谓"反者道之动"。"道"的这种内在矛盾，就是万物产生的始因。可见,"道"生成万物,不是像上帝那样,凭藉意志,发布命令,进行创造,而是自然而然地自我运动过程。所以,《老子》说:"道常无为而无不为","莫之命而常自然"。又说,"道法自然"。由此看来,"道"在《老子》哲学中,是标志宇宙生成根源的范畴。既然"道"是宇宙的总根源,它同天地万物的关系是"母"与"子"的关系,那么,《老子》的道论,显然处于宇宙生成论阶段。既然"道"生万物是一个无意志的自然无为过程,那么,《老子》的宇宙生成论当然是哲学而不是神学。它标志着中华民族对世界起源的探索已经摆脱了宗教神学的束缚,而进入思辨哲学的时代了。

《老子》"道"的首要的基本的涵义是世界根源,由此出发,它还引申出了本体和规律的涵义。《老子》认为,"道"生出万物后,靠"德"来维护万物的存在,保持万物的性质("道生之,德畜之"),自己不再直接干预万物的生存。可是"道"并未消失,而是作为万物生存的最后根据起作用,并使万物最终复归于它。这样,"道"又成了"本体"。"道"对万物的最后支配和统一作用,是通过制约万物的发展而表现的,天地万物以它为"法",以它为"式",所谓"人法地,地法天,天法道,道法自然",所谓"圣人抱一(道)为天下式"。这样的"道"又是"规律"(或法则)。总之,《老子》的"道",根源、本体和规律,三义相关而共有;存在(本体)和存在方式(规律),二者相混而不分。

正由于《老子》的"道"涵义笼统而抽象,因此,它就成为以后关于"道"的各种观点发展的胚胎、萌芽。

在先秦,着重从根源涵义上发展"道"的是《管子·心术》等篇所代表的稷下道家。他们把"道"说成"精气",认为宇宙万物都是由"精气"产生的。物质性的"精气"(道),"其大无外,其小无内",结合起来,生成万物。这样,"道"和"气"成了同一概念,指的是构成万物的原始材料。可见,稷下道家对"道"进行了唯物主义改造,并把生成论向构成论的方向发展。因而成为后代"气"一元论的先驱。

侧重从本体意义上发挥"道"的是庄子。庄子扬弃了"道"中

"始"的观念，对"道"作了三点重要发展。一是以"道"为"本根"。他说："道"是"惛然若亡而存，油然不形而神，万物畜而不知，此之谓本根"（《庄子·知北游》）。又说"道"是"无所不在"的，对万物都有决定作用。二是以"道"为"无有"。庄子说："万物出乎无有。有不能以有为有，必由乎无有，而无有亦无有"（《庄子·庚桑楚》）。"无有"即"不存在"，"万有"从"无有"中产生，就是存在由不存在而来，也就是"无中生有"。三是在"道"下置"气"。庄子将《老子》的"道生一"，具体化为"道生气"，"气生形"。他说："杂乎芒芴之间，变而有气，气变而有形，形变而有生"（《庄子·至乐》）。看来，庄子哲学已经有以"无"为"本"，以"有"为"末"，以"道"为"体"，以"气"为"用"的朦胧意味了。这就给魏晋贵无玄学的本体论奠定了基础。

偏重从规律观念上解释"道"的是韩非，他明确地把"道"说成万物的总规律，并提出标志具体事物规律的"理"概念与之相应。他说："道者，万物之所然也，万物之所稽也"；"万物各异理而道尽稽万物之理"（《韩非子·解老》）。"道"为规律，"道""理"相应的观点，为宋明以后深入从规律意义上探讨"道"，讨论"道"与"理"的关系，开导了先河。

以上三派的"道"，并非只具有他们各自强调的那个方面的涵义。如稷下道家的"道"亦有规律之义，庄子的"道"仍存根源之义，韩非的"道"包括本质之义。但这些在他们的道论中仅居次要地位，不是基本的方面。

先秦谈"道"较多的还有《易传》（特别是《系辞》）一派，其道论别为一宗。《易传》认为，"道"即是阴阳双方对立统一的矛盾法则（"一阴一阳之谓道"），"道"乃"形而上"，是抽象法则，"器"乃"形而下"，是具体事物［"形而上者谓之道，形而下者谓之器"（《易经·系辞》）］，"道"的始原是"太极"，阴阳之道由"太极"产生［"易有太极，是生两仪，两仪生四象，四象生八卦"（《易经》）］。这些观点，虽未详论，但却成了宋明道学讨论"太极""阴阳""道器"等范畴的源头。

总观先秦道论，许多重要论题已具雏型，为"道"在以后的发展准备好了珍贵的思想资料。但从总体上看，较为成熟、较为系统的还是《老子》以"道"为天地万物总根源的宇宙生成论。它代表着"道"的发展历程的第一阶段。

二 作为世界本体的"道"

《老子》的作为生成根源的"道"，经过庄子强调"道"的本体意义这个环节，迈开了它向本体论前进的步伐。西汉初期的黄老之学，认为"道"是普遍恒常的客观法则，强调天道在建立"清静无为"的政治局面中的作用，重自然而轻人为。董仲舒的神学目的论，认为"道之大原出于天，天不变道亦不变"，强调"道"的神秘性和形而上学性，重天意而轻理性。王充的元气自然论，认为"道"是"元气"生物的自然过程，强调"道"的自然属性，重过程而轻规律，重个别而轻一般，重经验而轻思辨。他们对"道"的思考，虽然各有所见，时有闪光，但从总体上说都没有超出先秦时"道"的基本涵义，都没有把"道"推进到崭新的思维阶段，提升到更高的思辨水平。真正使"道"有了新的风貌，进入本体论哲学的是魏晋时期以何晏、王弼为代表的贵无派玄学。

贵无玄学家觉得，说"道是天"太神秘，说"道是气"太直观。于是，发挥《老子》"有生于无"的命题，扩展庄子侧重本体的观念，摒弃董仲舒使"道"归"天"的神秘性，克服王充使"道"属"气"的直观性，以"无"释"道"，以"无"为"本"，把"道"建立为世界本体。

贵无玄学认为，"道"是"无"的别名［王弼："道者无之称也"（《论语释疑》）］"无"（道）是世界的本体，而"有"（即天地万物）是本体的种种表现。何晏说："有之为有，恃'无'以生；事之为事，由'无'以成"（《道论》，见《列子·天瑞》注引）。王弼说，"天地虽大，富有万物，风动雷行，运化万变，寂然至'无'，是其'本'矣"（《周易·复卦注》）。他们认为，"无"与"有"的关系，是"本"与"末"、"体"与"用"、"一"与"多"的关系。"无"对天地万物的主要作用是"统"（"以寡统众"），而不是"生"。也就是说，形形色色的事物，全由没有任何规定性的"无"（道）来统一；千变万化的现象，能被寂然不动的"无"（道）所统摄。这就明确规定了"无"（道）在整个世界中的本体地位。贵无玄学的"无"（道）既是超绝时空的，又是超言绝象的，它不过是从"万有"抽象出来的观念而已。这种本体论，显然是唯心主义的。

贵无玄学通过"无—有""本—末""体—用""静—动""一—多"等关系的思辨推理，来论证"道"和"天地万物"的矛盾，从而把《老子》哲学中"道"和"万物"的生成与被生成关系，深化为一般与个别、本质与现象、统一与多样等矛盾关系，这就大大提高了对"道"的思维水平。然而，由于它把虚构的"无"说成了本体，却又使"道"产生了新的局限：(1) 在《老子》哲学中，"无"是对"道"的规定，指的是"道"无形、无名的特性；而在玄学中"道"则成了对"无"的作用的形容，所谓"无不通也，无不由也，况之曰道"（王弼《论语释疑》）。(2)《老子》的"道"，就其与有形有名之物的区别言是"常无"，就其自身的永恒存在言又是"常有"，是"有""无"两种属性的统一。而在玄学中，"道"等于"无"，"有"则从"道"中分离出来，成为与"道"相对立的"万物"的属性。(3)《老子》"道"相对于万物而言是"静"，但就其自身而言在"动"；而在玄学中，"道"成了绝对的"静"（王弼："静者，可久之道也"）。"动"从"道"中游离出来成了"有"的属性。这样，"道"的范畴地位降低了（成了"无"的别名），"道"的内容挖空了（"常无"），"道"的内在辩证性损害了（"常静"），这便是"道"的范畴在贵无玄学中的损益。

然而，正是其中的局限，促使了"道"在本体论中的进一步发展，使它登上了宋明理学的"舞台"，演出了更为壮观的一幕。

隋唐时期，儒、释、道三家在争论中趋于合流，"道"的范畴也在这一哲学格局中滋生新义。柳宗元、刘禹锡通过总结先秦以来天人关系问题的争论，坚持元气自然观，区分天道与人道，提出了"天人不相预""天人交相胜"的光辉命题，冲击了当时的天命神学，从而堵塞了再度使"道"升"天"，退回到宗教神学的通路。韩愈高举反佛旗帜，与佛、老相抗衡，建立儒家的道统论，认为"仁与义为定名，道与德为虚位"，道家"去仁义"言"道"，佛家"弃君臣"言"道"，不过是"坐井观天"之见，"清净寂灭"之谈。只有"合仁与义言之"，才是"道"的真正内容（见《原道》）。这就用儒家的伦理道德填充了贵无玄学挖去"道"的内容后所造成的空虚。宋代程朱理学，远观此势，看到既不能使"道"升"天"，重蹈董仲舒的覆辙，也不能将"道"作"无"，仍步贵无玄学的后尘，于是，紧"接"韩愈之"力"，给"道"另找出路，建立了以"理"释"道"，以"理"为"本"的新的本体论。

以二程、朱熹为代表的理学认为，"道"是"理"的别名，也是"太极"的异称（朱熹："道是太极""道即理之谓也"）。"道""理""太极"三者名异实同，都是标志世界本体的范畴。而与此三者相对的"器""气""阴阳"也是同体异名，都是概括由本体所派生、所支配的物质性事物的概念。他们对"道"的规定是：第一，"道"是无形体、无声臭、无生灭、超形器的绝对精神。所谓"道本无体""无声无臭便是道"；"道之常存"，亘古亘今，"常在不灭"；"形而上为道，形而下为器"（朱熹语）。第二，"道"是有与无、动与静相统一的实体。所谓"以理言之，则不可谓之有；以物言之，则不可谓之无""无此形状，而有此道理"（朱熹语）；"无非理也，惟理为实"（二程语）。所谓"动而无动，静而无静，神也"（周敦颐语）。第三，"道"是三纲五常等伦理道德，是天道和人道的统一。"所谓'道'者，君臣、父子、夫妇、兄弟、朋友，当然之实理也"（朱熹语）。"道一也，岂人道自是人道，天道自是天道？"（程颐语）。可见，理学的"道"是有绝对性、含辩证性、具伦理性的精神实体。程、朱认为"道"与"器"的关系是：一方面，从器上看，"道器相依""道在器中"；另一方面，从道上看，"道体器用""道本器末""道先器后"。这两种说法，貌似二律背反，实际上前者是强调"道"的普遍性和实在性，后者是坚持"道"的绝对性和本原性，都在于论证"道"是本体，并防止"道"与"器"绝对对立。关于"道"对"器"（理对气、太极对阴阳）的作用，理学常用"所以"一词表述。例如，"其所以为是器之理者则道也"，"盖天地所以生物者，理也"，"此所谓无极也，所以动而阳、静而阴之本体也"，"所以变通者道"（朱熹语），"道非阴阳也，所以一阴一阳者道也"，"所以开阖者道"（程颐语）。"所以"即派生、支配、决定的意思，这比《老子》言"道生物"，玄学说"道（无）统有"，以表述"道"与万物的关系，更为确切、具体。"道"，既"所以"天地万物（器）的存在，还"所以"天地万物的运动。它发挥这种支配、决定、派生作用的方式是，借助于"气"作为"中介"，以"一"与"多"（"理一分殊"）、"一"与"两"（"一生两""一分为二"）的矛盾和"交易""变易"等运动作为方法。由此可见，程、朱理学的道论比玄学更加深刻，大有进展。这集中表现在一个"实"字上，"道"的状态更"实在"（道是"实理"），"道"的内容更"现实"（包括伦理道德），"道"的性质更"实际"（包含丰富的辩证法因素）。如果说，贵无玄学是企图通过突出"无"与"有"的对立，来抬高"道"（无）的地位的话，那么程朱理学则是企图通过强调"道"与"器"的统一，以增强"道"（理）的实力。

然而，"道"在程、朱理学中所取得的这些"自由"和"力量"毕竟是很有限的。因为在它的精神实体的地位和性质被进一步肯定的时候，也即它同万物的颠倒关系更加确定、与万物的对立更加鲜明的时候，而在给它注入辩证"血液"的时候，也正是它的变动"内核"同"常理不易"（二程语）、"常而不已"（朱熹语）的形而上学"外壳"尖锐矛盾的时候。因此，它的"自由"，不过是"终而复始"（二程语）的循环，而它的力量，终归来自"无形而有理"（朱熹语）的观念。这样，"道"

最终必然陷于"内外交困"的境地。

三 作为万物规律的"道"

"道"从程、朱理学中被"救出",结束它作为世界本体的历史,经历了一段过程。在此过程中,以张载、王廷相为代表的"气"本论(包括王安石的道气一元论和陈亮、叶适的物本论)和以陆九渊、王守仁为代表的"心"本论,都作出了自己的贡献。气本论者认为世界的本体(或本质)是"气"(或"物"),而"道"只是"气"(或"物")运动、变化的过程或规律,提出了"万物莫不由是而之焉者,道也"(王安石语),"由气化,有道之名"(张载语)、"物之所在,道则在焉"(叶适语)、"理根于气"(王廷相语)等光辉论题,将被程、朱颠倒了的"道—器""理—气""太极—阴阳"等关系,重新颠倒了过来,使被悬空了的"器"外之"道",真正落到了实处。心本论者认为,"心"是世界的本体,而"道"(理)不过是"心之条理",世界万物的"道理"皆发源于"心"。提出了"道未有外乎其心者"(陆九渊语)、"心外无理"、"吾心之良知即所谓天理也"(王守仁语)等独到见解。把被程、朱规定于"心"外的"道"(理)完全拉回心中,从而克服了所谓"析心与理为二"的弊病,拆毁了人心通过"事事物物"去"穷理""求道"的烦琐道路。可见,气本论者的贡献在于将精神性的"道"物质化,使"道"和物质世界的关系具有了不可分离性。而心本论的贡献则在于使客观性的"道"与主观性的"心"相统一,突出了人认识"道"的能动性。这两种贡献,为"道"从世界的本体演变成万物的规律,架设了桥梁。当然,程、朱理学中的"道"(理)虽然基本上是世界本体的标志,但也含有规律的意思。这也是"道"演变为规律的一个潜在因素。

王夫之和戴震正是通过上述两个侧面所构成的环节,利用理学中可以吸取的合理因素,给"道"找到了新的出路。他们坚持气本论,反对理本论,认为"太虚即气","气"为"实有","天下惟器","器"是事物。而"道"和"理"乃是气之"流行",气之"条绪","势之必然","物之所由",也就是说,"道"(理)是元气"生生不息"的流行过程和器物的必然规律。"理"和"气"、"道"和"器"的关系是:首先,理依于气,道寓器中,器体道用。王夫之说:"气者,理之依也""尽其器则道在其中矣""无其器则无其道";又说:"道者,天地精华之用""善言道者,由用以物体"(《周易外传》)。戴震说,"阴阳五行,道之实体也"(《孟子字义疏证》)。其次,理气相依,气外无理,道器不离。王夫之说,"气外原无虚托孤立之理","道在器中",不能"标离器之名以自神"(《周易外传》)。戴震说:"非事物之外,别有理义也"(《原善》),理学离器言"道","实失道之名义也"(《孟子字义疏证》),"以与气分本末,视之如一物,岂理也哉"(《绪言》)。显然,他们首先明确气与理、器与道的体用主从关系,继而再肯定二者的相依不离关系。

关于"道""理"的特性,他们的基本看法是,"道"随"器"变,"理"依"气"变。王夫之说:"天积其健盛之气,故秩序条理,精密变化而日新"(《思问录·内篇》)。又说:"洪荒无揖让之道,唐虞无吊伐之道,汉唐无今日之道,则今日无他年之道者多矣"(《周易外传》)。戴震说:"生生者化之原,生生而条理者,化之流"(《绪言》)。又说:"气化流行,生生不息,是故谓之道"(《孟子字义疏证》)。由于理依气变,道随器变,因此,气、器中存在的"合两端于一体"的矛盾,就决定了理、道中也存在着矛盾运动。关于"道"与"理"的区别,戴震针对程、朱的"理一分殊",颇有创见地提出"道主统,理主分"的观点。认为"道"是指自然界和人事的根本规律,"理"指具体事物的特殊本质和特殊规律,是一事物与它事物区别的标志。"理"都是"分理",只能分别存在于各特殊事物之中,没有超出万物之上单独存在的绝对普遍之"理"。他说:"理者,察之而几微必区以别之名也,是故谓之分理"(《孟子字义疏证》)。这同程朱把作为世界本体的统一的"理",完整地"分殊"于每一事物中再充当本体(如"月印万川"),显然不同,因为，戴震所谓的"分理"仅指各事物自身固有的特殊规律而言。

王夫之和戴震还深入探讨了"道""理"和"人心"的关系。他们继承陆王心学肯定人的认识能动性的合理成分，而扬弃其"心外无理""道在心中"的谬说，提出了"即事穷理"，"以心循理"（王夫之语），"官接于物，心通其则"（戴震语）的认识论原则。认为"心"与"理""心"与"道"既不绝对对立，也不绝对等同，人"心"的理性之光发挥其"照物"作用，就客观事物本身探求，对事物规律"剖析至微"，就能将"必然之理""当然之则"，通过"耳目百体"而"会归于心"。王夫之说："以心循理，而天地人物固然之用、当然之则，各得焉"（《四书训义》），戴震说："必就事物剖析至微而后理得"（《孟子字义疏证》）。

可见，王夫之和戴震的"道"论，通过发展张载的"正学"，扬弃陆、王的"心学"，批判程、朱的"理学"，否定了"道"的精神性和本体性，肯定了"道"的物质性和规律性，突出了"道"的辩证性，承认了人认识"道"的能动性。从而，不但扶正了"理"与"气"、"道"与"器"的位置，理顺了"道"的变化与"器"的变化的关系，而且还摆正了"理"与"心"、"道"与"心"的关系。把悬于"器"上的"道"下放下来，把束在"心"中的"道"解放出来，使"道""理"空前明确地成为生生不息的万物运行和发展的规律。这就最终结束了"道"在本体论中标志世界本体的光辉而艰难的历史，使古代哲学关于"道"的探讨发展到了顶峰。他们把"道"规定为万物的规律，就使"道"成了贯通本体论和认识论的范畴，预示着近代哲学将把研究如何认识事物规律的认识论作为重要课题，提上哲学日程。而且，他们关于"器变道变"的思想也反映出中国近代社会将要经历深刻的变动，而进步哲学家也将用"尚变"观点为社会进化作哲学论证。王夫之、戴震的"别开生面"的道论，在终结古代道论的同时，也透露出近代哲学发展动向的信息。

近代有创见的哲学家，在坚持王夫之等人"器体道用""道随器变"

的思维基础上，通过汲取近代自然科学和西方近代哲学的成果，改造传统哲学范畴，用机械运动、物理运动、化学运动和生物进化的规律给"道""理"等范畴注入了新的内容，并特别强调"道"的变化，提出"变者，天道也"（康有为语），"器既变，道安得独不变"（谭嗣同语）之类的论点，为实行社会改革作论证。他们还注意天道和人道，自然规律与社会规律的区分。更为重要的是，近代后期的哲学家逐渐认识到用"道""理"等范畴标志事物的规律，缺乏明确性和严密性，于是有些人开始用"规则""原则""法则"等概念表示事物发展的规律。当马克思主义哲学传入中国后，"道""理"等哲学范畴基本上被淘汰，它的涵义被"规律"这个范畴取代了。然而，在人们的思维和语言中，"道""理"有时仍然在规律的涵义上被运用着，例如"天道""人道""道理""物理""生理""事理""心理""按理""循理""合情合理""通情达理"等词语中，"道""理"仍包含有规律的意味。饶有趣味的是，现在人们在表示事物规律时常常使用"理"而较少借用"道"，这显然是程朱理学的"理本"论和戴震的"分理"说所产生的深远影响。"道""理"作为完整的哲学范畴的历史已经结束，但其中渗透的哲学意味，至今仍活在中华民族的思维和语言中。

* * *

通过对"道"在中国哲学史上演变历程的回顾，可以看出，"道"的涵义从标志根源和本体发展到标志规律，是一个从抽象上升到具体的过程。"道"进入哲学的前史，已从"道路"的本义中引申出规律、方法等涵义，并形成了"天道""人道"等概念。《老子》对其进一步抽象，使它成为最高的哲学范畴。这是从具体到抽象的演变过程。"道"在《老子》哲学中是一个最抽象的规定，它只是标志着在天地万物之先，并生出了天地万物的那个最高存在，它的内涵最简单，它的外延最宽泛，而它与天地万物的关系也规定得最笼统。因此，《老子》的"道"的涵义乃是"道"发展的逻辑起点，它潜藏着世界本原和它的种种表现之间一系列矛盾和关系的萌芽。"道"从《老子》生成论上升到玄学和理学的本体论,就是这些矛盾和关系的第一步展开。在本体论中,"道"范畴把世界本原和它的表现之间的"无—有""本—末""一—多""静—动""一—两""统———分殊""自然—名教""天道—人性""天理—人心"等矛盾一层层地收括进去。从而,把客观世界中固有的种种联系,在范畴中比较具体地复制了出来。但是,由于"道"被规定为客观的精神观念,因此体现在它上面的矛盾就存在着相当大的抽象性。通过本体论的"中介","道"上升为标志规律的范畴。在这里,"道"的物质性、客观性、辩证性、复杂性("分理")、可知性等得到了更明确更实际的规定,"道"与事物、"道"与运动、"道"与人心以及"道"与"理"的种种复杂关系得到了更为深入更为具体的说明,"道"所概括的客观世界中的联系和矛盾更为丰富,达到了它在传统哲学形态中所能达到的最高思维水平。于是,最终完成了从思维抽象到思维具体的飞跃。马克思说,理论思维沿着两条道路向前发展,"在第一条道路上,完整的表象蒸发为抽象的规定;在第二条道路上,抽象的规定在思维行程中导致具体的再现"[1]。"道"从"道路"的本义通过抽象建立为哲学范畴是走了第一条道路,而在哲学领域中演变的历程正是走过了第二条道路。"道"在这两条逻辑道路上的经历,凝聚着中华民族思维发展的多少精华哟!

(原载于《学术月刊》1984年第4期)

---

[1] 《马克思恩格斯选集》第1卷,人民出版社2012年版,第698页。

庄子思维方式的特征

在先秦诸子中，庄子学派的哲学是引人入胜的。它以奇诡精辟的见解，深湛丰富的内容和汪洋恣肆的文风，鹤立于诸子之林。它的广阔思想视野和独特的思维方式，至今仍对人们有着启发作用。据《庄子》一书可以看出，庄子学派的思维方式，具有如下几个主要特征。

一　破除"成心"，主张"以明"，倡导客观性思维

"成心"是庄学认识中一个重要概念。《庄子·齐物论》说："夫随其成心而师之，谁独且无师乎。奚必知代而心自取者有之，愚者与有焉。未成乎心而有是非，是今日适越而昔至也。是以无有为有"。在庄子看来，人无论智愚，在认识事物、思考问题时，都从"成心"出发并以"成心"为标准。无数的是非争执，无穷的辩论诘难，归根到底都是由于"成心"作祟。那么，究竟"成心"是什么呢？成玄英解释说："夫域情滞著，执一家之偏见者，谓之'成心'。"林云铭说："'成心'，谓人心之所至，便有成见在胸中，牢不可破，无知愚皆然。"王闿运释为："'成心'，己是之见"。可见"成心"是指一种主观主义的、拘执牢固的思维方式，它有主观性和固定性两个特点。庄子把人们的一切认识都说成是主观主义的产物。这当然是不对的。但他要求人们破除思维的主观凝固性，无疑包含着合理因素。

庄子之所以竭力反对"成心"，主要有三个原因。一是"成心"造成了人们在认识上的严重分歧和是非争论。如儒墨各家因"随其成心而师之"，所以都以己为是，以彼为非，把自己的学说宣布为终极真理，把别人的观点说成绝对谬误，结果弄得"与接为构，日以心斗"（《庄子·齐物论》），沉溺于无穷争论之中，丧失了理性的活泼生机。二是"成心"束缚了人们的思路，阻碍了对宇宙本体和法则（"道"）的把握，使"道"隐蔽不显。所谓"道隐于小成，言隐于荣华"（《庄子·齐物论》）。"小成"，即局部认识所得的成果；"荣华"，即粉饰"小成"的浮华之词。三是"成心"会造成认识上的偏蔽，从而使对绝对真理——"道"的认识受到亏损。庄子说，昭文鼓琴，师旷枝策，惠施辩论，都从自己的一技之长、一得之功出发，炫耀于人。结果"道之所以亏，爱之所以成。"而这种亏损大道的"成"，乃是"滑疑之耀"，圣人应该摒弃。正因为"成心"是妨碍思维的大智障，所以，庄子竭力主张破除它，以便排除思维道路上的障碍，打开思维的桎梏。

为了克服思维的主观性，庄子主张用"以明"的思维方式取代"成心"。《庄子·齐物论》中三处对"以明"作了阐述：

"故有儒墨之是非，以是其所非而非其所是；欲是其所非而非其所是，则莫若以明"。

"是亦一无穷，非亦一无穷，故曰莫若以明。"

"若是而可谓成乎？虽我亦成也；若是而不可谓成乎？物与我无成也。是故滑疑之耀，圣人之所图（鄙）也。为是不用而寓诸庸，此之谓以明。"

前两处是对"以明"的评价，认为"以明"高于从"成心"出发的、以己见为是、以他见为非的思维方式。后一处是对"以明"的解释，认为"以明"是不执己是、不用成见而从各物自身功用上去认识事物的思维方式。宋人吕惠卿在《庄子义》中解释说："圣人不由，而照之于天，则以明之谓也。""不由"指不走分辨是非的道路，"照之于天"即观照于事物的本然。可见，"以明"是和"成心"相对立的，用虚静明净的心灵按照事物的本然去观照事物的思维方式。庄子认为，儒墨各囿于主观成见。而欲破除成见，排斥主观主义，则必须以空明虚静之心观照万物，按照事物的本然认识事物。

不难看出,"以明"的思维方式有着取消成见、否定人为、顺应自然的基本特征。这是庄子"自然无为"的原则在认识论中的体现。就否认认识中的"人为"——主体能动性来说,"以明"的思维方式是消极的,会使人走上取消认识的错误道路;而就反对认识中的"成心"——主观主义而言,"以明"的思维方式无疑有着合理的因素,会启发人们按照客观事物的本来面貌去认识事物。因此,我们说,庄子破除"成心",主张"以明",旨在倡导一种向外的客观性的思维方式。

庄子反对思维的主观性,提倡思维的客观性,有其本体论的根据。庄子哲学是以"道"为宇宙本体的客观唯心主义。对于认识的主体——人来说,"道"是认识的客体、对象。认识的任务就是把握"道",得到主体与"道"的完全一致。这当然要求在认识和思维中,人不能有任何主观成见。因为主观成见会成为把握"道"的障碍,它或者将"道"隐蔽,或者使"道"亏损。只有扫除主观因素,才能使主体与"道"为一,与"道"契合。庄子既然承认客观的不以人的主观意志为转移的"道",认为真正的认识就是实现主体与道相合。那么,他反对"成心",主张"以明",要求认识和思维的客观性就成了顺理成章的事。

但是,庄子倡导的认识的客观性和唯物论哲学坚持的主观和客观事物相符合的认识路线有着本质的不同。唯物论哲学认为,世界的本质是具有客观实在性的物质,只有和客观事物相符合的认识才是正确的,亦即真理性的认识。所谓认识的客观性就是认识的内容和客观事物的符合性。而庄子所说的去"成心"的客观认识,则是指和虚构的宇宙精神本体"道"的一致,是自我服从于大道。庄子认为,客观事物本身的存在并不是真实的,只有"道"才是真实的,它是事物的"本然"。人们对一切客观事物的具体认识不但不是真理,而且都是"成心"的产物,因而毫无价值。这就把人们对客观实在事物的认识统统宣布为主观主义的偏见,只承认对"道"的把握才是真理。可见,庄子所主张的"以明",并不是要求认识和思维与客观事物相符合,而是要求认识和思维与宇宙的精神本体——"道"相一致。或者说,他主张的思维和存在的统一性是指主观精神和客观精神相统一。在庄子看来，人们的思维既不能从客观事物出发，也不能从主观"成心"出发，而只能从作为世界本质的精神——"道"出发。而"道"不过是庄子头脑中主观产物的客观化，与"道"符合的认识当然也就谈不上有什么真正的客观性。而且，由于庄子把"道"描绘得很神秘，所以与"道"符合的这种思维方式势必把人们的认识引向神秘主义。尽管如此，庄子所倡导的客观性思维方式，毕竟包含着克服主观成见的涵义，还是有一定的积极因素的。在主观主义独断论流行的战国时期，庄子的思维方式显然起了排除成见、开拓思路、解放思想的作用。即使在今天，它对我们打破固有"成见"，改变主观主义的定向思维，使思路向客观外界发散，仍有启发意义。

二 克服"一曲"，主张"全备"，提倡整体性思维

庄子不但反对思维的主观性，强调客观性，而且反对思维的片面性，强调思维的整体性。他把片面性的思维称为"一曲"，把运用这种思维方式的百家学者称为"一曲之士"。《庄子·天下》篇说："天下多得一察焉以自好，譬如耳目鼻口，皆有所明，不能相通。犹百家众技也，皆有所长，时有所用。虽然，不该不徧，一曲之士也。"这里的"一察""一曲""不该不徧"，涵义相同，都是指偏执于一端而不明全体的思维方式。

庄子还以形象的语言，生动的比喻，描绘了"一曲"思维的特点：

"秋水时至，百川灌河，泾流之大，两涘渚崖之间，不辨牛马，于是焉河伯欣然自喜，以天下之美为尽在己。"（《庄子·秋水》）

"子独不闻夫埳井之蛙乎？谓东海之鳖曰，吾乐与！出跳梁乎井干之上，入休乎缺甃之崖，赴水则接腋持颐，蹶泥则没足灭跗，还虷、蟹与蝌蚪，莫吾能若也。且夫擅一壑之水，而跨跱埳井之乐，此亦至矣。"（《庄子·秋水》）

"斥鴳笑之（鹏）曰：'彼且奚适也？我腾跃而上，不过数仞而下，翱翔蓬蒿之间，此亦飞之至也，而彼且奚适也？'"（《庄子·逍遥游》）

"子（指公孙龙）乃规规然而求之以察，索之以辩，是直用管窥天，用锥指地也，不亦小乎！"（《庄子·秋水》）

"由天地之道观惠施之能，其犹一蚊一虻之劳者也。其于物也何庸！"（《庄子·天下》）

这里的河伯、井蛙、斥鴳，正是"一曲之士"的写照；惠施、公孙龙正是"一曲之士"的代表。

综观庄子所述："一曲"思维方式有四个特点。一曰狭隘：孤陋寡闻，视野狭窄，看不到周围的广大世界，所谓"用管窥天，用锥指地"。二曰割裂：不顾联系，不顾整体，将相互联系的整体世界割裂开来，取其一端。所谓"判天地之美，析万物之理，察（应读"际"，一边之意）古人之全"，"道术将为天下裂"（《庄子·天下》）。三曰自满：狂妄骄傲，夜郎自大，以为自己的一孔之见，一偏之域，就是绝对完满的真理。所谓"天下之美为尽在己""皆以其有为不可加矣"。四曰僵化：安于现状，止步不前，满足于有限的认识水平和思维境界。所谓"乐之至矣"。

庄子认为"一曲"思维产生于认识中主观和客观两个方面的局限性。从主观方面说，是由于"天下之人各为其所欲焉以自为方"（《庄子·天下》），即人有了主观的欲求和目的，就会在认识和思考时从自我利益出发，把对自己有利的一点从总体中割取出来，为我所用，因而产生了片面性观点，如庄子所说："知不知论极妙之言，而自适一时之利者，是非垎井之蛙与？"（《庄子·秋水》）从客观方面看，是由于外在条件的限制，使思维受到了束缚，如庄子所说："井蛙不可以语于海者，拘于虚也；夏虫不可以语于冰者，笃于时也；曲士不可以语于道者，束于教也。"（《庄子·秋水》）即被外部条件所"拘""束"，就不能有广阔的思想视野，开放的思维机制，于是只知有点有线，而不知有面有体，只见树木而不见森林，形成了片面性思维。"欲"和"拘"深刻揭示了"一曲"思维的根源，甚有见地！

庄子认为，"一曲"之思虽然有所见亦有所得，但对认识大道、把握真知、建立理论来说，都是十分有害的。用它把握大道，必然导致

"与大道蹇",即与"全一"的大道相抵触;用它探索真理,"犹使蚊负山,商蛆驰河也,必不胜任矣"(《庄子·秋水》);用它建立理论,必使"内圣外王之道,暗而不明,郁而不发"(《庄子·天下》)。因此,庄子主张克服"一曲"而运用"全备"的思维方式。

所谓"全备"的思维方式,就是在思维中兼备和联结对象的各个方面,全面把握对象的整体。它的特点可以用庄子对自己理论的形容来描绘:"跐黄泉而登大皇,无南无北,奭然四解,沦于不测;无东无西,始于玄冥,反于大通"(《庄子·秋水》),"时恣纵而不傥,不以觭见之也"(《庄子·天下》)。就是说,思维的翅膀在广阔的思维空间中飞翔,上下左右,东西南北,幽深玄远,四通八达,往来无穷,毫无阻碍。既不拘泥于一面,也不偏执于一端。这样,就把单向思维引到多向思维,把局部观念转为整体观念。庄子认为,只有这种思维方式,才能把握对象的整体而避免于"一曲"。

庄子倡导"全备"的思维方式,也有其本体论上的根据。首先,庄子认为真正的思维,从根本上说,既是对于"道"的思维,也是遵循"道"的思维。而"道"是绝对的"全":"夫道,于大不终,于小不遗,故万物备,广广乎其无不容也。渊乎其不可测也。"(《庄子·天道》)"夫道,覆载万物者也,洋洋乎大哉!"(《庄子·天地》)。圣人观察事物,思考问题,就应"以道观之""以道为式",即运用"全备"的整体性思维方式。其次,人们的思维是要把握客观事物,而由"道"派生的宇宙万物是无限的。"夫物,量无穷,时无止,分无常,终始无故"。(《庄子·秋水》)因而人们在认识事物时,就不能拘于"一曲",而应该见天地之"全","备于天地之美",使思维从狭隘的有限天地中提升出来,与广大无穷的宇宙相通。

那么,怎样才能摆脱"一曲"的束缚而掌握整体性思维方式呢?庄子指出,最根本的是人应该深切了解、恰当估量自己在天地间所处的地位。要看到一个人"在天地之间,犹小石小木之在大山也。方存乎见少,又奚以自多!计四海之在天地之间也,不似礨空之在大泽乎?计中国之在海内，不似稊米之在大仓乎？号物之数谓之万，人处一焉，人卒九州，谷食之所生，舟车之所通，人处一焉。此其比万物也，不似毫末之在于马体乎？"（《庄子·秋水》）如果人能正确地认识这一点，那么就不会"闻道百以为莫己若者""以天下之美为尽在己"。反之，还会"乃知尔丑"，知道自己思维不足，从而努力去突破它，达到以广阔的视野观照万物的新境界。

当然，庄子所倡导的整体性思维，和唯物辩证法所要求的思维的全面性并不完全相同。因为，他总是用客观宇宙精神——道来规定人们的思维，他说的整体性不过是指对"道"的全面完整地把握而已。而且，庄子还把整体性思维说成只有"圣人""至人"才能达到的，普通人的思维永远超不出"一曲"的束缚，甚至连那些百家学者也不例外。由这一看法出发，庄子完全否定了一般人的思维有达到真理的可能性，甚至认为这些凡夫俗子们压根就不应去认识世界，探取知识，追求真理。他说："计人之所知，不若其所不知；其生之时，不若未生之时。以其至小，求穷其至大之域，是故迷乱而不能自得也。"（《庄子·秋水》）又说："吾生也有涯而知也无涯，以有涯随无涯，殆已。已而为知者，殆而已矣。"（《庄子·养生主》）这样，他就由崇尚思维的整体性而走向神秘主义，由反对思维的片面性而走向反对认识可能性的不可知主义了。

然而，就反对"一曲"，主张"全备"，倡导思维整体性这一点而言，庄子开拓人们思维视野、舒展人们思维触角的功劳却是不可磨灭的。

三 反对"有畛"，主张"齐物"，高扬相对性思维

思维的主观性和思维的片面性（"成心"和"一曲"），都是独断性思维，都是把一己之思、一孔之见当成绝对真理加以坚持和炫耀，因而具有绝对主义的弊病。针对这一点，庄子特意提出了思维的相对性问题，并作了系统而充分的阐发。

庄子指出，"道"本来是没有分界的，语言原本是没有定准的，而人们却为了争一个我"是"你"非"竟划出许多界限来，这就叫"为

'是'而有畛也"(《庄子·齐物论》)。思维方式的"有畛"(即界限),就是把世界上各种事物,看成是千差万别,各式各样,性质稳定,界限分明的,因而也是殊而不同,异而不齐的。认为彼与此、生与死、大与小、成与毁、可与否、是与非、爱与憎、美与丑、贵与贱之间,都存在着差异、矛盾和对立,不能等同,不应混淆。庄子指出,这种思维方式的特点是"劳神明为一而不知其同"(《庄子·齐物论》),是只注意到事物有差异性的一面而忽视其同一性。他认为,这种思维方式之所以产生,完全是由于"成心"所致,事物本身并不存在这种固定的差异性。

对这种"有畛"的差异性思维方式,庄子竭力否定。他说如果承认事物彼此有界限,就会产生是非争议,而是非争议必然导致大道亏损,"是非之彰也,道之所以亏也"(《庄子·齐物论》)。况且,是非本身也没有什么客观标准,当甲乙双方辩论时,谁是谁非,任何人都不能判定。是非的区别并非真实,它是人们"喜怒为用"的主观产物。这样,庄子就从取消事物的彼此界限和言论的是非对立以及是非的客观标准入手,否定了差异性思维的合理性。

既然承认有差异的思维方式站不住脚,那么究竟应该怎样达到真理呢?庄子提出了"齐物论"的思维方式。"齐物论"包含齐物(齐彼此)、齐论(齐是非)、齐世(齐物我)三层涵义,即把客观的万事万物,把反映事物的各种言论,把认识对象和认识主体,都看成是等同的,齐一的。庄子说:

"物无非彼,物无非是……彼出于是,是亦因彼。彼是,方生之说也。虽然,方生方死,方死方生;方可方不可,方不可方可;因是因非,因非因是……是亦彼也,彼亦是也。彼亦一是非,此亦一是非……是亦一无穷,非亦一无穷也"(《庄子·齐物论》)。

"物固有所然,物固有所可。无物不然,无物不可。故为是举莛与楹,厉与西施,恢恑憰怪,道通为一。"(《庄子·齐物论》)

"其分也,成也;其成也。毁也。凡物无成与毁,复通为一"。(《庄子·齐物论》)

"天下莫大于秋毫之末,而泰山为小,莫寿于殇子,而彭祖为夭。"(《庄子·齐物论》)

"天地一指也,万物一马也。"(《庄子·齐物论》)

"天地与我并生,而万物与我为一。"(《庄子·齐物论》)

"以道观之,何贵何贱?"(《庄子·秋水》)

"万物一齐,孰短孰长?"(《庄子·齐物论》)

在这里,彼此、成毁、大小、长短、生死、寿夭、是非、然否、美丑、贵贱、物我等对立面,都是"齐一"的。从庄子的思维逻辑来看,他所谓的"齐一"是指对立面之间的界限和对立很不确定,都是相对的。即:(1)双方相互依存,相互产生("彼出于是,是亦因彼""因是因非,因非因是");(2)双方相互转化("方生方死,方死方生,方可方不可,方不可方可");(3)双方相互等同("是亦彼也,彼亦是也;彼亦一是非,此亦一是非"),庄子正是从对立面之间相互依存,相互转化,相互等同三方面说明事物、是非的"齐一"性,庄子的"齐"是就事物之间区别的相对性而言的。主张"齐物",就是要阐扬相对性的思维方式。

"齐物论"的相对性思维方式,仍然是根据"道"不但具有客观的全备的性质,而且具有内部无差异性无对立性的特点,他说:"道未始有封","彼是(此)莫得其偶,谓之道枢,枢始得其环中,以应无穷"(《庄子·齐物论》)。意思是说,道是没有界限的,无对偶是"道"的关键,把握了"道"的关键,才如同居于圆环的中心,旋转自如,以应付无穷的差异和流变。显然,道枢的"无偶性"决定了思维的相对性。运用相对性思维方式,实质上就是遵循"道"的法则,站在"道"的立场上来思维,即所谓"以道观之,何贵何贱?""道通为一"。即是说,事物之齐与不齐,因人的观察和思维的角度不同而异,而在客观事物那里,根本不存在什么有差异还是无差异的问题。所谓差异性不过是认识主体从某些观察角度出发而赋予事物的。如果把事物放在"道"的坐标系中考察,那么,一切差异性就消失了,万物就齐一了。用庄子的话说,就是"以道观之,物无贵贱;以物观之,自贵而相贱;以俗观之,贵贱不在己"(《庄子·秋水》)。究竟怎样具体地"以道观之"来把握事物的相对性呢?庄子列举了一些具体的思维方法,如"以差观之……以功观之……以趣观之"(《庄子·秋水》)。由此可见,信奉无偶性的"道"的本体地位是掌握相对性思维方式的生命线。庄子的本体论和认识论是何等统一,何等和谐!

可是,统一、和谐却并不等于完全正确。庄子由于完全否定了事物的差异和对立的客观性,完全否认了绝对性思维方式在一定条件下的必要性,把事物的相对性无限夸大,从而陷入了相对主义泥潭。他把矛盾双方的同一性看成普遍的、绝对的形式,得出了"圣人和之以是非而休乎天钧"的结论,要求人们不分彼此,不辨是非,齐万物,同生死。这只会把人们引向怀疑主义、不可知主义和悲观主义,对认识和思维是十分有害的。

虽然结论是错误的,但是庄子所阐发的相对性思维方式,对人类认识的发展却起了一定的积极作用。他一方面匠心独运,批判了当时以儒墨为代表的绝对主义思想;另一方面导人先路,启发了荀子的辩证思维。荀子指出"凡万物异则莫不相为蔽",提出"兼陈万物而中悬衡"(《荀子·解蔽篇》),这显然是对庄子观点的继承和改造。庄子的相对性思维之所以会发挥诱发辩证思维的作用,原因在于辩证法虽然并不归结为相对主义,但却"包含着相对主义、否定、怀疑论的因素"[1],"唯物主义辩证法无疑地包含着相对主义"[2]。正由于相对主义是辩证法的一个环节,所以我们应在批判庄子相对主义的时候,合理地肯定它的理论思维价值。

---

[1] [苏]列宁:《唯物主义和经验批判主义》,中央编译局译,人民出版社2020年版,第73页。

[2] [苏]列宁:《唯物主义和经验批判主义》,中央编译局译,人民出版社2020年版,第70页。

四 否定"名言",主张"神遇",推崇直觉性思维

大道本未有封,彼此固不可分,是非亦不应辨,那么实在的感觉、抽象的概念、确定的言词以及和这些密切联系的逻辑思维,当然也就没有什么意义了。庄子沿着老子"绝圣弃智""信言不美""言者不知"的思路前进,竭力否定"耳目""言""意"对于认识大道的作用。他说:"视而可见者,形与色也;听而可闻者,名与声也。悲夫!世人以形色名声足以得彼之情!夫形色名声果不足以得彼之情,则知者不言,言者不知,而世岂识之哉!"(《天道》)认为世人因耳目所见之形色而注重视听是可悲的。他又说,言语表达的是"意",但却不能表达"意之所随者"——道,因此也不足贵。"语之所贵者,意也,意有所随。意之所随者,不可以言传也,而世因贵言传书。世虽贵之,我犹不足贵也,为其贵非其贵也。"(《天道》)"吾安得忘言之人而与之言哉!"(《外物》)

他还说,"言"表达的是物的现象,"意"可以反映物的本质,可是二者都不能把握无精粗之形的"道",所以皆不足取。"可以言论者,物之粗也;可以意致者,物之精也;言之所不能论,意之所不能察致者,不期精粗焉。"(《秋水》)

总之,"道不可闻""道不可见""道不可言""道不当名"(《知北游》)。耳目之察,言语之论,意义之微,概念之精,亦即感性认识和逻辑思维,尽管各有其用,但都不能把握作为宇宙总法则、世界总原理的"道"。

那么,庄子为什么认为逻辑思维也不能把握"道"呢?这大体上是由两方面的原因决定的:一是他认为主观逻辑思维有极大的局限性。表现在"言"的内容浮浅["可以言论者,物之粗也"(《庄子·秋水》)],对象不定["其所言者特未定也"(《庄子·秋水》)],范围狭隘["言辩而不及"(《庄子·齐物论》)];"意"的领域也有限,它所达到的精微,仍不出于有形之物以外["可以意致者,物之精也"(《庄子·秋水》)]。二是客观精神本体有不可穷尽的无限性。它在空间上无边际,["在太极

之先而不为高,在六极之下而不为深","无所不在"(《庄子·大宗师》)],在时间上无始终["先天地生而不为久,长于上古而不为老","自古以固存"(《庄子·大宗师》)],而且威力无穷["神鬼神帝""生天生地"(《庄子·大宗师》)]。这样一来,逻辑思维的有限性和宇宙本体(道)的无限性,就形成了不可解的矛盾。于是逻辑思维对"道"当然就不能"论",不能"名",不能"致"了。

既然"目视""言论""意致"都不是合适的认识方式,那何以识"道"呢?庄子提出"以神遇而不以目视,官知止而神欲行"(《养生主》)。这句话虽是庖丁解牛寓言中庖丁对他如何认识牛的生理结构规律的说明,其实也是庄子对其所主张的思维方式的概括。所谓"以神遇,"即是一种不假耳目、不待名言、以心观照、直接领悟的思维方式,它既没有逻辑推理,也不用苦思冥想。意识是自由的,境界是神妙的。很显然,庄子所主张的这种"以神遇"的思维,是靠理性直觉去领悟本质的思维。在他看来,只有靠"神遇"这种理性直觉式的思维火花,才能使大道明澈在心。

然而,何以达到"不依目视"而"以神遇"呢?庄子提出了四点要求:(1)"斋以静心",即扫除一切名利、声望的欲求和是非巧拙的权衡,使心境虚静。他说:"万物无足以铙心者,故静也。水静则明烛须眉,平中准,大匠取法焉。水静犹明,而况精神!"(《庄子·天道》)梓庆削木为鐻,人警其术如鬼斧神工,之所以技术至此,关键在于"斋以静心"(《庄子·达生》)。(2)"用志不分",就是聚精会神,专心致志,心无二念,不受干扰。庄子说:"不内变,不外从,事会之适也"(《庄子·达生》)。如痀偻者的承蜩绝技、工倕的画圆巧艺正是靠"用志不分,乃凝于神","灵台一而不桎"的精神取得的(《庄子·达生》)。(3)"依乎天理",就是顺应自然法则,依循客观规律,不以主观意志强制外界事物。如庖丁解牛"依乎天理""因其固然",所以"游刃有余"(《庄子·养生主》);吕梁丈夫游泳"从水之道而不为私",因此技巧超过了"鼋鼍鱼鳖",人疑为"鬼"。(4)"以天合天",就是自己心性的自然合于外物的自然,在观照事物时内心没有任何压力和束缚,处于自然无为的状态。否则内心一有顾忌,就会重视外物,从而就会使内心变得笨拙。所谓"有所矜,则重外也。凡外重者内拙。"(《庄子·达生》)津人能"忘水",则"操舟若神",就是"以天合天"的表现。把以上四点概括起来,就是"壹其性,养其气,合其德,以通乎物之所造"(《庄子·达生》),也正是直觉性思维所要求的心理氛围。如果没有一番沉迷、追求、探索,如果没有一种恬淡闲适、身心松弛的心境,有价值的理性直觉(特别是灵感)就不可能到来。庄子天才地猜测到了这一点,实在是难能可贵的。

十分有趣的是,庄子还把直觉性思维运用于表达他的哲理。他用"卮言""重言""寓言"等"谬悠之说,荒唐之言,无端崖之辞",阐述哲学理论,而不是用概念的推理、严密的逻辑去论证,这就把深奥的哲理,寄寓于生动的形象和充沛的感情之中,从而,也要求读者"得意而忘言",通过理性直觉去领悟其言外之意,弦外之音,直达奥义,把握妙道。形象的表述方式,既是直觉思维方式的体现,也是这种思维方式的要求。难怪西方的一些排斥理性思维,宣扬直觉主义的哲人,如柏格森、尼采、萨特等,都热衷于用文学的形式表达哲理。

毋庸讳言,庄子推崇的"神遇"思维方式的确具有神秘主义的倾向。他过分强调超言绝象的意义,过分鄙薄逻辑思维的作用,这就走向了极端。可是,他从揭示感性认识和逻辑思维的不足之处入手,揭露了思维的内在矛盾,发现了直觉思维的意义,却是个了不起的贡献。不但给了中国后代的美学和文艺创作(特别是诗歌创作)以极大的启迪,而且时至今日,对思维科学的研究,对直觉、灵感的特点的揭示,也还有足资借鉴的价值。

审视庄子的哲学理论,可以看出,庄子绝非全盘否定一切认识和思维,而是在执着追求一种符合他的理想的认识和思维方式。庄子的思维方式,有一条一以贯之的红线,就是打破儒墨各家所固守的以绝对主义为特点的封闭性思维方式,代之以相对主义为核心的开放性思维方式,他提出的破主观立客观、破片面立整体、破绝对立相对、破逻辑立直觉等思维原则，旨在把人们的思维从"成心""一曲""有畛""名言"等他所认为的狭隘僵化的传统束缚中解放出来，转向外界，面对全局，把握流动，提高境界，让思维在广阔的领域里自由驰骋。尽管他矫枉过正，为了揭露别人的思维病态，自己却也形成了病态，为了纠正别人的畸形，却又扭曲了自己，最终流于相对主义、不可知主义和神秘主义，这不能不说是思维史上的一个悲剧。可是，他在探索过程中提出的许多真知灼见，对于批判传统思维方式，开拓新的思维道路，提高思维水平，至今还是十分宝贵的。作为古代认识论发展的一个环节，庄子的思维学说在中华民族哲学发展的总链条上闪耀着熠熠的光辉。

（原载于《人文杂志》1986 年第 2 期）

从《齐物论》看庄子的相对主义

《齐物论》是《庄子》一书的重要篇章，它的内容是讨论宇宙论和认识论问题。庄子的政治论、道德论、人生观以及处世哲学和养生之道都是以宇宙论和认识论为基础的，也是从宇宙论和认识论中必然得出的逻辑结论。因此，《齐物论》可以说是庄子哲学的基础，在此基础上庄子建立了在先秦哲学中"别为一宗"的哲学体系。

关于《齐物论》的主旨，前人有两种看法。一种看法认为，它阐明的是"万物齐一，彼此无别"的观点，是齐物之论。如刘勰在《文心雕龙·论说篇》中说："庄周齐物，以论为名。"另一种看法认为，它阐明的是"物不可齐，物论可齐"的观点，是"齐物论"。如王应麟在《困学纪闻》中说："庄子《齐物论》，非欲齐物也，盖谓物论之难齐也。"其实，这两种看法都有道理，但都有片面性。从《齐物论》的整个内容来看，"齐物"和"齐论"两种意义，兼而有之。"齐彼此"即"齐物"之义，"齐是非"即"齐论"之义，而且，"齐物"是"齐论"的基础、前提，"齐论"是"齐物"的结论、归宿。不但如此，《齐物论》还申述了"齐物我"之义，即"天地与我并生，万物与我为一"。这可以说是"齐世"。《齐物论》既谈"齐物"，又说"齐论"，还言"齐世"，其要害是一个"齐"字。

"齐"是什么意思呢？"齐"就是一样、等同的意思。《秋水》篇说："万物一齐，孰短？孰长？"《寓言》篇说："不言则齐，齐与言不齐，言与齐不齐也，故曰无言。"《天下》篇说："齐万物以为首"。其中的"齐"字，都含有一样、等同的意思。《齐物论》的主旨是说：物与物相等,无彼此之异;论与论一样,无是非之别;物与我为一,无物我之分。这就是说,世界上的万事万物以及人们对它的认识都是相等、同样和一致的,没有什么区别、差异和界限。显然,这是一种相对主义观点。

庄子是中国哲学史上相对主义的创始人,他首次用相对主义的方法看待世界上的事物,观察人们的认识。相对主义是庄子哲学的核心,最能表现庄子哲学的特征,而《齐物论》又是对相对主义观点的最集中、最概括的论述。那么,《齐物论》是怎样阐述相对主义观点的呢?

一 真宰——相对主义的精神本原

《齐物论》一开始,庄子通过对"地籁""天籁"的描绘,来比喻自然现象的复杂多变。他说,地有"万窍",风有"万吹",声则"翏翏",形则"调调刁刁"。接着,从现象深入到本质,提出了一个问题:"吹万不同,而使其自己也,咸其自取,怒者其谁邪?"(《齐物论》,以下凡引自该文者,不再注明出处)就是说,各种不同的声音,看来是自己发出,自己停止,主使这种现象的却是谁呢?("怒者"即努力为此不同者)这里庄子就由被动者,追求到推动者,由"然"追问到"所以然"。以疑问的口气,肯定自然现象有其主使者存在。进而,庄子又描绘了人的心理现象的复杂纷纭。他说,人的知识("大知""小知""大言""小言")、议论("其发若机栝""其留如诅盟")、贪欲("其杀""其溺""其厌")、感情("喜""怒""哀""乐""虑叹""变热""姚佚""启态")以及其他心理状态("魂交""形开""心斗""缦者""窖者""密者""小恐""大恐")等等,都是生灭变化,形态多样的。由此,他又提出了一个问题:"日夜相代乎前,而莫知其所萌,已乎,已乎!旦暮得此,其所由以生乎?"就是说,每天看到的这些心理现象,究竟是由谁发动("萌")的呢?这又是由被动者,追求到推动者,由"然",追问到"所以然"。以探求的口气,肯定心理现象有其主使者存在。

那么,自然现象的"怒"者,心理现象的"萌"者,究竟是谁呢?

庄子以游移不定的语气，作了完全肯定的回答：它就是"真宰"。庄子说，"若有真宰，而特不得其朕"，并且说明了"真宰"的性质和特征，他指出：

第一，"真宰"具有神秘性。他说，彼此相互依存的显近的现象，人们可以看到，而作为这些现象的"所为使"——主使者的"真宰"，却是很难了解、很难认识的，它的征兆、表现是难以得到的。人们恍惚觉得它存在着，但不能把握它，人们仿佛看到它的作用，但却看不见形象。即所谓"若有真宰，而特不得其朕""而不见其形"。

第二，"真宰"具有精神性。庄子说，"真宰"是"可行已信，而不见其形，有情而无形"。"可行"就是有作用，"无形"就是无形状，"有情"就是说它真实存在，"已信"就是说它可以相信。这种"真宰"，人们固然不能从形状方面看到它，但却可以通过它的作用而承认、相信它的存在。可见，在庄子看来，"真宰"是一种非物质的精神存在。他还说，这种"真宰"作用于人，就是支配人体各器官和人的各种心理活动的"真君"。

第三，"真宰"具有绝对性。庄子指出，对于"真宰"，"如求得其情与不得，无益损乎其真。"就是说，人们掌握它的真实情况也罢，不掌握也罢，对它都无所"损益"，即既不能给它增加什么，也不能使它减少什么；既不能有益于它，也不能损害于它。可见，"真宰"不受人的主观能动性的任何影响，它是自在自为的绝对性存在，也是独立不变的客观存在。

第四，"真宰"具有本原性。庄子认为，"真宰"是自然现象、心理现象的主使者，是人体的"真君"，它对自然、人体、心理有支配、主使、统治的作用。人从"真宰"那里"受其成形"；在"真宰"的支配下，"与物相刃相靡，其行尽如驰而莫之能止"，"终身役役而不见其成功，苶然疲役而不知其所归"。人的这种被"真宰"支配、摆布的境遇，在庄子看来，是"可悲""可哀"的，是被动而不自由的。他正是通过人生的不幸，衬托出"真宰"的巨大支配作用，透露出他对"真宰"的本原性（自然和人生的本原）的看法。

这种具有神秘性、精神性、绝对性和本原性的"真宰"究竟是什么东西呢？且看庄子在《大宗师》篇中对"道"的描绘吧。"夫道，有情有信，无为无形，可传而不可受，可得而不可见，自本自根，未有天地，自古以固存。神鬼神帝，生天生地。在太极之先而不为高，在六极之下而不为深，先天地而不为久，长于上古而不为老。"很显然，这同《齐物论》中对"真宰"特性的描绘完全一致，由此可见，"真宰"就是道。

作为世界"真宰"的道，是庄子从老子那里继承来的哲学范畴，它在老庄哲学中都是指世界的精神本原。在庄子看来，世界上万事万物彼此区别的相对性，就是从道的主宰作用中产生出来的。他说："非彼无我，非我无所取。是亦近矣，而不知其所为使。若有真宰，而特不得其朕。"这就是说，彼此之间的相互依存，即各以对方为自己存在的条件，这种相对性是"真宰"——道"所为使"的。既然精神性的"真宰"是事物之间彼此区别的相对性的最终原因，那么，人们对事物观察和认识的相对性观点和方法自然也是来源于"真宰"的。由此看来，承认"真宰"的存在乃是庄子坚持相对主义的出发点和理论前提；相对主义观点是庄子从对"真宰"即"道"的特性和作用的规定中所得出的必然结论。

二 "道枢"——相对主义的认识基础

虽然，"真宰"已经决定了事物彼此间区别的相对性，可是在现实中事物表现出来的外貌和人们对它们的认识却是千差万别、参差不齐的；事物有彼此之分，认识有是非之别，并不齐一。为什么会存在这种情况呢？庄子进行了分析。

他认为，人们的认识之所以有是非，言论之所以有争辩，原因在于：第一，各人都从自己的固有成见出发观察问题，即"随其成心而师之""成乎心而有是非。"这是庄子对是非产生原因的根本观点。他断言，如果不从"成心"发言，是非根本不可能产生。第二，人在认识、观察和讨论问题时，总是把认识的对象或争论的内容看成确定不变的。庄子认为，"言者有言，其所言者，特未定也。""所言者"即认识的对象或讨论的内容，"特未定也"就是说它很不确定，没有质的稳定性。对象本身是不确定的，如果在认识和争论时把它看成是确定的，那自然就有了界限，有了区分，于是就产生了是非。第三，大道和语言受到蒙蔽，在人们认识中就会产生真伪、是非的区别。庄子说："道隐于小成，言隐于荣华。故有儒墨之是非。""大道"被小有成就的人掩盖了，人们不能真正地把握它，就只能离开"大道"来看待事物、谈论问题；言论被那些空浮华美的词句蒙蔽了，人们不能正确地运用它，就只能用不确切、不适当的话争来争去。因此，就出现了儒墨那样的是非争论。在庄子看来，人们既离开了观察问题的正确观点（"大道"），又抛弃了表述正确观点的确切语言，怎能不产生意见分歧，是非差别呢？

以上三点，庄子分别从认识的主体（"成心"）、认识的对象（"所言者"）、观察问题的观点（"大道"）和表述观点的语言（"言"）四个方面分别说明了是非产生的原因。这对我们很有启发。人们在认识世界的过程中，之所以会有正确和错误之别，除了是否参加实践，是否同客观事物接触这个基本原因之外，的确还有其他许多因素的影响，例如人在以往经验和学习中形成的主观认识能力的强弱，知识水平的高低，看问题的立场、观点和方法以及人们在社会活动中形成的利益观念等等，都会对认识发生影响，使人们在认识上出现歧义，引起争论。庄子看到了主观因素、主观成见对人们认识客观真理的重大制约作用，这在认识论的发展史上是一个杰出的贡献。遗憾的是，庄子并没有以正确的态度来对待人们由于主观原因所产生的是非争论，而总是想抹杀是非之间的差别。

他说，是非之分、彼此之别在实质上是不存在的。因为是与非、彼与此之间的界限和对立，是很不确定的，是相对的。庄子认为，这种相对性表现在：（1）彼此双方相互依存，相互产生。即"彼出于是，是亦因彼。"（2）彼此的区别是事物刚产生时的情形，可是事物刚发生就死亡，刚这样就那样。彼此双方相互急速转化。即"彼此，方生之说也。虽然，方生方死，方死方生；方可方不可，方不可方可。"（3）彼此双方是相互等同的，虽然彼此双方各有各的是非，但是就都包含着是非来看，二者没有区别。即"是亦彼也，彼亦是也；彼亦一是非，此亦一是非"。庄子从事物之间相互依存、相互转化、相互等同三个方面，说明了事物之间区分的相对性。并由此而得出了一个结论：事物没有彼此的分别。这个结论虽然也是以疑问的口气表述的［"果且有彼是乎哉？果且无彼是乎哉？"（《庄子·齐物论》）］，但观点是肯定的。

这里，庄子离开了事物区别的绝对性，只谈相对性。就他看到了彼与此、是与非区别的相对性一面来说，他的理论思维很有价值，对启迪人们的认识有积极意义。可是，就他抹杀事物区别的绝对性一面来看，却会把人们的思维引向歧途。我们知道，任何矛盾对立面双方（包括彼与此、是与非）固然有相互依存、相互转化的同一性，但也有相互差异、相互对立，甚至相互排斥、相互对抗的斗争性。如果离开斗争性谈同一性，就会陷入相对主义。这是庄子留给我们的思维教训。庄子这种思想，显然是针对当时争鸣的百家，把自己的观点说成绝对正确，把对方的观点说成完全错误这种形而上学的独断论而发的。可是，他却走向了另一极端，成了相对主义。

既然彼与此、是与非的区别在庄子看来只是相对的，人们把它们的区别固定化、绝对化只是由于主观偏见所致，那么怎样才能使彼此、是非的界限在人们的认识中消除、泯灭呢？庄子提出了一个重要的范畴"道枢"。他认为，只要把握了"道枢"，站在"道枢"的立场上，用"道枢"的观点去认识事物，就不会沉溺于彼此、是非的区分和争辩了。

什么是"道枢"？它有什么特性呢？所谓"道枢"，其实就是"道"，就是"真宰"。"道"和"真宰"这种世界的本原，进入认识论领域就叫作"道枢"。从本体论的意义上看，"道"——"真宰"具有神秘性、精神性和绝对性的特征，从认识论的意义上看，"道枢"则具有"无偶性"的特征。庄子说："彼此莫得其偶，谓之道枢。"就是说，在"道枢"中没有彼此的相互对待，也就是不存在彼此、是非的区分。这种"无偶性"，与"道"在本体论中表现出的"无形"性、在人生观中表现出的"无待"性是完全一致的。

庄子认为这样"无偶性"的"道枢"对于人们的认识具有重要意义。他说："枢始得其环中，以应无穷"，"恢恑憰怪，道通为一。"又说："天地与我并生，而万物与我为一。"他的意思是：

第一，掌握了"道枢"就可以应付无穷的是非争议。因为掌握了"道枢"就算抓住了环子的中心，环子的中心是空虚无物，混沌一片，既无彼此之分，又无是非之别；而环子本身则是循环延续，无始无终，既不间断，又无差异。站在环子中心看问题，那无穷的是，无穷的非，无穷的是非争议当然就毫无意义了。事物与事物之间，只见其同，不见其异；只见其连续，不见其界限，那还有什么彼此、是非之别呢？不仅如此，如果把握了"道枢"，甚至可以把天地看成"一指"，把万物视为"一马"，一切都是齐一的。

第二，掌握了"道枢"就会看到万物是同一的。因为天地间的一切差异和对立的事物如"可"与"不可"、"然"与"不然"、"成"与"毁"、"楹"（大）与"楚"、"西施"（美）与"厉"（丑）都统一于道，即所谓"恢恑憰怪，道通为一"，"凡物无成与毁，复通为一"。一般人用俗眼观之，似乎它们各不相同，这完全是主观成见太深的表现。犹如众狙不知"朝三暮四"与"朝四暮三"相同一样，是主观上"喜怒为用"造成的。如果站在"道"的立场上，用"道"的观点去看，万物皆同，万物齐一，所以庄子说："唯达者知通为一"。"达者"就是得"道"之人。《秋水》篇说："以道观之，何贵？何贱？……万物一齐，孰短？孰长？"《德充符》篇说："自其同者视之，万物皆一也。"即这里所说的"道通为一"之义。

第三，掌握了"道枢"就认识到物我一体。庄子认为掌握了"道枢"不但会看到万物同一，而且还会认识到物我一体，即"天地与我并生，万物与我为一。"因为，"道"虽然是客观的精神本体，可是，人一旦得"道"、掌握了"道",也就与"道"融为一体了。这样,"道"既是万物的本体,也是人的本体,得"道"之物与得"道"之人,当然也就"为一"了。认识的主体与认识的对象,实质上都是"道"的产物,所以说"天地与我并生";认识的主体与认识的对象,实质上都是"道"的体现,所以说"万物与我为一"。从"道"的观点看来,不但物物可齐,而且物我可齐。世界上的一切差别都被"道"消灭了。

由此可见,"道枢"这一范畴是庄子相对主义的认识论基础,他是在"道枢"的根据地上建造他的齐是非、齐彼此、齐物我的相对主义体系的。如果说"真宰"作为本体论范畴,是庄子相对主义的出发点的话,那么"道枢"作为认识论范畴,就是他的相对主义的立足点。庄子特别指出,"道枢"这个立足点必须稳稳站定,万万不得离开;必须牢牢把握,切切不可放松。如站稳了,握牢了,就会很容易地看到事物区别的相对性,即"天下莫大于秋毫之末,而泰山为小;莫寿乎殇子,而彭祖为夭"。若离开了,放弃了,那就会陷于彼此、是非之争而不能自拔,即"是非之彰也,道之所以亏也。道之所以亏,爱之所以成","唯其好之也,以异于彼"。一切是非、彼此的差别就呈现于眼前了。"道枢"简直成了与相对主义"性命攸关"的"通灵宝玉"了。其重要性于此可见。

三 "至人"——相对主义的理想境界

把握了"道枢"就足以齐物、齐论、齐世,然而,"道枢"却非一般凡夫俗子所能够得到。只有"至人"才能进入"道枢"的境界,才能体验到"道枢"的情趣。

"至人"是什么样的人呢?请看庄子描绘的形象。

"至人神矣!大泽焚而不能热,河汉冱而不能寒,疾雷破山、风振海而不能惊。若然者,乘云气,骑日月,而游乎四海之外,死生无变于己,而况利害之端乎?""形如槁木,心如死灰""嗒焉似丧其耦"。这就是说,"至人"是绝对自由的,他超然物外,凝然不动,客观条件的任何变化对他都没有影响。《逍遥游》篇说的"至人无己"也是这个意思。相传古希腊的怀疑派哲学家皮浪,有一次坐在船上,一阵风浪使同船的人惊慌失措,而一只猪却漠然不动,安安稳稳地仍旧在那里继续吃东西,于是皮浪便指着猪说:"哲人也应当像这样不动心。"庄子所描绘的"至人"的精神状态,和皮浪的观念倒是一脉相通的。

不仅如此,"至人"还"不从事于务,不就利,不违害,不喜求,不缘道,无谓有谓,有谓无谓,而游乎尘垢之外。"就是说,至人是无所作为,不随世俗的,他对任何事物都无所追求,任其自然。庄子认为,这种无所作为的消极态度,是"妙道之行"。因为无用才是大用,所谓"为是不用而寓诸庸,庸也者,用也";无用才算明道,所谓"为是不用而寓诸庸,此之谓以明。"

不仅如此,"至人"还能"旁日月,挟宇宙,为其脗合,置其滑涽,以隶相尊";"众人役役,圣人愚芚,参万岁而一成纯"。就是说,"圣人"是怀抱宇宙,混沌无知的,他对万物的昏乱,任而置之;对尊卑的区别,平而等之。把万物都纳入纯粹的道("一")中。庄子认为,至人这种无知无识的状态,乃是最高的智慧,因为"知,止其所不知,至矣。"至人这种目空一切,以道为归的态度,才是最高的境界,因为"有以为未始有物者,至矣,尽矣,不可以加矣。"

由此可见,绝对自由、无所作为、无知无识就是庄子所描绘的"圣人"的形象,也是他所追求的理想境界。

那么,怎样才能达到这种理想的精神境界呢?庄子说,只要在现实的世俗生活中不辨是非、醉生梦死,就能神游物外、与道相通,进入佳境。一句话,相对主义是达到"至人"境界的唯一途径。

他说:"六合之外,圣人存而不论;六合之内,圣人论而不议;《春秋》经世,先王之志,圣人议而不辩。"又说:"圣人和之以是非,而休乎天钧,是谓之两行。"这就是要人们不去争辩是非,靠"天钧"来平息争论,任是和非"两行"不碍。为何对是非采取不争辩的态度呢?庄子说,这是因为:(1)道未有封,不应辩。"道未始有封,言未始有常"

就是说道本来没有分别，语言本来没有定准，因此就不应去争辩是非。若去争辩，就会使"道"亏损。而且，大道的本性就是不自称说（"不称"），大辩的特点就是不发言论["不言"（《庄子·齐物论》）]，如果"有称"就不是真道["道昭而不道"（《庄子·齐物论》）]，言辩就不能达理（"言辩而不及"），所以争辩是违背道的本性的。（2）物不可知，不须辩。庄子认为世界上的一切事物都不可知，王倪对啮缺的三问答以三不知。民、鳅、猴三者"孰知正处"不可知。麋鹿、蝍、鸱、鸦四者"孰知正味"不可知。猿、麋、鳅、人四者"孰知正色"也不可知。既然万物皆不可知，因此，"仁义之端，是非之涂，樊然殽乱，吾恶能知其辩"。这就由事物本性的不可知，得出了是非界限不须辩的结论。（3）是非无准，不能辩。庄子认为判断和检验是非是找不到一个合情合理的客观标准的。因为争辩的双方当然都认为自己正确，对方错误，不能判断，即使找一个第三者，由于他不能摆脱同于甲、同于乙、异于甲乙、同于甲乙这四种立场，所以他也不能判断。这样，"我与若与人，俱不能相知也，而待彼也邪"。评判是非的标准和判断是非的人皆不能找到，是非怎么能分辨得清呢？只好不要去争辩了。这里，庄子明智地看到了人的主观意见不能作为真理的客观标准，这无疑是一种真知灼见，但是他却由此否定了真理标准的存在，进而否认了分清真理与谬误的可能性，则是十分错误的。以上，庄子从道（本原）、事物（客体）、认识（主体）三方面全面否定了争辩是非、分清是非的必要性和可能性。

对是非的态度如此，对人生的态度如何呢？庄子说："予恶乎知说生之非惑邪？予恶乎知恶死之非弱丧而不知归者邪？""予恶乎知死者不悔其始之蕲生乎？"又说："梦饮酒者，旦而哭泣；梦哭泣者，旦而田猎。方其梦也，不知其梦也。梦之中，又占其梦，觉而后知其梦也。且有大觉而后知此其大梦也，愚者自以为觉，窃窃然知之，君乎牧乎，固哉！丘也与女，皆梦也。予谓女梦，亦梦也。"这就是说，生无可乐，死不足哀，梦即是觉，觉后知梦，一言以蔽之：人生不过是一场梦。既然人生如梦，那就应醉生梦死，糊里糊涂，对任何事物都不必认真，不必执着。庄子还用两则寓言说明了这种人生态度的根据，罔两问景的寓言说明任何一事物都依赖于别物而存在，没有自己的独立性，行止不由自己作主，好像影子行、止、坐、起都依赖于实物一样。庄子称这种状态为"有待而然""无特操"。庄生化蝶的寓言说明事物之间（包括人与物之间）的形性之分都不是固定不变的，犹如"周之梦为蝴蝶，蝴蝶之梦为周"一样。庄子称这种现象为"物化"。正因为物"有待"而"无特操"，物可"化"而无定性，所以只要看透此理就不会执着人生，也就不难做到醉生梦死了。

庄子认为，对是非不争不辩，对人生醉生梦死，就能达到"至人"的精神境界，得到绝对自由。显然，庄子是把相对主义的认识路线当作达到"至人"理想境界的桥梁。所以他说，对是非不分辨才是"大辩"，对人生的糊涂才是"大觉"（清醒），这样的人才是得"道"的"至人"。

《庄子·天下篇》说庄子的精神世界是"独与天地精神往来，而不敖倪于万物；不谴是非，以与世俗处……上与造物者游，下与外死生无终始者为友"。这与《庄子·齐物论》中所描绘的"至人"的理想境界完全一致，可见庄子所说的"至人"就是他自己，也就是他所追求的人生理想。黑格尔在评论古希腊的怀疑派哲学时指出："怀疑派的目的，就在于不把一切确定的东西和有限的东西认作真理。自我意识漠然不动，有了自由，便不会失去它的平衡了；因为执着于某物之上便使它陷于不安。因为没有任何东西是固定的，每一个对象都是变迁的、不安定的，这样自我意识本身便进入不安了。所以怀疑的目的就在于扬弃这种无意识的成见。"[①] 庄子坚持相对主义的目的也在于此，即追求自我意识的"自由""平衡""安宁"。

综上所述，我们可以看到，相对主义是庄子哲学的一根红线，他用这一根红线把本体论、认识论、人生观贯穿起来，构成一个有内在联系

[①] ［德］黑格尔：《哲学史讲演录》第3卷，贺麟、王太庆等译，商务印书馆2020年版，第159页。

的哲学体系，形成了独特的风貌，在先秦哲学中"别为一宗"。庄子的相对主义，是在先秦战国时代的百家争鸣中出现的，它的本性是各种确定原则的取消，各种固定界限（彼此、是非、物我）的融解；它的锋芒是指向争鸣各家（特别是儒、墨）的独断主义。当时的各学派都以为自己所是的都是绝对真理，自己所非的都是绝对谬论。庄子针对这种思想方法，提出是非的界限根本是不确定的，这对否定独断论无疑具有重大作用，因而对认识史的发展也有着积极意义。这种积极意义表现在它看到了确定事物中包含着不确定性，有限的事物中存在着矛盾。然而，庄子却由此而走得更远，完全否认了事物的质的稳定性和彼此、是非区分的确定性界限。如果说庄子的相对主义包含有辩证法的话，那只能说是一种"消极的辩证法"。这种消极的辩证法在反对独断论时颇为有力，而在科学的辩证法面前却显得十分荒谬。黑格尔在批评古希腊的怀疑派哲学时说："它的消极辩证法的这些环节反对独断论的理智意识是很有力，反对思辨的东西（指真正的辩证法——引者注）则很无力。"[①] 又说："怀疑论是为了挑理性的东西的刺，就先给它撒上一把刺。"[②] 这完全可以用来评价庄子的相对主义。庄子的哲学给予我们的理论思维的教训就在于：是非、彼此的区分既不能被看作完全绝对的，也不能被认为是纯粹相对的，它是绝对性和相对性的辩证统一，辩证法固然包含着相对这个环节，但却不能被归结为相对主义。这就是《齐物论》给予我们的有益启示。

（原载于《中国哲学史论丛》1984 年第 5 期）

[①] ［德］黑格尔：《哲学史讲演录》第 3 卷，贺麟、王太庆等译，上海人民出版社 2013 年版，第 183—184 页。

[②] ［德］黑格尔：《哲学史讲演录》第 3 卷，贺麟、王太庆等译，上海人民出版社 2013 年版，第 143 页。

唐代哲学的特征、贡献和影响

唐代（618—907）是中国封建时代持续时间最长的朝代，也是封建社会经济、政治、文化发展的鼎盛时期。唐代哲学思想有着自己鲜明的特色和独特的贡献，丰富和发展了古代哲学思想，在中国哲学发展史上处于重要地位。

一 唐代哲学的基本特征

（一）融合性

1. 唐代哲学思想的总体趋势是儒、释、道三教走向融合。唐代佛学的天台、华严和禅宗在创立自己哲学体系的过程中，都程度不同地吸取了儒、道两家的思想资料，融合于自己的思想体系之中；唐代的儒学或以儒释佛，或援佛入儒，或一方面批判排斥又一方面摄取吸收。除儒、释、道三家融合外，佛教内部新旧各种宗派也处于汇合的过程中。在三教融合中统治者侧重于儒家。

2. 融合的原因：其一，统治集团内部的品级结构处于重新调整和再编制过程中，新兴贵族和旧日豪门士族经过斗争而趋向联合，客观要求哲学思潮由分歧而趋于调和统一；其二，统治者为强化意识形态，提倡三教并行。唐太宗既宣称"朕所好者，惟尧舜周孔之道"，以孔子为"先圣"，诏州、县皆作孔子庙，又认为佛教是"有国之常经"，并建寺、营斋，敬礼玄奘，亲撰《圣教序》，又下诏叙三教先后：先老、次孔、末释（625）。武周时，武则天尊崇华严宗、禅宗，自封"慈氏越古金轮神圣皇帝"，并宣称"添性海之波澜，廓法界之疆域"，又至曲阜，祀孔子，至亳州，谒老君庙，追号老子为"太上玄元皇帝"，创立祠堂（666）；又令王公以下皆习老子，每岁明经科策试《老子》（674）；又令佛教升于道教之上（691）；其三，知识分子对儒、释、道的相通相合之处，有比较自觉的认识，一些人形成了追求融合的致思趋向。如诗人白居易说："儒门释教虽名数则有异同，约义立宗，彼此亦无差别，所谓同出而异名，殊途而同归者也。"（《白氏长庆集》卷六七）名僧宗密说："然孔、老、释迦皆是至圣，随时应物，设教殊途，内外相资，共利群庶，策励万行……三教皆遵行。"（《华严原人论》）李翱主张"以佛理证心"（《与本使杨尚书题停修寺观钱状》）。柳宗元说"吾自幼好佛，求其道，三十年"（《送巽上人》），"浮图诚有不可斥者，往往与《易》《论语》合。诚乐之，其于性情爽然，不与孔子异道"（《送僧浩初》）。他认为百家之学"皆有以佐世"，所以他主张"诸子合观""悉取向之所以异者，通而同之""咸伸其所长，而黜其奇邪"（《送元十八山人》）。并反对对佛教采取"忿其外而遗其中"，"知石而不知韫玉"（《送僧浩初序》）的狭隘态度。

（二）过渡性

1. 唐代哲学处于魏晋玄学（道家）与宋明理学（儒学）两大典型的哲学形态之间，具有从玄学本体论向理学本体论的过渡性特点。过渡性体现在它既对以前哲学思潮有所总结，又对以后的哲学发展有所开启，即既承前而又启后。

2. 过渡性的原因：我国漫长的封建时代，以唐末黄巢起义为标志，分前后两个阶段。唐代是前一阶段的后期，豪族衰落，均田制瓦解，地主及自耕农的土地私有制得到发展；封建统治阶级内部，品级结构重新调整，从寒门庶族中上升的官品贵族兴起，社会向后期封建制过渡。从而使哲学具有过渡性的特点。

二　唐代哲学的主要贡献

唐代哲学在天道观、人性论、历史观、方法论等领域都作出了重要的理论贡献。

(一) 天道观

中国古代的天道观包括宇宙生成论和本体论两方面，唐代在天道观上提出的主要理论有：

1. 玄奘的"万法唯识"论。法相唯识宗的创始人玄奘以主观意识为万物的本源。认为一切现象都是精神性的种子"阿赖耶识"的变现。

2. 法藏的"法界缘起"论。华严宗的学者法藏认为一切存在（"法界"）都无自性，"互为缘起"，相资相待，"心尘互缘"，"理乃无碍"。把"本原真心"（"一真法界"）说成宇宙万有的本体。

3. 禅宗的"心即真如"论。禅宗慧能学派宣称"万法尽在自心""心生，种种法生"，宇宙万物都是清净的自心（"真心"）的显现，心即本体（"真如"）。

4. 柳宗元、刘禹锡的"惟元气"论。柳、刘继承和发展了古代的元气论，认为"本始之茫""惟元气存"；元气自动，产生万物。把天规定为元气之自然，提出天与人"不相预""天人交相胜"的重要命题。

(二) 人性论

唐代哲人重视人性问题，唐代佛学多讲心性之学，他们在探讨人性与伦理、心性与本体的关系上颇有建树，对古代哲学有重大发展：

1. 慧能的"真如佛性"说。禅宗大师慧能认为，人人都有"真如佛性"，"真如佛性"是人的清净不染、恒常不变的真实本性（善），它是人们成佛的根据。

2. 宗密的"本觉真心"说。华严宗兼禅宗学者宗密在《原人论》中提出，人人都具有"本觉真心"（即本来觉悟的真实人心），它空寂清净，是最高最善的智慧（"无漏性智"）。"本觉真心"是众生成佛的心性本原。

3. 韩愈的"性三品"说。韩愈在总结古代几种人性论的基础上提出人性生来俱有，其品分上中下。上品人性以一德为主，仁义礼智信五德具备；中品人性是五德皆有所不足；下品人性既违反一德也违背其他四德。与性三品相应,情也分为三品。

4. 李翱的"复性"说。李翱立足《中庸》,吸取佛、道,提出"性无不善""情本邪也"的性善情恶论。主张通过灭除妄情,恢复本性["妄情灭息,本性清明"(《李翱·复性说》)],即所谓"复性"说。

(三) 历史观

唐代哲学在历史观上颇具新见,主要有:

1. 韩愈"圣人创制立法"的圣人史观和"道统"论。韩愈说,圣人教人以相生养之道,人类社会的器物制度、礼乐、刑政都是圣人创制的,"无圣人,人类之灭久矣。"他还提出儒家之道有一个传授系统,从尧开其端,中经舜、禹、汤、文、武、周公、孔子,一直传到孟轲,孟子死后,其道中断。应继承孟子,使其永传。

2. 柳宗元"生人之意"支配历史之"势"的进化史观。柳宗元提出历史进化"非圣人之意也,势也"的著名论点,认为人类历史发展有其不以圣人意志为转移的客观必然趋势;而这种趋势是由人们的生存需要和追求生存的意向支配的["受命于生人之意"(《柳宗元·贞符》)]。

3. 吕温"人文以化成天下"的文化史观。吕温著《人文化成论》,以行政制度、文化教育为社会的本质,把历史发展视为"人文化成"的道德政治教化过程。这是典型的文化史观。

4. 刘禹锡"世之言天者二道焉"的哲学史观。刘禹锡提出,自先秦以来谈论天的有两个哲学派别、两条哲学路线,一是"自然之说",一是"阴骘之说"。他肯定"自然之说",反对"阴骘之说"。这是对天人关系问题争论历史的高度概括。

(四) 方法论

唐代哲学在方法论方面的探讨虽然不很突出,但也有一些重要的思维成果:

1. 华严宗"四法界"说中的相对主义思辨方法。华严宗认为心统万有时呈现出四种状态:差异性("事法界")、同一性("理法界")、现象本质互融性("理事无碍法界")、现象相即互涵性("事事无碍法界")。进而通过相对主义思辨,将一与多、异与同、事与理、用与体等的相互依存、相互联系的关系说成互含互摄的关系,从而把现实的差别性归结为抽象的同一性。

2. 禅宗"顿悟"说中的直觉主义认识方法。禅宗以为世人的"真如佛法"被"妄念"遮蔽,只有努力排除一切妄念,做到"无念",就能使主体与本体、本性与真如合一,把握真理,顿悟成佛。

3. 刘禹锡"天人交胜"说中的朴素辩证法。刘禹锡提出天与人的关系是"实相异""还相用""交相胜",即二者既对立又统一,体现了朴素的矛盾辩证法。

三 唐代哲学的历史影响

唐代哲学在中国哲学史上具有承前启后的重要作用,它为宋代理学的兴起,开导了先河,启发了思路,奠定了基础。

1. 唐代佛教哲学中国化完成,形成了华严宗、禅宗等具有中国特色的哲学理论形态,其思辨结构是宋明理学的重要来源。华严宗在理论体系、思维路径、范畴运用等方面为程朱理学准备了源头活水;禅宗在心物之辨、能所关系、顿悟直觉等问题上的观点,为陆王心学准备了思辨材料;佛学重视心性问题,为理学家的心性之学开了思路。

2. 韩愈的道统论把儒家思想的发展系统化、谱系化,将儒家的伦理道德原则置于道统思想体系之中,并作为宇宙本体的组成部分,这是宋代理学将道德伦理本体化的先声;李翱的"性善情恶"说和"复性"说更孕育着后代理学关于"天命之性"与"气质之性"以及"复理灭欲"的思想根芽。这些都对宋明道学的产生起了催生作用。

3. 韩愈将《礼记》中的《大学》作为儒家道统的经典,并将孟子列为儒家道统的一位宗师,李翱以《礼记》中的《中庸》为"性命之书",并发挥了《中庸》思想,二人还合注《论语》。这就为宋代的道学家以"四书"为儒家的基本经典奠定了基础,为道学家从这些经典出发建构儒家哲学体系开辟了途径。

4. 柳宗元、刘禹锡的元气自然论和历史进化论，是对荀子、王充思想的继承和发展，也是对先秦以来天人关系争论的理论总结。他们的理论成果和"诸子合观"的方法为后代哲学家建立"气本论"（如张载、王夫之）提供了思想资料，也为宋代以儒为主吸取佛、道思想建构新的儒家哲学形态提供了思路。

总之，唐代哲学在从封建社会前期哲学，向封建社会后期哲学的过渡时期作出了贡献。既对前期"天人关系"这个哲学中心问题作了总结，又为中国哲学发展史上一个新的哲学高潮——宋明理学的到来创造了条件。

（原载于《陕西史志》1996年第4期）

论隋唐时期价值主体的移位

价值观念是价值主体利益和需要的观念反映,由于不同价值主体的利益和需要不同,其价值取向也就不同,反映在思想上就形成了不同的价值观念。魏晋南北朝时期是门阀豪族占统治地位的时代,他们是社会的价值主体。他们靠身份特权巧取豪夺,占有了大量土地,荫庇着大量人口,经营着田庄经济,高踞于社会上层,坐享特权而日趋腐化,高卧私门而生活奢靡,终于变为阻碍社会前进的腐朽势力。隋唐统治者虽然也出身贵族集团,但他们目睹南北朝贵族豪门和皇室的荒淫无度,政治腐败,上下离心,社会分裂的衰败局面和亡国丧权的历史教训,不得不采取限制、打击门阀世族势力的政策以实现价值主体的转移。

杨隋和李唐政权全面压抑门阀世族地主实现价值主体移位的主要措施是:

一 推行均田制,打击门阀世族的经济势力

均田制始于北魏,隋唐沿袭此制度而加以完善。隋文帝清理全国户籍,把门阀世族占有的"佃客""部曲"等农业劳动力清理出来,直接归国家控制,直接对国家纳租税、供劳役、尽义务。户籍普查的结果,有40万人查实为壮丁,160多万人口被新编入户籍,这就把农民从地方豪族手中转到了国家手中。同时还采取"轻税"措施以减轻农民的负担,使农民觉得依附门阀世族不如当国家的自由民好。隋政府还规定,每个成年男性受露田80亩,永业田20亩,妇人得露田40亩,奴婢同平民一样分得露田和永业田。永业田不归还,露田死后归还。唐政府沿用

隋制又有所变通,继续实行均田制。隋唐均田制的推行,对打击门阀世族的经济特权起了决定性的作用。"土地国有""计口授田",破坏并进而摧毁了世族豪强地主的庄田经济,孕育产生了大批拥有不完善土地私有权的自耕农以及庶族地主。

二 建立科举制度,打击门阀世族的政治势力

隋朝废弃了魏晋以来按门第高低选用官吏的九品中正制,采取考试的办法,以才选人。起初设有秀才、明经两科,后又增设进士科,放宽了录取标准。唐朝统治者也确立了"人尽其才,才尽其用""选天下之才为天下之务"的选才方针,继续完善科举制度。科举制的最大特点是从地主阶级全体成员中,通过机会均等的严格考试来选拔官吏。这样,一方面给大批中下层地主阶级士子以及自耕农出身的知识分子提供了通过科举考试参预和掌握各级政权的机会;另一方面限制了门阀大族对选举的把持和他们凭藉门第出身而攫取权位的特权。从此,寒士们就具有了一定的政治主动性和独立性,他们对自己的政治前途也有了几分"天生我材必有用""我辈岂是蓬蒿人"的自信。社会的政治结构和文化结构中也有了一支活跃而能动的新鲜力量。而且,由于考试名目繁多,试题内容广泛,促进士人知识结构的丰富和社会文化成果的多元化。所有这些效果,都标志着一支与门阀势力相抗衡的新的价值主体的崛起。

三 采取品级平衡政策,压抑门阀士族的身份特权

唐立国后,唐太宗命高士廉等人修订《氏族志》,高士廉在《氏族志》中,将魏晋以来社会地位最高的山东崔氏列为另一等,唐太宗很不高兴。他说,我和山东崔、卢、李、郑并无嫌怨,只是他们早已衰微,没有人做大官,却还自负门第,嫁娶多索钱财,弃廉忘耻,不知世人为什么看重他们。从前高齐只据河北,梁陈偏在江南,虽然也有些人物,实在算不得什么,可是世俗相沿,至今还以崔、卢、王、谢为贵。我平定四海,天下一家。凡是在朝大官或功业显著,或德行可称,或学术通

博，所以擢用以三品以上。他令高士廉修改，将崔氏抑为第三等。并明确指示："我今特定种姓者，欲崇重今朝冠冕……不须论数世以前，止取今日官爵高下作等级。"（《旧唐书·高俭传》）唐高宗时又改《氏族志》为《姓氏录》，规定凡在唐朝"得五品者，皆升士流。"（《旧唐书·李义府传》）与此同时，唐太宗极力选拔寒门庶族地主官僚，出任中央政府要职。如少年时做过道士的魏徵，官至秘书监，参预朝政；出身录事，曾为王世充部下的戴胄，官至户部尚书，参预政务；自布衣而为卿相的马周，官至中书令。唐太宗的著名文武大臣中，尉迟敬德当过铁匠，秦叔宝原是小军官，张亮出身于农民，官至刑部尚书。还有一些人出身于少数民族。后继的几位君主，更大批引进了庶族寒士。唐王朝这种"崇重今朝冠冕""取今日官爵高下作等级"的政策，平衡了新、旧贵族的品级，破除了旧的身份等级制，压抑了旧门阀世族的门第身份特权，实际降低了他们的社会地位。重新调整和编制了统治阶级内部的品级结构。

隋唐王朝从经济、政治、社会品级等方面连续不断地压抑、打击门阀世族，使得在农民起义打击下已趋衰落的豪门世族进一步衰落。而在门阀世族的衰落声中，寒门庶族地主阶层的社会地位和政治地位得到大幅提升。从他们中上升的"近世新族"，终于取代豪门世族而成为封建政权的主要支柱。"朱雀桥边野草花，乌衣巷口夕阳斜；昔时王谢堂前燕，飞入寻常百姓家。"刘禹锡的这首诗，形象地描绘了社会重心的转移。这种转移，从价值论角度看，乃是社会价值主体的转移。隋唐时代，就是社会的价值主体由门阀世族地主向寒门庶族地主大转移的时代。

价值观念总是直系于社会价值主体的利益和需要。隋唐时期，代表庶族地主阶层的统治者在掌握政权之后，主要的利益和需要有以下数端：

1. 加强中央集权。魏晋南北朝时期，由于门阀世族的地方势力的强大，中央君主的权力是比较脆弱的，强大的地方权贵在一定程度上分解着中央政府的权威。隋文帝实现统一后，迫切需要的是加强中央集权。为此，他制定了新的法律制度，把京畿的官署和地方的衙门结合成强有力的由中央控制的官僚机器。为了强化中央政府的机构，隋文帝对官制进行了改革，设立了尚书、门下、内史三省，作为最高政府机关。尚书省是管理政务的机构，长官是尚书令，副长官是左右仆射。尚书省下设吏、礼、兵、刑、民、工六部，各部长官为尚书。隋文帝还简化地方官制，把州、郡、县三级制，改为州、县两级制（后来隋炀帝又改为郡、县两级），加强了中央对地方的控制。又规定，九品以上的地方官，一律由中央任免。州、县佐官三年一换，不得重任，不许用本地人。隋亡后，唐承隋制，且又吸取了隋朝短命而亡的教训，虽然仍设立六部（名称有所改变），但进一步把六个部的权力集中到皇帝手中。皇帝还掌握军权，并派出宦官代表皇帝出任盟军，监视将帅的行动，干预军队的调动和指挥。为了震慑地方割据，还立皇家直属军，由皇帝直接掌握。这些强化中央集权的措施，在唐初时期，效果都比较显著，使中央的政策，在政权所能达到的地区，都得到了较好的贯彻。隋唐时期，强化中央集权，既是统治阶级利益的需要，又符合历史客观实际，因为中国地广人众，小农经济极端分散，民族关系比较复杂，如果没有一个绝对权威的中央政府统一指挥和协调，封建王朝就难以存在。这种统治阶级的需要和客观历史进程实际的符合，使统治阶级的需要与社会成员的整体需要有了一定程度的一致性。于是，当时的统治阶级也就成了代表社会整体某些利益的价值主体。而这正是唐代出现盛世的一个重要原因。

2. 维护安定统一。隋朝实现了中国的统一，但由于隋炀帝的暴政，统一的局面仅有三十余年，就被农民起义所推翻。唐王朝又一次完成了统一大业。然而，如何巩固统一、维护统一，保持长治久安，依然是统治阶级以至全国人民所关心的问题。加强中央集权不但是统治者对权力的需要，也是维护统一安定的重要措施。除此以外，李唐王朝还采取了其他一系列维持统一安定的举措。例如，实行府兵制，"寓兵于农"，兵农合一，从均田农民中点兵，保证了兵源；中央设置12卫，全国各地设置634个军府（其中关内有261府），京城附近拥兵26万，形成朝廷"居重驭轻"之势；"三时农耕，一时教战"，有事"命将以出"，事毕

"兵散于府，将归于朝"。这种府兵制不但有利于加强中央集权，而且维护了国家的安定统一，唐朝一百多年的安定统一，有赖于此。又如，制定"偃武修文"，"中国既安，四夷自服"的方针和对待少数民族的政策，大大改善了唐和边境各少数民族的关系，维护了国内的和平统一。再如，实行减轻赋税、减缓刑罚、澄清吏治、节省开支等措施，以减轻民众负担，受到了人民的拥护。以上这些举措，对维护和巩固国家的安定统一都起了积极作用，使大唐王朝保持了三百年相对统一的局面。而国家的安定统一，又为社会经济、文化的发展提供了必要的条件。

3. 发展社会经济。政治上的高度集中统一，需要以强大的国力为基础。而在以农业为主的封建制度下，要保持强大的国力，必须发展小农经济。在南北朝门阀士族的统治下，农民依附于贵族庄园主，缺乏人身自由，严重影响了农业的发展。唐代建国后，统治者为了发展生产、增强国力的需要，实行了均田制、租庸调制和轻徭薄赋、爱惜民力等政策，使广大农民从严重的人身依附下解放出来，在一定程度上提高了农民的生产积极性，使农业经济得到了发展。从唐太宗到唐玄宗的百余年间，经过广大农民的辛勤劳动，农业出现了繁荣景象，手工业也取得了显著成就，农业和手工业的发展，又促进了商业的繁荣，富有的巨商相继出现，富商大贾们奔趋四方，辗转求利，十分活跃。商业的发展，又促进了交通的发达和驿站制度的建立。驿站交通系统以长安、洛阳为中心，向四面辐射，舟船车马，遍及全国，远达四裔，结成了统一的交通网络。交通发达又为国际经济、文化交流提供了便利。东到日本有陆、海两条通道。由于海上运输，载运量大，又节约运力，唐中期以后，开辟了由长安、洛阳通向西方的海上丝绸之路。农业、手工业、商业、交通的发展促使了经济的繁荣。杜甫赞唐玄宗开元盛世："忆昔开元全盛日，小邑犹藏万家室。稻米流脂粟米白，公私仓廪俱丰实。"（《忆昔二首》）政治稳定、国家统一、经济繁荣，使人口急剧增加。中国历史上人口第一次达到五千万是在东汉，第二次达到五千万则是在唐朝，此后直至清代以前，中国人口没有超过唐朝。在古代，人口是生产力的标志，因而也是财力和国力的标志。

4. 繁荣文化事业。统治者发展社会经济的目的,无疑是为了满足自身的物质、文化生活需要,唐代的统治者也不例外。他们在经济发展的基础上,一方面追求物质生活享受,另一方面追求文化精神生活的丰富。为此,他们推行了比较开明、宽容的文化政策,以繁荣文化事业。在文学艺术的创作上,积极鼓励创作道路的多样性,魏徵曾平实地分析了南方文学和北方文学之短长,提出了"各去所短,合其所长"的主张;在教育上,设立各类学校,中央直系的学校总称为"六学"或"六馆"。算学、天文、医学等自然科学的专业教育开始确定,出现了世界教育史上最早的实科学校。并形成了教育、研究、行政三者结合一体的体制。地方设置里学,使教育深入到乡间;在史学上,设立史馆,以重臣统领,聚众修史,而且在修史的思想上,立足统一,纵观全局,避免南北对立,消除了北朝后期尊东伪西的偏见;在文化典籍的整理和编撰上,摆脱狭隘的地域观念,纠正详南略北的偏向,例如唐人道宣撰《续高僧传》,凡南北方高僧都编入此书。克服了南朝梁释慧皎所撰《高僧传》重南轻北的偏颇。孔颖达撰《五经正义》、颜师古定《五经定本》"博综古今,义理该洽",统一了自东汉以来长期存在的学派争论和诸儒异说;在民族文化政策上,体现了唐太宗"自古皆贵中华、贱夷狄,朕独爱之如一"的民族平等思想,使汉文化和各少数民族文化都得以发展和繁荣,兼容并包,胡汉交融,呈现了异彩纷呈的面貌;在中外文化交流上,实行国外汉学家所称赞的"世界大同主义",开放吸取外域结晶,使中亚、西亚、南亚等外域的佛学、医学、历法、音乐、舞蹈、体育、宗教、建筑艺术等涌入中华,使唐人的文化生活气象万千。并接收国外的留学生和欢迎国外的文化使者,向外域传播中华文化,促进了中外文化交流和文化融合。

隋、唐王朝的统治者,尤其是唐代统治者的上述种种需要以及为满足这些需要而采取的政策和措施,反映在价值观念上,就必然是一种多元综合的价值观念体系。凡是有利于封建专制主义中央集权的强化、封建国家安定统一、社会经济发展和文化事业繁荣的各种价值，都是他们所崇尚的对象；凡是反映这些价值的价值观念，都是他们所倡导的思想。这就是唐代儒、释、道三教鼎立、三教融合的重要原因。

然而，一个时代的占统治地位的主导价值观念的确立，不仅是该时代的价值主体根据自身的需要而进行主观选择的结果。还要受到社会历史发展的客观条件制约。这种客观条件包括两个方面：一是作为社会生存基础的物质生活条件；二是已经存在的文化环境、道德传统、思维方式和价值观念。唐代统治者之所以从儒、释、道三家的思想中去汲取价值观念以建立自己的价值观念体系，这是因为：儒、释、道三家在当时已经形成了较大的思想势力，而且也出现了鼎足而立的既定态势。在南北朝几百年间，社会上流行的不是三种思想体系，而是儒、释、道三种并存的思想体系，它们相互补充，但都不能互相代替。三教之间，出现了一定的融合趋向，三教内部，也有会通本宗的不同流派，建立统一体系的企图。唐代统治者以开放的文化心态，有意识地使三教并举、三教融合，固然是出于利用三教以维护封建大一统和维护社会安定的主体需要，同时也是对三教融合这种时代思潮发展的客观趋势的顺应。

总之，利用三教为封建统治阶级服务的主体需要和顺应三教融合的客观趋势两个方面的统一，决定了隋唐时代价值观念的基本特征。

（原载于《西安社会科学》1999年第3期）

"皎日丽天，无幽不烛"的张载哲学

张载是北宋时期伟大的唯物主义哲学家，他一生穷神研几，探索宇宙人生的真谛，著有《正蒙》《横渠易说》《经学理窟》等著作，为中华民族的智慧宝库作出了重大贡献。清初王夫之说："张子之学，上承孔孟之志，下救来兹之失，如皎日丽天，无幽不烛，圣人复起，未有能易焉者也。"（《张子正蒙注·序论》）纵观中国哲学史，审视张载所处的坐标位置及其深远影响，可以说，王夫之的评价并非过誉溢美之词。

1. 张载在中国哲学史上第一次建立了比较完整的气一元论哲学体系，开辟了朴素唯物主义哲学的新阶段。"气"是中国古代哲学用以表示物质存在的基本范畴。西周末年的伯阳父最早提出了气的概念，战国时代，《孟子》《管子》《庄子》《荀子》都讲气，他们认为气是构成一切有形之物、有生之物的原始材料，是生和知的基础。他们或者以气与志、气与心相对，以说明气的物质性；或者以气与生、气与物相联，以表明气的基本性。这虽然已经意识到了气是物质性存在，但还没有把气视为世界的本原，也未以气为哲学的基本范畴。两汉以至隋唐，气的观念有所发展，《淮南子》、《周易乾凿度》、《论衡》（王充）、《天论》（刘禹锡）都对气作了较多的论述，特别是东汉的王充，在其巨著《论衡》中，提出了"天地，含气之自然也"（《论衡·谈天》）的杰出命题，确立了唯物主义自然观，给天人感应的神秘主义思潮以沉重打击。两汉隋唐时期，气论的基本特点是以气为天地生成的基质，用气说明宇宙万物的形成演变。所以，尽管哲学家们对先秦的气论有很大发展，但依然没有超出宇宙构成论和生成论的范围。

张载在前代哲学的基础上,"旋随新叶起新知",以"古今无两"的"学问思辨之功"和"勇于造道"的创造精神,提出了比较细致、系统的气论,建立了较完整的气一元论哲学体系。张载气一元论哲学体系的理论要点是:(1)气是最高的物质存在。不一定有形可见的东西是气,凡有运动、静止,有广度、深度的象,都是气。所谓"凡可状皆有也,凡有皆象也,凡象皆气也"(《正蒙·乾称篇》)。(2)气的变化是有规律的。张载说:"天地之气,虽聚散攻取百涂,然其为理也顺而不妄。"(《正蒙·太和篇》)(3)气是宇宙统一的本原。"神天德,化天道,德其体,道其用。一于气而已。"(《正蒙·神化篇》)"知虚空即气,则有无,隐显,神化,性命,通一无二。"(《正蒙·太和篇》)(4)气是哲学体系的逻辑起点。张载由气出发,建立了自己的范畴系列,构筑了自己的哲学体系。"由太虚,有天之名;由气化,有道之名;合虚与气,有性之名;合性与知觉,有心之名。"(《正蒙·太和篇》)本体论、运动论、人性论、认识论,都是气范畴的逻辑展开。这样,张载就通过对气的客观物质性、运动规律性、宇宙本原性的明确规定,把气论从宇宙构成论和宇宙生成论发展为本体论,并在气范畴的基础上建构了自己的哲学体系,形成了与二程理本论、陆九渊的心本论鼎足而立的唯物主义气本论哲学体系,开创了朴素唯物主义哲学的新阶段。

张载的气一元论本体论哲学是中国封建社会后期唯物主义哲学发展的重大成果,对后代产生了深远影响。明代的王廷相进一步发展了张载的气一元论,详细论述了气是第一性的、理是第二性的理论,他推崇张载"太虚即气"的学说,认为"横渠此论,阐造化之秘,明人性之源,开示后学之功大矣"(《横渠理气辨》)。尤其是明清之际的唯物主义哲学家王夫之,极力推崇张载,一再宣称自己是张载气一元论的继承者。说自己平生的志向是"希张横渠之正学",其他唯物主义哲学家如罗钦顺等,事实上也受到张载哲学的影响。从对后代的启迪来看,张载是宋、元、明清时代唯物主义气一元论哲学的开创者。正由于此,他也受到理学中唯心主义者的批评和攻击。

此外，19世纪以来的国外学者，也对张载的气论高度赞扬。有的说它"是11世纪关于感应原理的非常明确有力的叙述"，长期保持着"它的活力"[①]，有的称其足以同"现代哲学之父"笛卡尔的"以太""旋涡"说相匹敌（丁韪良《翰林集》）。无论其评价是否恰当，都显示了张载哲学的杰出成就和影响。

2. 张载是中国哲学史上第一个从思维与存在关系的哲学理论高度批判佛教唯心主义的哲学家。佛教从东汉时传入中国以后，一方面与中国固有的思想、文化相融合；另一方面又与中国传统的儒、道哲学相矛盾。东汉以后的思想史，儒、释、道的相反相成是一个十分重要的内容线索。张载以前的许多思想家都对佛教进行过批判，这种批判基本上是从三个层次上进行的，第一个层次是社会批判，主要批判佛教对社会经济的破坏和对政治秩序的扰乱。例如唐初的傅奕，指斥佛教"游手游食""以逃租赋""不惮科禁，轻犯宪章"的严重危害，宋初的李觏列举了佛教"男不知耕""女不知蚕""望逃徭役，弗给公上""民财以殚，国用以耗"等"十害"，视佛教为必须铲除的社会肿瘤。第二个层次是道德批判，主要批判佛教对儒家传统伦理道德的背离。例如，唐代韩愈认为，佛教"必弃而君臣，去而父子，禁而相生养之道"，是根本不谈仁义道德的，所以主张以儒家的"道统"，对抗佛教的"祖统"。宋代的孙复、石介、欧阳修等人批佛，也立足于封建道德。第三个层次是思想理论批判，着重批判佛教的思想理论观点。这是深层结构上的批判。

就思想理论的批判而言，也有一个发展过程。魏晋南北朝时期，反佛的思想家们主要针对佛教的因果报应论和神不灭论展开批判，孙盛、戴逵、何承天、郭祖深、范缜、刘峻、朱世卿等人，都是进行这种批判的杰出思想家，尤其是范缜的《神灭论》，在理论上的贡献十分突出，他以"形神相即""形质神用"的命题，唯物地说明了人的精神现象与

[①] 李约瑟：《中国科学技术史》，梅荣照译，科学出版社2018年版，第469页。

物质形体的关系，达到魏晋南北朝时期对佛教理论批判的最高水平。隋唐时期，佛教由于得到官方的支持而盛行，其宗教理论也进一步精致，在这种形势下，虽然有傅奕、韩愈等人慷慨激烈的反佛言论，但他们着重从经济、政治和伦理道德方面用力，对佛教的理论批判相对薄弱，即使涉及一些理论问题，也多是反对因果报应、生死轮回的旧话重提。可见，在宋代以前，对佛教的思想理论批判，特别是世界观批判，无论从广度言，还是从深度言，都是很不够的。张载正是在这样的历史条件下，把对佛教的理论批判提到了新的水平，真正从哲学世界观的高度，剖析了佛教的理论核心。

张载从气一元论出发，主要从三个方面批判了佛教的唯心主义世界观。他指出：（1）佛教的"一切唯心"论，完全颠倒了物质和精神的本末关系，是主观唯心主义。张载说，佛教"以心法起灭天地"，"以六根之微因缘天地"，以为天地日月都是依赖人的感觉、知觉而存在的，这种"以小缘大""以末缘本"的观点，颠倒了天地与人心的大小、本末关系，实质上是以主观精神决定客观物质的唯心主义路线。（2）佛教的"一切皆空"论，根本割裂了有无、隐显、性形的统一关系，陷入客观唯心论。张载指出，佛教认为"万象为太虚中所见之物"，并"诬世界乾坤为幻化"；"溺其志于虚空之大"而"梦幻人世"。其错误在于"不识有无混一之常"，以为"物与虚不相资，形自形，性自性，形性天人不相待而有"。在张载看来，"虚空即气"，没有什么绝对的虚空，虚与气、有与无、隐与显、性与形，都统一于气。如果像佛教那样把万象说成是太虚中的幻影，就必然割裂有与无、虚与气、隐与显、性与形的联系，从而否认山河大地的实在性，走向客观唯心主义，与道家宣扬的"有生于无"如出一辙。（3）佛教的"神不灭"论和"轮回"说，鼓吹有脱离物质肉体的灵魂存在，违背了唯物主义原则。张载说："浮屠明鬼，谓有识之死，受生循环，遂厌苦求免，可谓知鬼乎？""浮屠极论要归，必谓死生转流，非得道不免，谓之悟道可乎！"（《正蒙·乾称篇》）张载认为，"鬼神者，二气之良能也。"鬼神只是阴阳二气屈伸作用，气伸为神,气屈为鬼,二者并不是独立的精神。人的灵魂也不过是"生而不离,死而游散"的气而已,根本不能脱离物质实体而独立存在,更不能"死生转流",轮回循环。佛家既然违背了唯物主义,所以不"知鬼",不"悟道",是彻头彻尾的"惑者"。

张载的上述批判,始终坚持了气一元论的立场,抓住了思维与存在关系这一根本问题,确实是既有力又精深,达到了很高的思维水平,在发挥唯物主义哲学的战斗性方面,树立了杰出的典范。后代不少批佛的哲学家如罗钦顺、王廷相、王夫之等人,都肯定了张载彻底批佛的理论贡献,并从张载哲学中吸取了丰富营养和宝贵经验。正如王夫之所云:"横渠早年尽抉佛志之藏,识破后更无丝毫粘染。一诚之理,壁立万仞。"(《读四书大全说》卷十)。"使张子之学晓然大明,以正童蒙之志于始,则浮屠生死之狂惑不折而自摧"(《张子正蒙注·序论》)。

3. 张载是宋代理学的奠基人,是宋代四大学派之一——关学的创始者。理学(或称道学)是北宋兴起的学术思潮,是儒家学说的新形态。理学的基本特征是使儒学哲理化,为儒家的伦理道德提供一个本体论的依据。理学形成于北宋,成熟于南宋,盛行于明代,成为封建社会后期的统治思想,占据着学术思想的主流地位。在漫长的七百年间,学者辈出,成果累累,产生了极其深远的社会影响。

在理学发展史上,张载处于相当重要的地位,他是理学的奠基人之一。学术界认为,"宋初三先生"胡瑗、孙复、石介是理学的先驱,而周敦颐和张载则是理学的真正奠基者。张载作为理学奠基人的主要贡献是:(1)提出了理学的一系列基本范畴和命题。"理气""理欲""神化""一两""体用""性命""心性""诚明""理一分殊""天地之性""气质之性""德性之知""见闻之知""天人合一"等范畴和命题,张载都提出了,成为后来程、朱等人完成理学体系的基础。(2)建构了理学的基本框架。理学的宇宙论、本体论、人性论、认识论、方法论等基本组成部分,张载哲学都论述了,虽然他在这些领域中所持观点和致思方式与程、朱有异,但问题已经提出,规模已经形成。(3)确立了理学

"民胞物与"的价值理想。张载在《西铭》中提出了"天地之塞，吾其体；天地之帅，吾其性。民吾同胞，物吾与也"的理想人生境界，二程之后的理学家，几乎无不推崇备至，认为其"言纯而思备""深发圣人之微意""真孟子以后所未有也"，并都以此作为理学所追求的价值理想。

正由于张载为理学奠定了基础，所以深得以后理学家和统治者的推崇，二程把他与孟子、韩愈相比，朱熹称其学为"精义入神"，说"横渠所说，多有孔孟所未说底"。朱熹编理学史《伊洛渊源录》把张载与周敦颐、邵雍、二程并列，在《近思录》中也选了张载许多言论。历代统治者也给张载以很高的荣誉，宋理宗封他为眉伯，"从祀孔子庙庭"。元代赵复立周敦颐祠，以张载与程、朱配食。明清两代，张载的著作，一直被统治者视为理学经典，作为开科取士的必读书，并先后汇入御纂的《性理大全》和《性理精义》。由此足见，张载在理学中的重要地位和深远影响。

然而，张载作为著名理学家却有自己的鲜明特色。首先，他主张以气为本体，和程、朱的理本论，陆（九渊）、王（阳明）的心本论，大异其趣。其次，在人性论、认识论、方法论等方面也与程、朱、陆、王有许多差异。再次，张载的学风也有别于理学他派。于是，就成为与周敦颐代表的濂学、二程代表的洛学、朱熹代表的闽学并立的关学学派。

张载学无师承，他的哲学是自己经过几十年探求、体会出来的。他自称"学贵心悟，守旧无功"。朱熹也说："横渠之学，是苦心得之。"〔《横渠学案（下）》〕张载哲学，在关中地区影响很大，从学者甚众，一时门生如云，声势颇大，以他为领袖的关学学派就形成了，此后，一直延续到明清之际。所以，张载是关学的创始人。

从关学形成和发展的总体来看，它在中国理学史和哲学思想史上具有显著的特点和独特的地位。关学始终葆其"躬行礼教"、力排二氏（佛道）的"崇儒"宗旨。它以"气本""气化"之学和"精思""实学"之风，同朱学、王学相依相离，鼎足而立，为宋明理学写下了独放异彩的篇章。① 这种独特个性，一方面具有弘扬封建礼教，强化后期封建统治，严重阻碍社会发展的弊端；另一方面又有重视自然科学成果，关心社会现实问题，不尚空谈，力主实践，善于博取，勇于创造的优点。对关中地区思想文化的发展产生了双重的影响。只要我们后人善于分析，扬长避短，这一思想文化遗产至今还会发挥积极的社会作用。

张载哲学思想的内容十分丰富，对中国哲学史和关中思想文化史的贡献是多方面的，以上所论，仅就其大端言之。但亦足以表明张载哲学及其关学在历史上的重要地位。他创立"气本""气化"论哲学体系；批判佛道唯心主义世界观；开辟儒学哲学化的道路，为宋明理学举行奠基礼和建立关学学派，这些历史功绩，将在中华民族的智慧发展史上永放光辉。他培育的求实力践、博学精思、批判创新等优良学风，也将对当代关中文化学术的发展，注入活力。他奉行和倡导的"为天地立心，为生民立命，为往圣继绝学，为万世开太平"的哲人使命精神，更是集中表现了中国传统哲学的精神特质，值得我们广大哲学工作者经过新的转化而发扬光大！

（原载于《宝鸡社科通讯》1991年第3期）

---

① 参见陈俊民《张载哲学思想及关学学派》，人民出版社1985年版。

王阳明的"价值"与蒋介石的"根本"

蒋介石一生都把王阳明哲学视为"无价之宝",视为自己"求学作事的根本"。

早在1933年,蒋介石就吹捧王阳明是"中国革命的导师"。把王阳明的主观唯心主义哲学说成是"很优美的哲学","中国学术史上最有价值的学派",甚至说它是"东方文化精神"。蒋介石自称他"最初就很得益于王阳明知行合一哲学的心传",王阳明的《传习录》是他"最喜欢读的书之一",说这本书"阐明致良知的道理","奠定了"他"求学作事的根本"。在被赶到一群海岛上之后,蒋帮集团中还有人呼叫:值此"存亡绝续的紧急关头,提倡王学实有其时代的需要与价值"。

究竟为什么王阳明在蒋介石的眼里,有这么高的"价值",为什么蒋介石要把王阳明的哲学作为自己的"根本"?那我们就得先看看王阳明乃何许人也!

王阳明(1472—1529),名守仁,字伯安,浙江余姚人。因曾隐居绍兴阳明洞,自号阳明子,所以被人称为王阳明。他出生于一个官僚地主的家庭里,活动于明王朝的中期。当时,明王朝出现了严重的社会危机,封建地主阶级兼并土地,加重税租,专横残暴,荒淫腐朽,统治集团内部也矛盾重重。广大农民不堪忍受残酷的经济剥削与政治压迫,纷纷发动起义,反对封建统治,从15世纪中叶起,半个世纪内,陆续爆发的较大规模的农民起义达五六次之多。其中较著名的是刘六、刘七于1510年在河北地区发动的起义,历时两年,转战八省,三次打到北京附近,使明朝政府惊恐万状。在风起云涌的农民革命斗争打击下,明王朝如大厦将倾,岌岌可危。面对这种局势,作为地主阶级代表人物之一的王阳明,惶惶不可终日。他惊呼:"满眼兵戈事渐非",哀叹"济世浑无术"。但他并不甘愿这种局面继续下去,决心为明王朝"起死回生"。他15岁时,就准备给明朝当局写信,要求参加对石英、王勇领导的农民起义的围剿。后来在担任都察院左佥都御史以及南京兵部尚书时,亲自领兵镇压江西南部等地的农民起义和广西少数民族的反明武装。他声称不但要"破山中之贼",而且要"破心中之贼",即在进行暴力镇压的同时,还要消灭农民头脑中的造反思想。于是他提出了一整套主观唯心主义的哲学,宣扬"致良知",鼓吹"知行合一"。妄图用哲学论证封建统治的永恒性,扑灭农民起义的烈火。

历史是一面镜子。从王阳明的一生中,我们如此清晰地看到了蒋介石的形象。同王阳明一样,蒋介石此人也是靠镇压人民革命起家的。他在窃取北伐战争的胜利果实上台后,在帝国主义的支持下,用"洋大人"供给的长枪、大炮、飞机、军舰,对中国共产党和中国人民进行了疯狂的反革命"围剿"。王阳明诬蔑起义的农民为"贼",恶狠狠地叫嚣要"歼除党羽,荡平巢穴"。在镇压农民起义的过程中实行了残酷的杀光、烧光政策,在江西南部,两年内屠杀起义农民一万八千多人。蒋介石在"四·一二"政变后恶毒诬蔑中国共产党及其领导下的革命人民为"匪",在"宁可错杀一千,不可错放一人"的血腥口号下,三四年内就屠杀了一百多万革命者。十年内战时期,他下令推行"三光"政策,在红色革命根据地焚掠杀戮,无恶不作。王阳明把屠杀起义农民说成是"全其天地万物一体之仁",蒋介石宣布,对革命人民实行军事"围剿"就是"行仁"。蒋介石的法西斯行径同王阳明何其相似乃尔!而且,他的残暴毒辣比起他的"导师",更是有过之而无不及。

同王阳明一样,蒋介石也惯于使用反革命两手。一面使用反革命暴力对人民的革命力量进行军事围剿,一面从思想上对革命人民进行欺骗和麻醉。十年内战时期,他手里拿着杀人的刀子,嘴里还哼着"忠孝仁爱"的调子,大肆叫嚷"忠孝仁爱信义和平"是"党魂""国魂","礼义廉耻"是"立国精神",说什么"社会的人过社会的生活就要有爱群的德性",即所谓"各循其性,各得其所,而不相悖"。在被赶出大陆之后,他对台湾人民一面实行残暴的法西斯统治,一面大放厥词,胡说什么要"明道立教""以期人人行仁践义""推己以及人,仁民而爱物"。好一副悲天悯人大慈大悲的面孔!这确实是"得益"于王阳明的"心传"。王阳明在对农民起义和少数民族暴动实行军事镇压的过程中,发布了大量的道德告谕。要人们"德义相劝,过失相规,敦礼让之风,成淳厚之俗"。"要父慈子孝,兄爱弟敬,夫和妇随,长惠幼顺,小心以奉官法,勤俭以办国课"(《王阳明年谱》),并在起义地区普遍兴办社学,指定以孝悌忠信礼义廉耻等封建道德为教育内容。他们之所以这样做,用王阳明的话说是为了"破心中之贼",用蒋介石的话说是"以教育来感化"。说穿了,就是妄图磨灭人民群众的革命意志,束缚人民群众的手脚,限制人民群众起来造反,以维护反动阶级的统治。

在阶级社会里,哲学总是与阶级斗争相关的。王阳明为了适应封建统治阶级镇压人民的需要,提倡了一套极端的主观唯心主义哲学。他的哲学思想的核心就是"良知"。这个"良知",在王阳明看来,既是宇宙万物的本体,又是人类知识的源泉,同时,还是伦理道德的标准。所以王阳明把它称为"天下之大本""造化的精灵"。"良知"包括哪些内容呢?王阳明说:"见父自然知孝,见兄自然知悌,见孺子入井,自然知恻隐,此便是良知。"(《传习录》上卷《徐爱录》)原来维护封建地主阶级利益的"三纲五常","四维八德"等道德规范,就是"良知"的全部内容。关于"良知"的来源,王阳明认为它是天赋的"人人自有"的,他说:"人孰无根?良知即是天植灵根"(《传习录·黄修易录》)。既然"良知"在人心里,为什么还要"致"呢?王阳明认为,这个良知虽然人心固有,不假外求,但却可能被蒙蔽。他说:"性无不善,故知无不良……但不能不昏蔽于物欲,故须学以去其昏蔽。"[1] 于是,他提出

---

[1] 《王阳明全集》上卷二,上海古籍出版社2012年版,第55页。

"致良知"的命题。"致"者,弘扬也。弘扬良知的途径是"格物""正心""诚意"。即用封建的伦理道德去端正人们的行为,"正其不正,以归于正"①。王阳明在一首诗中用比喻来说明"致良知"的含义:"万里中秋月正晴,四山云霭忽然生,须臾浊雾随风散,依旧青天此月明。"(《王守仁·月夜二首》)可见,"致良知"犹如"风扫浊雾"。这已经说得够清楚了。至此,我们可以把王阳明的"致良知"为中心的全部哲学归结为一句话,把一切不符合封建地主阶级根本利益的念头,"扫除廓清",并"拔除病根"。这样,就能使"沉疴积痿"的明王朝"起死回生"。

王阳明哲学的主观唯心主义性质和政治意图一经揭穿,那么蒋介石为什么把它作为"根本",就不难理解了。蒋介石为了在中国建立封建的法西斯独裁统治,需要用王阳明的哲学作为精神支柱。这种哲学认为具有"良知"的心是宇宙万物的主宰,世界上除了我的心之外,什么都不存在。"由此必然会得出一个结论:整个世界只不过是我的表象而已。从这个前提出发,除了自己之外,就不能承认别人的存在,这是最纯粹的唯我论。"②蒋介石正是以这种唯我论哲学作为行动的指导,窃取了国民党的党权、军权和中华民国的政权,把一切置于自己的控制之下,俨然以"总裁"自居。他把自己看成是整个中国的主宰,把他的话作为绝对命令,把他的意志说成是最高法律,甚至直言不讳地说:"本团长现在是全国的最高统帅","全国的国民尤其是军人都应该要服从我,爱戴我。"王阳明说过,"大人者,以天地万物为一体者也,其视天下犹一家,中国犹一人焉"(《大学问》)。在蒋介石的眼里,整个中国的"万物"应该归于他个人"一体",成为他"一家"的私产。蒋介石在大陆上的独裁统治被推翻后,他在台湾要继续这种独裁,当然也还得在精神上依赖于王阳明的主观唯心主义的唯我论。

蒋介石为了扼杀革命人民的斗争意志,更需要用王阳明的哲学作为

---

① 《王阳明全集》上卷二,上海古籍出版社2012年版,第972页。
② 《列宁全集》第18卷,人民出版社2017年版,第35页。

哲史片言　王阳明的"价值"与蒋介石的"根本"

精神武器。王阳明提倡"致良知"的要害，就是把维护地主阶级利益的封建道德规范扩充到整个宇宙，要人人自觉遵守。他说良知是人心固有的，"愚夫愚妇与圣人同"（《答顾东桥书》），其实是把封建地主阶级的人性说成普遍的超阶级的人性。他认为"圣愚"之所以有别，完全在于圣人、贤人肯致良知，而愚人"自蔽自昧而不肯致之"（《书魏师孟卷·乙酉》）。只要这些愚人们肯于归复良知，去恶为善，不让"私欲"把良知"隔断"，那么人人都可以成为圣贤。这就等于说，只要你安分守己，不去造反，他甚至可以廉价地给你戴一顶"圣贤"的冠冕。他还竭力宣扬"知行合一"的观点，说"一念发动处便即是行了"。要人们懂得，心中有善念就是行善，心中有恶念就是作恶，当头脑中燃起一点反抗的火星，就应该立即用"良知"之水把它浇灭。由此可见，王阳明向劳动人民进行"致良知"和"知行合一"的说教，完全像牧师以升天堂来安慰奴隶一样，目的是为了给人民套上封建伦理道德的锁链。正如列宁所指出的："牧师安慰被压迫者，给人们描绘一幅在保存阶级统治的条件下减少痛苦和牺牲的远景……，从而使他们忍受这种统治，使他们放弃革命行动，打消他们的革命热情，破坏他们的革命决心。"[1] 王阳明哲学的这种麻醉作用，蒋介石是心领神会的。他说："王阳明致良知与知行合一的哲学"，是用来"医治当时中国的民族性"，医治民族性"就先要对症下药，从病根上下手救转来"。他按照王阳明的调子唱道："礼义廉耻是我们固有的精神……礼义廉耻在本能上来讲，个个人都是有的，不过因为没有人去引导他，所以逐渐地埋没了。"他要人们"恢复各人固有的良知，实践礼义廉耻""自己限制自己"。他还抄袭王阳明的"知行合一"，炮制所谓"力行哲学"，要人们努力去按国民党反动派的要求行事。蒋介石从王阳明那里学来这套精神麻醉术和欺骗术，其目的是要革命人民放弃斗争，停止反抗，心甘情愿地接受大地主阶级和官僚买办资产阶级的残暴统治，服服帖帖地忍受他们的压迫和剥削。

---

[1] 《列宁全集》第26卷，人民出版社2017年版，第248页。

人隔异代不同时，心有灵犀一点通。蒋介石和王阳明虽然活动在不同的历史时期，但他们镇压革命人民，维护反动统治的心是息息相通的。因此，蒋介石把王阳明的哲学作为自己"求学做事的根本"，就毫不奇怪了。

历史并不依反动派的意志为转移。革命人民的斗争用屠刀镇压不了，也用精神枷锁束缚不住。"致良知"的唯心主义哲学，既没有能挽救明王朝的灭亡，也没有巩固住蒋家王朝的统治。明王朝终于在席卷全国的农民大起义的浪潮中倒塌了，王阳明反动的唯心主义哲学也遭到了可耻的破产。而蒋介石则被中国共产党领导下的革命人民，赶出了大陆，龟缩在海岛上抽泣。但是，一切反动派都不甘心自己的失败和灭亡，昔日的王阳明曾想为"病革临绝"的明王朝"起死回生"，今日之蒋介石匪帮何尝不想在"存亡绝续的紧急关头"卷土重来。为此，他们不得不又一次向王阳明的阴灵乞求保佑，不得不紧紧地抓住王阳明的唯心主义哲学借以苟延残喘。这就是蒋介石当今还叫嚣"王学实有其时代的需要与价值"的根本原因所在。

（原载于《陕西师范大学学报》1975年第3期）

简论毛泽东的民众意识

毛泽东为中国人民创造了光辉灿烂的实践业绩和博大精深的思想理论，其中，民众意识就是毛泽东思想的突出内容。从早年写《民众大联合》到后来多次地高喊"人民万岁"，从革命年代主张"唤起工农千百万"，赞扬"百万工农齐踊跃"到建设时期吟唱"遍地英雄下夕烟"，歌颂"六亿神州尽舜尧"，民众意识贯穿了毛泽东的一生；从哲学上讲"人民创造历史""人民群众的实践"，经济上讲"调动一切积极因素"，政治上讲"人民当家作主"，军事上讲"人民战争"，文化艺术上讲"大众文化""为人民大众"服务，道德上讲"全心全意为人民服务"，到工作方法上倡导"群众路线"。"民众"意识渗透于毛泽东思想的各个方面。

毛泽东的民众意识，概括起来，主要包括三方面的内容：

一是"民众动力"的历史主体意识。毛泽东认为"世间一切事物中，人是第一个可宝贵的"[1]。之所以"宝贵"，因为，"只有人民，才是创造世界历史的动力"[2]，而且，民众的这种创造力是"无限的"。人类历史的每一步前进，都是人民群众推动的；人类社会的一切物质文明和精神文明，都是人民群众创造的。当然，毛泽东并不否认个人在历史上的作用和在社会上的地位，但是在他看来，人民群众乃是历史的主体，每个个人即使是杰出人物，和人民群众的历史作用相比，就显得渺小了。他说："群众是真正的英雄，而我们自己则往往是幼稚可笑的，不了解

---

[1]《毛泽东选集》第4卷，人民出版社1991年版，第1512页。
[2]《毛泽东选集》第3卷，人民出版社1991年版，第1031页。

这一点，就不能得到起码的知识"①。毛泽东不但从历史发展的角度，高度弘扬了民众的主体作用，而且还从认识来源的角度，充分肯定民众的主体地位，他认为人民群众的实践是认识的来源，是检验认识的标准。他说："任何英雄豪杰，他的思想、意见、计划、办法，只能是客观世界的反映，其原料或半成品，只能来自人民群众的实践中。"② 又说："只有千百万人民的革命实践，才是检验真理的尺度。"③ 正是这个意义上，他还指出，离开了人民群众，我们就像瞎子、聋子一样，根本不可能了解情况，更谈不上正确地认识事物，掌握客观规律。可见，毛泽东的民众主体意识体现了历史观和认识论相统一的鲜明特征。

二是"民众利益"的价值取向意识。毛泽东以民众是历史主体和实践主体为依据，确立了全心全意为人民服务、一切从人民利益出发的价值取向，并努力把这一价值取向贯彻于党和政府活动、干部和党员生活的各个领域、各个方面。首先，他提出共产党的宗旨完全是为着解放人民的，是彻底地为人民的利益工作的；共产党人的一切言论行动，必须以合乎最广大人民的最大利益，为广大人民群众所拥护为最高标准。他指出："为群众服务，这就是处处要想到群众，为群众打算，把群众的利益放在第一位。这是我们与国民党的根本区别。"④ 其次，他提出国家机关活动的根本原则就是为人民服务，每句话，每个行动，每项政策都要适合人民的利益；一切工作干部，不论职位高低，都是人民的勤务员，所做的一切都是为人民服务。由此，主张向人民负责和向领导机关负责的一致性；反对一切工作人员利用职权享受任何特权。再次，他认为毫无自私自利之心，全心全意为人民服务是最高尚的道德情操，只要具有了这种精神，就是高尚的人、纯粹的人、脱离了低级趣味的人、有益于人民的人。最后，他认为献身民众利益，才是最崇高的人生价值。他说

---

① 《毛泽东选集》第3卷，人民出版社1991年版，第790页。
② 《毛泽东文集》第7卷，人民出版社1999年版，第358页。
③ 《毛泽东选集》第2卷，人民出版社1991年版，第623页。
④ 中共中央文献研究室编：《毛泽东著作专题摘编》（下），中央文献出版社2003年版，第1883页。

"为人民而死，就是死得其所"，又说"为人民利益而死，就比泰山还重"。无论是革命年代还是新中国成立以后，他都始终不渝地坚持这一价值取向，弘扬这一价值取向，并且身体力行地遵循着这一价值取向，为中国人民的革命事业和建设事业贡献毕生的精力。

三是"民众功能"的工作方法意识。毛泽东把发挥民众功能，调动人民群众的积极性、创造性作为基本的工作方式和工作方法。他一贯主张联系民众、发动民众、依靠民众，走群众路线。他说：我们党在长期的革命斗争中，形成了一条马克思列宁主义的工作路线：放手发动群众，紧紧依靠群众，由群众自己起来斗争，由群众自己解放自己。他指出，教条主义、经验主义、命令主义、尾巴主义、宗派主义、官僚主义、骄傲自大等一切错误的工作态度的通病，就是脱离群众，不走群众路线。他又说，只有领导骨干的积极性，而无与广大群众的积极性相结合，便将成为少数人的空忙。但如果只有广大群众的积极性而无有力的领导骨干去恰当地组织群众的积极性，则群众的积极性既不可能持久，也不可能走向正确的方向和提高到高级程度。这说明，毛泽东主张在发挥民众功能的工作方式的基础上，将群众积极性和领导的积极性统一起来。

"民众动力"的主体意识、"民众利益"的价值意识和"民众功能"的方法意识是构成毛泽东民众思想的三大要素，通俗地说就是：历史主体是民众，一切活动为民众，开展工作靠民众。在这三者当中，主体意识是前提，价值意识是核心，方法意识是应用，三者结合体现了观点、立场和方法的统一性。

毛泽东深厚的民众意识有着深刻根源。唯物史观的基本原理是其理论根源；对中国近代资产阶级改良派和革命派因忽视民众力量而导致改革失败的历史教训的总结是其实践根源；中国传统文化中的"贵民"思想是其历史文化根源；而出身于农民家庭，和民众有着天然的血肉关系，则是其心理情感根源。毛泽东正是在这些根源的综合凝结和升华中形成了自己深厚的民众意识。

毛泽东的民众意识在今天仍然有重大的现实意义。在建设中国特色社会主义伟大事业中，我们只有强化民众意识，即明确群众的主体地位，关心群众的切身利益，尊重群众的首创精神，总结群众的实践经验，全心全意为人民群众服务，并把群众的积极性引导好、保护好、发挥好。同时反对官僚主义、拜金主义、极端个人主义和享乐主义，持续不断地进行反腐败斗争，才能使改革赢得广泛而深厚的群众基础，才能实现在20世纪末初步建立社会主义市场经济的战略目标，把现代化建设一步步地推进。

（原载于《西安日报》1994年1月11日）

深沉历史感的理论升华

邓小平同志的思想和理论具有十分鲜明的特色。这种特色,不仅表现为重视弘扬实事求是的精髓,有着突出的实践品格和强烈的现实感;还表现为重视总结历史的经验教训,有着充沛的历史情怀和深沉的历史感。其具体表现是:

1. 通过回顾近代中华民族被侵略、受屈辱的历史,得出一定要把中国建设成为富强、民主、文明的社会主义现代化国家,振兴中华民族的结论。中华民族曾经有过光辉灿烂的历史时期,为人类历史作出过巨大贡献,可是到了近代,中国落后了。自鸦片战争以来,中华民族屡遭侵略,饱受屈辱,几经忧患,处于民族危亡的关头。邓小平同志多次回顾这段历史,他说:"我是一个中国人,懂得外国侵略中国的历史。"[1] "中国自鸦片战争以来的一个多世纪内,处于被侵略、受屈辱的状态"[2],"在世界上一直处于卑下地位,人家看不起中国人"[3]。通过回顾历史,他得出了两个重要结论,一是只有坚持社会主义道路,才能取得革命胜利,使中国获得独立和统一,逐步改变贫困落后的状态。他说,中国的形象,不是晚清政府,不是北洋军阀,也不是蒋家父子创造出来的;国民党搞了二十几年,中国还是半殖民地半封建社会。是中国人民接受了马克思主义,并且坚持走从新民主主义到社会主义道路,才使中国站了起来,改变了中国的形象。"历史告诉我们,中国走资本主义道路不行,

---

[1] 《邓小平文选》第3卷,人民出版社1993年版,第357页。
[2] 《邓小平文选》第3卷,人民出版社1993年版,第62页。
[3] 《邓小平文选》第3卷,人民出版社1993年版,第227页。

中国除了走社会主义道路没有别的道路可走。一旦中国抛弃社会主义，就要回到半殖民地半封建社会，不要说实现'小康'，就连温饱也没有保证。"① 二是只有发展生产力，搞好经济建设，实现现代化，才能振兴中华民族。邓小平同志认为，新中国建立后，我们尽管取得巨大成就，但由于没有大力发展生产力，所以我们还比较贫穷落后，"现在说我们穷还不够，是太穷，同自己的地位不相称"。因此，必须以经济建设为中心，发展生产力，搞四个现代化，才能振兴中华民族。他说："我们集中力量搞四个现代化，着眼于振兴中华民族。没有四个现代化，中国在世界上就没有应有的地位。"② 这两个结论凝成一点，就是一定要把经济、文化都比较落后的中国建设成富强、民主、文明的现代化国家，振兴中华民族，使中华民族自立于世界民族之林，处于自己应有的地位，为人类作出较大的贡献。而这正是邓小平同志以历史视角，从鸦片战争以后的百年近代史中，为我们揭示出来的时代课题。因而，它就不是一个简单的政治口号，而是一个蕴涵着深沉历史意识的伟大使命。

2. 通过总结自明代中期以来三百余年闭关锁国、落后保守的历史教训，得出发展经济必须实行对外开放的结论。要实现四个现代化，振兴中华民族，就必须通过改革开放，发展生产力。邓小平同志关于对外开放是必由之路的思想，也是从历史的经验教训中揭示出来的。早在1984年，他就深刻地总结了从明代中期以来中国在开放问题上的经验教训。他说："现在任何国家要发达起来，闭关自守都不可能。我们吃过这个苦头，我们的老祖宗吃过这个苦头。恐怕明朝成祖的时候，郑和下西洋还算是开放的。明成祖死后，明朝逐渐衰落。以后清朝康乾时代，不能说是开放。如果从明朝中期算起，到鸦片战争，有三百多年的闭关自守，如果从康熙算起，也有二百年。长期闭关自守，把中国搞得贫穷落后，愚昧无知。中华人民共和国建立以后，第一个五年计划时期是对外开放的，不过那时只能是对苏联东欧开放。以后关起门来，成就也有一些，

---

① 《邓小平文选》第3卷，人民出版社1993年版，第206页。
② 《邓小平文选》第3卷，人民出版社1993年版，第357页。

总的说来没有多大发展。当然还有许多内外因素，包括我们的错误。历史经验教训说明，不开放不行。"① "你不开放，再来个闭关自守，五十年要接近经济发达国家水平，肯定不可能。"② 可见，实行对外开放，是邓小平从二三百年历史回顾中引发出来的必然结论，他的开放思想中也同样饱含着历史意识。

3. 通过反思新中国成立以来我们走过的历史道路，得出把马克思主义普遍真理同我国具体实际相结合，走自己的路，建设有中国特色的社会主义的结论。新中国建立以来，我们在社会主义建设的道路上，取得了重大成就，创造了许多成功经验，但也屡经曲折，颇多失误，留下了不少值得反思的教训。在新的历史时期，邓小平同志运用马克思主义的立场、观点和方法，多次对新中国成立以来的历史道路进行了冷静地回顾，深刻地反思，从正反两个方面，总结了经验教训，他多次指出，"中华人民共和国建立以来，确实有不少失误"，我们"成绩很大，但做的事情不能说都是成功的"。在总结经验教训的基础上，邓小平同志提出的根本问题是：什么是社会主义？如何建设社会主义？他说："什么是社会主义，如何建设社会主义。我们的经验教训有许多条，最重要的一条，就是要搞清楚这个问题。"③ 又说："我们总结了几十年搞社会主义的经验。社会主义是什么，马克思主义是什么，过去我们并没有完全搞清楚。"④

依据马克思主义的基本原理，邓小平同志对这个问题作出了自己的回答，他鲜明地提出："社会主义的本质，是解放生产力，发展生产力，消灭剥削，消除两极分化，最终达到共同富裕。"⑤ 把马克思主义的普遍真理同我国的具体实践结合起来，走自己的路，建设有中国特色的社会主义。并多次提出，马克思主义必须是同中国实际相结合的马克思主义，

---

① 《邓小平文选》第3卷，人民出版社1993年版，第90页。
② 《邓小平文选》第3卷，人民出版社1993年版，第90页。
③ 《邓小平文选》第3卷，人民出版社1993年版，第116页。
④ 《邓小平文选》第3卷，人民出版社1993年版，第137页。
⑤ 《邓小平文选》第3卷，人民出版社1993年版，第373页。

社会主义必须是切合中国实际的有中国特色的社会主义，中国有自己的特点，所以我们只能按中国的实际办事，别人的经验可以借鉴，但不能照搬。不难看出，建设有中国特色的社会主义理论的基本思路和基本内容，是在总结历史经验中产生的，并在不断总结新时期十几年的实践中形成、发展、充实、完善的。正如邓小平同志自己所说："我为什么讲这个历史？因为我们现在的路线、方针、政策是在总结了成功时期的经验，失败时期的经验和遭受挫折时期的经验后制定的"，"这样的基础是最可靠的"。①

4. 通过面向世界、分析时代、展望世界历史的发展趋向，得出抓紧时机；加快发展，到21世纪中叶达到中等发达国家水平的结论。过去、现在、未来，是历史前进链条上的三个环节。邓小平同志不仅从总结中国过去历史经验的角度提出了一系列重要思想，而且还站在时代的高度，立足现实，面向世界，展望历史发展的趋向，以此作为阐发其思想理论的重要依据。首先，他高瞻远瞩，把握时代发展的脉搏，指出当代世界的总特征是和平与发展。其次，他指出，周边一些国家、地区发展比我们快，日本、韩国和新加坡及我国香港、台湾地区经济增长率都比较高，进入20世纪90年代以后仍保持快速发展的强劲势头。再次，他充满信心地指出，社会主义必然代替资本主义，这是社会历史发展不可逆转的总趋势。根据这些分析，邓小平同志提出：我们必须赶上时代，抓住机遇，利用有利的国际和平发展环境加快发展，发挥社会主义的优越性。他说："要抓住时机，发展自己，关键是发展经济"，"发展才是硬道理"，"贫穷不是社会主义，发展太慢也不是社会主义"。邓小平认为，社会主义优于资本主义制度表现在许多方面，但首先表现在经济发展的速度和效果方面。他说："现在，周边一些国家和地区经济发展比我们快，如果我们不发展或发展太慢，老百姓一比较就有问题了。"他指出，以和平与发展为主题的国际形势，对于我们既是机遇也是挑战和压力，

---

① 《邓小平文选》第3卷，人民出版社1993年版，第234—235页。

假如我们错过机会，那就会拉大我们同世界经济技术水平的差距、同周边国家经济发展的差距。邓小平同志谈发展，是把发展和社会稳定、发展和改革开放、速度和效益联系在一起的，他主张通过既快速又协调的发展，到21世纪中叶，把我国建设成中等水平的发达国家。他说："如果从建国起，用一百年时间，把我国建设成中等水平的发达国家，那就很了不起！从现在起到下世纪中叶，将是很要紧的时期，我们要埋头苦干。我们肩膀上的担子重，责任大啊！"[1] 由此不难看出，邓小平的关于加快发展的必要性、可能性和紧迫性的思想，是同他对世界形势和人类历史发展总趋向的正确估计和深入分析联系在一起的。

总之，邓小平的振兴中华论、开放论、中国特色社会主义论和发展论，都蕴涵着深沉的历史感和强烈的历史意识。这种历史感是邓小平同志实事求是精神的一个突出表现，它给予我们的深刻启示是：（1）理论的发展和创新，必须重视和善于总结历史的经验教训，从历史中汲取营养；同样，只有深入了解中国历史，才能深刻理解中国特色的社会主义理论。因为，理论不但是现实实践经验的概括和总结，也是历史经验的概括和总结。（2）推动中国社会的发展，必须重视中国的历史；用中国历史教育青年，教育人民，树立民族自尊心，增强民族自信心，激发民族自豪感，从历史中开发推动中国发展的伟大精神动力。正如邓小平同志所说："了解自己的历史很重要"。"要用历史教育青年，教育人民"，"要懂得些中国历史，这是中国发展的一个精神动力"。[2]

（原载于《邓小平哲学思想研究》陕西人民出版社1995年版）

---

[1] 《邓小平文选》第3卷，人民出版社1993年版，第383页。
[2] 《邓小平文选》第3卷，人民出版社1993年版，第358页。

中国古代"智"力培养论

智力是人的各种能力的总体，智力的发展有赖于人的素质，包括物质的、生理的素质，但素质本身并不是智力。素质仅为智力的发展提供了可能性。而教育和培养则使这种可能性变成现实性。中国古代思想家、教育家固然承认人的素质在智力形成中的作用，但更重视环境影响和教育对德智发展的决定性作用。主张通过优化环境"土壤"，发挥"园丁"功能，用教育的春风化雨，滋润智力的胚芽，浇灌人才的幼苗，培育智慧的花朵。我国现代化建设需要成千上万有聪明才智的人才，我们要继承古代智力培养的宝贵经验，依靠春风化雨，培育智慧之花，让智慧之花开遍神州大地。

一 "性成于习"

中国古代思想家，十分重视环境习俗的熏染对于人的性格、智力形成的作用。自孔子发表"人的性情本来相近，由于习染不同，便相距甚远"的看法以后，儒家各派以及墨家、法家几乎形成共识。

墨子看见染丝的人，感叹地说："用青色染，就成为青丝，用黄色染，就成为黄丝。放进不同的染缸，就出现不同的颜色；分别染于五种颜料，必然形成五色之丝。所以，'染'是不可不慎重的啊！"

孟子说，要使一个楚国人学会说齐国语，即使由齐人来教，也很困难；如果让他到齐国住上几年，纵然强迫他继续说纯正的楚语，也是很难办到的。

荀子更重视环境习染的作用。他说：飞蓬生在麻中，不扶持它也会自然而直；白沙放入黑泥，就会与泥土一样墨黑。香草的本质固然很美，但如果用臭水浸泡，谁也不会去佩戴它。又说，一个人可以成为唐尧、夏禹那样的人，也可以成为夏桀、盗跖那样的人。可以做工匠，也可以为农商，这都是环境影响和习俗熏陶的结果。

正由于十分重视环境习俗对人的成长的影响，所以，在智力的培养上，哲人们竭力主张"居必择乡""游必就土""择邻必贤""择友必慎"。就是说，要谨慎地选择有益于智力发育和人才成长的客观环境。"孟母择邻"就是一个典型的故事。

汉刘向《列女传》记载，孟子小时候，家庭居住在墓地附近，孟子就模仿筑坟埋葬，以为游戏。孟子的母亲觉得在这儿居住对孟子的成长不利，就迁居于集市的旁边。于是，孟子整日即学习模仿商贾买卖之事以为乐。孟母又觉得，这还不是培养孟子成长的好环境，又一次迁居于学校附近。孟子就把模仿设俎豆、行礼仪、学揖让进退之礼作为嬉戏。孟母说："这才是真正可以培养孩子的居处。"果然，孟子长大后，学六艺之道，成大儒之名。

孟母教育好幼小的孟子三次择邻而迁，选择良好环境，果然取得了效果。可见，良好环境的习染对培养人才的重要作用。

古代哲人强调环境对智力培养的作用，无疑是有一定道理，但是我们也不能忘记，"环境是由人来改变的，而教育者本人一定是受教育的"[1]。环境的陶冶和人的能动性的发挥，是才智形成的两个统一的方面。

二 "好学近智"

人的智力的形成发展，学习和教育是关键。孔子早就说过"好学近乎智"，并反复申明他不是"生而知之者"，而是靠"敏而好学"才获得知识和智慧的。荀子更明确地提出，人的知识、才能是通过后天的教育

---

[1] 《马克思恩格斯选集》第1卷，人民出版社2012年版，第138页。

和学习日渐积累起来的,"不登高山,不知天之高也;不临深溪,不知地之厚也;不闻先王之遗言,不知学问之大也"(《劝学》)。

古人承认,人的智力在发展水平和发展速度上是存在差异的,但多数哲人不认为有"不学自能,无师自达"(《论衡·实知篇》)的人,东汉哲学家王充对此有精辟的分析。当时有人说,春秋时的项托"七岁而为孔子师"(《战国策·秦策五》);西汉末年,勃海有个叫尹方的人,年仅二十一岁,"无所师友,性智开敏,明达六艺"(《论衡·实知篇》),见到文章就能诵读,议论事理引经据典。这些都是"不学自能、无师自达"(《论衡·实知篇》)的天生智者。王充反驳说:像项托、尹方这样"智明早成"的人的确是存在的,但才智成熟的早,也是后天的学习所得。他们虽然没有师友,但是却接受过父兄的教导,或者请教过别人。如果项托七岁能为孔子师,那么他一定三四岁时就接受教育,"受纳人言",尹方年二十一而能博学多才,肯定他十四五岁就"多闻见"。婴儿刚生之初,耳目始开,纵然有良好的先天素质,但是"安能有知"。据此,王充得出结论:"人才有高下,知物由学;学之乃知,不问不识"(《论衡·实知篇》),"智能之士,不学不成,不问不知"(《论衡·实知篇》)。

宋代王安石在《伤仲永》一文中,讲了聪明早慧的金溪少年仲永由于后来不加教育,不使学习,而终于降为普通庸人的故事。仲永五岁的时候,虽然未曾见到过书和文具,"忽啼求之",父母甚感奇异,从邻家借来给他,他立即写了四句诗,并题上自己的名字。诗的大意是孝敬父母,和睦邻里。从此以后"指物作诗立就","其文理皆有可观者"。当地的人都认为他不是一个普通的孩子,于是对他的父亲也客气起来,有的还用钱来买仲永的诗作。他父亲也以此图利,每天领着他四处拜谒县里的名人,不让他读书学习,接受教育。到十二三岁的时候,仲永已不如小时候那样聪敏了,再过了七年,仲永则全然成为一个普通平庸的人了。对此,王安石感慨地说:仲永的天赋远远高于素质好的人,由于不学习,结果成了一个普普通通的人。他天赋那样高,尚且如此,而那些没有天赋，本来就很普通的人，又不去学习，难道还能够做一个普通的人么？就是说，"不受之人，得为众人"尚且不能，何况成为贤才、智者！这就是王安石的深沉感慨。

清人彭端淑在《为学一首示子侄》中说，无论资质愚钝，还是资质聪明，都只有"力学十倦"，才能具有知识、才能和智慧，取得事业上的成功。资质愚钝、才智平庸的人，只要天天学习，坚持不懈，一直到成功，也就不觉得自己的愚钝和平庸了；资质聪明、才智灵敏的，而把这种优越条件弃而不用，不去学习，那就和愚钝平庸没有区别了。最后，他深刻地指出："是故聪与敏，可恃而不可恃也。自恃其聪与敏而不学者，自败者也；昏与庸，可限而不可限也。不自限其昏庸而力学不倦者，自力者也。"

总之，"力学""好学"是形成和发展智力的根本途径。学之，则愚者可以成智；不学，则智者必然为愚。正如戴震所说："学"可以"牖其昧而进于明"（《孟子字义疏证》），可以"增益其不足而进于智"（《孟子字义疏证》）。

三 "志强智达"

智力的形成和发展，不仅要靠学习，还要靠热情、兴趣、意志等心理因素，这些也是主体能动性的重要组成部分。热情、兴趣和意志对智力培养的作用，中国古代哲人也有深刻的认识。

意志和智力是不可分离的。在大体相同的环境与教育条件下，志向远大、意志坚强的人智力能够得到较快较高的发展。墨子说："志不强者智不达"（《孟子·修身》）。王夫之说："志立则学思从之，故才日益而聪明盛，成乎富有；志之笃，则气从其志，以不倦而日新。"（《张子正蒙注》）就是说，志向远大，学习和思考就会随之而来，于是才能就会日益增长，智力就会不断增强。意志坚定，学习精神就会随之而生，以不倦的学习使知识日新。明代王阳明，以"舟舵""马衔"喻志，说"志不立，如无舵之舟，无衔之马，漂荡奔逸"（《王文成公全书·教条示龙场诸生》),漫无目标;清代陆世仪以军队"先锋"喻志,说"志气饶",如"先锋勇,后军方有进步""学问乃有成功"(《思辨录辑要》卷二)。

事实证明,古代那些智慧超群、才华横溢的杰出人物,无一不是志向远大的人。孔子"十有五而志于学"(《论语·为政》),一生刻苦自励,好学不厌,诲人不倦,后来成为儒家宗师。汉代郑玄,年轻时在乡里担任收赋租的小吏,但他志在学问,不喜做官,一有空闲,便到学官那儿去求学问道,坚持不懈,后又从故乡山东,西游入关中,投师马融门下,十多年专心致志,刻苦学习,终于成了一位儒学大师。晋代车胤幼有大志,刻苦读书,孜孜不倦,但家境贫寒,无钱买油点灯,就把萤火虫装在纱袋里,借萤火虫的微光,苦读不辍,年年夏天,都是如此,终于成为一个有学问的人,官至吏部尚书。晋代孙康,少年立志,潜心为学,但家境贫穷,无灯就读,冬夜借着积雪反射的光亮学习,后来成了一位学者。

培养智力,不但要有远大的志向,还要有排除干扰,克服困难的坚强意志。意志坚强,才能精力集中,精神专一,取得成效。孟子以学习围棋为喻来说明这一道理:让围棋名手教两个人下棋,其中一人意志力强,能专心致志,认真听讲,所以进步很快;另一人虽然也在听讲,但心不在焉,一心想着会有天鹅飞过,好去弯弓射它,所以成绩不佳。并不是他的智力资质差。而是因为他不如第一个人专心。可见,学习知识,"不专心致志,则不得也"。东汉卢植,少年时求学于儒学大师马融门下,马融喜好音乐歌舞,授学时,常常是前面坐着学生,后面排列歌女。但卢植意志顽强,性格刚毅,专心用功,一无杂念,从师多年,从未看过一眼歌伎舞女,深受马融器重,后来成为一代硕儒。

兴趣是积极探究事物和学习知识的心理倾向,孔子十分强调兴趣在求学、获智中的积极作用。他说:"知之者不如好之者,好之者不如乐之者。"(《论语·雍也》)明代王阳明力主使学生趣味盎然地学习,他认为"趋向鼓舞,中心喜悦,则其进自不能已"。(《传习录·训蒙大意》)

他反对用"鞭挞绳缚,若待拘囚"(《传习录·训蒙大意》)的强制方式,逼迫人学习。

此外,一些哲人还重视热情对于智力培养的重要意义。孔子说,他自己对追求真理满怀热情,"朝闻道,夕死可矣"(《论语·里仁》),所以能够"发愤忘食,乐以忘忧,不知老之将至"(《论语·述而》)。清人戴震认为,对真理的追求和把握,是不能离开人的情感的,追求真理的路径上,一直伴随着人的积极情感,"未有情不得而理得者也"(《孟子字义疏证》)。

总之,志强者,智必达;有志者,事竟成。远大的志向、顽强的意志、浓厚的兴趣、满腔的热情,是智力发展的必要条件。在向知识高峰的攀登中,我们要有不畏艰苦、敢于拼搏、万难不屈、百折不回的精神,只有这样才能在知识的常青之树上开放智慧的花朵。

四 "因材施教"

智力培养,一方面靠自己的努力,另一方面靠学校和老师的教育。古代思想家、教育家十分重视教育在智力培养中的功能,并提出了许多重要的教学原则。

"因材施教"是孔子最早提出和贯彻的教学原则。孔子认为人与人之间是存在智力差异的,这些差异既表现在智力水平上,也表现在智力类别上。他说:"中人以上,可以语上也;中人以下,不可以语上也。"(《论语·雍也》)他通过详细地观察和分析,对弟子们的资质优劣、才智特征和性格志趣有比较清楚地认识。他认为,高柴质的愚直、曾参天性迟钝、子张诚实、子路粗暴。于是,就针对他们的特点施以教育。例如,子路过于轻率,他就用抑制的方法退之,冉有过于畏缩,他就用鼓励的方法进之。学生们在问同一问题时,如"问仁""问孝",他针对每个人的特点,各有不同的回答。在谈到学生将来能担任什么工作时,他说子路"可使治其赋",冉求"可使为之宰",公西赤"可使与宾客言"。这种注重学生个性而因材施教的方法,是孔子智力培养上成功的要诀。自孔子主张"因材施教"的原则后,历代学者都予以继承和阐发。例如,《礼记·学记》提出"救失长善",《中庸》提出"因材而笃(培植)",张载指出教人要"观可及处然后告之"(《礼记说》),王夫之主张教人"必知其德性之长而利导之,尤必知其人气质之偏而变化之"(《张子正蒙注》)。清人钱泳,还以培植花木为喻,生动地说明了因材施教的原则:"子弟如花果,原要培植,如所种者牡丹,自然开花;所种者桃李,自然结实;若种丛竹蔓藤安能强其开花结实乎?"

古代哲人还提出,在贯彻因材施教时,还应用启发式教学方法。孔子说:"教导学生,不到他想求明白而不得的时候,便不去开导他;不到他欲言而却说不出的时候,便不去启发他。当他不能举一反三的时候,便不再教育他。"意思是说,开发学生智力,必须重视培养他们独立思考的能力和主动探索的精神,不能依靠注入式和被动式的外部灌输。当学生先有了求知的愿望和动机时,教师乘机开导,适时启发,就会取得好的效果。所以,孔子对弟子中能"闻一知二"、甚至"闻一知十",或者"告诸往而知来者"的人,竭力予以赞美,并注重对他们进行启发,有时,师生之间也互相启发。一次,子夏问孔子:"《诗经》上'巧笑倩兮,美目盼兮,素以为绚兮'是什么意思?"孔子说;"是说先有白色底子(素),然后画花(绚)。"子夏说:"那么,是不是可以说礼乐产生在仁义之后?"孔子赞扬说:"卜商呀!你真是能启发我的人。"在中国甚至世界智力培养史上,孔子是启发式教学的首创者,后来《礼记·学记》所谓的"道而弗牵,强而弗抑,开而弗达",王充提倡的"问以发之""难以极之",王安石主张的"浃于民心"(使百姓内心透彻理解),都是孔子"愤启悱发"原则的坚持和发展。启迪作用,如同点燃熊熊大火的"打火石",又像使静止池水沸腾、波动起来的"催化剂",对开发智力、培养人才有重要作用。叶圣陶先生吟诗云:"找到根源古有云,愤悱启发最精纯。堰苗刻板都抛却,乐育全新一代人。"

除"习染陶冶""好学乐学""立志强志""因材施教"等原则和方式之外,中国古代还重视"适时而教""学思结合""知行统一""尊师重道"等对培养智力的巨大作用。我们要继承和发扬这些优良传统,开发人的潜能,培养人的智力,为现代化建设培育德、识、才、学全面发展,理想、道德、知识、纪律兼备一体的优秀人才。

(原载于《唐都学刊》1996年第6期)

价值语境中的南冥哲学精神

曹南冥（名植）是16世纪韩国的重要思想家，他生于1501年，卒于1572年。一生孤高卓绝，隐居不仕，有"壁立千仞之气象"；博通群书，不事著述，有遗世独立之人格。其哲学思想，虽属于性理之学，但有自己的鲜明特征，以本体论言之，有理气并建之思；以价值论言之，有敬义备兼之意。他特将敬义二字大书窗壁间，曰："吾家有此两个字，如天之日月，洞万古而不易。圣贤千言万语，要其归都不出二字外。"[①]（《来庵挥南冥行状》）所以，成大谷在为南冥先生所写的状文中云："隐居求志，闭户积学。忠信以为本，敬义以为主"。并表示先生临终之际，仍然不忘告诫门生要以"敬""义"为本。可见，"敬义夹持"是南冥哲学的基本精神。

敬、义并举，始于《周易》，汉、唐、宋儒，皆有阐发。《周易·坤·文言》曰："君子敬以直内，义以方外，敬义立而德不孤。"意为君子存心以敬而内直，行事以义而外方。敬、义的直接意义是指修养功夫，然可引申为一种价值态度。"敬"与"义"作为对待价值的态度，几为后世儒者所共识，但两种态度的价值指向，却见仁见智，看法不一。南冥力主"敬义夹持"，在价值意向上也有着自己的独特意义。这种独特性在于，他在敬义兼顾中，更强调"义"，反对只讲"主敬成圣"的价值偏向。南冥强调"义"的精神，其具体的价值取向有三端：

[①] 参见刘学智、[韩]高康玉主编《关学、南冥学与东亚文明》，社会科学文献出版社2007年版，第161页。

一 仁智并举，以智为始

程朱哲学通过发挥《周易·文言》的敬、义观，主张敬、义兼重。程颐云："敬只是涵养一事。必有事焉，须当用义……敬只是持己之道，义便知有是有非。"（《二程语录》）朱熹曰："尝读易而得其两言，曰'敬以直内，义以方外'，以为为学之要，无以易此。而未知所以用力之方也。及读《中庸》，见所论修道之教而必以戒慎恐惧为始，然后得所以持敬之本；又读《大学》，见所论明德之序，而必以格物致知为先，然后得所以明义之端。既而观夫二者之功，一动一静，交相为用。"（《朱子语类》）程朱所谓的"敬"是实现仁德价值的条件，而"义"则以追求知识价值为起点。"敬义"并举则包含着仁智兼重、德才并建的价值意识。曹南冥继承和发挥这一思想，主张"敬义夹持"，显然有认同朱子之意。然而，在南冥看来，源于《大学》的"格物致知"，是做学问的起点，是作圣作贤的基础，具有更重要的意义。"夫《大学》，群经之纲统，须读《大学》，融会贯通，则看他书便易。"（《南冥集》卷二，《示松坡子》）"常常出入《大学》一家，虽使之燕之楚，毕竟归宿本家；作圣作贤，都不出此家内矣。"（《答仁伯书》）南冥以重《大学》表达了他重视从"格物致知"出发，进而达到"治国平天下"的价值追求路径，这显然是一条由智开端的道路。

二 德业并进，以业为急

《易·文言》"敬以直内，义以方外"的价值意识，不但体现了仁智并举、德才并建的追求，而且也蕴涵着道德和功业兼顾的观念。也就是说，"敬"是修养内心道德的原则，义是从事外在功业的原则。《系辞》论易经的功能时说："夫《易》，圣人所以崇德而广业也。""崇德"须用"敬"，"广业"须用"义"。南冥的"敬义夹持"思想中，也体现了这种德业并进的精神。而且，他更强调要把"敬"落实到"义"上，即把"崇德"落实到"广业"上，不能空谈性理、空言崇德。他说："故非主敬，无以存此心，非存心无以穷天下之理，非穷理无以制事物之变，不过造端乎夫妇，以及于家国天下"（《戊辰封事》）。因此，他十分关注当时朝鲜社会所面临的内外危机，主张以实际事功以挽救现实危机。他说："请以救急二字，献为兴邦一言，而代微臣之献身。伏见邦本分崩，沸如焚如，群工荒废，如尸如偶……舍置不救，徒事虚名，论笃是分……名不足以救实，犹画饼不足以救饥，都无补于救急。"（《丁卯辞职承政院疏》）后来，金东冈在所撰南冥《行状》中说："时主上方向儒术，诸贤满朝论说性理，而朝纲不振，邦本日蹙，先生深念之，故奏及之。"可见，南冥自己虽然隐遁山林，但却十分关心社会现实问题，故特意提出，以实际功业为急，挽救时危。

三　知行兼顾，以行为主

在理学中，"敬"是内在道德心灵的涵养原则，其功能在于穷理以提高道德自觉、道德认识，从而达到祛恶扬善的道德境界。朱熹云："持敬是穷理之本，穷得理明又是养心之助。"（《朱子语类》卷九）因此，"敬"以道德之知为宗旨；"义"是外在行为的规范，其功能在于使行为、做事达到适宜、合理的标准。程颐云："顺理而行，是为义也。"（《二程语录》）。因此，"义"以道德行为为宗旨。于是，在"敬"与"义"的关系中，就蕴涵有知与行的价值内容。曹南冥对道德之知和道德之行都是重视的，在他的"敬义夹持"命题中内在地包含着知行兼顾、知行并进的价值取向。然而在二者的价值比值中，南冥突出强调了"行"的意义，他说："手不知洒扫之节而口说无上之理，夷考其行，则反不如无知之人，此必有人谴无疑矣！"（《与吴御史书》）为此，他为学教人，以得之于心为贵，致用践实为急，而不喜为讲论辨析之言，以为徒事空言，无益于躬行。为此，他批评当时只尚空谈性理而不重实行的空疏学风，说："近见学者不知洒扫之节，而口谈天理，计欲盗名而用以欺人，反为人所中伤，害及他人。"（《与退溪出》）并希望当时的学界泰斗李（退溪）能纠正这种学而不用、言而无行的弊病。

南冥曾有诗云:"秋江疏雨可垂纶,春入山薇亦不贫。要把丹心苏此世,谁回白日照吾身。临溪炼镜光无垢,卧月吟诗兴有神。待得庭梅开满树,一枝分寄远游人。"(《用徐花潭敬德韵》)他要"丹心苏世""白日照身",而他所谓的"丹心""白日"就是"敬义夹持"的哲学精神。在这种哲学精神中,他弘扬的是重智、崇业、尚行的价值观念;批评的是蹈空、袭虚、尚浮的价值意识。不难看出,曹南冥的价值追求具有实学特色,它对于医治今天华而不实、学而不用、言而不行的浮躁作风,不啻是一剂良药。

(2001 年 8 月)

哲学简言

通过比较　理解哲学

不了解诗歌的特点，就读不懂诗歌，不掌握音乐和美术的特点，就欣赏不了音乐和美术，学习亦然，不认识某门学科的特点，就学不好这门学科。开始学哲学时，首先初步了解一下哲学的特点，对于在以后学习中掌握基本原理，抓住内容重点，解决疑难问题，很有必要，甚为有益。

哲学的特点，就在于它的研究对象和其他科学不同，因而它的理论和思维方式也和其他学科有别。什么是哲学？什么是辩证唯物主义？这个问题对于初次接触哲学的人说来，本身就是一个难点。

怎样才能突破这一难点，认识哲学的性质和特点呢？从现有的认识水平和知识基础出发，运用比较的办法，是一条易行的途径。

1. 与人们在日常生活中形成的对个别事物的具体看法作比较，理解哲学是关于世界观的学说。哲学是关于世界观的学说，这是哲学的定义。它的涵义是：哲学是一种系统化的、理论化的世界观。要理解这个定义，关键在于弄清什么是世界观。课本虽然对世界观作了解释，说"所谓世界观，就是人们对于整个世界（自然界、人类社会和思维）的总的看法和根本观点"。但是，它对初学者来说还是抽象的、生疏的，因此也是不易理解的。可是，学生对人们日常生活中的一些对个别事物的具体看法和观点，却甚为熟悉，而且他们自己在与周围事物和人们打交道的过程中，也形成了对具体事物的许多看法。只要把这些看法与世界观作个比较，就容易理解世界观的涵义了。

例如，人们认为山峰高，水洼低，兽能走，鸟会飞，助人为乐是美德，损人利己是丑行，办事情必须勤于动脑，想问题应该思想集中。学生们也知道，天上有云才能下雨，种子入土才能发芽，没有共产党就没有新中国，没有科学技术就不能搞"四化"，坚持锻炼身体好，刻苦学习成绩高。这些看法都是对世界的某一方面、某种事物或某个问题的具体观点。它们有一种共同特征，即都是一些关于个别的或特殊的事物的零碎的、具体的经验和知识。我们还可以举出许多例子，来说明人们的这种认识。而世界观则与此不同，它不是对某个事物的具体看法而是对整个世界的总的看法，它不是对具体事物的肤浅说明，而是关于整个世界的根本观点。比如，不只认为兽能走，鸟会飞，而且认为整个世界都在运动；不仅认为天上有云才能下雨，种子入土才会发芽，而且认为宇宙间一切事物发展变化都需要条件。这种看法就是世界观。又如，家里人生了病，老大娘要去烧香求神，认为世上一切都是"神"支配的；而老大爷主张请医生治疗，说世上根本没有鬼神。二人的不同看法包含着世界观的对立。两个学生都没有考上大学，甲认为是自己学业不好，乙却说是因为自己的"命运"不佳，二人的不同观点中渗透着世界观的分歧。由此看来，世界观所回答的乃是关于整个世界、一切事物的最普遍、最一般、最根本的问题。课本中说的"整个世界""总的看法""根本观点"，就概括表明了世界观的特点。

通过比较，人们对个别事物的具体观点和世界观的区别就判然分明，学生对世界观是什么也就容易理解。在此基础上就可以进而说明：（1）一般人的世界观是自发的，朴素的，而哲学所论述的世界观是系统化的、理论化的。（2）有什么样的世界观就有什么样的观察和处理问题的根本方法，世界观和方法论是统一的。最后，得出结论：哲学是关于世界观的学说，又是关于方法论的学说

2. 和各门具体科学的研究对象相比较，理解哲学是自然知识和社会知识的概括和总结。从哲学作为人们的认识来说，它是关于世界观的学说，从哲学作为一门科学来说，它是自然知识和社会知识的概括和总结。要说明哲学和具体科学的这种关系，着眼点应放在二者研究对象的区别

上。学生们虽然初次接触哲学，但以前却学过几门具体科学，因此也可以用比较的方法解决这个问题。

物理学、化学、生物学、地理学、经济学、法学、历史学、文学等具体科学的研究对象尽管各不相同，但有一个共同点，就是它们研究的只是自然世界或人类社会中某一领域、某一局部的问题，揭示的只是在某个范围内起作用的特殊规律。如物理学研究物体的声、光、热、电、磁以及原子内部等方面的物理运动的规律，化学研究元素的性质和转化、分解和化合等化学运动的规律，生物学研究生命运动的规律，经济学主要研究生产关系运动的规律。而哲学则与此不同，它研究的是整个世界的根本问题，揭示的是整个世界共同存在的最普遍、最一般的规律。它要回答世界的本质是什么？世界是不是变化发展的？人的思想同客观世界是什么关系等等这些总的问题。很显然，哲学和各门具体科学的研究对象是不同的，哲学的对象具有一般性、普遍性，具体科学的对象具有个别性、特殊性。

这样一比较，哲学和具体科学的关系就不难理解了，哲学和具体科学是一般与个别、普遍与特殊的关系，因为个别中包含着一般、特殊中包含着普遍，所以说哲学是以各门具体科学为基础的；因为一般的、普遍的东西是从个别的、特殊的东西中概括和总结出来的，所以说哲学是从自然知识和社会知识的概括和总结出来的普遍原理。

3. 同以往一切旧哲学的局限性作比较，认识辩证唯物主义的科学性和革命性。一切哲学都是关于世界观的学说，都是自然知识和社会知识的概括和总结。但由于哲学家们所处的时代条件、社会地位和所达到的认识水平不同，因而就形成了各种各样的哲学，马克思主义哲学就是其中之一。马克思所创立的辩证唯物主义哲学，是关于自然、社会和思维发展的最一般规律的科学。它的基本特点是有严格的科学性和高度的革命性。阐明这个问题，同样也可以用比较法，即把辩证唯物主义同以往一切旧哲学的局限性相比较。

马克思主义以前的旧哲学，或者是将朴素唯物论与朴素辩证法相结合，例如古希腊时的朴素唯物论；或者是将唯心论与形而上学相联结，例如中世纪的神学目的论；或者是唯物论和形而上学相交织，例如18世纪法国的机械唯物论；或者是唯心论与辩证法相矛盾，例如黑格尔的唯心辩证法。总之，它们都不能使唯物论和辩证法有机地统一起来，都没有完全正确地反映宇宙的普遍规律，存在着这样或那样的局限性。所以，从总体上看都不是科学的世界观。与此不同，辩证唯物主义继承和发展了哲学史上唯物论和辩证法的优秀成果，把唯物主义和辩证法有机地统一起来，对世界的看法既是唯物的，又是辩证的。这就正确地反映了世界发展最一般的规律，克服了旧哲学的局限。因此说，它具有严格的科学性，是科学的世界观和方法论。

马克思主义以前的旧哲学，多数属于剥削阶级的意识形态，代表剥削者利益，为剥削制度作辩护。可是它们都不承认自己的阶级性，把自己标榜为"全民"哲学。而且，旧哲学都只是用不同的方式解释世界，在理论上否认改造世界的社会实践的重大意义，把广大革命群众的革命实践排除在哲学之外。因此，它们不具有革命性的特征。与此相反，辩证唯物主义公然申明它代表无产阶级和劳动人民的根本利益，是为无产阶级推翻旧制度建立新社会的伟大实践服务的，是无产阶级政党的世界观和方法论。同时，它在理论上明确指出哲学的作用不仅是解释世界，更重要的是改造世界。它全面地科学地论证了实践的重要性，肯定了实践在认识中的基础地位，阐明了理论与实践的辩证关系。这样，辩证唯物主义哲学本身就成为指导人民群众革命实践的科学指针。所以说它具有高度的革命性。

这样一比较，辩证唯物主义的科学性和革命性就十分鲜明了，它与其他哲学的根本区别也能比较清晰地被学习者所把握。而且，因为科学性和革命性的特点体现在辩证唯物主义哲学的每个基本原理之中，所以明确地了解这种特点，对以后学习中理解哲学的基本观点，就准备了条件，奠定了基础。

经过上述三个层次的比较，对于哲学的内容（世界观）、哲学的对象（世界的一般规律）和辩证唯物主义的特点（科学性和革命性）这几个重要观点就可以基本理解；对于什么是哲学、为什么说辩证唯物主义是科学的世界观等重要问题也就不难回答。

然而，运用好比较方法，必须注意以下几个问题：一是举例要恰当。进行比较，总得举例，例子不在多少而在精当。比如，在说明什么是人们对个别事物的具体观点时，应选择那些能表现人们对某些事物的认识水平的有意义的例子，而不应随手拈取一些日常生活中琐碎的、没有意义的，甚至无聊的说法。不然，就会显得烦琐，可能还会流于庸俗。又如，在说明具体科学的研究对象与哲学不同时，固然不必将各门具体科学的研究对象都列举出来，但应照顾到自然科学和社会科学两大领域。若只以某门自然科学为例，不举社会科学方面的例子，只会给人造成只是自然科学的对象不同于哲学，而社会科学的对象与哲学无异这种印象，从而把哲学与社会科学相混同。反之，若只以某门社会科学为例，不说自然科学，则会形成相反的另一偏向。这说明，举例不当，势必引起误解。二是观点要全面。将具体观点与世界观、具体科学与哲学、旧哲学与辩证唯物主义哲学相比较时，既要说双方的区别，又应讲二者的联系。要指出，人们对个别事物的看法和观点尽管与世界观不相同，但它却包含着世界观的萌芽，世界观正是以人们许多具体观点和认识为基础而逐步形成的；具体科学虽然和哲学有差异，但二者也有联系，具体科学中渗透着哲学的成分，积累着哲学的材料，并且总是受哲学的指导。哲学原理正是从各门具体科学的知识和理论中概括和总结出来的；马克思主义以前的旧哲学固然与辩证唯物主义有性质区别，但旧哲学中也包含着许多丰富的合理的思维成果，保存着人类大量的珍贵的思维经验。辩证唯物主义正是通过继承和发展哲学史的优秀成果才创立的。这样，在比较时，既说异，也说同，既言区别，又讲联系；言区别时不割裂，讲联系时不混同，就能使学生全面理解所比较的双方的辩证关系。三是方式要灵活。比较只是讲授和学习的一种方法，并非唯一的方法。即使运用这种方法，也不能只用一种形式而将其公式化，搞成简单类比，机械排列，把比较的方法搞死板了。正确的态度是，采用多种方式，选取各种角度作比较。既可以分成几个问题比，亦可以从总体上比；既可以通过语言讲述来比，也可以绘成图表来比，等等。总之，比较时，方式灵活，观点全面，举例恰当，才会起到好作用，取得好效果。

（原载于《中学政治教学参考》1983 年 5 期）

论马克思主义世界观对人生观的指导意义

人生观是人们对自身存在的本质和规律的基本看法，而世界观则是人们对世界的本质和规律的基本看法。人生观从属于世界观，它是一定的世界观在考察人生问题上的应用和表现。共产主义人生观是马克思主义世界观的重要组成部分。它是以马克思主义世界观为指导的。因此要树立共产主义人生观，就必须认真学习和掌握马克思主义的世界观和方法论。

一 马克思主义哲学是共产党人人生观的光辉指针

在人类历史上，有各种各样的哲学，有各种各样的世界观。但迄今为止，只有马克思主义哲学——辩证唯物主义和历史唯物主义，才是最完整最科学的世界观和方法论，是共产党人指导自己的人生，完成其历史使命的光辉指针。

马克思主义哲学的创立是哲学史上的伟大革命，它使哲学在内容、对象和作用方面都发生了革命性的变革，成为全新的科学的世界观和方法论。

首先，马克思主义哲学具有鲜明的阶级性，它是无产阶级的世界观。马克思主义哲学公开承认自己的阶级性，公然申明自己是为无产阶级和广大劳动人民的利益服务的，是为推翻资本主义制度、建设社会主义和实现共产主义服务的。无产阶级是现代先进生产力的代表，它的利益和要求反映了社会发展的客观规律，同广大劳动群众的利益和要求相一致。

无产阶级只有把全人类从私有制下解放出来，才能最终解放无产阶级自己，所以无产阶级具有大公无私的品德和广阔开放的胸怀。站在无产阶级立场上看世界，自然就站得高，看得远。

其次，马克思主义哲学具有革命的实践性，它是实践的唯物主义的世界观。马克思主义以前的旧哲学，把实践排斥在哲学之外。而马克思主义哲学在理论上最突出的贡献就是发展了历史唯物主义，对实践给予了科学的规定，把实践的观点引入哲学，作为整个哲学的基础，并向自己提出了改造世界、服务实践的任务。这就使马克思主义哲学成为"实践的唯物主义"。马克思主义哲学的这种实践性特征，使它能够成为无产阶级认识世界和改造世界的强大思想武器，成为共产党人制定纲领、路线、方针、政策的理论基础，也使它能够在实践中不断丰富和发展自己，永远站在实践的前面指导实践。

第三，马克思主义哲学具有严密的科学性，它是科学的世界观。马克思主义哲学产生于科学发展水平比较高的阶段，它在总结和概括各门具体科学成果的基础上来揭示自然、社会和思维发展的普遍规律。因而，它能够正确地反映客观世界的本质及其运动、变化、发展的规律，使哲学获得了真正科学的性质。马克思主义哲学实现了唯物论和辩证法的统一，自然观和历史观的统一，科学世界观和方法论的统一，在人类认识史上第一次把哲学变成了严密而完备的科学体系。马克思主义哲学的科学性，使它能够从扑朔迷离的现象和错综复杂的关系中，抓住本质，把握规律，统观全面，成为无产阶级和共产党人观察自然现象和人类命运，观察社会和人生的望远镜和显微镜。

世界观制约着人生观，马克思主义世界观的科学性、阶级性和实践性决定了共产主义的人生观乃是科学的人生观。因此，要树立共产主义的科学人生观，必须认真学习和深刻领会马克思主义世界观。一个共产党员，只有掌握了马克思主义的世界观，才能正确地观察人在整个世界上所处的地位、个人在社会中所处的地位，才能科学地认识人生的本质和规律，也才能深刻地理解什么是人生正确的信念、理想、价值目标和态度。同时,也才能正确地处理各种人生问题,增强抵制各种错误人生观的能力,成为一个自觉的共产主义战士。反之,如果一个共产党员不重视学习和树立马克思主义世界观,不能把自己的人生观建立在马克思主义的理论基础上,就会在人生的道路上迷失航向。一旦遇到严峻考验,或者暂时的困难,人生的信念就会动摇,理想就会失落,目标就会错位,态度就会迷误。许多事实证明,能不能用科学的世界观来指导人生,效果是大不相同的。

二 有中国特色社会主义理论是当代中国共产党人人生观的指导

马克思主义哲学是科学的世界观和方法论,但马克思主义并没有结束真理,而是随着实践的发展而不断发展的。马克思和恩格斯,不仅创立了科学的世界观,而且以毕生的精力不断地丰富和发展了他们所创立的哲学。以毛泽东同志为代表的中国共产党人,在把马克思主义同中国革命实际相结合的过程中,创立了毛泽东思想,以独创性的理论丰富和发展了马克思列宁主义及其哲学,并指导中国革命取得了历史性胜利。党的十一届三中全会以后,以邓小平同志为代表的中国共产党人,在改革开放的崭新实践中,把马克思列宁主义基本原理与当代中国实际和时代特征相结合,创立了邓小平建设有中国特色社会主义理论。继承和发展了马列主义和毛泽东思想。

邓小平同志建设有中国特色社会主义理论是当代中国的马克思主义,它集中反映了我们党对中国社会主义建设规律的认识,洋溢着鲜明的时代精神和民族精神,是中华民族振兴和发展的强大精神支柱,是我们党在新时期各项工作的根本指针,也是我们掌握马克思主义世界观和树立共产主义人生观的理论基础。

建设有中国特色的社会主义理论,贯穿解放思想、实事求是的思想路线,围绕"什么是社会主义、怎样建设社会主义"这个首要的基本理论问题,在社会主义发展道路、发展阶段、根本任务、发展动力、外部条件、政治保障、战略步骤、领导力量和依靠力量、祖国统一等重大问题上，形成的一系列相互联系的基本观点，构成了这一理论的科学体系。这一科学理论体系对我们共产党人树立共产主义人生观，具有十分重要的指导意义。

建设有中国特色社会主义理论的精髓是解放思想，实事求是，它是辩证唯物主义和历史唯物主义世界观方法论的鲜明体现。它启示我们，在人生的道路上要把革命胆略和科学精神统一起来。一方面，敢于同一切旧的人生观念实现决裂，不断接受新事物，吸取新信息，破除迷信，打破僵化，克服习惯势力和主观偏见，使人生永葆革命青春；勇于开拓，敢于创造，为实现远大的人生理想而奋斗；另一方面，要按客观规律办事，一切从客观实际出发，尊重事实，遵循科学。努力使思想和实际相符合，使主观和客观相一致，表里如一，言行一致，忠诚老实，坚持真理。根据客观实际和人生规律，选择自己人生的具体道路；通过参加社会实践，实现自己的人生价值和人生理想。

建设有中国特色社会主义理论的首要的基本的理论问题是关于社会主义本质和社会主义发展道路的理论。邓小平同志说："社会主义的本质，是解放生产力，发展生产力，消灭剥削，消除两极分化，最终达到共同富裕。"[①] 这是坚持了历史唯物主义原理，继承了科学社会主义原则，反映了人民利益和时代要求的理论概括。它要求每一个共产党员，应该从历史发展规律和社会主义本质的高度确立自己的人生理想，认识自己的人生使命，衡量自己的人生价值。要把坚持党的基本路线，率领人民群众自力更生，艰苦创业，为把我国建设成为富强、民主、文明的社会主义现代化国家而奋斗，作为自己的人生责任；要把是否有利于发展社会主义的生产力、是否有利于增强社会主义国家的综合国力、是否有利于提高人民的生活水平，作为判断自己工作的是非得失的标准；要把积极进取，勇于创新，努力工作，勤奋劳动，以主人翁的态度投身于社会主义现代化建设，为社会主义事业无私奉献，建功立业，作为自己

[①] 《邓小平文选》第3卷，人民出版社1993年版，第373页。

的人生态度。

建设有中国特色社会主义理论的重要内容之一是关于精神文明建设的理论。精神文明建设包括思想道德建设和教育科学文化建设两个方面，其根本任务和目标是适应改革开放和社会主义现代化建设的需要，培育有理想有道德有文化有纪律的社会主义新人，提高整个中华民族的思想道德素质和科学文化素质。精神文明建设的内容、任务和目标，都和人生观的内容有着内在的一致性，它为科学人生观的教育和确立规定了总的方向和总的原则，每个公民特别是共产党员，都应该把这些要求作为自己人生观的指导。首先，要树立起建设有中国特色的社会主义和到21世纪中叶基本实现社会主义现代化这个现阶段的共同理想，还要树立为共产主义奋斗的最高理想；其次，要加强道德修养，既要养成以爱祖国、爱人民、爱劳动、爱科学、爱社会主义为指导原则的社会公德，还要自觉地加强以集体主义为基本原则的共产主义道德修养，养成大公无私的优秀品质和为人类解放而奋斗牺牲的革命精神；第三，要努力学习现代科学技术和科学文化知识，提高自己的科学文化素质，增强自己的工作能力，提高自己的思维水平，以适应现代化建设的需要，为实现自己的人生理想奠定科学、文化和知识基础；第四，要不断增强纪律性，增强法制观念。不但要遵守组织纪律、职业纪律，还要自觉遵守政治纪律、经济纪律；不仅自己要成为遵守纪律的模范，而且还要同一切违反纪律的现象作斗争，反对无政府主义、个人主义和自由主义行为。总之，共产党人应该自觉地把自己培养成有理想、有道德、有文化、有纪律的社会主义新人，把共产主义的人生观通过自己的人格形象体现出来。

建设有中国特色社会主义理论的一个十分重要的内容是关于坚持、加强、改善党的领导和加强党的建设的理论。它关于党的思想建设、组织建设和作风建设的各项内容，都与共产党人的科学人生观有密切联系。特别是树立共产主义理想，坚定社会主义信念，贯彻全心全意为人民服务的根本宗旨；严格党内生活，严肃党的纪律，弘扬正气，反对歪风，保持党员队伍的先进性和纯洁性；继承党的优良传统，发扬党的理论结合实际、密切联系群众和自我批评的作风，反对不正之风和特殊化，坚持反腐败斗争等内容，都是共产主义人生观的题中应有之义，也是在新的历史条件下树立正确人生观应解决的突出问题。

三　用唯物辩证法观察和解决人生问题

马克思主义哲学既是世界观，又是方法论，是世界观和方法论的统一，它为人们提供了观察问题和处理问题的科学方法。对于人生观问题，我们也要运用唯物辩证法来观察和处理。

要正确地理解人生，必须科学地认识人的本质。马克思主义的唯物史观给我们提供了认识人的本质的钥匙。唯物史观认为人的本质是客观的、现实的，就其现实性来说人的本质是社会关系各个方面的总和；人的本质表现在自觉的能动的实践之中，人的本质是随着历史的发展、社会实践的发展而发展的；每个个人既是社会关系中的一员，又有相对的独立性，是具有人的共性的人，又是具有个性的人，任何人都是共性与个性的统一。既然人的本质，是社会关系各个方面的总和，就不能离开社会发展的具体情况和具体的历史条件以及社会关系的各个方面，来抽象地、孤立地谈论人生。而应该在经济关系、政治关系、思想关系之中考察人生，在个人与他人、与集体、与阶级、与国家、与民族、与社会的关系中，确定人生方向，衡量人生价值，培养人生态度。

要正确地理解人生，必须科学地认识人与自然、人与社会、人与文化的关系。马克思主义的唯物辩证法和唯物史观，就是我们考察这些问题的指针。马克思主义认为，人与自然、人与社会、人与文化是相互联系、相互作用、协调发展的关系。一方面，自然、社会、文化制约着人，制约着人生，每一个人都生活在一定的自然条件、社会关系和文化环境之中，这些环境因素，既制约着人类的生存和发展，也制约着人生价值、人生理想和人生道路的选择，自然、社会和文化综合构成了人生活动的舞台，任何人都不可能离开这个舞台而孤立地度过自己的一生；另一方面，人又具有思想性、目的性、创造性、计划性等主体能动性，所以能够在受制于自然、社会和文化环境的同时，又依靠自己的智慧和实践改造自然、改造社会、变革环境。人的一生，或长或短；或轰轰烈烈，或平平常常，都会在人生的自然、社会、文化等客观环境上留下自己的印记，留下自己的影响。马克思主义关于人与环境（包括自然、社会、文化等环境）的关系的这种既唯物又辩证的观点，对于我们正确地看待人生十分重要。我们既要看到人的一生总要受到环境的种种制约和限制，受到客观规律的支配，因此，在人生的道路上必须从客观实际出发，尊重事实，遵循规律，实事求是，不能好高骛远，耽于空想，更不能自吹自擂，夜郎自大，弄虚作假，哗众取宠。同时，我们也要认识到，人通过发挥自己的主体能动性，采取积极进取的人生态度，勤于实践，勇于创新，以主人翁的责任感，投身于社会进步事业，参加于社会主义现代化建设的伟大行列，把有限的生命投入到无限的为人民服务中去。为人民、为祖国、为中华民族、为人类解放，多作贡献，多创业绩，就能够实现自己的人生价值。虽然，个人一生与漫长的社会历史相比，毕竟是短暂的一瞬，人生对社会的影响也终究是有限的，但是，人类对社会发展的影响的无限性，正是通过世代延续的人生来实现的，有限的生命可以创造出不朽的人生事业，可以开放出永远绚丽多彩的人生之花。在现实中，有些人由于不能唯物辩证地看待人与环境的关系，过分夸大了客观环境、客观条件、客观规律对人的制约作用，忽视和抹杀了人的主体能动性，认为人生的一切只能服从于某种外在力量的支配和摆布，而根本无法掌握自己的命运和前途，于是，或者认为人生充满烦恼和痛苦，根本无欢乐可言，滑入悲观主义人生观；或者认为人生是由超自然、超现实的神秘力量主宰的，只有神灵才会给人带来欢乐和幸福，人只能听天由命，顺从神意，所以事事都向神灵祈求保护，寻求寄托，陷进信仰主义或宿命论的人生观。

要正确地对待人生，必须很好地处理人生所遇到的一系列基本课题，特别是许多人生矛盾，例如，理想与现实、奉献与索取、事业与爱情、竞争与合作、目的与手段以及理与欲、义与利、公与私、德与才、善与恶、美与丑、荣与辱、生与死等等。唯物辩证法就是我们认识、分析和处理这些问题的法宝。唯物辩证法告诉我们，在人们所面对的世界中，以及在个人的人生活动中，矛盾无所不在，无时不有。人生的领域宽广多姿，人生的历程曲折漫长，问题和矛盾贯穿着人生的始终，存在于人生活动的各个领域，任何人的一生都不可能处于无差别无矛盾的境界。可以说，人生每前进一步，都要经过艰难曲折，甚至会遇到思想上的失误，事业上的挫折，身体的病痛，爱情的波折，家庭的不幸等等。在漫长的人生旅途上既有顺境，也有逆境；既有喜悦，也有痛苦；既有鲜花，也有荆棘。正由于矛盾交织，崎岖波折，人生才显得丰富多彩、充实深厚。当我们面对人生种种矛盾的时候，既要看到这些矛盾的共性，看到它对每个人所具有的普遍意义，也要看到由于每个人的家庭出身、社会环境、成长经历、教育程度、生活阅历等等的不同，人生矛盾便表现出不同的个性特征，还要看到矛盾的两方面既相互区别、相互对立又相互联系、相互依存，在一定条件下各向其相反方面转化，这种既对立又统一的关系，从而正确地处理好这些矛盾。就拿义与利，即道德原则与物质利益的关系来说，一方面义与利是两种不同的价值取向，二者有差别性、对立性，不能把两者混为一谈，所以不能以义代利，搞精神至上，"道德万能"，也不能以利代义，搞唯利是图，"金钱万能"；另一方面义利又是相互联系相互统一的，利益是道德的物质基础和物质条件，道德对利益有定向和指导作用，是利益的精神支柱。因此，在人生道路上，我们既要努力创造，勤劳致富，依靠自己诚实的劳动使生活富裕起来。同时也要追求崇高的理想，养成高尚的道德情操，全心全意为人民服务。坚决反对"见利忘义""为富不仁""一切向钱看"的拜金主义。在市场经济条件下，对于共产党人来说，坚持马克思主义的义利统一观，与一切拜金主义、享乐主义、极端个人主义划清界限，并进行斗争。把"永随民意为孺子，莫向钱神拜下风"作为自己的人生格言，具有特别重要的意义。

总之，唯物辩证法是我们正确理解人的本质，正确认识人与环境的关系，正确看待和处理人生矛盾的唯一科学的方法论原则，要树立共产主义人生观，就必须认真学习和善于运用唯物辩证法。

（原载于《西京论苑》1997 年第 1 期）

论马克思社会发展理论的精髓

社会发展理论归根到底就是关于社会发展的一般规律的理论，它通过对社会发展动力、社会发展形式和社会发展阶段等问题的说明来揭示人类社会发展的一般规律。马克思主义社会发展理论的基本思想是：社会是处在经常发展中的活的机体，社会形态的发展是一种自然历史过程。就是说，在一切社会关系中，生产关系是决定其余一切关系的基本的原始的关系。而生产关系的形成、性质和变化又是由生产力的状况决定的。人类社会的发展、社会形态的演进，是由生产力的发展引起生产关系的变革，进而引起整个上层建筑的变革而实现的自然历史过程。

马克思社会发展理论的基本观点，早已成为人们熟知的唯物史观的常识，它的科学性以及在哲学史、史学史上的划时代意义，也为越来越多的人所承认和赞同，把它作为方法论来研究社会历史和各门具体社会科学所取得的巨大成果也与日俱增。然而，究竟什么是马克思社会发展理论的精髓呢？这却是一个值得探讨的问题。笔者认为，马克思运用唯物史观剖析资本主义社会的运动规律，提出资本主义必然灭亡，社会主义必然胜利（"两个必然"）的科学论断乃是马克思社会发展理论的精髓。

1. 研究资本主义经济形态，揭示"两个必然"，使唯物史观由假设变为科学。马克思的唯物史观（包括社会发展理论）创立于19世纪40年代。1845年春，马克思写了《关于费尔巴哈的提纲》，同年，马克思和恩格斯合著了《德意志意识形态》。这两部著作，标志着唯物史观的诞生。然而，马克思这种关于社会发展的唯物主义思想尽管"本身已经是天才的思想",可是"这在那时暂且还只是一个假设"。① 就是说,它还没有在社会实践和科学研究两方面得到验证。

如果说,1848年革命从实践上验证了唯物史观的正确性,那么,19世纪五十年代及六十年代马克思以经济学为研究中心,剖析资本主义经济形态的运行规律,则是从科学研究上进一步验证和发展了唯物史观,这集中表现在《资本论》的撰写上。《资本论》从各种社会形态中取出资本主义形态,以唯物史观为指导,揭示了资本主义的本质和它必然灭亡的历史命运。它指出资本主义社会的经济结构是从封建社会的经济结构中产生的,在中世纪末期由于新的生产力的发展,打破了封建的所有制关系,从而使资本主义生产方式勃兴起来,资本主义生产方式由于其内部生产力和生产关系的矛盾运动,在其形成和发展过程中也经历了若干历史阶段,从最早的简单协作,经过工场手工业,一直发展到机器大工业,这一系列变革归根到底都是生产力发展的结果。资产阶级除非使生产工具,从而使生产关系以及全部社会关系不断地革命化,否则就不能生存下去。《资本论》"专门以生产关系说明该社会形态的结构和发展,但又随时随地地探究适合于这种生产关系的上层建筑",包括"资产阶级政治上层建筑"和"自由平等之类的思想"。并将资本主义社会的"阶级对抗""家庭关系""生活习惯"等"全盘托出",从而"把整个资本主义社会形态作为活生生的东西向读者表明出来"。② 可见,《资本论》所展示的是一部理论和实际统一的活生生的"具体而微"的历史唯物论。

《资本论》为了揭示资本主义发生、发展、灭亡的规律性,就把资本主义社会形态放到人类社会发展的历史长河中去考察。它指出,随着生产力的发展,人类社会共同体经历了一个从低级到高级、从简单到复杂的历史过程。向前,它追溯到了以血缘关系为纽带的原始社会共同体,以地域为基础、以"土地"为纽带的自然经济共同体等这些前资本主义

---

① 《列宁选集》第1卷,人民出版社2012年版,第7页。
② 《列宁全集》第1卷,人民出版社2013年版,第380页。

的社会形态。向后，它展望了建立在"生产资料的共同占有的基础上"的"自由人联合体"，即社会主义社会的基本特征。表明了人类社会的发展是一个自然历史过程。可以说，《资本论》就是一部以资本主义形态为重要环节的，以规律（逻辑）形式浓缩了人类社会诸形态发展历程的社会发展论。

《资本论》以唯物辩证法为研究方法，从解剖商品这个细胞入手，分析了商品的使用价值和价值的矛盾、生产商品的劳动的二重性的矛盾、生产过程和价值增殖过程的矛盾，特别是分析了生产的社会化和生产资料的私人占有这一基本矛盾，从而把资本主义社会各个方面贯彻始终的矛盾运动展现出来。在此基础上，它指出在"资本主义生产本身的内在规律的作用"下，"随着"各种矛盾的发展，"工人阶级的反抗也不断增长"。资本主义发展的历史趋势是："资本的垄断成了与这种垄断一起并在这种垄断之下繁盛起来的生产方式的桎梏。生产资料的集中和劳动的社会化，达到了同它们的资本主义外壳不能相容的地步。这个外壳就要炸毁了。资本主义私有制的丧钟就要响了。剥夺者就要被剥夺了。"于是，"资本主义所有制被化为公有制"。马克思说，这种历史趋势是"资本主义由于自然过程的必然性，造成了对自身的否定"。而这一否定的革命实质就是"人民群众剥夺少数掠夺者"。[①] 可见，《资本论》是通过分析资本主义自身的矛盾运动规律，揭示出"两个必然性"的。

正由于《资本论》从理论与实践结合、逻辑与历史一致，一般与个别统一的高度，对资本主义社会形态和经济运动规律进行了详尽的分析，因而才使马克思的唯物史观和社会发展理论得到了完整系统的科学论证，使"两个必然"的论断有了坚实的科学基础。列宁说："自从《资本论》问世以来，唯物主义历史观已经不是假设而是科学地证明了的原理"。[②] 由此可见，剖析资本主义经济形态，揭示"两个必然"，是马克思的唯物史观和社会发展论的科学精神和革命内容的集中表现。也正是在这个

[①] 《马克思恩格斯全集》第43卷，人民出版社2016年版，第13页。
[②] 《列宁选集》第1卷，人民出版社2012年版，第10页。

意义上，我们才说，关于资本主义必然灭亡和社会主义必然胜利的科学论断乃是马克思社会发展论的精髓。如果抽去了这个精髓，那就很难将马克思主义的社会发展论与其他非马克思主义的社会发展论区别开来。因为资本主义积累，亦即资本主义生产发展的矛盾性，是其他许多经济学家也都承认的，但是，唯有马克思才由分析这些矛盾，进而论证了无产阶级社会主义革命的历史必然性。马克思曾经说过，在他"以前很久，资产阶级的历史学家就已叙述过阶级斗争的历史发展，资产阶级的经济学家也对各个阶级作过经济上的分析"，而他的新贡献之一就是证明"阶级斗争必然导致无产阶级专政"。① 列宁也曾说："只有把承认阶级斗争扩展到承认无产阶级专政的人，才是马克思主义者。"② 在社会发展论上也可以说，只有把承认资本主义社会的矛盾扩展到承认资本主义必然灭亡，社会主义必然胜利，才是马克思主义的社会发展理论。

佘树声同志在《人文杂志》1988年第6期发表的《马克思社会发展理论中的一个失误》（以下简称《失误》）一文认为，"把资本主义发展的起点当成了终点"是"马克思在社会发展论上的一个失误"。文章还把《资本论》剖析资本主义经济规律，揭示资本主义灭亡的必然性的许多基本论点都说成是论证这个"失误"即"推断资本主义濒临死亡"的"理论根据"。我认为，这种看法值得商榷。因为，首先，马克思和恩格斯早在《共产党宣言》中就指出资产阶级和无产阶级都经历了"各个不同的发展阶段"。在《资本论》中马克思认为资本主义的最初萌芽出现于14世纪和15世纪，资本主义时代是从16世纪开始的。资本主义生产方式经历了简单协作、工场手工业、机器大工业几个阶段，并明确指出资本主义灭亡是"资本主义积累的历史趋势"。显然，马克思认为资本主义从萌芽、形成、发展到灭亡是一个历史过程，这个过程可以划分为"不同的历史发展阶段"。怎么能说马克思"把资本主义发展的起点当成了终点"呢？反过来说，如果是把"起点当成了终点"，起点与终点合

---

① 《马克思恩格斯选集》第4卷，人民出版社2012年版，第462页。
② 《列宁选集》第3卷，人民出版社2012年版，第139页。

一,还有什么"历史趋势"可言,还有什么"历史阶段"可分呢?其次,马克思明确指出《资本论》的"最终目的就是揭示现代社会的经济运动规律",表明"现在的社会不是坚实的结晶体,而是一个能够变化并且经常处于变化过程中的机体",资本主义灭亡是一种"历史趋势"。并且还特意指出"问题本身并不在于资本主义生产的自然规律所引起的社会对抗的发展程度的高低。问题在于这些规律本身,在于这些以铁的必然性发生作用并且正在实现的趋势。"[①] 所以我认为,不能把《资本论》的基本理论说成仅仅是"推断"资本主义"濒临死亡"或"即将走向死亡"。

2. 根据客观规律,论证"两个必然",是马克思全部理论的基本主题。马克思和恩格斯一生在参加革命实践的同时,还进行了领域广阔的科学研究,写下了卷帙浩繁的理论著作,创立了辩证唯物主义和历史唯物主义、剩余价值学说和科学社会主义。他们的全部学说都是科学性和革命性的统一,而这种科学性和革命性集中表现在根据社会发展的客观规律,论述资本主义必然灭亡、社会主义必然胜利这个主题上。马克思和恩格斯曾在关于他们的著作的说明中直接表示这一主题,例如:

"《共产党宣言》的任务,是宣告现代资产阶级所有制必然灭亡。"[②]

恩格斯在《卡尔·马克思》《社会主义从空想到科学的发展》和《在马克思墓前的讲话》等著作中都曾指出,在马克思"永垂科学史册的许多重要发现中"有两个具有划时代意义的贡献,一是他发现了人类历史的发展规律,创立了唯物史观,"在整个世界史观上实现了变革";二是他发现了资产阶级社会的特殊的运动规律,提出了剩余价值原理,"揭露了在现代社会内,在现存资本主义生产方式下资本家对工人的剥削是怎样进行的"。恩格斯还说:由于唯物史观的创立,"使我们得到这样的信念":"社会生产力已经发展到资产阶级不能控制的程度,只等待联合起来的无产阶级去掌握它",以便建立社会主义制度。由于剩余价

---

① 《马克思恩格斯全集》第42卷,人民出版社2016年版,第15页。
② 《马克思恩格斯全集》第29卷,人民出版社2020年版,第67页。

值论的发现,"就证明了"资产阶级是剥削阶级,资本主义制度是剥削制度,资本主义制度按照自身固有的规律"形成和成立起来,暂时大致还没有衰亡下去;由于这一规律,这个社会最终必将像所有以前的社会历史阶段一样灭亡"。① 总之,马克思的两个伟大发现都剖析了资本主义的客观规律,指出了资本主义必然灭亡、社会主义必然胜利的历史趋势,从而使社会主义变成了科学。

列宁说:"马克思和恩格斯的具有世界历史意义的伟大功绩,在于他们用科学的分析证明了资本主义必然崩溃,必然过渡到不再有人剥削人现象的共产主义。"② 正是在这个意义上,我们才说,"两个必然"是马克思学说的科学性和革命性相统一的基本主题。

可是,《失误》一文中却是这样概括马克思学说的主题的:"马克思的全部理论著作,小到对作为资本主义细胞形态的商品二重性的微观剖析,大至对社会演变规律的宏观把握,无不是服从于资本主义即将走向死亡这一主题的需要的。"把这段话同我们上面引用的马克思、恩格斯、列宁的论述作一对照,其差别是显而易见的。仅从字面来看,"资本主义即将走向死亡"和"资本主义必然灭亡"似乎只是差之毫厘,不过是赋予"灭亡"以"即将"这种时间意义而已。然而,正是这种字面上的"毫厘之差",却会给人造成这样的印象:马克思全部学说的主题不是在论证资本主义"必然灭亡",而是仅仅判定资本主义"即将死亡"。而且,《失误》一文在有的地方还说:"马克思关于资本主义死亡的判断是失误性的"。于是,就形成了这样的三段式:

马克思"全部理论著作"的"主题"是"资本主义即将走向死亡"。

马克思"关于资本主义死亡的判断"是"失误"。

所以,马克思全部理论著作的主题是……

---

① 《马克思恩格斯全集》第25卷,人民出版社2001年版,第591页。
② 《列宁全集》第35卷,人民出版社2017年版,第164页。

这个逻辑三段式绝不是我们的主观臆造，而是《失误》一文以明显的语言呈现出来的。

因此，尽管笔者不同意用"即将死亡"或"濒临死亡"来表述马克思关于资本主义必然灭亡的论断，但问题的关键并不在于是以"资本主义必然灭亡"，还是以"资本主义即将走向死亡"来表述马克思理论的主题比较准确（列宁就有时以资本主义"必然崩溃"，有时以资本主义"即将崩溃"表述马克思的思想），而在于马克思"关于资本主义死亡的判断"是"失误"，还是真理？不仅如此，《失误》一文还说马克思的全部理论著作都是"服务于"资本主义即将死亡这一主题"需要的"。这种表述就给人造成一个印象，好像关于资本主义必然灭亡的论断不是马克思根据客观规律揭示出来的历史趋势，而是从某种"需要"出发，预先主观设定的主题，然后再使理论"服务于"这一主题。这样一来，主题既是"失误"的，又是"先行"的，马克思全部理论著作还有多少科学性、真理性可言呢？尽管作者在文中明确肯定了社会主义制度的优越性，这就意味着社会主义终将战胜资本主义，但作者的上述论点却容易给人产生不良的影响，这一点确系作者始料所未及的。

3. "两个必然"的论断是指引无产阶级革命运动不断前进的旗帜。马克思主义理论一诞生就和无产阶级的革命斗争发生着密切的联系，它的历史命运和无产阶级解放斗争的兴衰成败息息相关。一方面，无产阶级作为时代的主角，不断以自己的斗争经验为马克思理论的发展提供营养；另一方面，马克思主义作为无产阶级的理论旗帜，不断指导共产主义运动向前发展。而这面伟大旗帜上光芒四射的金星就是资本主义必然灭亡，社会主义必然胜利的科学论断。

1848年初发表的《共产党宣言》，宣告了马克思主义的诞生，同时也标志着国际共产主义运动的兴起。这部被马、恩称为无产阶级第一个"周详的理论和实践的党纲"，被列宁誉为马克思学说"完整的、系统的、至今仍然是最好的阐述"的著作，以唯物史观为基调而奏出的主旋律就是："资产阶级的灭亡和无产阶级的胜利是同样不可避免的""无产阶级在这个革命中失去的只是锁链，他们获得的将是整个世界。"后来，它被巴黎公社委员、无产阶级诗人欧仁·鲍狄埃化为《国际歌》的主题（"英特纳雄耐尔就一定要实现"），响彻全球。

自《共产党宣言》发表至今已一个半世纪，无产阶级反对资产阶级和一切剥削阶级斗争的整个历程，都是在"两个必然"的指引下进行的。从1848年6月法国无产阶级的武装起义，到1871年巴黎无产阶级建立世界上第一个无产阶级专政的伟大尝试；从1917年俄国十月社会主义革命的成功，到"二战"后欧亚人民民主国家的建立；从1949年中国人民革命的伟大胜利，到当代各社会主义国家建设事业的发展，既有力地证明了马克思和恩格斯"两个必然"论断的正确性，又充分显示了它的巨大威力。

马克思和恩格斯作为伟大的思想家和革命家，在世时都始终不渝地把"两个必然"作为坚定的信念，积极投身于无产阶级的革命实践，为西欧的共产主义运动提供理论指导，制定战略策略，建立政党组织，总结斗争经验，作出了杰出的贡献。这不但推动了无产阶级解放事业的前进，还使马克思主义理论在实践中得到了检验、丰富和发展。马克思理论的发展和无产阶级革命实践的发展是共产主义运动统一历史过程的两个侧面，紧密地结合在一起。马克思和恩格斯都没有看到社会主义国家建成的胜利，但是他们看到了国际无产阶级运动蓬勃发展及其伟大的革命远景。

当然，这绝不是说，自马克思理论产生以来，无产阶级的解放斗争不曾有过失败。国际无产阶级解放运动的道路从来不是一帆风顺、直线发展的，它前进的历程充满了艰难曲折。在马、恩时代，无产阶级革命斗争有过多次失败：1848年6月巴黎工人的起义失败了，1871年的巴黎公社也只存在了短暂的两个月，在斗争中形成的无产阶级政党组织，也几经解散，几经重建。但是，由于无产阶级的革命斗争本身就是资本主义基本矛盾和阶级矛盾的必然表现，是顺应时代潮流、代表历史前进方向的正义斗争，因此，从总体上看，革命实践的某次失败，正是革命走向胜利的一个环节。"斗争，失败，再斗争，再失败，再斗争，直至胜利，这就是人民的逻辑"，这一逻辑直接是"两个必然"这一论断的正确性的证明和现实性的表现。

不但无产阶级的斗争实践有过多次失败，而且马克思恩格斯在对某几次无产阶级革命斗争形势的认识上和直接前景的预测上也发生过失误。列宁说，马克思和恩格斯"在估计革命时机很快到来这一点上，在希望革命（例如1848年的德国革命）获得胜利这一点上……有很多错误，而且常常犯错误。"① 那么，如何看待马克思恩格斯的这类过高估计革命前景的错误呢？首先，这类错误并不是基本原理上的，即不是他们对资本主义的客观规律理论概括上的错误，不是他们关于资本主义必然灭亡、社会主义必然胜利这个规律性的科学论断有错误。错误在于他们在某些时候对欧洲一些国家资本主义的成熟程度估计过高，由此对无产阶级革命的主客观前提也作了过高的估计，正如恩格斯于1895年在《卡·马克思〈1848年至1850年的法兰西阶级斗争〉一书导言》中回顾他们1848年的错误时说，"当时欧洲大陆经济发展的状况还远没有成熟到可以铲除资本主义生产方式的程度"；资本主义"这个基础在1848年还具有很大的扩展能力"。② 其次，他们在基本理论上是否定这类错误思想的。1850年他们写道："在这种普遍繁荣的情况下，即在资产阶级社会的生产力正以在资产阶级关系范围内一般可能的速度蓬勃发展的时候，也就谈不到什么真正的革命。"③ 1859年，马克思说："无论哪一个社会形态，在它们所能容纳的全部生产力发挥出来以前，是决不会灭亡的；而新的更高的生产关系，在它存在的物质条件在旧社会的胎胞里成熟以前，是决不会出现的。"④ 1895年，恩格斯正是按照这些理论观点，明确具体地说明了他们的上述失误。再次，马克思恩格斯理论的精神实质在于对

---

① 《列宁选集》第1卷，人民出版社2012年版，第728页。
② 《马克思恩格斯全集》第29卷，人民出版社2020年版，第626页。
③ 《马克思恩格斯全集》第28卷，人民出版社2018年版，第285页。
④ 《马克思恩格斯选集》第2卷，人民出版社2012年版，第3页。

资本主义客观规律和资本主义必然灭亡的揭示，而对某些国家资本主义工业发达程度和阶级对抗程度的分析并不是马克思理论的普遍性的精神实质所在。马克思说："问题本身并不在于资本主义生产的自然规律所引起的社会对抗的发展程度的高低。问题在于这些规律本身，在于这些以铁的必然性发生作用并且正在实现的趋势。工业较发达国家向工业较不发达的国家所显示的，只是后者未来的景象。"①（重点号系引者所加）。

由此，我们就可以理解，为什么马克思恩格斯在认识上犯过一些错误，在实践上也遭到过不少失败，但却始终不渝地坚信"两个必然"，坚定不移地参加革命实践，极其乐观地展望革命前景。原因正在于"资本主义社会必然要转变为社会主义社会这个结论，马克思是完全而且仅仅根据现代社会经济运动规律得出的"②，这个理论本身是不可移易的真理。

列宁说："一直在努力提高并且已经提高了全世界无产阶级的水平，使他们超出日常细小的任务范围的两个伟大的革命思想家所犯的这种错误，同大叫大嚷，信口开河，妄说革命无谓忙碌，革命斗争徒劳无益，反革命的'立宪'幻梦妙不可言的那些官场自由派的拙劣的智慧比较起来，要高尚千倍，伟大千倍，在历史上宝贵千倍，正确千倍……"③

所以，我们认为，"两个必然"是无产阶级革命斗争走向胜利的旗帜，它绝不会由于无产阶级革命斗争发生过许多失败挫折，马克思恩格斯曾经对某次无产阶级革命形势的认识有过失误而失色。

从这里不难看出，《失误》一文中对马克思革命实践和共产主义革命运动的评价是不妥当的。该文说，"马克思在他的关于资本主义即将走向灭亡论断的指引下，为迎接共产主义革命破晓的降临，进行着坚韧

---

① 《马克思恩格斯全集》第42卷，人民出版社2016年版，第15页。
② 《列宁选集》第2卷，人民出版社2012年版，第439页。
③ 《列宁选集》第1卷，人民出版社1972年版，第709页。

不拔的斗争。然而希望化为泡影","恰是由于资本主义所处的具体历史时代同马克思关于资本主义已经濒临灭亡的革命期望所构成的历史矛盾,才注定了马克思伟大革命运动实践的失败命运"。这些看法之所以不妥当,第一,虽然马、恩在过高估计西欧某些国家资本主义发展程度和无产阶级革命高潮到来这个问题上有过失误,但正如我们上面所指出的,不能将此归结为"马克思社会发展理论"中"把资本主义的起点当作终点"的"根本性失误"。因为,社会发展理论乃是关于社会发展的一般规律的理论体系,而马、恩的失误乃是对特定问题和具体历史事件的看法。第二,虽然共产主义运动史上有过失败,而且常有失败,马克思曾多次希望革命很快获得胜利也未能实现,但也不能以"悲剧性性质""希望化为泡影""失败命运"来概括和评价全部共运史和马克思的全部革命实践活动史。因为,失败了的"1848年革命虽然不是社会主义革命,但它毕竟为社会主义革命扫清了道路,为这个革命准备了基础";①巴黎公社最后失败了,但"公社的原则是永存的,是消灭不了的;在工人阶级得到解放以前,这些原则将一再表现出来"。② 总之,"即使我们每有一百个正确行动就有一万个错误,我们的革命仍然会是而且在世界历史面前一定是伟大的,不可战胜的"。③

"两个必然"的论断不仅在马克思的时代是真理,在当代仍然是伟大的真理。不可否认,现今资本主义与马克思生活的时代的资本主义相比的确出现了许多新的特点,同时,现代资本主义的演变表明,它还将继续向前发展一个相当长的时期。因此,那种认为当代资本主义会迅速崩溃,社会主义社会立即在全世界胜利的看法是脱离实际的。但是,当代资本主义的运行并没有改变马克思恩格斯所揭示的人类社会特别是资本主义社会的一般规律。因此,马克思关于资本主义必然灭亡、社会主义必然胜利的科学论断不但没有过时,而且,当代资本主义社会的种种

---

① 《马克思恩格斯全集》第29卷,人民出版社2020年版,第459页。
② 《马克思恩格斯文集》第3卷,人民出版社2009年版,第607页。
③ 《列宁全集》第35卷,人民出版社2017年版,第60页。

不可克服的根本弊端,正有力地证明了资本主义基本矛盾依然是客观存在,"两个必然"仍然是不可抗拒的客观规律。

(原载于《人文杂志》1990年第2期)

以哲理观念提高人

笛卡尔说："我思故我在"。昆德拉说："我觉故我在"。他们都各自夸大了人的精神的一个方面。其实，人的精神乃是"觉"与"思"即感觉与思维、感性与理性、情感与理智的统一体。而在理性观念的范围内，人的世界观、人生观、价值观等哲理观念，又处于最高的观念层次，它作为核心渗透于其他理性观念（如道德观念、政治思想观念）之中，并主导着其他理性观念，进而也制约着人的心理感情和意志，从而成为人的整个精神世界的核心和主导。正是在这种意义上，毛泽东说："世界观的转变是一个根本的转变"；江泽民说，有些干部党员革命意志衰退甚至堕落，"归根到底是这些人在世界观、人生观上出了问题"。

由于世界观、人生观、价值观在人的精神世界中处于最高层次、处于核心和主导的地位，所以，树立正确的世界观、人生观和价值观对提高人们的精神素质就起着特别重要的作用。首先，它确立着人的精神支柱，支撑着人的精神大厦。一旦正确的世界观、人生观和价值观树立起来，人就有了正确而坚定的人生信念和立世处事的最高准则；其次，它端正着人生的方向，使人能在风雷激荡、烟雾弥漫的人生道路上始终坚持正确的人生目标和价值取向；再次，它增强着人们认识的自觉性以及识别和抵制各种错误思潮、腐朽思想、腐败风气的自觉性。所有这些功能和作用的发挥，都是通过提高人们对社会历史规律和人生本质、意义的正确认识，通过对世界潮流、时代风向的深入洞察而实现的。可见，通过提高人们对世界和人生的本质、规律的深刻认识和正确把握来端正人的思想、指导人的行动、优化人的素质，乃是世界观、人生观和价值观教育的根本意义所在。

　　人们精神结构的多层次性以及世界观、人生观、价值观的特殊地位和重要作用启示我们，在社会主义精神文明建设中，要提高全民族的思想道德素质和科学文化素质，必须使情与理在相互渗透、相互联结、相互促进的统一中共同发挥作用。具体地说，一方面要进行爱祖国、爱人民、爱劳动、爱科学、爱社会主义的美好情感教育，进行社会公德、职业道德和家庭伦理道德的道德教育，进行爱国主义、集体主义、社会主义思想教育；另一方面也要从哲理观念层次上进行正确的世界观、人生观和价值观的教育。只有这样将感情、道德、思想和观念结合起来，从心理、伦理、道理几个方面、几个层次共同着力，既纠正改革开放以前那种只谈世界观的改造，把一切都提高到世界观的高度来说明、审视和衡量的唯理论倾向和教条主义做法，又克服近几年来出现的只讲情感、不谈理智，只抓心理、不明道理这种唯情主义偏向和"跟着感觉走"的片面性，才能全面地提高人的素质，有效地进行精神文明建设。

　　世界观、人生观和价值观的教育，在不同历史时期的内容重点不同。当前，应该突出的重点是：在世界观上，引导干部和党员深刻把握客观世界和人类社会的规律，正确认识当代中国发展的大局，从而处理好主观与客观的关系，切实坚持实事求是的思想路线，坚定树立建设中国特色社会主义的崇高信念；在人生观上，正确认识人生的本质、目的和意义，从而处理好个人和民众的关系，坚持全心全意为人民服务的宗旨；在价值观上，正确认识中国特色社会主义的价值观念体系和市场经济条件下的价值观念建设目标，从而处理好物质利益和思想道德的关系，树立以义导利、见利思义、义利统一的价值观念。只要抓住这些要点坚持不懈地进行教育，就一定会从理性观念的高度提高全民族的思想文化素质，促进社会的精神文明建设。

（原载于《理论导刊》1996年第9期）

宗教的本质和起源

宗教问题是一个很复杂的问题，也是一个很重要的问题。一提起宗教，不同的人往往有不同的感觉，一些人觉得仿佛精神得到了净化，有一种崇高感；一些人觉得毛骨悚然，有一种恐怖感；多数人觉得神秘难测，有一种神秘感。产生一种神秘感是完全可以理解的，因为宗教世界的确像是一个神秘的世界。正由于它神秘才使得信仰者虔诚膜拜，也使得不信者难以想象。一般世俗人看待宗教，就像一个好奇心很强的儿童，竭力想弄清一套高级魔术的内幕，可是这个内幕却被金碧辉煌的神像所遮蔽，被缥缈弥漫的烟雾所笼罩，使人难窥其真，难得其解。然而，只要用马克思主义的哲学这把最有力的解剖刀进行分析，有关宗教的种种问题是不难得到解答的，宗教的神秘内幕也是能够揭开的。马克思说"宗教本身是没有内容的，它的根源不是在天上，而是在人间。"[1] 就是说，不能就宗教本身来理解宗教，必须将它还原于现实人间生活才能揭示它的本质。这是我们分析和研究宗教的基本方法，也是唯一科学的办法。

一　宗教的本质

什么是宗教？自有宗教以来，学者们都在研究、回答这一问题。神学专家们说宗教是"上帝的启示"；唯心主义哲学家中有人说宗教是"绝对精神"的一种"表象形式"（黑格尔），有人说宗教是从神话中自

---

[1] 《马克思恩格斯全集》第47卷，人民出版社2004年版，第43页。

然发生的（施特勒斯），有人说宗教是人的自我意识创造的（鲍威尔）；唯物主义哲学家中，有人说宗教是"骗子的谎言"（19世纪法国的唯物论者），有人说宗教是人按照自己的形象创造的（费尔巴哈），等等。在这些说法中虽然有的包含着十分深刻的见解，但是它们都没有科学地揭示宗教的本质。只有马克思主义才真正科学地解决了这个问题。

马克思主义的唯物史观认为：宗教是人类社会上层建筑的一部分，是社会意识的一种形态。宗教相信在现实世界之外还存在着超自然、超人间的神秘境界和力量，主宰着自然和社会，因而对之敬畏和崇拜。这种观念的本质"是支配着人们日常生活的外部力量在人们头脑中的幻想的反映，在这种反映中，人间力量采取了超人间力量的形式"。① 一句话，宗教是对社会存在的虚幻的、颠倒的反映。为什么这样说呢？

1. 神灵（上帝、安拉、菩萨、玉皇等等）是人按照自己的形象仿制的。各种宗教都信仰神灵，这是宗教观念的核心。这些神灵完美无缺、智慧无穷、力量无限，可以创造一切、支配一切、决定一切。各种宗教有着自己独特的神及独特的神灵名称，但这些神的形象都和创立该宗教的民族中的人的形象一模一样，基督教的"上帝"是西方人的形象，伊斯兰教的"安拉"是阿拉伯人的形象，佛教的"佛"是印度人的形象，道教的"玉皇大帝"是中国人的形象。不但如此，这些至高无上的万能的神的言谈、服饰也都是人间的仿制品，而且，他们的装扮还随着人本身的发展而变化，这是"人随自己的发展而修改自己的上帝"②。可见，宗教的神灵是人按自己的形象仿制的，最高的神不过是人间最高统治者的摹本而已。

2. 神灵世界是现实的人间社会的幻影。各种宗教不但有神灵，而且有神灵的世界，有神灵的生活环境和居所。基督教的"天堂"（又称"天国""上帝国"）是上帝的居所，宝座前有众天使侍立，宝座右侧坐

---

① 《马克思恩格斯选集》第3卷，人民出版社2012年版，第703页。
② [法]拉法格：《思想起源论》，王子野译，生活·读书·新知三联书店1978年版，第9页。

着基督，上帝坐在宝座中央。得救者的灵魂皆升天堂与上帝同享永福，基督教说的"地狱"也是神的世界，那里的"虫不死""火不灭"，是不信教者和犯罪者死后灵魂受永罚的地方。伊斯兰教说行善者后世生活的极乐世界是"天园"（又译"乐园"）。那里是一个有树木遮荫，流着乳河、酒河、蜜河和水河的美丽清凉的花园。居于其中，食鲜果，穿锦绸，以金银珍珠为饰，有美女童男作伴，生活无忧无虑，尽情享受幸福。它把作恶者死后受磨难的地方称为"火狱"，那里是一片火海，居于其中的人，颈系枷链，受火烧烤。大乘佛者说佛所居住的世界是"西方净土"（也称"极乐世界"）。信佛者死后可往该处；罪恶者则会堕入"地狱"，佛经说有"八大地狱"，一个比一个痛苦。道教称神仙所居的胜地为"仙境"。那里"有长年之光景，日月不夜之山川。宝盖层台，四时明媚。金壳盛不死之酒，琉璃藏延寿之丹。桃树花芳，千年一谢，云英珍结，万载圆成"（《桓真人升仙记》）。这种种的神灵世界都是虚构的、不真的，但其原型却是现实的人世，"天堂"是把人间帝王的宫殿从地上移到了天上，"地狱"是把人世的监狱和刑场搬到了世外，我们都可以在现实社会中找到它们的影子，可见，神灵世界乃是人间社会的幻影。

3. 神灵形象和神灵世界是人本身和人世生活的歪曲反映。宗教宣扬的神仙和天堂、地狱虽然是人本身和人世间的反映，然而并不是正确的如实的反映，而是夸大了的、歪曲了的反映。它所说的神，不具有物质肉体，但却有躯体形象；不受自然规律的限制，但却能影响和支配物质世界；其形象来源于人和自然，但却奇形怪状；而且，其能力，其智慧，都是超人间自然的。道教对仙人形象和力量的描绘很有代表性，它说："仙人者，或竦身入云，无翅而飞；或驾龙乘云，上造千阶；或化为鸟兽，游浮青云；或潜行江海，翱翔名山；或食元气；或茹芝草；或出入人间而人不识；或隐其身而莫之见。面生异骨，体有奇毛，率好深僻，不交流俗。"（《神仙传·彭祖传》）至于基督教传说上帝能创造万物和人类，耶稣是圣母玛利亚所生，能施行神迹，使瞎子复明，死人复活。伊斯兰教说真主安拉六天内创造了天地万物，穆罕默德能登上"七重天"

到真主身边"请示";佛教说观世音有千眼千臂,呈现各种形象普救众生,释迦牟尼有八十种异相,有十种超凡的智力,等等,也都是虚幻不实的说法,宗教所描绘的神灵世界,也极尽夸张美化之能事。这说明,宗教对物质世界、现实生活的反映采取了歪曲的形式,现实社会在宗教的"哈哈镜"中变了形、改了象,完全被歪曲了、颠倒了、夸大了。当然,这种歪曲不实的反映,也并非是从脑中自生,而是对现实的人和物的一种思维加工,正如鲁迅先生所说:"描神画鬼,毫无对证,……然而他们写出来的,也不过是三只眼,长颈子,就是在常见的人体上,增加了眼睛一只,增长了颈子二三尺而已。"① 可见,宗教所虚构出来的神仙形象和世界是完全以现实生活为基础的。神就是人们头脑中幻想出来的"在物质之外、不依物质为转移的自然界","在时间性事物之外的时间","失去肉体的精神","完美的人的形象"。(列宁语)马克思和恩格斯深刻地揭示了神和救世主的本质,他们说,救世主"这个顶峰的、锐利的头脑就是各个愚钝的头脑的思辨的统一"②。

可见,宗教这种社会意识形态,是对现实的社会生活和现实的物质力量的幻想的颠倒的反映。通过这种反映,现实的人间力量被说成是超现实超人间的神奇力量,人们虚造天国的事实被颠倒为神灵创造人类的关系。所以说,宗教是人从现实中获取食物而排泄出的"神圣的粪便",是一种颠倒的世界观。信仰宗教、膜拜神灵,绝不是什么"充满了理智的信仰",而是一种缺乏理性的迷信。

二 宗教的起源

既然宗教宣扬的彼岸世界是虚伪不真的,那么它究竟是怎样产生的呢?人们为什么要颠倒地、歪曲地反映现实力量并且还要对它顶礼膜拜,甚至抱有狂热的感情呢?我们就来分析一下宗教产生的根源。

对这个问题的回答,历来众说纷纭。有一种唯心主义观点认为宗教

---

① 《鲁迅全集》第6卷,人民文学出版社2008年版,第176页。
② [德]马克思、恩格斯:《德意志意识形态》,人民出版社2019年版,第621页。

观念是人们心灵的产物,是出于人的本能,它天然地存在于人的心中。18世纪法国唯物主义者如霍尔巴赫,梅叶等则认为宗教是奸猾狡诈的骗子虚构出来的,人们信奉宗教,是上了骗子的当,是"傻子遇见了骗子"。唯心主义的宗教起源观点显然是错误的,旧唯物主义固然揭露了宗教的虚幻性,但是把宗教产生的原因简单归结为群众的无知和僧侣的欺骗也不科学。如果仅说是欺骗,为什么有那么多的人如醉如痴地信仰?如果仅由于无知,为什么在现代科学昌明的社会,宗教还依然存在?可见,"欺骗论"并没有说明宗教的根源。马克思主义认为一种社会意识,其根源存在于社会物质条件之中。宗教是一种历史现象,它是人类社会发展到一定阶段才逐渐产生的。

1. 生产力水平低下,人们在自然力量的压迫下无力抗御是原始宗教产生的社会原因。在原始社会,生产力水平极其低下,洪水猛兽、久旱久雨、地震山崩、火山爆发、台风上岸、疾病瘟疫等自然灾害,经常威胁着人们,使之处在饥饿、疾病、死亡的灾难之中。远古人对这些复杂的自然现象迷惑不解,对严酷的自然压迫无能为力,还有日食、月食、彗星、陨石等自然变异也使人感到神秘莫测。于是人们就把这些现象看成是神的意志表现,企图用祭祀和祈祷的办法,乞求神灵给人们赐福除祸,以此求得精神上的安慰。这就产生了最初的宗教,即"自发宗教"。这种宗教是不成熟、不完备、不定型的低级宗教,它没有成文的教义,没有严密的组织,崇拜各种自然物,没有最高的神灵,故叫"多神教"或"拜物教"。

2. 剥削阶级和剥削制度对劳动人民的严酷统治,人们在社会力量的压迫下,不能从根本上改变被奴役的地位,是宗教产生和发展的阶级根源。人类进入阶级社会以后,除受自然力量的压迫外,还受社会力量的压迫,这就是剥削制度和剥削阶级的统治和剥削。社会压迫给人民带来了深重的苦难,人民不断通过各种斗争反对社会压迫,但结局往往是遭到失败。劳动人民在阶级压迫下不能从根本上改变自己被奴役的地位,又不能认识这种苦难产生的根源,于是就寄希望于神灵,或乞求神灵来保佑，或憧憬死后的幸福，这就会产生宗教信仰。同时，剥削阶级出于麻醉人民的需要，也竭力扶植和利用宗教，利用"今世"受苦、"来世"享福的教义，维护剥削制度的长存，消磨人民的反抗意志。这就使宗教得到了巩固和发展。阶级社会中产生的宗教是"人为宗教"，它是在"自发宗教"的基础上演变来的，它是定型的、完备的、成熟的宗教，有系统的教义、复杂的仪式、严密的组织、专职的人员和严格的教规，它崇拜上帝、天主等最高的神（创造主），是一神教；它有各种"来世"（"前世""今世""来世"）理论，有"天堂"和"地狱"等相对立的神灵世界。这显然是阶级社会现实生活的反映。现存的世界三大宗教都是阶级社会的产物。

3. 人们的认识水平低下，对自然压迫和社会压迫无法理解而形成的神灵观念即是宗教产生的思想基础。神灵观念是宗教观念的核心，也是它的基础。处于蒙昧时代低级阶段初期之前的原始人，生活水平很低，思维能力差，还没有什么神灵观念。后来由于抽象思维能力的发展，他们对于自己的身体构造、生理过程，特别是做梦现象无法解释，就认为人有灵魂，住在肉体里，它可以暂时离开人的肉体单独活动，于是产生了灵魂观念。灵魂可以脱离肉体，那么肉体死了，灵魂不死，居住在另一世界，这就形成了鬼的观念。鬼是死者的灵魂。周口店山顶洞人死后埋葬随品如石器、石珠等，半坡人的陶棺上留有灵魂的出入孔，都是灵魂和鬼魂观念的证明，由灵魂观念推想出万物都有灵魂，派生出万物有灵论。由鬼的观念演变出神的观念，一般人死后的灵魂是鬼，氏族、部落首领等大人物死后的灵魂则称为神。再将神的观念扩大到自然界，不可理解的自然的变化现象都被认为是神的作用，于是产生了"自然神"观念。随着神灵观念的形成，祭神活动就随之而生。原始宗教就在这种条件下逐渐形成了，人类进入阶级社会后，国家和君主出现了，君主是最高统治者，人们以君主为模型，虚构出最高的神，再将它的统治范围扩大到整个宇宙，形成了万能造物主——上帝的观念。在上帝观念的思想基础上，逐步形成一神教，即人为宗教，这样，完备的成熟的宗教形态就产生了。佛教、基督教、伊斯兰教就是这样的宗教。可见，神灵观念是宗教产生的思想基础，伴随着神灵观念的发展，祭祀活动、主祭人物日益固定化，给宗教的形成准备了必要的条件。

总而言之，宗教是社会发展到一定阶段逐渐出现的，是自然压迫和社会压迫的产物，是人们认识水平低下的表现。人们在自然和社会压迫面前，既不能认识苦难的原因，又无法摆脱苦难的处境，感到困惑，觉得恐惧，就用"命由神定"作解释，靠"万能上帝"来拯救，借"天堂幸福"来安慰。从而给自己以精神上的寄托，找苦难中的出路。于是就产生了宗教。马克思说"宗教是那些还没有获得自己或是再度丧失了自己的自我意识和自我感觉"，宗教是"苦难世界"的"灵光圈"，是"装饰在锁链上的花朵"。"宗教里的苦难既是现实的苦难的表现，又是对这种现实的苦难的抗议。宗教是被压迫生灵的叹息，是无情世界的心境，正像它是无精神活力的制度的精神一样。"[1] 恩格斯说：宗教产生的原因在于人们"既然对物质上的得救感到绝望，就去追寻灵魂得救来代替，即追寻思想上的安慰，以免陷入彻底绝望的处境"[2]。这是多么深刻、多么精辟的论断！

（原载于《教学与科研》1984 年第 3 期）

---

[1] 《马克思恩格斯全集》第 3 卷，人民出版社 2002 年版，第 200 页。
[2] 《马克思恩格斯全集》第 25 卷，人民出版社 2001 年版，第 556 页。

对无神论研究对象和方法的一点看法

无神论作为一种科学理论，是研究什么问题的？它的对象是什么？要回答这个问题，首先必须弄清什么是有神论，弄清信神、宗教、有神论、唯心论这四者的区别和联系。

第一，信神、宗教和有神论、唯心论是有区别的。四者都是观念形态，都是社会意识，这是它们之间的相同之处，但是它们的具体形态不同。信神和宗教这二者是信仰形态，有神论和唯心论这二者是理论形态。信神和宗教表现为感性直觉，表现为心理情绪，而有神论和唯心论表现为抽象思维，表现为逻辑系统。

第二，信神或者叫神灵观念和宗教不同。所谓神灵观念，是人们对自然界和社会上一些物质形态的东西的精神化，即通过人的观念把物质性的事物歪曲地转化为一种超物质的、精神性的神灵。这可以说是一种"异化"现象。物质性的东西精神化之后，大体形成为三种虚幻的形象，一种是物的形象，如雷神、电神、山神、河神以及龙（神物）、凤凰（神鸟）、麒麟（神兽）等等。另一种是人的形象，如上帝、玉皇、土地神、灶神、财神、关帝、药王等等。还有一种是半人半物的形象，例如龙王、牛头神、马面神等等。神的形象尽管不同，但都是精神形态的东西，都具有超自然、超人间的威力。人们对这种形象化的精神力量的信仰和崇拜就是信神，就是神灵观念。

宗教观念也是一种神灵观念，这是毫无疑义的。但是宗教的信神和一般人的信神不能等同。宗教徒都是信神者，信神者不一定是宗教徒，宗教是信神观念的进一步发展，是一种更高级的神灵观念。宗教有四个特点：（1）宗教有经典。基督教的《圣经》、伊斯兰教的《古兰经》、佛教的《佛经》都是宗教经典，就连中国的土产道教，也把《老子》《庄子》等书当作经典。（2）各种宗教都有非常严格的戒律和教规。天主教的戒律和教规在西欧中世纪具有十分强大的超人间的约束力和强制力。宗教法庭对违反教规、教律者施行的刑罚比社会上的世俗刑罚更残暴、更野蛮。（3）一切宗教都有自己的宗教仪式。如基督教的祈祷、礼拜、洗礼等。宗教仪式是保证宗教教义实现的活动规范。我们十年浩劫期间的早请示、晚汇报，就是宗教仪式的变相。（4）一切宗教都有组织和领导机构，这些机构是保证宗教规则得以贯彻的社会性机关，宗教组织中有专职的宗教工作人员。宗教的这几个特点，固然都有一个形成和发展的过程，并不是在宗教一建立时就那么成熟和完备。但是这些特点表现了宗教和一般信神观念的区别。概括起来，可以这样说：宗教是神灵观念的规范化和制度化。

顺便说说，信神和迷信也不完全相同，信神是一种迷信，但迷信不一定都信神。测风水、看八字、相面、算卦是迷信活动但并不是敬神活动，因为它所崇拜的不是形象化的神灵，而是一种不可名状、不可捉摸的神秘的精神力量，这种精神力量，没有神的形象，它或者叫"命运"，或者叫"天意"。

第三，神灵观念和有神论的区别。信神和宗教都是神灵观念，都承认神的存在，有神论也承认神的存在。但是神灵观念和有神论并不能等同。有神论是一种理论，它是为神的存在进行论证的，它用抽象思维的形式，用逻辑推理的方法，论证神灵的存在，为神灵观念制造理论根据。每种宗教都有自己的宗教理论，这些理论都属于有神论的范围，而且是典型、精致的有神论。可是一般信神的人和一般的宗教徒相信神灵，却不一定有理论思维作基础，而是靠感性直觉和心理情绪，有时表现为感情上的狂热，有时表现为心灵上的陶醉。所以严格说来，应称他们为信神者和信教者，不应称他们为"有神论"者，因为他们信神，不一定有"论"。至于那些受过神学教育，读过神学书籍，听过神学讲演的人则另当别论，因为他们已经掌握了一定的神学理论。如果给有神论下一个定义，可以说：有神论是论证神的存在和作用以及人和神的关系的一种理论学说。有神论是对神灵观念、宗教观念的理论说明，当它出现、形成之后，就成为此二者的理论基础。

第四，有神论和唯心论也有区别。二者虽然都是理论形态，但是它们的抽象性和概括性程度和涉及的问题范围并不等同。有神论是围绕着世界上有没有神，如果有神，神和世界、神和人的关系怎样这些问题作文章，唯心论则是围绕着世界的本原是什么，如果是精神，精神和物质的关系如何这些问题谈看法。因此，有神论涉及的范围较窄，抽象性和概括性的程度较低，而唯心论涉及的范围更广，回答的问题更根本、更一般，抽象性、概括性的程度更高。唯心论是对有神论的进一步概括和抽象，理论上的进一步"升华"。也可以说，有神论是客观唯心论的一种具体形态，客观唯心论认为，有一种客观的精神实体是世界的本原，这种客观精神可以是神，可以是命运、天意，也可以是绝对观念。由此看来，有神论、宿命论和绝对观念论都是客观唯心论的种种具体形态。唯心论不等于有神论，更不等于宗教。

根据上述看法，我们可以确定，无神论就是否认神的存在，论证神灵的虚妄性和论证信神的荒谬性的一种理论，是批判神灵观念和宗教信仰的理论武器。

从这种看法出发，我们可以进而分析无神论具有的重要特点：

1. 无神论和有神论都是随着阶级社会的出现而产生的。无神论和有神论既然是一种理论形态，一种抽象思维，那么，它在社会生产水平极低、人类抽象思维能力极差，而且又不存在阶级对立的原始社会是不可能出现的。阶级对立以及脑力劳动和体力劳动的分离是有神论和无神论产生的社会条件。在阶级社会中统治阶级的当权派需要用神灵观念和宗教信仰为其统治地位作辩护，因而也就需要为这种神灵观念、宗教观念制造理论依据，于是才逐步形成了有神论。而剥削阶级中的在野派或改良派为了同当权派作斗争，才总结了自然科学成果和劳动人民中的无神观念，提出无神论和有神论相对抗。原始社会有万物有灵、图腾崇拜等神灵观念和宗教观念的萌芽，也有灵魂不死、祖先崇拜等迷信观念，但并没有有神论，当然也不会有无神论。把原始先民的神灵观念和原始宗教萌芽说成是"有神论"，我认为是不妥的。

2. 无神论是在同有神论作斗争中发展的。无神论和有神论相比较而存在，相斗争而发展。二者是一对矛盾。历史上的有神论，在不同的社会条件下会有不同的内容和形式，无神论总是针对它的观点进行理论批判，从而使本身得到发展。王充的无神论是在同董仲舒和《白虎通义》所宣扬的神学目的论的斗争中形成的，范缜的无神论是在同佛教神学的神不灭论和因果报应论作斗争中出现的，熊伯龙的无神论是在明末清初神学迷雾笼罩的历史条件下产生的。从王充到范缜再到熊伯龙，后者对前者有理论上的继承，但都不是简单的重复，都有发展和提高。因为他们所处的历史条件不同，所针对的有神论也有区别。

3. 无神论和有神论都是哲学的组成部分，无神论史是哲学史的重要内容。无神论和有神论是讨论神灵是否存在的理论，它们虽然并不涉及哲学的所有内容，但是它直接关系到关于世界本原是什么这个根本的世界观问题，所以属于哲学的范围。无神论是一种理论学说，但很难说它是一门独立的科学门类。历史上的哲学史研究者，都是把无神论和有神论思想作为哲学史的组成部分进行研究的。列宁也是把整理和研究历史上的无神论思想作为战斗的唯物主义的重要任务向哲学工作者提出的。我们应该清楚认识这个关系，以推动无神论的研究。

那么，在无神论的研究方法上有些什么值得注意的问题呢？除一般的方法论上的重要问题外，我觉得有以下三点应该重视。

第一，研究无神论要懂得有神论，特别是要具体深入了解信神活动和宗教活动的内幕。弄清宗教的教义、教规和仪式的具体内容以及宗教神学论证神灵存在的思辨方法。这样才能发现破绽，抓住要害，揭穿其手法上的欺骗性和理论上的荒谬性，从而有针对性地进行深入具体的理论剖析，使无神论的内容更充实，根据更牢靠，论证更严密，说服力更强。这就是说，只有做到"知己知彼"，才能"百战不殆"。三十年来，我们在无神论研究上取得了很大成绩，但仍有简单化的缺陷，有时只是在行政上宣布有神论有害，甚至予以取缔；在理论上宣布它荒谬，甚至进行谩骂。宣布一种理论是错误的并不等于征服了它，简单化会使无神论在理论上显得软弱无力。这种简单化现象的出现正是与对有神论、宗教内幕未深入了解和细致剖析有关。

第二，认真总结历史上和现实中那些有神论者转变为无神论者的思维经验。这些人的理论思维经验对无神论的发展是十分宝贵的。鲁迅说，从旧营垒中来的人，深知其内情，反戈一击时更为有力。信神者向不信神者的转变，宗教徒向不信教者的转变，是在激烈复杂的思想斗争中实现的，心灵上经过一段苦难的历程。他们是怎样拨开迷雾，走出迷宫的，这种经验对理论思维的发展很有价值，把它予以总结很能增加无神论的理论力量。当然，从另一方面说，我们也应总结无神论者转变成有神论者的思维教训。

第三，无神论的研究要和自然科学紧密结合，要利用现代自然科学的发展成果。宗教观念、神灵观念、迷信思想总是和缺乏科学知识有关，而有神论者则有意地对自然现象作歪曲性的解释，并把这种解释作为论证神的存在和神的威力的论据。某种自然现象不能得到科学解释，这是神灵观念产生的重要条件之一。例如所谓人体特异功能，就应给以科学地说明，不然就会被有神论者所利用，也会给无神论者造成困惑。由此可见，无神论的研究和自然科学的关系何等密切，无神论的发展对自然科学发展的依赖性何其强烈。脱离开自然科学，无神论研究的道路就会越走越窄。不断吸收自然科学的新成果，无神论的研究就会道路广阔，成绩卓著。

（原载于《国内哲学动态》1981年第4期）

试谈哲学发展的大趋势

任何一门学科都会随着社会的发展而发生变化，哲学这门古老的学科也不例外，如果我们以时代的特点作为依据，就不难看出哲学发展的可能性趋势。

现代科学技术革命的发展及其引起的人类社会的变化，无疑是我们这个时代的显著特征之一。新技术革命潮流和社会主义运动潮流的汇合是当代的时代精神。从时代潮流的这个特征来看，哲学发展的趋势是：

1. 在客体性研究的基础上重视对主体性的研究，研究重点转向主体性。现代科学技术把社会和自然的关系、人的能动性和客观规律的关系、人和技术的关系，即主体和客体的关系推进到一个新的阶段。主体的地位、作用和价值显得十分重要。而且，西方哲学中对主体的探索取得了许多新的成果，提出了许多重大问题。因此对主体的研究就成为哲学的重要课题。

所谓研究重点转向主体性，就是：（1）在坚持人是自然界长期发展的产物的前提下，加强对自然界人化过程的研究；（2）在坚持自然规律、历史规律客观性的前提下，加强对人的创造性活动的研究；（3）在坚持反映论的前提下，突出对人类思维的能动性的研究；（4）在承认历史规律的客观性的前提下，突出对主体在历史活动中的选择活动的研究。

2. 在充当一般世界观和方法论的同时，哲学的功能将向实践的各个领域落实，建立起各部门的应用哲学。哲学从"科学的科学"的包容性中解放出来之后，只作为一般的世界观和方法论对人们的实践活动起指导作用。新技术革命使人们的社会实践向分散化方面发展，领域日广，分工日细，层次日多，节奏日快，特殊性问题愈来愈多。哲学要在这些领域中发挥作用，只停止在一般性普遍性的原理上就很不够了，必须具体分析各领域中特殊性规律，建立作为指导某一领域实践活动的方法论体系。这就是应用哲学。例如技术哲学、经济哲学、政治哲学、法哲学、管理哲学、文化哲学等等。

这种应用哲学和各实践领域里的理论不同，它是用最抽象的具有世界观意义的哲学范畴来说明各实践领域中的根本问题，也就是把各实践领域中的问题提到哲学坐标系中来考察。将各特殊实践领域中的问题提高到哲理的背景下来分析，提高到世界观的高度来说明。就是说，它是从整个人类实践的宏观参照系中来研究某一实践领域在人类实践总结构中的位置，将特殊的实践领域与人类的普遍实践规律贯通。

3. 在继续从自然科学、社会科学、思维科学吸取营养，进行概括和总结，充实和发展马克思主义哲学完整体系的同时，哲学将通过向具体科学渗透而发生分化，形成许多新的分支和新的层次。现代科学在发展中呈现的特征是分化和综合都在加强。科学的分工日细，各学科的交叉、渗透、融合也日烈。许多边缘科学的出现就说明了这一点。

这种特征使哲学和具体科学的关系复杂化了。具体科学在横向上的分界日益模糊，其结果使科学体系在纵向上的层次日多。例如未来学、人口学、创造学、人才学，它们都打破了传统的自然科学和社会科学界限，而带有极大的综合性。于是它们的共同的问题和方法论原理就成为自然科学、社会科学与哲学的一个中间层次。哲学要解决各层次科学中的共同性的复杂问题，唯一的出路是使自身发生分化，形成许多分支、许多层次。它的许多重要组成部分将独立化成为单独体系，如认识论、思维论、历史观、艺术哲学、伦理哲学等等。此外，可能还有许多新的分支出现，如哲学行为论、哲学时间学、哲学价值论、哲学学等。

这些分支和层次的出现，和上述以实践领域为根据建立各种应用哲学不同。它是以科学的发展为依据，是适应科学的分化、融合而产生的。

4. 世界各民族的哲学将相互融合，取长补短，形成新的民族哲学。

技术的交流，贸易的发展，交往的频繁，任何一个国家和民族势必突破自身的封闭性而走向开放。开放就必然加剧相互影响，相互比较，相互吸收。在这种开放性的世界格局中，哲学也会发生变化。世界上欧洲、阿拉伯、中国、印度四支大的文化类型，都有其不同的哲学作为支柱。在开放性的活动中，哲学思维势必会相互吸取，相互影响。各民族为了自身的发展，总要或迟早地吸取别一民族的长处，克服自身的短处，同时也保持和发扬自身的优势，避免别的民族的短处，经过反复比较，改造自己的传统哲学。

马克思主义哲学是沿西方哲学的源流经过变革而发展来的，它的范畴体系和西方哲学密切相关。传入中国以后，经过毛泽东等人的创造性工作，它在中国化的道路上前进了一大步。然而，它还没有吸取中国哲学的许多优秀成果，使它进一步和民族哲学相融合。

当然，中西哲学的融合，绝不是哲学民族性特征的消失，而是民族性哲学的优点在新形式中的发扬光大。"虽是西洋文明罢，我们能吸收时，就是西洋文明也变成我们自己的了。好像吃牛肉一样，决不会吃了牛肉自己也即变成牛肉的。"（鲁迅）总之，中西哲学的融合，是中、西方哲学都得到发展的一条途径。

综上所述，哲学内容的主体化、功能的应用化、体系的分支化、民族类型融合化，是当代哲学发展的大趋势。

（原载于《哲学学会通讯》1986年第1期）

《论十大关系》的哲学精神

《论十大关系》是一篇充满着唯物辩证法的光辉著作,它所体现的哲学精神,至今仍有现实意义。

一 在普遍性与特殊性的统一中,强调特殊性,探索中国道路

毛泽东认为,我们建设社会主义,既要坚持社会主义的一般原则,更要"与中国实际相结合",无论对于马列主义,还是对于苏联经验,都不能教条主义地照搬。在中央与地方的关系上也有共性和个性的关系问题,毛泽东指出既要有"必要的统一"又"必须充分发挥地方的积极性,各地都要有适合当地情况的特殊"。

二 在唯物论与辩证法的统一中,突出辩证法,建立科学的方法论

《论十大关系》是经过综合、分析而概括为理论的。它以客观实际为基础,体现了尊重唯物论的实事求是精神。在唯物论的基础上,把有关社会主义建设和社会主义改造的十个重大问题进行了深入具体地分析,充分体现了毛泽东的辩证法思想。毛泽东在唯物论和辩证法的统一中突出辩证法的哲学精神,启示我们既不能离开唯物论只讲辩证法,又不能离开辩证法只谈唯物论;离开唯物论谈辩证法,最终会陷入形而上学的诡辩,离开辩证法讲唯物论,势必会成为机械决定论。社会主义建设中的一切问题,只能以唯物论与辩证法相统一的方法论来解决。

三 在斗争性与同一性的统一中,重视同一性,追求和谐发展

十大关系就是十大矛盾。毛泽东在分析和处理这十大矛盾时,既看到每对矛盾两方面的斗争性,又揭示了两个方面的同一性(即两方面相互依赖,相互转化的关系),而且更重视其同一性。通过强调同一性,追求和谐发展。

四 在方法论和价值的统一中,着眼价值观,指导建设实践

《论十大关系》所体现的矛盾辩证法的方法论,有一个明确集中的价值取向,这就是调动一切积极因素为社会主义事业服务。这一价值观是《论十大关系》的最高宗旨。毛泽东强调特殊性、突出辩证法、重视同一性,都是以这一价值观为出发点和归宿点的。

(原载于《人文杂志》1996年第6期)

关于秦学研究的致思取向问题

中华文化源远流长，博大精深，其久而不暂、续而不断、聚而不散的特征，为全球所仅有。而在中华传统文化的地域呈现中，陕西处于十分特殊、非常重要的地位。陕西古有"三秦"之称，它既是中华民族的发祥地，又是中华传统文化的摇篮。它深厚的文化积淀、丰富的文化内涵、鲜明的文化个性和深远的文化影响，不仅在中国文化发展史上是独一无二的，而且在世界文化史上也盛名远著。因此，建立专门学科——秦学，对陕西历史文化进行系统深入的研究，是十分必要的。

秦学研究涉及问题颇多，但首先应该思考的是致思取向问题，即秦学研究的范围、对象、任务和宗旨问题。笔者认为，秦学研究的致思取向应包括以下几个方面：

1. 界定秦学的研究范围和对象。陕西之名始于北宋，历经元、明、清三代，沿袭至今，虽行政建制和辖区屡有变迁，但关中地区一直是陕西的核心。由于关中地区是春秋战国时秦国的发祥地，后来又是秦朝的建都地，秦汉之际，项羽入关，封秦之降将于关中三辅，遂又有三秦之称。因此，陕西简称为秦。今天，我们建立秦学，研究的范围既不仅是春秋战国时秦国的历史文化，也不仅是秦代的历史文化，而应是以今日之陕西省行政管辖区域为范围的历史文化，即包括关中、陕北、陕南在内的历史文化。简言之，秦学的研究对象是今日陕西地区的历史文化。研究陕西之历史文化，而以秦学标名，其原因在于今日之陕西曾是秦国的发祥地，秦朝的根据地，且秦一直是陕西的简称。秦之历史文化乃是陕西历史文化的代称。如果我们把秦学的研究对象范围仅局限为历史上的秦国、秦朝或三秦的历史文化,则失去了建立秦学的现代意义。

2. 梳理陕西地域文化的历史变迁。陕西是中国先民的故乡,也是中华文化的发源地,其历史文化源远流长。大约在110万—73万年前,陕西大地上生活着旧石器时代早期的蓝田猿人;距今约23万—18万年前,陕西大地上生活着大荔人;距今约3万—2万年前,进入晚期智人阶段的黄龙人也生活在陕西。进入新石器时代,陕西大地到处遍布着原始先民的足迹,在全国已发现的1000多处新石器时代早中期(仰韶文化时期)的文化遗址中,关中地区就达400多处。公元前4800—前4300年,西安半坡的母系氏族社会已进入全盛时期。到了父系氏族时代,陕西则是华夏始祖炎帝、黄帝的故乡,成为率先进入社会文明的地区之一。进入夏代以后,关中、陕北、陕南分别兴起了许多"氏国",尤以周人部落为盛。商朝时期,陕西境内方国众多,至公元前11世纪,周人灭商,定都关中,不仅统一了今陕西全境,而且统一了大江南北。从此之后,陕西文化由边缘文化发展到中心文化,从区域文化跨越到主体文化;直至唐代,这种文化中心和文化主体的地位,维系了两千年。唐以后,随着中国政治、文化中心的东移南迁,陕西地区的文化日趋衰落。然后,尽管随着封建社会走向衰落,陕西失去了作为中华文化中心的地位,但宋、元、明清时期的陕西,战略地位依然重要,而且在哲学、文化、艺术、科学等方面,仍然有许多重要的创造和发展。建立秦学,研究秦学,就必须对陕西历史文化悠远漫长的历史进程、沿革变迁的演化阶段、升降浮沉的历史命运、深厚广博的历史积淀和丰富宝贵的历史经验,进行深入的探讨、细致的梳理和科学的总结,以期对陕西的历史文化以至整个中华文化,有更为清晰的了解和更加深刻的认识。从这种历史经验的总结中,获得推动陕西社会发展的宝贵启示。

3. 探讨陕西传统文化的特征。中华民族的传统文化总体,贯通于民族文化的各个领域,蕴藏于中华大地的各个地区。每一地域文化,都以其独特的风貌,表现着中华文化的普遍品质。陕西传统历史文化,尽管在周、秦、汉、唐的漫长时期,代表着中华主体文化。但是,从地域文化角度来看，它也有自身的特点。例如：（1）文明开端的原创性文化特征——中华文化从洪荒步入文明时期，在陕西地区活动的炎黄二帝的诸多创造发明，乃是中华文明的第一道曙光；（2）重农乐耕的农业文化传统——陕西关中具有适宜于农作物生长的自然土地环境，决定了周人向农业文明发展的方向。周人始祖重视农耕，是中华农业文明的先驱，从而使陕西形成了悠久的农业文化传统；（3）辐射全国的国都文化优势——在宋以前的一千多年里，陕西一直是中国政治、经济、文化的中心。古代历史上先后有十三个王朝或政权在关中建都，以都城文化为中心，向全国辐射，绘成了一幅辉煌的历史文化画卷；（4）成就辉煌的盛世文化遗存——周的勃兴、秦的统一、汉的开拓、唐的繁荣，都以陕西为基础。周乃中国奴隶社会的鼎盛期，秦汉唐乃中国封建社会的繁荣期，而且周的"成康之治"、汉的"文景之治"、唐的"贞观之治"都是历史上的盛世；（5）由盛转衰的文化演变道路——宋以后，陕西历史文化渐趋衰落，旧日的辉煌退出历史，近代以来的振兴之路步履蹒跚。诸如此类的文化特点，都是值得深入探讨的课题。通过陕西地域文化特征的研究，不仅可以丰富和深化对中华文化的认识，而且可以使陕西人深刻认识自己的省情，提高自己的文化自觉。

4. 弘扬陕西传统文化的优秀精华。一个地域文化的特点，并不等于优点，而是优点与缺点的统一。在深入研究陕西地域文化特点的基础上，着眼于去粗取精、汰劣择优，弘扬陕西传统文化的优秀成果，特别是弘扬陕西历史文化中蕴涵的优秀文化精神，为陕西的社会经济发展、精神文明建设和陕西人的素质提高服务，应是秦学研究的宗旨所在。陕西历史文化积淀深厚，其优秀文化精神，映照千古；周人的敬德保民观念，秦代的法治革新精神，大汉的开拓进取气度，盛唐的开放包容胸怀等等，对于塑造中华民族优秀精神，锻铸陕西人的优秀品格，都发挥了积极的作用，至今仍有可资吸取、可供借鉴的现实意义。对包括这些优秀精神在内的所有优秀文化精神，都应该努力发掘、着力研究、大力弘扬。当然，陕西历史文化遗产中，也存在着许多局限和糟粕，它对于现代的社会发展和现代的精神文明建设，对于现代陕西人的思想观念和思维方式，起着消极的束缚和阻碍作用。特别是重农轻商、因循守旧、封闭保守、安于现状、乡土意识等小农观念，仍然在人们的思想意识和文化心理中根深蒂固。对此，也应通过秦学的研究，分析其表现，探究其根源，清除其影响。总之，通过继承精华、批判糟粕的辩证扬弃和以今释古、化古为新的现代性转换，使陕西的传统文化在新的历史条件下，在西部大开发的时代进程中，成为推进社会、培养人格的宝贵文化资源和强大的精神力量。

（原载于《人文杂志》2000年第5期）

文化建言

精神文明建设的辩证思考

社会主义精神文明是社会主义社会的重要特征，是现代化建设的重要目标和重要保证。建设社会主义精神文明要从我国当前处于并将长期处于社会主义初级阶段的实际出发。在社会主义初级阶段，进行精神文明建设，必须高举邓小平理论的伟大旗帜，运用唯物辩证法，认真思考和正确处理以下几个重要关系。

1. 以经济建设为中心与切实加强精神文明建设的关系。在社会主义初级阶段，社会的主要矛盾是人民日益增长的物质文化需要同落后的社会生产之间的矛盾，这就决定了我们的根本任务是集中力量发展社会生产力，由此在工作部署上就必须坚持以经济建设为中心。但经济建设是人的主体活动，它又需要人的思想道德作为精神动力，需要人的科学文化作为智力支持，需要营造良好的舆论和社会风气，更需要正确的理想、信念、路线来保证它的正确方向。经济建设和精神文明建设这种相辅相成的辩证关系，要求我们在坚持以经济建设为中心的同时切实加强精神文明建设。

2. 坚持四项基本原则与坚持改革开放的关系。对于精神文明建设来说，坚持四项基本原则的核心就是高举邓小平理论的伟大旗帜。在当代中国，坚持邓小平理论，就是真正坚持马克思列宁主义、毛泽东思想；对于精神文明建设而言，坚持改革开放的关键就是大力倡导实事求是、解放思想、敢闯敢试、开拓进取的精神，鼓励支持一切有利于解放和发展社会主义社会生产力的思想道德，积极吸取和借鉴人类社会创造的一切文明成果，并将这种精神转化为推进改革、深化改革的强大动力，从而使经济体制改革有新的突破，政治体制改革继续推进，对外开放水平有所提高。当然，坚持改革也包括对精神文明建设所要求的有关体制的改革。在精神文明建设中，坚持四项基本原则特别是坚持邓小平理论关系到精神文明建设的理论支柱和思想灵魂问题，而坚持改革开放则关系到精神文明建设的实践途径和现实作用问题，这两个方面是理论与实践、指导思想和现实途径的关系，只有将二者统一起来，才能既保证精神文明建设的正确方向又激发精神文明建设的实际活力，发挥精神文明的现实功能。

3. 继承发扬优良传统与充分体现时代精神的关系。处理好发扬优良传统和体现时代精神的关系，是社会主义初级阶段精神文明建设中必须解决的重大课题。马克思主义哲学"辩证扬弃""继承创新""古为今用"的方法论原则是解决这一问题的钥匙。具体言之，就是根据社会主义现代化实践进程的要求，对中华民族的文化传统进行科学分析、辩证扬弃、重新阐释和现代转化，赋予它以新的时代内容，融会它于社会主义思想道德之中，以实现传统文化精华与现代时代精神的融合统一。发扬优良传统与体现时代精神的关系，不但是社会主义精神文明建设中继承与创新、"酌古"与"开今"的关系问题，也是历史传统悠久、文化积淀深厚的中华民族在现代化进程中遇到的关系"旧邦新命"的重大文化课题，因此，在辩证地解决这一课题时，既反对否定优秀传统的民族文化虚无主义，又反对排斥时代精神的复古主义，显得至关重要。

4. 立足本国与面向世界的关系。立足本国与面向世界的关系是社会主义精神文明建设中的"中""外"关系问题。所谓"立足本国"，就是要从社会主义初级阶段的基本国情出发，以党在社会主义初级阶段的基本路线为指导，以我们既有的精神文明成果为基础，保持中国特色社会主义精神文明的性质和方向，根植于中国人民独立自主的历史创造活动和精神文明创建活动，形成具有中国特色的思想道德风貌和文化风格。所谓"面向世界"，就是把我国的精神文明建设，放到整个世界文明发展的大局中来考察，努力吸取外国优秀文明成果。在处理"立足本国"与"面向世界"的关系时，一方面，要着力维护、充分发展中国精神文明的优势；另一方面，要正视和改变我国精神文明中存在的差距和落后面貌。只有在精神文明建设中把立足本国和面向世界统一起来，把中华文明的独特成就和人类共同的文明成果融合起来，才会使中华的古老文明获得新的活力，重新振兴；才会建成比西方的现代文明更优越的中国特色社会主义文明。

5. 思想道德的先进性要求与广泛性要求的关系。我国正处于社会主义初级阶段，这就决定了在思想道德建设上我们必须采取科学的态度，区分不同的层次，处理好先进性要求与广泛性要求的关系。一方面，要在全社会认真提倡社会主义、共产主义思想道德，提倡为人民服务和集体主义精神。尤其是要用共产主义道德约束共产党员和先进分子的言行；另一方面，要引导全体公民广泛增强公德意识，并鼓励支持一切有利于解放和发展社会主义社会生产力的思想道德，一切有利于国家统一、民族团结、社会进步的思想道德，一切有利于追求真善美、抵制假恶丑、弘扬正气的思想道德，一切有利于履行公民权利义务、用诚实劳动争取美好生活的思想道德。如果不提出先进性要求，就不能体现中国社会发展的最终目的，不能坚持正确的道德导向和道德境界的提升，也不能展现共产主义道德的崇高性和感召力；如果不注意广泛性要求，就会脱离社会主义初级阶段的实际，脱离多数人的接受程度，难以收到道德建设实效而易于使道德悬空化。因此，只有把先进性要求和广泛性要求结合起来，才是既符合马克思主义道德观又符合客观实际的思想道德建设的正确原则。

社会主义初级阶段的精神文明建设是一项长期的、复杂的战略任务，其中包括许多必须解决而又不易解决的重大课题。然而，只要我们在邓小平建设有中国特色社会主义理论指导下，运用唯物辩证法，深入研究，认真探索，勇于实践，善于总结，就一定能够走出一条成功之路，使物质文明建设和精神文明建设并驾齐驱，双轮同驰，把一个文明的中国带入 21 世纪。

（原载于《陕西日报》1997 年 10 月 8 日）

论西部大开发的文化意蕴

实施西部大开发,加快中西部地区发展,是党中央在国际形势发生新的变化、我国经济进入一个新的发展时期作出的重大决策,它将为21世纪我国经济和社会的发展开拓新的广阔的空间。对于这一战略决策和伟大工程,我们必须从中国与世界、自然与人文、经济与文化、传统与现代、现在与未来等诸多关系交织成的坐标系中,进行观照和认识。既要看到它所具有的重大经济意义和政治意义,也要揭示它所包含的深远历史内涵和文化意蕴。西部大开发的文化意蕴,主要有五方面的内容。

一 西部大开发是中国现代文明发展的内在要求

"富强、民主、文明"是我国社会主义现代化建设的总体目标,也是数代华夏儿女的共同愿望。然而无论从生产力的现代化水平来说,还是从社会的文明化程度来说,西部都是全国落后的地区。因此,如果不尽快发展西部,以推动西部的现代化水平和文明化程度,那么中国的现代化和文明化的实现,在地域上将是不完整的,在内容上将是不全面的,在水平上也将是不合格的。也就是说,没有西部的大开发与大发展,中国的"富强、民主、文明"的目标,就不可能最终实现。所以,西部大开发,不仅是西部地区的现代化问题,也是关系整个中国的现代化问题;也不仅是改变西部生产力的低下水平以推动经济发展问题,而且还是改变西部社会文明的落后面貌,以提高其文明化程度问题。正如江泽民同志1995年考察陕西、甘肃时所说:"没有西部地区的基本现代化就不可能有我们整个社会主义现代化建设的最终成功。"

二 西部大开发是中国传统文化走向现代的底线转型

中华传统文化博大精深、源远流长，其久而不暂、继而不断、聚而不散的特征为环球所仅有。然而，在现代化进程中，传统文化也面临着向现代转型的历史过程。由于中国西部特别是西北，作为中华民族和中国古代文化的发源地，是中华传统文化（包括汉民族的传统文化和少数民族的传统文化）历史最久远、积淀最深厚、特色最鲜明、内涵最丰富的地区，所以，在中华传统文化走向现代化的历史进程中，其占有极其重要的地位。虽然，中国各个地区的传统文化都有通过转型以实现现代化的课题，但由于西部地区的特殊性，文化转型在西部的任务更为艰巨和复杂，其意义也更为深远和重大。可以说，作为中华传统文化基本标志的西部传统文化的现代转型，是中华传统文化向现代转型的底线。因为，西北地区至今还保存着我国各个历史发展阶段的文化遗产；西安曾为中国历史上十三个王朝的建都之处，长期是中国古文化的中心；西部人的文化意识的深层结构中保留着传统文化的深刻影响；西北、西南地区是我国各少数民族的"民族风俗博物馆"。如果西部的传统文化实现了现代转型，那么，整个中国文化由传统向现代转型的历史进程就基本完成了。当然传统文化的现代转型，并不是实行文化断裂，而是通过辩证的扬弃，弃其糟粕，发扬精华，并且要充分吸取世界文化的优秀成果。由此言之，西部大开发，也将为中华传统文化通过综合创新而发展为中国特色的社会主义文化，探索出新的道路。

三 西部大开发是民族性格的深层改造

中华民族创造了中华文化，中华文化又塑造了民族性格。如同传统文化具有二重性一样，中华民族性格也有其优点和缺点。现代化的过程既是社会发展进步过程也是民族性格的改造和革新过程。中华民族传统性格中的优点和缺点，在西部人身上体现得尤为充分和鲜明。由于西部地区在近代中国，商品经济和市场经济远不如东南地区发达，近代和现代文化的输入远不如东南地区充分，因此，在自然经济和封建政治、文化基础上形成的中华民族传统性格中的劣根性，在西部人身上保留得较为突出。如因循守旧、满足现状、述而不作、稳而不健、狭隘封闭、重农轻商等千百年来所沿袭的性格特点和文化心态，甚为浓厚。西部大开发，对这些内陆人性格中的深层弱点，无疑会是一次大冲击、大改造。这种改造对于优化整个中华民族性格，具有十分深远的意义。

四　西部大开发是中华民族凝聚力的历史性增进

中国是一个多民族的大家庭，至今有56个民族在这片古老的土地上共居共存、和睦相处。这充分表明，中华民族具有很强的民族凝聚力。中华民族的凝聚力是在历史上形成的，也是随着社会历史的发展而发展的。在不同的历史时期，由于国家经济、政治、文化诸因素的变化，民族凝聚的方式和程度也有差异。如果说，在传统社会，民族凝聚主要依赖于国家主权的统一和民族文化的融合；那么，在现代社会，除了以上两个条件外，国家经济的繁荣富强在民族的团结、凝聚中日益起着重大的作用。中国的少数民族绝大多数聚居在西部。因此，通过西部大开发，促进西部地区经济和文化的发展，必然会为中华民族在新的历史条件下，在新的时代水平上，形成新的凝聚方式，达到新的凝聚程度，奠定坚实的经济基础，创造充实的文化条件。而没有西部地区的民族凝聚力的历史性增进，就不可能推动整个中华民族凝聚力的历史性增进。

五　西部大开发是中国生态文明的重新建构

生态文明是现代文明的重要内容。也是社会可持续发展的重要目标。在中国的现代化建设中，物质文明、精神文明、制度文明、生态文明必须兼顾并进。西部地区处于我国自然生态环境脆弱的地带，而且由于历史和自然的原因，西部还面临一系列严重的生态破坏及退化的问题，如植被稀疏、水土流失面积扩大、草原退化和沙化严重、水资源贫乏、生物多样性减少，等等。这些问题不但危害着西部人的生存和发展，而且也严重影响着全国的生态环境。因此，进行西部大开发，并在西部开发中实施山川秀美工程、加强环境建设，不仅会促进西部地区生态文明的恢复和发展，而且对全中国的生态文明建设，都具有十分重大而深远的意义。

可见，西部大开发虽然首先是经济发展问题，但却不仅仅是经济问题，它具有深刻而丰富的文化内涵，它关系到西部地区以及整个中国社会的全面发展，关系到西部地区以及整个中华民族的全面振兴。我们必须从经济繁荣、社会进步、文明重建、民族性格优化、民族团结增强、生态环境美化等多方面全方位认识西部大开发的意义，实施西部大开发的战略。李白《西岳云台歌》诗云："荣光休气纷五彩，千年一清圣人在"这是对盛唐时期长安文化的高度赞扬，而现代中国的西部大开发，也正是一项"荣光休气纷五彩"的内涵丰富的系统工程和伟大事业。

（原载于《西安日报》2000年8月16日）

西部开发与价值自觉

"中国西部"不仅是一个地域方位概念，也不只是一个行政区划概念，而是一个地域、行政、文化的综合概念。中国西部有着独特的文化个性，形成了一种独特的地域文化类型，蕴涵着与东部中国不同的文化精神。中国的西部，自然生态奇特，地理环境奇异，历史传统悠久。它所孕育的文化，气势雄伟、风格旷远、习俗多姿、内涵丰厚。这种文化风格和文化精神，使西部大开发既成为一种经济发展过程，更成为一种文化变迁过程。就文化变迁而言，西部大开发，内在地包含着对西部文化资源的开发和利用，优秀文化精神的继承和弘扬，传统文化的变革和转型，具有时代精神的新文化的培育和建设。而这一综合创新目标的实现，必然要求西部文化有高度的文化自觉。然而，人不可能在不理解文化意义的情况下去继承和创新，而如果离开了价值这个核心，文化的意义是不可理解的。因此，文化自觉的核心是价值自觉。

一 价值自觉的基本涵义

所谓价值自觉，就是生活在既定文化传统和文化氛围中的人们，对身处其中的文化价值体系和身体力行的文化价值观念有正确的认识、深刻的理解、合理的态度和适当的处置方式。其中，正确的认识是价值自觉的前提，只有对价值体系的内涵、历史、特征、作用和演变趋势有正确、深刻的认识，才能深入理解它所具有的意义，进而也才能选择合理的态度对待它，探索适当的方式处置它。

价值自觉的基本特征是价值主体自己对自己的价值观念和价值行为

的自我认识、自我反思、自我调节和自我变革。因此，具有鲜明的主体性和强烈的自主性。价值自觉不是一种外在于价值主体的"他知"而是价值主体的"自知"。由于认识和理解价值体系的人内在地处于价值关系之中，他不仅对于这种价值体系"身处其中"，而且对于这种价值观念"身体力行"，所以，就增加了认识这种价值体系的难度，所谓"不识庐山真面目，只缘身在此山中""旁观者清，当局者迷"。费孝通先生在谈到"文化自觉"时说："文化自觉只是指生活在一定文化中的人对其文化有'自知之明'，明白它的来历，形成过程，所具有的特色和它发展的趋向……"又说："文化自觉是一个艰巨的过程。"① 价值自觉作为文化自觉的核心，也自然是一个非常困难的自我认识过程。对于西部大开发来说，价值自觉就是人们（首先是西部人们）对西部的价值体系和价值观念具有"自知之明"。即对它的内涵、特征、历史、趋向有一个明确而深刻的自我认识。

二 价值自觉的重要意义

经济、政治、文化的协调发展和社会的全面进步，是西部大开发的整体目标，这就决定了西部大开发是一项伟大的系统工程和艰巨的社会实践。而这一系统工程和社会实践又是在广阔的历史空间中展开的。中国的西北和西南有12个省、市、自治区，有占国土57%的546平方公里的土地面积，有占全国总人口23%的2.8亿人口，有50多个少数民族。在这广阔的舞台上实施西部大开发战略，其重要性和艰巨性不言而喻。领导这一伟大而艰巨的系统工程，如果没有正确的价值导向，参与这一伟大而艰巨的社会实践，如果没有正确的价值取向，不但会走弯路，甚至会陷于失败。而领导者的正确的价值导向和参与者的正确的价值取向，只有通过价值自觉才会形成。

首先，价值自觉有助于西部大开发确立正确、全面的战略目标。战

---

① 引自费孝通《反思·对话·文化自觉》，《新华文摘》1997年第9期。

略目标实质上是整体性的价值目标。在西部大开发中，必须把经济、政治、文化的协调发展和社会的全面进步作为整体目标，在实现这一目标的过程中，要正确地处理好经济增长与社会进步、物质文明和精神文明、社会发展和人的素质的提高、自然生态环境保护和生产力的发展、资源的开发利用和资源的节约保护、市场机制和计划调节、改革开放和社会稳定、优秀传统继承和跨越式发展等多重关系。而在这些关系之中，内在地包含着一系列价值矛盾和价值冲突。通过价值自觉，可以使我们深入认识构成价值目标体系中的各种因素以及它们之间的复杂关系，正确处理诸多因素之间的矛盾，建构诸因素相互协调、相辅相成的目标体系，从而克服顾此失彼，防止畸轻畸重，避免一手软、一手硬等盲目性。

其次，价值自觉有利于西部大开发选择正确的途径、模式和制定合理的阶段性规划。实施西部大开发战略，既有目标的确立，也有途径、模式的选择和阶段规划的制定。途径、模式、阶段规划从总体上说属于工具价值的范围。在西部大开发中，怎样开发、如何开发、何主何从、何先何后，都涉及价值选择问题。因而只有达到价值自觉，才能在各种模式、途径中进行比较、选择或整合，建构经济效率与社会效益相均衡的区域开发模式，才能制订符合社会发展规律的开发规划，使区域经济的发展和社会的发展，既呈现为一个价值连续积累的动态过程，又表现为不同的发展阶段。

第三，价值自觉有益于树立西部大开发中的创新观念。西部大开发战略目标的确立、开发模式的选择，是在新的体制背景、市场态势和新的对外开放环境中进行的，而且随着经济全球化的迅速发展和中国加入世贸组织的新机遇，环境和形势还会不断发生新变化。这就要求在开发的过程中，努力进行技术创新、组织创新、制度创新和管理创新。而这些创新的先导是观念更新，包括更新发展观、资源观、优势观、规划观等。而新的发展观、资源观、优势观和规划观都包含着或体现着一种新的价值观。因此，只有对我们长期形成的价值观念进行反思，达到价值自觉，才能实现价值观念的更新，进而为树立上述一系列新观念提供指引和支持。

总之，价值自觉对于西部大开发具有十分重要的意义，它是制定目标、选择模式、更新观念的灵魂和先导。

三　价值自觉的内容

价值自觉是价值主体的自我认识活动和自我调节活动，它包括多方面、多层次的具体内容，对于西部大开发而言，价值自觉的内容主要有以下五个方面。

1. 对价值主体的明确认定。价值自觉的首要内容是对价值主体地位的明确认识和合理界定，即回答谁是西部大开发的价值主体，具体地说，谁是西部大开发中的价值追求者、价值创造者和价值享有者。西部大开发是国家提出并实施的伟大战略，因此从总体上说中国人民、中华民族是西部大开发的主体。全体中国人民和中华民族都与西部大开发有利益关系，西部大开发体现和实现的是整个中国人的利益。然而，在这一总的主体之中，西部人与西部大开发的利益关系最为直接、最为密切，利益程度最为深厚、最为宽广，利益持续性最为持久、最为悠远，所以是最核心的主体。中央政府的部署、政策，要首先通过西部人的能动性去实现，东部的协助、支援、参与要靠西部人的主动争取、吸引、合作去发挥作用，外商的投资环境要靠西部人的积极努力去创造，西部的市场体制主要靠西部人去建构。对此，西部地区的人民要有明确的认识、高度的自觉，不断增强自身的主体意识。

2. 对价值观念形成历史的深刻反思。西部地区是中华文明的重要发祥地，具有丰厚的中国传统文化历史底蕴，拥有大量的历史文化遗存和丰富多彩的文化资源。周、秦、汉、唐都建都于西部，西周是中国奴隶社会最成熟、最强盛的时期，秦是中国第一个统一的中央集权的王朝，汉代建立了疆域广大、国力强大的封建国家，盛唐是中国封建社会发展的登峰造极时代。周、秦、汉、唐的历史文化积淀，为中华文化在以后的发展奠定了坚实的基础。在这一漫长的历史发展过程中，中华民族建构了自己的价值观念。后来，中国政治、经济、文化中心东移、南迁，价值观念也随之发生了变化。中华文化的发展既有统一性又有多样性，这种一体多元的文化结构，形成了中国传统价值观念的同中之异。从地域文化的特征言之，可以说，先有东西之异、后有南北之别。东西之异起始于殷末周初，殷人在东，周人在西，周人向东发展，与殷人斗争，最后灭殷，使东西部文化差异日渐形成。后来，周初分封诸侯，姜太公封于齐，齐的兴盛，使东西文化差异进一步强化。南北文化差异形成于春秋，吴越和荆楚的兴起，使南北之别逐渐明朗，孔子已有"南方之强"与"北方之强"的议论。由此可以看出，西部的文化价值观念的形成，历史悠久，道路曲折，内涵丰富而又复杂，特色鲜明而多变化。周人的重农观念、秦人的法治观念、汉人的开拓精神、唐人的开放意识，对西部人都有重大影响，宋以后形成的保守、封闭思想也留下了深刻的烙印。反思这一历史过程，达到对西部价值观念复杂性、悠久性的自觉认识，有利于克服自负和自卑两种盲目性，有助于处理好继承和批判、克服和发扬的关系，也有助于对不同的价值观念采取破除、复兴、转型等不同方式，予以处置。

3. 对价值观念特征的辩证分析。由于自然环境、历史传统的特征，西部的价值观念有不同于东部人的显著特点。对于这些特征，必须有全面的认识，首先，要看到这些特征的差异是相对的，不是绝对的，同为中华文化价值观念体系的构成部分，不同地域文化的差异乃是同中之异，异中有同。特性、个性并不脱离普遍性、共性而孤立存在；其次，要认识特征并不完全等于优点，也不完全等于缺点。西部人的价值观念特点中既有缺点，也有优点；既有消极因素，也有积极因素。只有在共性与个性、优点与缺点的辨析中认识西部人的价值观念特征，才会形成价值自觉，以便在观念更新中扬长避短、去劣存优。如果说，历史的反思是对价值观念的"纵贯"认识，那么特征的把握则是对价值观念的"横通"认识，西部人的价值观念必须在纵贯与横通的交叉认识中，达到自知之明。

4. 对价值观念更新方向的科学把握。价值观念更新对于西部大开发具有先导的意义,所谓更新,总是针对旧观念提出的。经过二十多年来的改革开放,西部人的价值观念已经发生了较明显的变化,一些传统观念已被扬弃,被否定。在西部大开发的过程中,新的的发展目标,新的历史任务和新的社会实践,进一步要求更新观念。那么,如何把握更新的方向呢?以什么标准作为区分新旧观念的尺度呢?这是一个很值得深思的问题。从总体方向上说,西部人的价值观念更新,既要以适应西部大开发和社会发展的需要为标准,也要以适应中国社会主义现代化建设新阶段的需要为标准,还要以适应经济全球化和中国加入世贸的新形势的需要为标准。这三个层次的标准必须统一起来,以作为西部价值观念更新的定向。就西部开发的任务而言,必须从加强基础建设、调整产业结构、治理生态环境、实施科教兴国战略的要求出发更新观念,树立新的产业观、生态观和人的素质观;就中国进入全面建设小康社会、加快推进社会主义现代化的新的发展阶段的要求而言,必须大力倡导和增强创新意识和创新精神,不断推进理论创新、制度创新和科技创新,同时树立市场、人才、竞争、效率、民主、法制等观念;就经济全球化的时代特征而言,必须树立国际竞争意识、全球意识、信息意识等具有时代精神的观念。由此可见,西部的价值观念更新不能简单地以东部人的价值观念为标准,而要立足西部、着眼全国、面向世界和未来。

5. 对价值观念更新动力的切实强化。价值观念更新是思想观念领域中的课题,但是它的源泉和动力来自于实践。只有在实践中,人们对旧的价值观念的消极性、危害性,才会有真切的体会;对价值观念更新的必要性和紧迫性,才会有深刻的认识;对价值观念更新的方向和重点,才会有准确的把握;对价值观念更新的机制,才会有切实的发现。特别是随着实践的不断发展和不断深入,人们会不断获得观念更新的动力。因此,在西部大开发中,一切价值观念的更新都不可能在实践之外孤立地实现,而只能在实践的过程中逐步进行。所以,关键是要投入开发的实践,大胆探索,大胆试验,积极参与,积极行动,通过实践发现问题、提出问题，进而转变思想观念，再去指导实践。历史证明，人的价值自觉不是在孤立、静止的状态中，通过内心的自省、反思实现的，而是在实践的过程中通过认识与实践的互动才实现的。近代以来，中国人是通过实践中的失败才认识到僵化保守、妄自尊大等观念的严重危害的，也是通过实践经验的总结才实现了由传统观念向现代意识转换的。改革开放以来，我们是在实践中才实现了从计划经济向市场经济的转轨的，从而也才逐步树立了市场观念、竞争观念、效率观念和商品观念的。西部大开发是一场伟大而艰巨、长期而复杂的社会实践，它既需要价值自觉为先导，也会为价值自觉提供动力。价值观念对实践的指导作用和实践对价值观念更新的动力作用是辩证统一的。因此，必须通过强化实践以推动和实现价值观念的更新。

人贵有自知之明，人也难在自知之明。西部大开发中的价值自觉，是西部人一项重要的自我认识课题，也是西部人在主体性、历史性、时代性、实践性相联结的多维坐标系中实现价值观念重建的艰巨任务。随着西部大开发战略的实施，西部人的价值观念和价值世界必定会呈现出崭新的风貌。

（原载于《西安社会科学》2003年第3期）

发挥传统文化优势
创建现代城市文明

　　创建文明城市是精神文明建设的重要内容，也是中国特色社会主义文化建设的基本要求。中国的现代城市文明建设是在各城市已有的文化基础上进行的，它既要体现当代时代发展的文明水平和文明特色，又要立足于本城市的实际，考虑到本城市的历史，保持本城市的文化特色，这不但是一个从实际出发的思想路线问题，而且还是一个发挥本城市优势的价值追求问题。

　　发挥传统文化优势是形成城市文明特色的必由之路。创建文明城市是全国各城市，特别是大中城市普遍开展的活动，也是精神文明建设的战略任务对各城市的普遍要求。以现代都市文明为标准，各城市的文明水准要求，是有共同性的。就是说，哪些城市达到了文明的标准，哪些城市没有达到文明标准，是由统一的尺度来衡量、来评定的。但是，由于各城市的客观条件不同，具体情况相异，历史传统有别，各个城市都应具有自身的文明特色，形成自身的文明形象。这样，社会主义的现代文明城市，才会呈现百花齐放、异彩纷呈的局面。由此看来，现代的城市文明建设应该体现文明的共性与个性、普遍性与特殊性相统一的辩证法。

　　要形成自身的文明特色，就必须对本城市所处的环境和地位、既有的资源和条件、已取得的成就和经验、所积淀的历史和传统等等因素，进行认真研究、具体分析、深刻认识和切实把握。其中，认识和发挥自身的传统文化优势，是一个十分重要的问题。

第一，发挥传统文化优势，弘扬优秀传统文化，是社会主义精神文明建设方针的重要内容。十五大报告提出：有中国特色社会主义的文化"渊源于中华民族五千年的文明史"；社会主义精神文明建设要"立足中国现实、继承历史文化优秀传统、吸取外国文化有益成果"。这些要求，对城乡的精神文明建设都是适用的，由于我国各大中城市都曾在历史上是某个时代或某一地区的文化中心，传统文化的积淀比较深厚，因此，在城市精神文明建设中，继承和弘扬历史文化优秀传统，就显得尤其重要。

第二，发挥传统文化优势，是从实际出发的一个重要方面。城市精神文明建设同其他社会主义建设事业一样，也要坚持实事求是、一切从实际出发的原则。一个城市的历史背景和历史传统，乃是它所面临的客观实际，这一实际是精神文明建设的立足点和出发点之一。它既是该城市精神文明建设的制约因素，也是形成该城市精神文明特色的重要条件。一个城市传统文化的优势，乃是该市广大民众心理认同和感情自豪的对象，如果不从这种文化优势出发，精神文明建设也会失去对民众的吸引力和凝聚力。

第三，传统文化优势乃是精神文明建设的宝贵资源。社会主义的精神文明建设不仅要以既有的文化成果为基础，而且还要从传统文化中吸取营养，发掘资源，通过扬弃和筛选，使其成为新文明的构成成分。任何一种传统文化，任何一个地域的传统文化，都不是历史的僵死遗物，而是活生生的文化激流，它源于过去、注入现代、流向未来，它其中所蕴含的精华，是民族生命的内在血脉。这种血脉会随着时代的变化不断革新，以维持和延续民族的文化生命。对于一个城市来说，只有从自身的传统文化积淀中不断发掘探求，吸取精华，综合创新，才能使自身的文明建设既具有深厚的历史感而不飘浮，又具恒久的生命力而不僵滞，从而置身于文明城市之林而特色独现。

总之，在城市的精神文明建设中，发挥自身所有的传统文化优势，乃是形成该城市精神文明特色的必由之路。当然，一个城市文明特色的形成，取决于诸多因素，如地理环境、社会地位、经济基础、管理方式、城市设施、民俗风格等等，但从历史发展的纵向考察，把握该城市在长期历史发展过程中所积累的文化宝藏，发挥其独有的传统文化优势，无疑是城市文明建设中的一个重要课题，是应该关注的一个重要因素。

（原载于《陕西日报》1998年8月5日）

使传统文化精神向现代文明转化

陕西是中华民族十二个王朝建都的地方，是一个传统文化积淀深厚、地域文化特征鲜明的文化大省。从历史传统的视角来看，陕西文化凝聚着中国古代社会鼎盛时期的都城文明的丰富内容和灿烂成就。在陕西建都的十二个王朝，包括奴隶社会、封建社会初期、中期，跨越了两种社会形态，持续了一千多年，周、秦、汉、唐乃是中国奴隶社会和封建社会发展的鼎盛时期，这几个朝代所创造的灿烂文化成果及其蕴涵的文化精神，对中国社会的发展和中华文明的形成，作用极为重大，影响极为深远，至今仍有现实意义。陕西为中华民族养育了大量杰出人物，如周公、秦始皇、司马迁、班固、魏徵、白居易、杜牧、张载、李二曲、刘古愚、王鼎等等，他们不仅为陕西文化，更为华夏文明做出了重要的贡献。

周、秦、汉、唐文化精神的内容十分丰富，其中的精华经过我们的改造，仍然能够在现代文化精神中发挥作用。例如，西周时期"食货为本"的治国观念和"敬德保民"的为政意识中所体现的重视经济发展、重视当政者的道德修养、注意关心民众利益的精神；秦人严明法治的治国方略和崇尚事功的价值观念中所包含的重视法制建设、倡导求实创业的精神，汉代以"仁义礼智信"为"五常"的道德教化和"强勉行道"的人生态度中所表现的重视道德自觉、鼓励主体能动性的精神，大唐盛世"万善同归""务存会通"的文化方针和"有容乃大""德义日新"的治世思想中所展示的兼容、开放、进取、创新精神以及贯穿于周、秦、汉、唐文化中的刚健气质、浑厚风格和恢弘气度，都是值得我们今天珍视和继承的。重铸陕西的人文精神，促进陕西的社会发展，应该从周、秦、汉、唐的丰厚文化成果中汲取宝贵的精神资源。

陕西古代文化毕竟是奴隶时代和封建时代的文化，必然具有历史的局限性，包含着固有的缺点，尤其是唐代以后，中国政治、文化中心逐步东移、南迁，封建社会也日渐由盛转衰，陕西古代文化的活力也逐渐衰退，失去了昔日的辉煌。在这种历史条件下，陕西传统文化中本来就含有的缺点更加滋长蔓延。这种历史性缺点，虽然经过了近代以来的社会变革、社会革命的破除和新中国成立后社会主义建设的洗礼，特别是经过改革开放以来的社会腾飞发展的冲击，但至今仍在人们文化心理深层结构中留存它鲜明的烙印。概括言之，陕西传统文化存在着不重商贸的小农意识、不敢创新的保守意识、不求开放的封闭意识、不讲文明的乡土气息和不尚竞争的中庸思想，这些缺点，都是和现代文化精神的要求相背离，成为陕西社会发展的精神阻力。在目前，陕西传统文化精神面临在新的历史条件下应如何扬弃和转化，陕西的人文精神需要进行新的建构，陕西社会发展的文化支撑需要新的反思和优化。在陕西的社会发展中，应该不断摒弃以上缺点，用新的思想观念和伦理道德，取代那些落后的东西，实现观念更新和意识转换。

要探寻传统文化与现代文明的结合点。传统文化精神与现代文明如何结合呢？我认为，人的素质是本位。有中国特色的社会主义文化建设的一项根本任务是培养"四有"新人，陕西传统文化的优秀精神也蕴涵在人的素质之中，人的素质是传统文化精神和现代文明的共同凝聚点。另外，要突破传统文化向现代文明转化的难点。传统文化中的优秀成分，因是在历史上形成的，带有它形成时代的具体特征。如何使它与新时代的价值观念与道德精神相符合，是一个亟待解决的难题。我认为，我们在立足现实、发扬传统文化精华的基础上可以用时代精神对传统文化进行新的阐释。例如，对于西汉时期形成的"五常"（仁义礼智信）的观念来说，我们可以将其解释为尊重人、关心人、服务群众、助人为乐（仁）；热爱集体、热心公益、扶贫帮困、为事公道（义）；文明礼貌、遵纪守法（礼）；勤奋好学、热爱科学（智）；诚实守信、买卖公平（信）等等。我们完全可以沿着这一思路不断探索，逐步突破传统向现代转化的难点，使陕西传统文化精神向现代文明转化。

（原载于《陕西日报》1997年11月14日）

变文化优势为文化活力

陕西省西安市处于中国的内陆腹地，是中华民族的发祥地之一，也是西北地区社会发展的带动者。要把一个富裕繁荣文明的陕西带入21世纪，并在西北地区社会发展中发挥"龙头"作用。既要解放思想、深化改革、扩大开放、大力发展社会生产力，建设高度发达的物质文明，还要提高认识、更新思路、加大力度，发展文化事业，建设社会主义精神文明。

陕西和西安市的文化建设，要从自身已经形成的优势出发，着力实现三个"转化"，变文化优势为文化活力。

1. 实现科技文化向生产力转化。我们省我们市都渴盼着经济的腾飞，然而怎样铸造经济的辉煌呢？首先要靠科技，科技能够给工、农、商等经济部门注入新的生命力和竞争力，从而能够推动经济的发展，铸造经济的辉煌。这一点已经成为人们的共识，因此，国家提出"科教兴国"。我省我市科技教育实力雄厚，综合科技能力位居全国前茅。据统计，1980年至1996年，我省共取得8200多项重大科技成果。这是我们的重要优势之一，为陕西和西安的经济腾飞创造了良好的条件。然而，陕西西安的经济至今依然发展滞后，究其原因，大量的科技成果没有转化为生产力乃是一个突出的问题。科技成果没有转化为生产力，也就不能为产业、产品增加生命力和竞争力，这也就意味着科技文化与经济和社会发展还是两张皮而没有一体化，在这种状态下，科技优势的说法只能是纸上谈兵。因此，促进科技文化向生产力转化，向产业、产品融入，向社会生活扩展，是亟待解决的大课题。政府应该从科技体制改革和科技政策上，从增强产业部门的科技意识上，从开通科技部门与产业部门的联系渠道上，从提高我省我市的科技水平上，花力气，做实事，尽快提高科技成果的转化率，变科技优势为产业优势，并带动西北地区经济和社会的发展。

2. 实现人文文化向人的素质转化。人文文化相对于科技文化而言，是以人类价值和人的精神理想为内涵的精神文化，其核心内容为价值观。研究人文文化的学科有哲学、文学、艺术、史学、语言学、伦理学等等。对现代人素质的提高来说，人文文化有培养人的思想道德素质和提高人的高尚情操，帮助人们树立正确的世界观、人生观、价值观的重要作用。陕西和西安不但具有科技文化优势，而且在人文文化方面也有许多优势。陕西和西安的高等院校中有历史悠久、门类齐全、师资雄厚的人文学科，陕西社科研究机构中有从事人文学科研究的高水平研究人员。新中国成立以来特别是改革开放20年来，陕西人文学科的工作者取得了许多在学术界有影响的成果。对这种优势，绝对不能听而不闻、视而不见、置而不用，而应该通过加强人文学科、弘扬人文文化、转化人文成果，以提高广大人民的精神素质，优化人民的精神生活。这不但对于形成良好的道德风尚和良好的社会风气有重要作用，而且对社会的长期发展和进步、对人的全面发展和提升，有深远意义。而这一点，至今还未被一些人所认识。邓小平同志说："我们国家，国力的强弱，经济发展后劲的大小，越来越取决于劳动者的素质，取决于知识分子的质量和数量。"十五大报告指出："我国现代化建设的进程，在很大程度上取决于国民素质的提高和人才资源的开发。"对于陕西这个经济不够发达的地区来说，努力提高全省人民的素质，是更为重要更加紧迫的任务，而促使人文文化向人的素质转化，则是提高人的素质的必由之路。

3. 实现传统文化向现代精神文明转化。陕西是中华民族的摇篮，是华夏文化的发祥地，历史上曾有十二个朝代在西安建都，历时一千多年，是中国历史上建都时间最长、朝代最多的地区。悠久的历史沉淀了深厚的文化，陕西西安的传统文化资源优势，在西北地区独领风骚，在全中国屈指可数，在世界上盛名远扬。对于现代化建设和社会发展来说，这种传统文化优势具有多方面的功能和价值。它所呈现的丰富多彩的人文景观，当然可以作为人们假日休闲和文化享受的营养，更可以作为发展旅游事业的资本。然而，最为重要的是，它是社会主义精神文明建设的宝贵资源。陕西传统文化中所蕴含的精华，是中华民族道德和智慧的结晶，是民族精神的体现，是中华文化生命力和创造力的凝聚。把传统文化的优秀成果转化为现代精神文明，对于中国特色社会主义文化建设和精神文明建设，具有十分重大的意义，对于推动社会进步和人的素质的提高具有极其巨大的力量。因为，中国特色社会主义文化不是无源之水，"它渊源于中华民族五千年的文明史"；中国的精神文明建设不是空中筑楼，它是"继承发扬优良传统而又充分体现时代精神、立足本国而又面向世界的精神文明建设"。文化和精神文明发展的这种民族性和历史继承性特征，要求我们必须从中华传统文化成果中汲取资源和营养。如果陕西和西安能够充分利用和善于利用这种得天独厚的传统文化优势，并努力实现传统文化向现代精神文明转化，就一定会在文化建设和文明建设上既形成自己的鲜明特色又取得超胜于人的优先地位，从而成为西北地区文化发展的龙头。

文化是社会经济和政治的反映，也是推动经济和社会发展的力量，上述"三个转化"的实质，就是变文化优势为文化活力，以推动社会发展，也同时在发挥这种活力作用中，促进文化自身的发展。不发挥现实活力的文化优势是僵死的文化，转化为现实力量的文化优势才是生龙活虎的文化。

（原载于《西安日报》1998 年 11 月 16 日）

试论西安传统文化精神

文化精神是贯通、渗透于民族文化各个领域、各个层次中的精神素质，它是民族文化的灵魂，是一个民族文化传统得以世代延续的精神血脉，每个民族或每一地域的文化传统中，都蕴含着与别民族，别地域不同的精神特征。西安是历史名城，文化古都，其传统文化精神，有着自己的鲜明特色。

西安历史上有十二个王朝和政权建都，历时一千二百五十余年。历史悠久而又对中国历史和文化影响最大的莫过于周、秦、汉、唐。西安文化的基本精神就是在周、秦、汉、唐形成的，西安作为首都，也最集中地体现了周、秦、汉、唐精神。概言之，西安传统文化的基本精神是：

一　创造革新精神

周、秦、汉、唐都是创造、革新的时代，"武王克商，光有天下"，西周在殷的废墟上兴起，封诸侯、立井田、制礼乐，实行了一系列变革，创造了许多新的制度文化、观念文化，把奴隶社会发展到了新的阶段。战国时，商鞅变法，秦国日强，后来秦始皇统一中国，创建了历史上第一个封建专制主义的中央集权制度，废分封、行郡县，统一文字，统一度量衡，破旧立新，开创了一个新时代。汉唐虽然在基本政治制度上沿袭秦制，但在具体制度、科学技术、思想观念、文学艺术领域都有许多重大发明和创造，硕果累累。中国历史上的物质文化、制度文化、思想观念文化许多都是在西安创造的，创造革新精神是西安传统文化精神的突出特色。

二　整体凝聚精神

周、秦、汉、唐都是统一的时代，华夏民族兴起于中原，经过长期交往融合至秦汉形成统一的多民族国家，汉代以后，华夏族称为汉族。周、秦、汉、唐对中华民族整体的形成起了决定性的作用，特别是汉唐中央大一统的政治结构，使西安成为全国政治、文化、意识的趋同中心和凝聚核心。中华民族的重群体、重统一、重集中的价值观念和民族情感，基本上是在以西安为首都的历史时代培育而成的。

三　人伦道德精神

中国民族重人伦道德，号称礼仪之邦，而重德观念的源头也在古代的西安。周公提出"以德配天""敬德保民"思想，突破了殷人的上帝、天命宗教观念，开始形成了重道德的主导意识。儒家鼻祖孔子，虽为鲁国人，但他以"吾从周""梦周公"为理想追求，把周人的重德传统、礼乐文化发展为"博施济众"的仁爱精神，作为儒家思想的精髓。

四　深厚博大精神

周、秦、汉、唐创造的文化成果，形式多样，内涵丰富，气势宏大，风格凝重，表现了一种浑厚博大的精神特质。在浑厚雄伟的黄土高原和辽阔富饶的秦川大地这种自然环境中，在周武、秦皇、汉武、唐宗时代的历史功业中，在西周青铜器，秦代长城、兵马俑，汉代石刻，盛唐诗文以及宫殿、陵墓建筑中，都充满着阳刚之美，浑厚之质，凝重风格，博大境界。后人说的"强秦威势""大汉雄风""盛唐气象"，就是对这种浑厚博大精神的称颂。

五　融合交汇精神

秦、汉、唐三代都有开放的气度，十分重视民族之间、国家之间的文化交流。秦国广招天下英才，住用客卿，以成统一大业。张骞出使西域，开国际交流之路。在汉代，"丝绸之路"也初具规模。唐代玄奘，长途跋涉，赴印度取经；鉴真和尚，浮桴东海，去日本讲学；日本高僧晁衡，埋骨盛唐，他们都是中外文化交流的使者。文成公主远嫁西藏，带去了唐朝的先进文化。秦、汉、唐时期的文化开放和兼容政策，既促使了国内儒、释、道的思想融合，汉族与兄弟民族的文化融合，也推动了中外文化的交汇融合，对中国文化的发展产生了极其深远的积极影响。

西安传统文化的五大基本精神，对中华民族传统文化特征的形成和发展，作用是巨大的。今天，我们要推动西安社会主义现代化建设和精神文明建设的发展，就必须弘扬西安传统文化的优秀精神，剔除封建性糟粕，克服保守性和封闭性弊端。使西安文化的优秀精神，在马克思主义指导下，和社会主义相结合，汲取现时代的营养，焕发新的生命活力。

（原载于《西安晚报》1990年7月31日）

适应时代前进步伐　优化西安文化精神

每一民族、地域文化，都具有其独特的文化精神。文化精神是由思维方式、价值观念、人格理想、审美情趣构成的整体系统。它作为一个民族、一个地域文化的灵魂，渗透于该文化的各个要素之中，反映着该文化的特质，表现着该文化的生命力，影响着该文化的发展趋向，因此，文化精神的培育和优化应是文化建设的重要课题。西安文化，经过两三千年的历史积淀，形成了其固有的文化精神，这种文化精神，有其突出的特点，也有其明显的缺陷。在实现现代化的历史进程中，要把西安建设成外向型的现代都市，必须适应时代前进的步伐，优化西安的文化精神。

一　在古今结合中，弘扬西安传统文化的精华

西安是中国和世界上著名的文化古都，曾经是中国十二个朝代的政治、文化中心，其中以周、秦、汉、唐，时间最久，影响最大。悠久的历史，灿烂的古代文化，光荣的近现代革命传统，蓄积了巨大的文化能量，熔铸了西安的文化精神。西安传统文化中蕴含的文化精神，有许多优秀的精华，直到现在仍有其宝贵的价值、强烈的活力和敦厚气度，秦人的创新精神和严峻气质，西汉的功业精神和雄浑风格，盛唐的开放精神和博大气象，都是西安文化精神的优秀特质。这些传统文化精神培育了西安人勤劳、朴实、敦厚、诚信、温和、刚健的优秀品质。在现时代，这些优秀的精神品质并没有过时，还能在中国特色社会主义建设中发挥积极作用。然而，在弘扬西安传统文化优秀精神的时候，必须和现今的

时代精神相结合，以开放、创新、竞争、敏锐、快速等具有时代风貌的新精神，丰富、充实和更新传统文化精神，从而使优秀的传统文化精神，更有生命力，更能适应社会发展的需要。在古今结合中，在与时代精神的融合中，弘扬西安传统文化精神，既是对西安传统文化的继承和发展过程，也是西安文化精神的优化过程。

二　在东西融通中，学习东部文化的优点

由于地域及历史原因，我国东西部之间，在经济实力和文化观念上都存在着差距。特别是改革开放以来，随着经济的发展，我国东部沿海地区乘着经济力和文化力两匹骏马，越跑越快，从而使东西部之间本来就有的地域文化差异更为鲜明。东部文化所洋溢的开放性、创造性、活跃性、高速度、快节奏等特质，精明干练、寸利必得、善抓机遇、勇于革新、重视信息、尊重人才等优良品质，都是西部文化所缺少的。与这些特征相比，西部文化的封闭性、凝固性、保守性等农业文化气息，就显得甚为明显。由于农业文化基因的局限，西部人小农意识突出而商品市场意识薄弱，例如重人情而轻利益，重平和而轻竞争，求稳妥而怕风险，多继往而少创新。在建立市场经济的过程中，这些缺陷就成了经济发展和社会发展的阻力。因此，西安人必须在东西部文化的交流、融通中，自觉地学习东部文化的优点，转换思维方式，更新价值观念，培养开拓精神，克服保守惰性，增强竞争意识和自强信念，从而使西安文化精神得以优化。通过文化精神的优化和文化素质的提高，超越自己，以促进开放、开发，推动经济腾飞和社会发展。

三　在中外交流中，吸取外域文化的特长

中华文化与外域文化、西方文化各有自己的优点，在现代化进程中，我们不但要弘扬中国的优秀传统文化，还要努力学习外国文化、特别是西方文化的长处，吸取世界文明的一切优秀成果。西安的古代优良文化尤其是盛唐文化就是在吸取外域文化成分的过程中形成的，今天我们应

继续发扬古人勤于吸取、善于学习的传统，在中外交流中，学习和吸取西方文化的优秀成果，选优补缺，择善而从，为我所用，从而使西安文化内向、保守、封闭的缺陷得到补救，使西安文化精神和当代世界文化沟通。当然，我们吸取西方文化，目的在于使西安文化富有现代化的内容、现时代的气息和全球性的意识；使西安文化不落后于时代性的潮流，不游离于世界当代新的文化视野之外，而不是以外国的文化取代我们固有的文化传统。西安作为世界著名的文化古都，在对外交流中有着其他城市难以具有的文化优势，改革开放以来，西安与外域文化的交流日益频繁，为中外文化的进一步交流奠定了良好的基础，创造了方便的条件，我们要依靠自身的优势，抓住机遇，利用有利条件，自觉地通过各种形式在文化交流中吸取对自身有所补益的营养，实现中外文化的优势互补，促进西安文化向现代转型，从而使西安文化更具有生命活力和时代精神。

弘扬优秀传统文化、学习东部文化的优点，吸取外域文化尤其是西方文化的长处，是优化西安文化精神的三条重要途径，西安文化应该在此三维综合中进行创新。而这一目标的实现，则必须以经济发展作为基础和动力，所以优化西安文化精神和增强西安经济实力是一个统一的过程。而且文化的发展和人的素质提高也是紧密联系的。因此，我们要从重视文化发展的经济效益和关注经济建设的文化内涵两方面着眼，从城市的文化设施建设和人的文化素质提高两方面着手，在三维综合中，优化西安文化精神。

（原载于《西安日报》1995年12月5日）

"道器统一"是发挥西安传统文化优势的重要思路

要发挥西安的传统文化优势，使其与现代文明融会贯通，就必须处理好传统文化的物质层面与精神层面的关系，即"道器关系"。"道"是指传统文化的精神内涵（价值观念、思维方式、工艺技术、审美旨趣等），"器"是指传统文化的器物实体（遗址、文物、古迹等），"道器统一"思路就是在保护、利用传统文化的遗址、文物、古迹的同时，着力发掘弘扬这些器物中所蕴涵所体现的优秀文化精神。既要反对不重视文物、遗址、古迹的保护、利用，空谈发扬传统文化精神的"去器言道"思维，更要克服只把文物、遗址、古迹作为历史遗物保护、展览，供人观赏、旅游，甚至只利用其谋利赚钱，而不着力弘扬它所蕴涵的优秀精神的"存器忘道"思维。在当前，发挥西安的传统文化优势，采取"道器统一"的思路，应着力于以下几个方面的工作：

1. 深入研究西安的传统文化，在道和器两方面都达到高度的文化自觉。西安文化历史悠久、积淀深厚、博大精深，必须通过长期的深入研究，才能对它的历史、演变、内涵、特征、优点、局限，以及对于中华文化的贡献、在世界文化史上的地位、对社会主义现代化建设特别是精神文明建设的意义和价值等，有切实的了解、深刻的认识和全面具体地把握。只有做到了深入研究，才能达到道和器两方面的高度的文化自觉；而只有达到高度的文化自觉，才能谈到在精神文明建设中对其去伪存真、去粗取精、扬长避短、选优汰劣，通过辩证地扬弃实现传统向现代的转换。为此，建议成立一个跨单位、跨系统、跨学科的西安历史文化研究中心，设立项目，设计课题，组织人力，拨出经费，展开全面系统的深入研究，出版成系列的高水平的研究成果。

2. 努力发掘西安文化的精神内涵，提高文物利用的文化品位。西安的历史文化遗址、文物、古迹、名胜是旅游、商贸的宝贵资源，但是对这些文化遗存的利用，不能停留在单纯的游乐性、商业性的功利水平，而应该着力发掘和弘扬这些文物实体所蕴含的文化精神，充实旅游事业的文化内涵，提高文物利用的文化品位，使中外的旅游者既观实物又得精神，既见其"器"又知其"道"。此外，要通过发掘和弘扬这些历史文物、文化遗址所蕴含的文化精神，对民众进行历史知识、民族精神、爱国主义、传统美德教育，使西安人民既能世世代代把这些珍贵的文物保护下去，更能千秋万代把西安文化的优秀精神承继久远，以免有"器存而道亡"之失。

3. 精心创作新的人文景观，为传统文化的优秀精神提供更多的载体。西安传统文化的优秀精神内容丰富、形式多样，现存的遗址、文物、古迹，仅能体现和展示其中的部分内容，不足以呈现其全貌，因此，应创作新的人文景观，例如在一些广场、街道、公路边、公园内、游览地、纪念馆，设计创作一些名人雕塑、唐诗碑石、巨幅壁画、仿制文物、古建筑图像等艺术作品和文化器物，为传统文化提供更多的实物载体，使优秀的文化精神有所附丽，使西安文化的灵魂能通过多种直观形象得以呈现。这样，不但可以美化城市形象，增强旅游兴致，而且可以使传统文化之"道"载于"器"上，使人们由"器"识"道"，观"器"得"道"，受到生动直观的教育和感染。同时，还可以开展多种形式的文化活动如聚谈会、报告会、演讲、朗诵、书法、绘画等，以有形的活动弘扬优秀的传统文化精神。为此，可以建立"西安传统文化活动中心"，作为各种文化活动的组织者和指导者。

4. 通过实现传统文化的现代转换，将优秀文化精神引入社会运行机制。对历史上形成的传统文化，要做到古为今用，为现代化建设服务，就必须以现代社会所要求的时代精神为尺度，对传统文化进行阐释、改造，实现传统文化精神的现代转换，从而达到传统文化优秀精神与现代社会的时代精神的有机融合。西安的传统文化精神中所蕴含的见利思义、诚实守信、群己和谐、重德爱民、德业并重、廉洁奉公、勤劳节俭、天人合一等内容，都是能够通过新的转换，成为与社会主义现代化建设相适应的精神因素。将这些经过转换的精神因素引入西安的市场经济、社会管理、政治运作、公德建设之内，融入西安的企业文化、商业文化、管理文化、消费文中之中，既可以成为西安社会发展的精神动力，也能使西安的经济、政治、管理等社会运行体现出优秀传统精神与现代文明意识相融合的鲜明特色，将传统文化的优秀精神融入社会的实际运行机制，是实现"道器统一"的重要途径和方式。

5. 坚持以人为本的原则，把继承发扬优良传统落实到提高人的素质上。培育有理想、有道德、有文化、有纪律的社会主义新人，提高全民族的思想道德素质和科学文化素质，是精神文明建设的最高宗旨。因此，在发挥西安的传统文化优势、弘扬传统文化优秀精神的过程中，必须坚持以人为本的原则，把着眼点和着力点放在引导西安人民树立正确的世界观、人生观、价值观上，放在大力倡导社会公德、职业道德和家庭美德上。中华传统文化的重要价值取向之一，就是"育人""成人""立人"，它重视人的道德养成、人格培育和人生境界的提升，主张先通过个人的"正心""诚意""修身""齐家"，进而去承担"治国""平天下"的历史重任。在西安的传统文化中，也同样体现着这种优秀精神。西安历史上许多英雄豪杰、仁人志士、智者贤者，都是光辉人格的典型、优良素质的代表、崇高道德的模范。在弘扬传统文化精神中，我们不但要从思想观念上对人民进行教育，还应以人格榜样的力量对人们进行启迪和感染。文化就是人化，文化就是化人，以人为本，以提高人的素质为本，是弘扬优良传统文化的根本意义所在。

此外，在继承发扬西安传统文化的同时，我们还应利用西安的古城优势和旅游胜地优势，广泛开展文化交流，大力吸取外地、外国的优秀文化成果，以克服西安传统文化的弊端和局限，以更新西安城市文化的结构，从而使西安的城市文明，既有悠久文化传统的根基，又具鲜明的时代气息，并在文化融合中，不断发展自身的文化优势，不断强化自身的文化特色。

（原载于《西安日报》1998年5月26日）

"八大工程"建设与西安传统文化精神

西安是世界著名的文化古都，是一个传统文化积淀深厚，地域文化特征鲜明的大都市。西安的精神文明建设必须体现西安地域文化的特色，弘扬西安传统文化的优秀精神，处理好传统文化与现代精神文明的关系。

从历史传统的视角来看，西安地域文化最突出的特征是它凝聚着中国古代社会鼎盛时期的都城文明的丰富内容和灿烂成就。中国古代有十二个朝代在西安建都，其中周、秦、汉、唐乃是中国奴隶社会和封建社会发展的鼎盛时期，这几个朝代所创造的灿烂文化成果及其蕴涵的文化精神，对中国社会的发展和中华文化的形成，作用极其重大，影响极为深远，至今仍有现实意义。西安精神文明建设的"八大工程"[①]，特别是其中的思想道德建设和文化建设，应该从周、秦、汉、唐的丰厚文化成果中汲取宝贵的精神养料。

一 弘扬西安传统文化的优点

周、秦、汉、唐文化的内容十分丰富，其中的许多精华经过我们的改造，仍然能够在现代精神文明建设中发挥积极作用。例如，西周时期"食货为本"的治国观念和"敬德保民"的为政意识中所体现的重视经济发展、重视当政者的道德修养、注意关心民众利益的精神；秦人严明法治的治国方略和崇尚事功的价值观念中所包含的重视法制建设、倡导

[①] "八大工程"是：支柱工程、形象工程、容貌工程、繁荣工程、假日工程、温暖工程、平安工程、楷模工程。

求实创业的精神；汉代以"仁义礼智信"为"五常"的道德教化和"强勉行道"的人生态度中所表现的重视道德自觉性、鼓励主体能动性精神；大唐盛世"万善同归""务存会通"的文化方针和"有容乃大""德义日新"的治世思想中所展示的兼容、开放、进取、创新精神；以及贯穿于周、秦、汉、唐文化中的刚健气质、浑厚风格和恢宏气度，都是值得我们今天珍视和继承的。在提高市民道德素质的形象工程、发展文艺事业的繁荣工程、提倡关心友爱风尚的温暖工程和严厉打击违法犯罪的平安工程中，都应该宣传和弘扬这些优秀的文化精神。

二　摒弃西安传统文化固有的缺点

西安古代文化毕竟是奴隶时代和封建时代的文化，它必然具有其历史的局限性，包含着固有的缺点，尤其是唐代以后，中国政治、文化中心逐步东移南迁，封建社会日渐由盛转衰，西安古代文化的活力也逐渐衰退，失去了它昔日的辉煌。在这种历史条件下，西安文化中本来就含有的缺点更加滋长蔓延。这种历史性缺点，虽然经过了近代以来社会变革、社会革命的破除和新中国成立后社会主义建设的洗礼，特别是经过改革开放以来的社会腾飞发展的冲击，但是，至今仍在人们文化心理的深层结构中留存着它的烙印。概括言之，西安传统文化存在着不重商贸的小农意识、不敢创新的保守意识、不求开放的封闭意识、不讲文明的乡土气息和不尚竞争的中庸思想等严重缺点。这些缺点，都是和现代精神文明的要求相背离的，也是社会主义现代化建设的精神阻力。因此，在实施精神文明建设"八大工程"的过程中，应该不断摒弃这些缺点，用新的思想观念和伦理道德取代这些落后的东西，实现观念更新和意识转换。

三　探寻传统文化与现代文明的接合点

黑格尔说："传统并不是一尊不动的石像，而是生命洋溢的，有如一道洪流，离开它的源头愈远，它就膨胀得愈大。"[1] 要使西安传统文化的优秀精神，成为现代社会主义精神文明的"源头活水"，就必须探寻传统文化与现代文明的接合点，从而实现传统向现代的转化。第一，人的素质是本位。现代精神文明建设的根本任务是培养四有新人，人的素质应该是传统文化精华和现代精神文明的共同凝聚点。因此，在"八大工程"建设中，只有以人为本位，以全面提高人的素质为目标，把现代精神文明和传统优秀精神在市民的整体素质中统一起来，努力塑造西安人的良好形象，才能实现传统与现代的完美结合。第二，思想道德建设是核心。精神文明建设的核心是思想道德建设。西安传统文化的优秀精神也重点表现在价值观念和伦理道德上。在"八大工程"建设中，只要把加强思想道德教育、培养市民良好的社会公德、职业道德和家庭美德作为工作重点，并在道德培育中将现代社会主义道德和传统美德结合起来，形成既适应现代社会发展又具有中国特色的价值观念和道德规范，就能使西安传统文化的优秀精神通过"八大工程"建设得到弘扬和发展。第三，把握共性是关键。传统文化精神是历史的，它既有反映其特定时代、特定阶级的个性、特殊性内容，又有超越特定阶级和时代的共性、普遍性因素，它是一般和个别、共性和个性、普遍和特殊的辩证统一。这种共同性、普遍性因素是能够适用于现代社会的，因此也是我们今天能够批判地继承的基本内容。所以，在建设精神文明"八大工程"的过程中，扬弃西安传统文化精神中反映特定时代和特定阶级的个别性、特殊性内容，把握其适用于今的一般性、普遍性因素，乃是弘扬优秀传统的关键。

总之，西安传统文化中所积淀的精华是"八大工程"建设的宝贵资源，精神文明"八大工程"建设是弘扬西安传统文化优秀精神的重要途径。在"八大工程"建设中，必须对西安的传统文化扬长弃短、取优去劣、继承革新，把优秀传统文化与现代精神文明融合起来，用优秀传统

---

[1] ［德］黑格尔：《哲学史讲演录》导言，贺麟、王太庆等译，上海人民出版社2013年版，第37页。

文化滋养现代，以现代文明光辉照亮传统。从而，使西安的精神文明既展示传统文化精华又焕发现代文明光彩；既弘扬传统美德又呈现社会主义新道德；既保持古城风貌又洋溢时代气息。

（原载于《西安日报》1996年11月19日）

论西安精神文明建设"八大工程"的思路特征

城市精神文明建设，在全社会的精神文明建设中，起着十分重要的作用，处于特别突出的地位。如何搞好大城市的精神文明建设、采取什么思路开展文明城市创建活动，是一个值得深入探讨的理论课题。西安市精神文明建设"八大工程"的推出和实施，为我们思考这一问题提供了有益的启示。从"八大工程"的策划、设计、论证、推行、实施的整个过程来看，它的思路特征十分鲜明。

一 "以人为本"的主体性思路

精神文明建设，归根到底是人的建设。提高公民素质，培养有理想、有道德、有文化、有纪律的社会主义新人，是精神文明建设的根本任务，"八大工程"鲜明体现了这种以人为本的思路。从设计宗旨上看，"八大工程"就是着眼于塑造面向21世纪新西安形象和外向型城市西安人形象，着力于提高市民素质，特别是思想道德文化素质而设计的。从内容上看，"八大工程"的每项工程，都是围绕着人这个核心、服务于提高人的素质这一目标而展开的。"支柱工程"旨在以科学的理论武装人，"形象工程"旨在以良好的道德规范人，"容貌工程"旨在以优美的环境影响人，"繁荣工程"旨在以优秀的作品鼓舞人，"假日工程"旨在以健康、科学、文明的生活方式陶冶人，"温暖工程"旨在以真诚的爱心帮助人，"平安工程"旨在以有序、祥和的社会环境安定人，"楷模工程"旨在以榜样的力量激励人。从实施原则上看，"八大工程"明确提出，在实施过程中要把握"以人为本,重在建设"的原则,在提高人的思想道德素质和科学文化素质上下功夫,教育全体市民树立建设有中国特色社会主义的共同理想和正确的世界观、人生观、价值观。"以人为本"的思路,不但符合社会主义精神文明建设以提高人的素质为目标和根本任务的精神,而且体现了把人作为历史的主人、作为现代化建设的主体、作为可持续发展的本位的深刻哲理,还蕴涵着马克思主义把实现人的自由而全面的发展作为社会历史发展的崇高目标的光辉思想。所以,以人为本的主体性思路,无论对于城市精神文明建设,还是对于中国特色社会主义社会的发展来说,都有着重大而深远的意义。

二 "以德为主"的重点性思路

城市精神文明建设,是一个方面广、要素多、内容复杂的宏大社会工程,必须全面部署、整体规划、系统设计。同时,又要重点突出、主题明确、主次有序。西安市的精神文明建设"八大工程",既形成了一个包括思想、道德、文化、城市环境、社会治安、休闲娱乐等诸多方面的内容广泛、要素丰富、多层次、多功能的有机整体,具有系统性的特征,又突出了思想道德建设这个重点,体现了"以德(思想道德)为主"的重点性思路。首先,在八大工程项目内容的构成序列上,把用邓小平建设有中国特色社会主义理论武装全党、教育人民,引导市民树立正确的世界观、人生观、价值观的"支柱工程"列为首位;把深化职业道德、社会公德、家庭美德教育,全面提高西安人的整体素质,树立外向型城市西安人和西安市良好形象的"形象工程"列为第二位,这种排列顺序本身就突出了思想道德建设这个重点。其次,在八大工程各项目内容的有机关联上,思想建设和道德建设,特别是道德建设,作为一条主线,渗透、贯穿于八大工程的各项内容之中。"容貌工程"要求市民肩负起建设优美环境的道德义务和具有保护良好环境的社会公德;"繁荣工程"把正确的思想导向和高尚的道德情操作为文化作品和文化活动的灵魂;"假日工程"引导市民在休闲中美化精神、陶冶情操;"温暖工程"引导人们在关心人帮助人的活动中，养成良好的道德风尚；创建良好社会治安环境的"平安工程"也要以提高人们的道德水平为条件；树立先进榜样的"楷模工程"更要以思想道德建设为基础。对城市精神文明建设既全面整体设计，又突出思想道德建设的首要地位的这种以德为主的重点性思路，不但抓住了近年来精神文明建设中存在问题最多、群众反映最大的热点问题，更为重要的是，它抓住了决定社会主义精神文明建设的性质和方向的根本，抓住了解决整个民族精神支柱和精神动力问题的关键。

三 "以形为先"的递进性思路

社会主义精神文明建设，是一项长期、复杂、艰巨的战略任务，它需要坚持不懈的努力，因此，它的根本目标和任务只能通过阶段性实践和局部性成果的逐步积累去实现。依据由量变到质变的规律和整体性与重点性、长期性与阶段性辩证统一的观点，八大工程在实施步骤上采取了分步实施、逐层推进、滚动发展的递进性思路。而在层次递进的过程中，又首先选取"形象工程"和"容貌工程"作为突破口和切入点。城市的外在形象，既表现在城市的容貌、环境上，也表现在城市中人的素质上。

"以形为先"的递进性思路，在一年多的实践中，取得了显著的成效。公安、工商、旅游、市容等直接面向广大人民群众的"窗口"行业内强素质，外塑形象，加强职业道德建设，推行服务承诺制度，开展优质服务，树立行业新风，产生了良好的社会效应，也带动了其他行业的精神文明建设。市容市貌环境经过整治、美化，比过去更加整洁、美观、典雅，特别是突出了历史文化名城的特色，受到了广大市民和中外朋友的称赞。事实证明，"以形为先"的递进性思路，是从西安精神文明建设实际出发，从群众普遍关心的问题入手的实事求是的选择，也是体现在精神文明建设中把长远规划和近期任务相结合，把全面加强和重点推进相结合，从而形成远、中、近目标体系的最佳选择。

四 "以群为力"的参与性思路

精神文明建设,体现了时代前进的要求,反映了人民群众的愿望,是广大人民群众自己的事业。所以,动员群众参与,依靠群众力量,是建设精神文明的根本动力所在。西安精神文明建设"八大工程",从动力机制上,一开始就把动员群众广泛参与作为基本原则,采取了"以群为力"的参与性思路。这不仅表现在,通过宣传教育使广大群众了解、认识"八大工程",通过组织实施使市民主动参与"八大工程",还表现在及时发现和推广群众中所涌现出的文明创建的好形式、新经验,并将市民拥护不拥护、赞成不赞成、满意不满意作为衡量城市精神文明建设是否有成效的唯一标准。除此而外,"以群为力"的思路,还有一个显著特点,就是"八大工程"各项内容的设计上,力求从实际出发,使每项工程都有明确的要求和各项活动的开展都注意同广大市民的思想实际相结合,与广大市民的觉悟程度相适应。一切依靠群众是我们各项事业成功的根本。人民群众参与的广度、深度和力度,也同样是决定着精神文明建设能否深化、能否持久、能否充满生机与活力、能否取得成效的关键。

五 "以实为功"的求实性思路。

如何在经济建设为中心的前提下,使物质文明建设和精神文明建设都能落到实处,都能取得实效,防止和克服一手硬、一手软使精神文明建设虚化、落空的问题,是两个文明建设中需要认真解决的重大课题之一。在这方面,"八大工程"的设计和实施,也为人们提供了一个颇有启发性的思路,这就是虚事实做、以实为功。在制定八大工程的过程中,西安市委就特别强调"鼓实劲,办实事,求实效,力求虚事实做,虚实结合,求真务实,重在建设"。据此,在具体的内容设计上,力求从实际出发,使每项工程都有明确的要求和标准,从看得见摸得着的具体活动入手,"跳一跳就能够得着,坚持抓就能见成效";在实施方式上,制订了实施细则，使任务明确，责任落实，方案具体，定时定量，操作性强；在工作重心上，着眼于基层，切实解决与群众生活密切相关的基层工作中的实际问题；在干部作风上，要求深入实际，深入群众，调查研究，真抓实干，"说实话、察实情、抓实事"，摒弃形式主义，反对华而不实；在工作效果上，狠抓落实，讲求实效。"以实为功"的求实性思路，不但使八大工程在一年多的实施中，取得了显著的成效，更为重要的是，为精神文明建设找到了一条实践性强、操作性强的新途径，培养了虚事实做、务真求实的好作风。

目标设计上"以人为本"的主体性思路，内容确定上"以德为主"的重点性思路，工作进程上"以形为先"的递进性思路，动力机制上"以群为力"的参与性思路和实施效应上"以实为功"的求实性思路，是"八大工程"对城市精神文明建设途径和方式的新颖探索，也是"八大工程"深入开展的有力保证，有重大的实践意义和深刻的方法论意义。

（原载于《西安日报》1997年7月15日）

论领导干部的道德建设

思想道德建设是社会主义精神文明建设的重要内容，提高全体人民的思想道德素质，使社会主义思想道德蔚然成风，使共产主义道德在一切先进分子中普遍树立，对于社会主义的现代化建设具有重大的战略意义。而在思想道德建设中，提高领导干部的道德素质，加强领导班子的道德建设，更有其特殊的重要性。

领导干部道德建设的特殊性，是由其所处的领导地位和承担的领导责任所决定的。在社会主义社会，各级、各类领导干部处于掌权、执政的地位，他们担负着组织、指挥、领导社会发展和社会生活的重大责任。也就是说，社会主义社会的领导者，一方面是社会的普通成员，是为人民群众服务的；另一方面又处于特殊的社会地位和肩负着特殊的社会责任，他们同普通群众是有区别的。这些特征集中到一点就是领导者手中有权（当然这种权力与以往阶级社会里统治者的权力迥然不同），手中有权可以说是领导者的重要特征。领导者的这种特征，也就决定了领导干部的道德建设在其意义上、内容上和途径上有其特点。

一　领导干部道德建设的根本意义是"为治"

领导者的领导活动总有一个目标，这个目标就是"为治"——治理国家，发展社会，造福人民。在当前就是领导人民，建设有中国特色的社会主义，实现四个现代化。领导者的道德素质的提高，从根本上说，就是为实现这一目标服务的，也是实现这一目标所要求的。一般地说，普通群众个人的道德修养，其意义在于成为一个高尚的人，有道德的人，亦即在于"为人"。而领导者的道德修养除过这层意义而外，还有"为治"的意义，而"为治"的意义则不是一个普通社会成员的道德所具有的。这正是领导者道德建设的特殊意义。

为了实现"为治"的目标，领导者必须"得众"，即得到广大群众的爱戴、拥护和支持。而要"得众"就必须具备高尚的道德品质。孔子说："为政以德，譬如北辰，居其所而众星拱之。"又说"君为正，则百姓从政矣。"很好地说明了只有领导者道德高尚，才会得到人民拥护的道理。

为了完成"为治"的任务，领导者必须"增才"，即不断提高自己的统帅才能和工作才干。而要"增才"也应该提高道德修养。因为，一个人的知识和才能的增长是在社会关系中实现的，人与人的关系要依靠道德来调整；人不可能孤立地学习知识、锻炼才能，不可能离开道德修养而达到提高才能的目的。司马光说："德者，才之帅也。"充分肯定了道德对于增长才能的重要作用。

由此看来，领导者的道德建设有着特殊意义，从干群关系上言，领导者提高了道德水平才会得到人民的拥护和支持（"得众"）；从德才关系上说，领导者具有高尚道德才能够促使领导才能的增长（"增才"）。而这两方面的意义归结起来则是为了完成领导任务，实现治理国家，发展社会，造福人民的工作目标（"为治"）。正是在这个根本意义上，我们可以说，领导干部的道德建设不只是个人修养问题，而是关系到能否担当治国重任，能否经得起执政地位考验的政治问题。对此，中国古代的思想家们曾有过精湛的论述。《大学》云："心正而后身修，身修而后家齐，家齐而后国治，国治而后天下平。"充分说明了"修身为本"对于"治国""平天下"的重要意义。因此，我们必须从"为治"的高度亦即政治的高度来认识领导干部道德建设的极端重要性。

二　领导干部道德建设的核心内容是"以权为公"

恩格斯说："实际上，每一个阶级，甚至每一个行业，都各有各的道德。"领导者的道德是在领导工作中,在领导岗位上,处理人与人之间的关系时应该遵循的行为规范和准则。因此,除了和人民群众的道德规范有着共同的内容之外,还有着不同于普通群众的一些道德规范。这些规范可以提出许多,但最核心、最基本的规范是"以权为公",就是运用自己所掌握的权力,全心全意为人民服务。

1. "以权为公"是社会主义领导的本质规定。社会主义的领导关系,是人类历史上一种完全新型的领导关系。马克思在总结巴黎公社的经验时说:无产阶级领导者是"社会的负责的公仆"和"社会本身的负责的勤务员"。中国共产党历来把全心全意为人民服务作为自己的根本宗旨。这明确地说明了以无产阶级政党为代表的新型领导者,同广大群众是阶级兄弟和同志的关系,他们处于执政地位和担负领导责任,并不是以权力谋取个人或小团体的私利,而是要以自己的权力为全社会服务,为人民群众的利益和幸福服务。社会主义领导的这种本质规定了领导者必须把"以权为公"作为基本的道德规范,从而使自己同历史上一切剥削阶级领导者根本上区别开来。

2. "以权为公"是实现治理国家、发展社会的领导任务的根本要求。领导者从事的领导工作,不是单纯的个人活动,而是处理公共事务的治国、治世活动。完成社会性的公共性的工作任务本身就要求领导者出以公心,维护公利。因为只有从人民大众的整体利益出发,从整个国家、社会的全局出发,才能得到人民群众的支持,带领人民群众完成建设社会主义的宏伟历史使命;只有全心全意为人民服务,才能发挥领导作用,而不致使人民赋予的权力变质、转向,给国家和社会造成损失。中国古代的政治家也充分认识到领导者"以权为公"对于"治国平天下"的极端重要性,清康熙皇帝在《政要》中说:"果能以公胜私,于治天下何难。若挟其私心,则天下必不能治。"他还认为,为官廉洁并不难,难得的是"公而忘私"。当然,封建时代思想家和政治家所谓的"公",实质上乃指地主阶级的整体利益,和我们把人民利益作为"公"的尺度有着原则区别。但他们关于"为公"与"为治"二者关系的思想，仍然是有见地的。

3. "以权为公"是充分发挥领导才能的前提条件。从事领导工作必须具备多方面的才能，如战略才能、决策才能、创造才能、组织才能、指挥才能等等。但这些才能必须有一个正确的方向和强大的动力，以权为公、全心全意为人民服务就是领导才能得以充分发挥的正确方向和动力源泉。一个领导者如果明确而坚定地以为人民服务为宗旨，那么他就会调动自己内在的一切积极因素，提高工作能力，增长领导才干，以适应工作的需要，创造出第一流的政绩；而如果他心怀私利，以权谋私，那么就会被私心蒙住眼睛，堵塞了自己的聪明才智，即使有某些能力也会走偏方向，陷入歧途，失去它应有的意义。这种"利令智昏"的教训，古今不乏其例。所以，清代思想家戴震说："人之不尽其才，患二：曰私，曰蔽。私也者，生于其心为溺，发于政为党，成于行为慝，见于事为悖、为欺，其究为私己。蔽也者，生于心也为惑，发于政为偏，成于行为谬，见于事为凿、为愚，其究为蔽之以己。"就是说人的才干得不到发挥，其主观原因就在于自私、自蔽，因此，要使才能得到充分发挥，必须加强道德修养，去私、去蔽。对一般人来说尚且如此，对领导者来说，更是如此。

4. "以权为公"是领导者其他道德规范的基础。领导者所从事的工作，内容丰富，领域广阔，他所处的社会关系也比较复杂。因此，对领导者的道德要求是多方面的，如忠于职守，热爱本职工作；为政清廉，不谋私利；勇于承担责任，敢于负责；实事求是，谦虚谨慎；遵守纪律，严守机密；文明礼貌，平等待人，等等。但这些道德有一个共同的基础，就是以权为公。公生勤，公生廉，公生明，公生诚，公生严，公生平，只要真正从思想上树立以权为公的宗旨，在行动上遵循以权为公的原则，其他道德规范就容易做到了。反之，如果把以权谋私作为立足点，那其他道德都会成为一句空话。

总而言之"以权为公"是领导干部道德的基本规范。进行领导干部的道德建设，提高领导干部的道德素质，必须紧紧抓住以权为公、全心全意为人民服务这个根本，和种种以权谋私的思想行为作坚决的斗争。只有这样，才能切实提高领导干部的道德水平，改善领导机关的道德风貌，防止和消除腐败现象，建立同人民群众鱼水相依、血肉相连的关系，从而推动社会主义的精神文明建设，实现"四化"大业。

三 领导干部道德建设的关键问题是"身体力行"

进行领导干部的道德建设有许多工作要做，理论研究、思想宣传、道德教育、树立榜样、建立制度等，都是十分重要的工作。根据当前领导干部道德状况的实际，突出的问题是如何把已经明确的、我们党长期倡导的共产主义道德规范落实到行动中去，付之于实践。因为，第一、任何道德原则和道德规范，只有身体力行，付诸实践，才能真正发挥道德的社会作用。共产主义道德的基本特征之一就在于它具有高度的现实性，它是在革命实践的基础上产生的，并且是在实践中不断升华、切实发挥其巨大作用的。因此，在实践中进行道德修养、提高道德水平，是共产主义道德修养和道德建设的基本途径。第二，我国广大领导干部的道德面貌基本是好的，但是言行不一、知行脱节的问题仍然十分突出。一些领导干部不是不懂得无产阶级领导的本质是充当"社会公仆"，不是不了解共产党人的宗旨是全心全意为人民服务，而是没有把这些道德观念身体力行。还有的领导者口头上常讲立党为公、以权为公，但在行动中一事当前先替自己打算，甚至以权谋私，搞不正之风。因此，在领导干部的道德建设上，当前要特别强调身体力行、言行一致、知行统一。要使广大领导干部认识到：只有身体力行、切实实践，才能使以权为公的公仆意识对象化、现实化，在社会活动中表现出来；只有身体力行，切实实践，才会使共产主义道德原则和规范人格化、榜样化，为广大群众做出表率；只有身体力行，切实实践，才会使道德作用实际化、效果化，推动领导工作，取得实际成效。总之，使道德意识与道德言论统一、道德观念与道德实践统一、道德内容与道德表现统一，乃是当前领导干部道德建设中的关键问题。

过去，我们在领导干部的道德建设上曾经出现过两种偏向，一是以政治思想觉悟取代道德品质，认为政治思想好就是道德好；二是以才能知识取代道德素质，认为有能力、本领就是有道德。这两种倾向，都导致了忽视领导干部道德建设的特殊性和重要性，都影响了对领导干部素质的全面要求。在新的历史时期，在党面临着能不能在执政条件下继续坚持全心全意为人民服务的宗旨，能不能在改革开放和发展商品经济的环境中继续保持共产党人的共产主义的纯洁性，能不能筑起抵御国内外敌对势力"和平演变"的钢铁长城这三大严峻考验的时候，把领导干部的思想道德建设提上议事日程，要求领导干部带头树立共产主义的崇高理想和世界观、人生观，带头身体力行共产主义道德，无疑具有十分重大的意义。

（原载于《攀登》1992年第4期）

领导干部的道德核心是"以权为公"

思想道德建设是社会主义精神文明建设的重要内容。提高全体人民的思想道德素质，使社会主义思想道德蔚然成风，使共产主义道德在一切先进分子中普遍树立，对于社会主义的现代化建设具有重大的战略意义。在思想道德建设中，提高领导干部的道德素质，加强领导班子的道德建设，更有特殊的重要性。江泽民同志在纪念中国共产党成立七十五周年座谈会上的讲话中说："大力加强干部队伍建设，提高广大干部特别是领导干部的素质，已经成为摆在全党面前一项刻不容缓的重大任务。"

提高领导干部道德素质的特殊重要性，是由其所处的领导地位和承担的领导责任决定的。在社会主义社会，各级、各类领导干部处于掌权、执政地位，他们承担着组织、指挥、领导社会发展和社会运行的重大责任。领导者的特征集中到一点就是手中有权。这种特征，决定了领导干部的道德建设的特点。

领导干部道德素质的核心是"以权为公"。领导者在领导工作中、在领导岗位上处理人与人之间关系时应该遵循的行为规范和准则中，最核心、最基本的就是"以权为公"，即运用手中权力，为人民服务。

1. "以权为公"是党的根本宗旨对领导干部的基本要求。马克思在总结巴黎公社的经验时说：无产阶级领导者是"社会的负责的公仆"和"社会本身的负责勤务员"。中国共产党历来把全心全意为人民服务作为自己的根本宗旨。他们处于执政地位和担负领导责任，就是要以自己的权力为全社会服务，为人民群众的利益和幸福服务。这种本质规定了领导必须把"以权为公"作为基本的道德规范。

2. "以权为公"是实现治理国家、发展社会对领导的根本要求。领导工作是处理公共事务的治国、治世活动。完成社会性的公共性的工作任务本身就要求领导者出以公心、维护公利。因为，只有从人民大众的整体利益出发，从整个国家、社会的全局出发，才能得到人民群众的支持，带领人民群众完成建设社会主义的宏伟历史使命；只有全心全意为人民服务，才能发挥领导作用，而不致使人民赋予的权力变质，给国家和社会造成损失。

3. "以权为公"是充分发挥领导才能的前提条件。从事领导工作必须具备多方面的才能，但才能的发挥必须有一个正确的方向和强大的动力，以权为公，全心全意为人民服务就是领导才能得到充分发挥的正确方向和动力源泉。一个领导者如果明确而坚定地以为人民服务为宗旨，那么他就会调动自己内在的一切积极因素，提高工作能力，增长领导才干，以适应工作的需要，创造出第一流的政绩；如果他心怀私利，以权谋私，就会使能力走偏方向，陷入歧途，失去它应有的意义。

4. "以权为公"是领导者其他道德规范的基础。领导者所从事的工作内容丰富，领域广阔，他所处的社会关系也比较复杂，因此领导者的道德要求是多方面的，如忠于职守，热爱本职工作；为政清廉、不谋私利；勇于承担责任，敢于负责；实事求是，谦虚谨慎；遵守纪律，严守机密；文明礼貌，平等待人，等等。但这些道德有一个共同的基础，就是全心全意为人民服务，以权为公。公生"勤"，公生"廉"，公生"明"，公生"诚"，公生"严"，公生"平"。只要真正从思想上树立以权为公的宗旨，在行动上遵循以权为公的原则，其他道德规范就容易做到了。

提高领导干部道德的关键是"身体力行"。提高领导干部的道德素质有许多工作要做，理论研究、思想宣传、道德教育、树立榜样、建立制度等等，都是十分重要的工作。根据当前领导干部道德状况的实际，突出的问题是如何把我们党长期倡导的道德规范落实到行动中去，即如江泽民同志所说的"努力实践党的为人民服务的宗旨"。因为，第一，共产主义道德的基本特征之一就在于它具有高度的现实性，它是在革命实践的基础上产生的，并且是在实践中不断升华、切实发挥其巨大作用的。因此，在实践中进行道德修养、提高道德水平，是共产主义道德修养和道德建设的基本途径。第二，我国广大领导干部的道德面貌基本是好的，但是言行不一、知行脱节的问题仍然十分突出。有的领导者口头上常讲立党为公、以权为公、全心全意为人民服务。但在行动中却一事当前，先替自己打算，甚至以权谋私，搞不正之风。因此，提高领导干部的道德素质，当前要特别强调身体力行，切实实践。只有身体力行，切实实践，才能使以权为公的公仆意识对象化、现实化，在社会活动中表现出来；只有身体力行、切实实践，才会使共产主义道德原则和规范人格化、榜样化，为广大群众作出表率；只有身体力行、切实实践，才会使为人民服务的宗旨实际化、效果化，推动领导工作，取得实际成效。

（原载于《西安日报》1996年10月15日）

读书系言

富有时代精神的哲学智慧

哲学是时代精神的精华,一个时代的哲学只有关注社会现实、倾听实践呼声、把握时代脉搏、洞察历史趋势,才会富有浓厚的时代气息和强大的生命活力。邢贲思先生是我国著名的马克思主义哲学家、理论家,在40多年的哲学生涯中,他一贯把投身时代洪流,联系现实生活,发挥马克思主义哲学的"智慧之友"功能,探索和回答时代向人们提出的实际和理论问题,作为哲学工作者的重要职责和崇高使命。陕西人民出版社出版的四卷本《邢贲思文集》,就是邢先生长期在哲学、理论园地里辛勤耕耘的丰硕成果。这部150多万字的文集,所收论著颇多,但主旋律十分突出,它运用马克思主义的世界观和方法论,深入探讨我国社会主义建设特别是改革开放时期的伟大实践和人们提出的重大实际问题和理论问题。初读这部文集,深感其时代气息浓郁,理论视野宏阔,新意迭出,特色鲜明。其主要的理论贡献在于:

一 人道主义问题的系统研究

人道主义是当代西方的重要思潮,对我国思想界、理论界也有广泛影响。邢贲思先生从20世纪60年代起就开始研究这一问题。文集第一卷收入的《欧洲哲学史上的人道主义》和《费尔巴哈的人本主义》两部著作就是作者长期研究的重要成果。前者分专题研究了西方人道主义从文艺复兴到法兰克福学派的演变历程;后者按章节研究了费尔巴哈人本主义的理论体系。通过历史回顾和理论分析,书中着力揭示了当代国际上人本主义思潮的思想渊源和理论实质,明确地划清了历史唯物主义与人道主义的原则区别,澄清了把人道主义历史观混同于唯物史观,甚至以人道主义史观取代唯物史观的思想混乱和错误倾向。这两部专题研究成果,不仅对我们了解和思考西方哲学史上人道主义的源流、派别、本质和特征有重要学术价值,更重要的是对我们坚持唯物史观的基本原理,理解马克思主义与人道主义的关系,有深刻的启迪。

二 理论"热点"问题的精辟辨析

十一届三中全会以来,随着改革开放的发展和思想解放的深化,哲学界和理论界也日益活跃,从真理标准问题开始,争论的问题接二连三。其中,人道主义和异化问题、实践唯物主义问题、主体性问题、理性与非理性问题、历史决定论和非决定论问题,都曾是争论的重要"热点"。对这些问题,邢贲思先生都曾撰写文章,进行论述。收入文集第二卷的这部分论文,坚持马克思主义基本原理,运用唯物辩证法和唯物史观的方法原则,结合哲学史、思想史上的思维经验,对争论的问题作了细致深入的探讨和观点鲜明、精辟透彻的辨析,提出了一系列重要论点。这些文章对深化哲学研究、澄清思想混乱、明辨理论是非,弘扬马克思主义科学原理,都发挥了积极作用,因而在思想界、理论界产生了广泛影响,是 21 年来理论争鸣和学术探讨历程中的重要篇章。

三 马克思主义哲学的开拓性探索

除上述研究西方哲学史上人道主义的哲学专著和辨析理论"热点"问题的哲学论文之外,文集中还收有多篇系统探索哲学问题特别是探索马克思主义哲学的长篇论文。有通论哲学史的,有分析现代资产阶级哲学特点的,有论述马克思主义哲学的本质、特征、作用及其与社会主义关系的,有探索在面临新问题挑战的情况下如何坚持和发展马克思主义哲学的,还有关于开创马克思主义哲学新局面的。其中,为《中国大百科全书·哲学》卷撰写的《哲学》一文最为广博系统。这篇宏观性通论性的长文,系统地论述了什么是哲学、哲学的起源、世界三大哲学传统、哲学的发展、马克思主义哲学的产生和发展以及当代世界哲学概况等问题，是一篇全面论述人类哲学思维发展的高水平的论文，凝聚了作者几十年哲学研究的心得和见解。综观这些探索哲学的文章，不但内容丰富、论述深刻，而且高屋建瓴、气象恢宏，颇有创见，既有对哲学基本原理的再认识再阐发，也有对某些哲学问题的新探索新开拓，对人们学习、研究哲学有极其重要的借鉴意义。

四 邓小平理论的深入阐发

阐发邓小平理论的论著，是作者改革开放以来最重要的理论研究成果，这些论著大多汇集在第三卷中。其内容涉及邓小平理论对马列主义、毛泽东思想的继承和发展，邓小平理论的逻辑起点、思想前提和形成过程，邓小平理论的基本内容、精神实质和历史地位，邓小平的社会主义本质观、改革思想以及精神文明建设思想，高举邓小平理论旗帜的重要意义等诸多方面。由于这些论述是在深入学习和研究邓小平著作的基础上，紧密联系改革实际，密切配合中央战略部署和重要会议精神而展开的，因此具有理论性、现实性、引导性相融合的特征，对人们深入学习、理解和研究邓小平理论，以及运用邓小平理论指导工作，甚有助益。

此外，文集还收集了作者的思想评论、国外学术见闻、书序、随笔、短评等作品多篇，皆是内容充实、观点独到、文采斐然的切实有为之作。

这部文集，不仅理论研究成就卓著，而且论述风格颇具特色。其一，它贯彻理论与实际的结合，反映时代、反映实践、反映生活，没有远离实际、虚无缥缈的空谈，富有强烈的时代感和现实感；其二，它坚持科学性与战斗性的统一，针对实践领域、理论领域和思想领域中的问题，有的放矢、有为而作、旗帜鲜明，不作面面俱到、不痛不痒的泛论，具有鲜明的针对性；其三，它追求理论深度与朴实文风的兼备，观点独到，论证畅达，深入浅出，通俗易懂，不写佶屈聱牙、晦涩难懂的玄文，力求表达的通俗化。作者说："诗人是需要激情的，其实，哲学家何尝不需要激情。一个对现实生活冷漠、对人民疾苦麻木的人决不能成为一个好的哲学家。哲学是最理智的,是最需要冷静的,但又离不开激情。"这部富有时代精神的哲学文集正是作者的深刻哲理、充沛激情和强烈责任感的充分体现。

(原载于《陕西日报》2000年3月15日)

马克思主义哲学研究的新视角

近十年来，学术界对马克思主义哲学的研究不断深入，成绩斐然，发表了大量论著，讨论了诸多问题，其中较热闹的是认识论、历史观和价值论。在丰富多彩的研究成果中，于洪卫、王文明二同志主编的《马克思主义哲学的价值基础和功能》就是特色鲜明、视角新颖、观点独到的一部论著。

一 宗旨明

该书提出："近些年来，人们更感到高度抽象的哲学同自己追求经济效益等现实活动相距甚远，于是便产生了哲学与自己关系不大，有的甚至产生了学哲学无用的模糊认识，严重影响了其学习马克思主义哲学的积极性和主动性"[1]。作者认为，这种"无关论"和"无用论"，"既影响了马克思主义哲学价值功能的充分发挥，也不利于人们提高自己改造和利用客观世界的自觉程度和实际效益。因此，必须尽快改变这种状况。"[2] 可见，作者为此书确定的宗旨，就是克服哲学"无用论"和学哲学"无关论"等模糊认识，激发人们学哲学的主动性和积极性，充分发挥马克思主义哲学的功能和作用。这一明确的宗旨，不但具有实际的针对性，而且为哲学研究提出了一个重要的理论课题。因为，克服人们对

---

[1] 于洪卫、王文明：《马克思主义哲学的价值基础和功能》，山东人民出版社1993年版，第1页。

[2] 于洪卫、王文明：《马克思主义哲学的价值基础和功能》，山东人民出版社1993年版，第1页。

哲学的模糊认识，激发其学哲学的主动性和积极性，是不能靠简单的布置任务和行政命令来解决的，也不是仅靠改进学习方法和教学方法所能完全奏效的，而必须着力于哲学理论本身的充实和更新。该书的可贵之处，就在于从理论上具体地探索了实现这一宗旨的途径与方法。

二　视角新

要充分发挥马克思主义哲学的功能和作用，即使从理论着眼，需要解决的问题也很多，可以选取的角度也不少。该书的独特之处在于，以价值论为视角，"在马克思主义哲学及其各个原理之中全面融入价值论内容，强调其主体需要的价值基础，凸现其固有价值功能"[①]。马克思主义哲学体系之中，应该包括价值论的内容，这已为许多学者所阐述，在一些教材中已有新体现，可以说，基本上形成了学术界的共识。但是，如何体现这一点，是在现有的教科书体系中增加论述价值论的专门章节，还是将价值论渗透于各个原理之中？可能就见仁见智了。《马克思主义哲学的价值基础和功能》一书所选取的视角是在马克思主义哲学及其各个原理中普遍引入价值范畴，从价值根据、价值原则、价值方法与价值实现等方面揭示无产阶级和其他劳动人民这个主体同马克思主义哲学及其各个原理这个客体的价值关系。在这种主、客体构成的价值关系中，一方面是作为主体的无产阶级和其他劳动人民对马克思主义哲学的迫切需要；另一方面是作为客体的马克思主义哲学满足主体需要的功能。前者，是马克思主义哲学的价值基础，后者，是马克思主义哲学的价值功能。该书就是从马克思主义哲学的价值基础和价值功能入手，分析和阐述马克思主义哲学的价值论内容的。这一新颖独特的视角，不但突出了马克思主义哲学的实践性特征及其指导实践的可操作性方法，更为重要的是它突破了仅将价值论作为马克思主义哲学体系的一章一节的局限性，从理论上较全面地展示了马克思主义的哲学价值意义，较深入地使价值

---

① 于洪卫、王文明：《马克思主义哲学的价值基础和功能》，山东人民出版社 1993 年版，第 1 页。

论融入了马克思主义哲学。

三 创见多

独辟蹊径的研究视角，是取得理论创获的重要条件。由于作者视角新，所以使该书在理论上新意迭出，创见颇多。首先，它对马克思主义哲学的价值基础和价值功能从理论上进行了深入的分析和概括，提出了自己的独到见解。该书认为，马克思主义哲学的价值基础"是指马克思主义哲学作为一种客体，其价值形成的前提、根据与条件等因素的有机统一"，并对其"前提""根据"和"条件"逐一作了分析。该书提出，马克思主义哲学的价值功能"是指其指导无产阶级和其他劳动人民这个主体正确地认识世界和改造世界的能力或力量"，并把马克思主义哲学的价值功能称为"主功能"，而把整个马克思主义哲学的价值功能区分为理论功能、认识功能、方法论功能、批判功能、实践功能五个方面。这些观点，都发人所未发，言人所未言。

其次，该书立足于马克思主义哲学的基本原理，每个章节都由阐述马克思主义哲学的基本观点和探讨此原理、观点的价值基础、价值功能两部分构成。这既把"实然"真理和"应然"价值有机地结合了起来，又突出了对马克思主义价值基础和价值功能的阐发。而在阐发各原理、观点的价值基础和价值功能的过程中，条分缕析，详细具体，提出了许多富有新意的观点。例如，在论述辩证唯物主义关于认识论和思想路线关系的观点的价值功能时提出，这一观点有助于辩证唯物主义认识论得以完善、发展和应用，使党的思想路线科学化；有助于批判在认识论和思想路线关系问题上的种种错误观点；有助于社会主义革命和建设的发展，特别是有助于正确认识社会主义现代化建设和改革开放的客观规律，推动现代化建设和改革开放的顺利进行。又如，在论述矛盾普遍性和特殊性辩证关系原理的价值功能时，突出强调了这一原理对于坚持从我国的具体实际出发，走建设有中国特色社会主义道路的重大意义。这些看法，都从理论和实践的结合中，阐发了马克思主义哲学的价值功能，有启发性和现实感。

该书作者的开拓性研究和提出的一系列论点，既深化了对马克思主义哲学价值基础和价值功能的认识，也拓展了对价值哲学的研究视野，给人以多方面的启迪。当然，选择价值论的视角，运用价值论的方法，对马克思主义哲学本身进行价值评判和观照，即把马克思主义哲学作为价值客体，来探讨它与无产阶级、劳动大众这一主体的价值关系，是一个填补空白的新课题，如何给以科学的解决，得出科学的结论，尚需深入探讨。例如，马克思主义哲学的客观真理内容和马克思主义哲学的价值基础的关系问题、马克思主义哲学每个原理的价值功能与这一原理在马克思主义哲学理论体系中的逻辑位置的关系问题等，都需要作进一步探讨。对于这些问题，该书的分析还尚欠明晰，有些观点的提法还尚待推敲。但是，瑕不掩瑜，《马克思主义哲学的价值基础和功能》一书所取得的学术成果是令人赞赏的，它将作为第一部以价值视角研究马克思主义哲学的学术著作而引人注目。

（原载于《人文杂志》1995年第6期）

"伟大发现"的当代阐发

唯物史观是马克思广博的理论建树中的"伟大发现"之一。一个半世纪以来，作为无产阶级世界观的核心和马克思主义全部学说的基石，唯物史观的理论历程和它所指导的社会主义实践的历程，既积累了丰硕的发展成果，又蕴涵着颇多的艰难险阻。时至当代，唯物史观的理论活力和社会主义的历史命运，更是人们所关注所议论的重大课题。于是，如何立足现实、背靠历史、面向未来，站在时代的高度，运用科学的方法，总结无产阶级及其政党在运用唯物史观指导革命和建设上的经验教训，解答唯物史观在理论和实践上遇到的新问题，就成为理论工作者一项义不容辞的重任。陕西省委党校张瑞生教授和薛引娥副教授主编的《唯物史观与社会主义的历史命运》（陕西人民出版社1997年版）一书，正是为实现这一任务而进行的可贵探索。

这部系统严谨、新意迭出的著作具有十分鲜明的特色：

1. 在历史与现实的贯通中描述唯物史观的过程。该书不但科学地概括和阐发了马克思、恩格斯创建唯物史观时所发现所提出的理论原理，而且在具体阐明了唯物史观的理论来源、现实基础和马、恩的理论观点之后，按历史的发展线索，系统地论述了普列汉诺夫、列宁、斯大林、毛泽东在不同历史时代和不同国家环境中对唯物史观的阐发和贡献，特别是论述了邓小平在中国改革开放新时期的历史条件下对唯物史观的应用和创新。这就把唯物史观的创立史、发展史和在当代现实中的新成果联而续之、贯而通之，在古今贯通中全面呈现了唯物史观在一百五十年间的理论发展历程。由于作者在这一宏阔历史图景的描绘中，突出了毛泽东、邓小平对唯物史观的伟大贡献，尤其是将邓小平创立的建设有中国特色社会主义理论置于唯物史观的高度上予以阐发，纳于唯物史观发展史的长河中予以论述，因而十分有助于人们从理论史的维度上，深刻理解邓小平理论在马克思主义发展历程上所达到的新境界。

2. 从理论和实践的结合上总结唯物史观的运用。马克思的整个世界观不是教义而是方法，它的强大生命力源于实践，它的根本价值在于指导实践。从这一认识出发，该书从理论和实践的结合上，科学地总结了一个半世纪以来无产阶级政党及其领袖运用唯物史观指导革命和建设的经验教训，特别是总结了列宁、斯大林、毛泽东、邓小平运用唯物史观指导社会主义建设的经验教训。通过对成功和失误两个方面的具体分析，该书提出：历史唯物主义这一科学的社会历史观，它的"一般原理或普遍原理，对世界各国的革命和建设无疑都具有指导意义。但这些一般原理或普遍原理决不可能直接回答不同国家或地区在特定经济、政治、文化条件下所处的国际环境中，应当选择的具体革命和建设道路、途径、模式。这要靠各国无产阶级及其政党与本国人民一起，把马克思主义唯物史观所揭示的普遍真理与本国的具体实践相结合，才能找到本国条件下把社会主义革命或建设引向成功的必由之路。"[①] 邓小平把我国的社会主义现代化建设成功地引导到既符合马克思主义又符合中国国情的正确道路上，开创了我国社会主义建设的新局面，就是有力的证明。进而指出，只要创造性地解决好马克思主义的基本原理与本国具体实际相结合，"世界范围内的社会主义运动必将能够从暂时的低潮走向新的高潮"[②]。这些关于唯物史观与社会主义历史命运的论述，不但十分精到而且富有启迪。

3. 在世界观与人生观的统一中阐明唯物史观的意义。该书认为，唯

[①] 张瑞生、薛引娥主编：《唯物史观与社会主义的历史命运》，陕西人民出版社1997年版，导论。

[②] 张瑞生、薛引娥主编：《唯物史观与社会主义的历史命运》，陕西人民出版社1997年版，导论。

物史观既是无产阶级的世界观,也是共产党人人生观和价值观的理论基石,它既是指导社会实践的科学指南,也是帮助人们确立正确的人生价值观的精神支柱。据此,该书用了一节篇幅专门讨论了唯物史观与人生观、价值观的关系问题。它以世界观与人生观的统一立论、从剖析思想政治觉悟的内涵入手,多层次阐发了唯物史观对于共产党人确立正确的人生观、价值观的指导意义。并紧密联系当前实际,指出"人生观、价值观的现实内容是历史的具体的",不能脱离现实内容,把人生观、价值观变成空洞、抽象的口号,并明确提出:"在当代中国,共产党人的人生观、价值观的集中体现是为把我国建设成为富强、民主、文明的社会主义现代化国家而奋斗。"① 这些见解对于广大党员特别是领导干部在唯物史观指导下自觉树立正确的人生目标和价值理想无疑具有重要的现实意义。

4. 从时代课题和理论问题的视界上探索唯物史观的发展。该书不但阐发了唯物史观的基本原理和总结了运用唯物史观的历史经验,而且面对理论界提出的与唯物史观相关的重要问题和当代时代主题与中国主题,阐明了坚持唯物史观的必要性和发展唯物史观的重要性,并探索了如何在实践中、斗争中坚持发展历史唯物主义的方法论问题,提出了"紧紧围绕时代主题坚持发展历史唯物主义"和"紧紧围绕走自己的路,建设符合本国实际的社会主义这个主题,坚持发展历史唯物主义"的深刻见解。这种在理论课题和时代主题两个视界交叉中对唯物史观发展的探索,颇有见地,也甚有新意。

《命运》一书,是陕西省委党校在十余年为研究生开设"唯物史观研究"必修课的基础上集思广益、提炼升华而凝结的研究成果,尽管由于其文出自众手,有些章节体例不够统一,有的问题阐发尚待深化,但它独到的理论观点、独特的研究视角,以及史论结合、虚实并举、古今

---

① 张瑞生、薛引娥主编:《唯物史观与社会主义的历史命运》,陕西人民出版社1997年版,导论。

贯通，学术性、现实性、历史感、时代感兼而有之的鲜明风格，都会使它自立于理论著作之林，并发挥其推进唯物史观研究和提高干部理论素养的积极作用。

（原载于《读者之友》1998 年第 4 期）

哲学价值论研究的新成果

我国的价值哲学研究，虽然经过十多年的努力，取得了重大的学术进展，但作为一个新的学术领域，未明之理尚多。王玉樑研究员多年来在价值哲学园地辛勤耕耘，奋力开拓，以不断探索的精神，继《价值哲学》之后，又推出《价值哲学新探》一书（陕西人民教育出版社1993年版，以下简称《新探》），进一步深化理论，开发领域，提出新见，大大推进了价值哲学的研究。

一 提出价值本质的新见解

《新探》一书，探讨的价值问题甚多，但重点和核心是阐发作者关于价值本质问题的新观点。该书提出："价值的本质是客体主体化，是客体对主体的效应，主要是对主体发展、完善的效应，从根本上说是对社会主体发展、完善的效应。"[①] 书中对这一界定的论述，包含着四层涵义，一是价值存在于主客体相互作用之中，在这种相互作用中，客体对主体的作用和影响，即客体对主体的效应就是价值。客体对主体的效应，即客体主体化，客体转化为主体本质力量的过程；二是客体对主体的效应具有两种不同的性质，客体对主体发生积极的作用和影响是正价值，发生消极的作用和影响是负价值；三是客体对主体的效应是多层次、多方面的，这些效应最终要体现在对主体生存、发展、完善的作用和影响上，而价值"主要是客体对主体发展、完善的效应"；四是价值主体是

---

① 王玉樑：《价值哲学新探》，陕西人民出版社1993年版，第163页。

多层次的，有社会主体、群体主体、个体主体，客体对社会主体的价值是客体的最高价值，所以"从根本上说，价值是客体对社会主体的效应，其本质在于能否促进社会主体的发展、完善，使社会主体上升到更高的境界。"① 该书对于价值本质的这种独到见解，是王玉樑同志多年思考和探索的理论结晶，早在《价值哲学》一书中，他就提出价值是"客体对主体的功效或效应"②，"价值的本质在于能够使主体更加完善，能够推动人类社会向前发展"③。在 1991 年召开的第三届价值哲学讨论会上，他以"论价值及其本质"为题进一步阐发了这一观点，这篇论文后来发表在《哲学研究》上，引起了学术界的关注，《新探》一书更是对这一论点的系统而全面的论述。

价值本质问题是价值哲学的逻辑起点，是整个价值哲学的基石。该书关于价值特性、价值类型、价值标准、价值评价、价值实现等问题都是建立在这一基石之上，围绕着价值本质这个核心展开的，是这一核心的具体贯彻和应用。例如，作者认为既然价值本质是客体对主体发展、完善的效应，因而价值标准就是客体对主体的效应即客体是否促进主体的发展和完善，最根本的价值标准在于是否促进社会主体的发展、完善。作者把这种标准称为效应标准，价值评价就是这种效应标准的运用。关于价值实现问题，既然价值本质主要是客体对主体发展、完善的效应，那么价值的实现就不仅要看客体是否满足主体的需要，更重要的是看满足需要的效应是否促进主体的发展、完善。

根据对价值本质的上述见解，《新探》一书对国内外流行的关于价值界定和价值本质的种种观点进行了具体的分析和评论，特别是对用"满足主体需要"界定价值提出异议。认为主体需要并非都是健康的、天然合理的，因此满足主体需要的并不一定都有价值；以主体需要界定价值难以确证价值的客观性，容易夸大价值主体的作用，忽视价值客体

---

① 王玉樑：《价值哲学新探》，陕西人民出版社 1993 年版，第 158 页。
② 王玉樑：《价值哲学》，陕西人民出版社 1989 年版，第 3 页。
③ 王玉樑：《价值哲学》，陕西人民出版社 1989 年版，第 96 页。

的作用；把经济学上商品的使用价值和哲学上的价值界定混淆；同时还会对理解人的自我价值等现实问题造成困难。

尽管该书提出的价值本质观，在学术界还是有争议的，但笔者认为，以客体对主体的效应界定价值，揭示价值本质，不但富有新意，而且具有重要的理论意义，首先，这种价值本质观，突出地强调了价值的客观性。它认为，价值存在于客体对主体的作用和影响之中，在这种功能性关系中，主体是客观存在的，客体是客观存在的，客体对主体的作用效应也是客观存在的，这就为价值的客观性确立了坚实的理论根据。其次，这种价值本质观揭示了价值与实践的内在联系。既然客体对主体的作用效果可以而且必须通过实践来检验，这就把价值建立在马克思主义实践观的基础之上，强化了价值问题与社会实践的密切联系。再次，这种价值本质观，在肯定主体对形成价值的作用的同时，突出强调了客体对价值的作用，这就克服了以满足主体需要界定价值易导致忽视客体作用的局限，也有利于克服用"意义"界定价值的笼统性、多义性的缺点。总之，该书提出的价值本质观，是对价值本质研究的新突破，不失为见解独到的一家之言。

二 建构价值哲学体系

对价值本质的规定，是建构价值哲学体系的基础。由于《新探》一书把价值的深层本质归结为客体对社会主体发展、完善的效应，即对社会进步、发展的功能和意义。所以，形成了以社会历史和文化为坐标建构价值哲学体系的显著特征。这主要表现在：（1）全书四编，即价值的存在与本质编、价值活动编、价值意识与价值观念编、价值与文化编，体现由静态分析到动态把握、由社会主体的价值实践活动到价值观念活动，由价值本身研究到价值与社会文化各领域的关系研究，这样一种运思趋向，递进地扩展了价值研究的社会和文化视野。（2）每编的落脚点都在于社会历史和文化问题。如价值的存在与本质编，主要论述的是价值的本质问题，作者认为价值本质主要是对社会主体发展、完善的效应，真正的价值在于使人类社会发展、完善，使人类社会更加美好，这就突出了价值对于社会发展的功能和意义。从逻辑结构上看，这一编最后一节论述的是价值与自由的关系，而这正是人类文化的核心问题和人类追求的最高价值目标问题。在价值活动编，作者论述了价值认知、价值评价、价值创造和价值实现等价值活动的形式，而最终归结为价值活动与历史发展的关系。包括：价值活动与历史发展的合规律性、合目的性；价值活动与历史决定论、选择论；价值活动与社会发展的历史尺度和道德尺度。在价值意识与价值观念编，作者在阐发基本理论的基础上，具体研究了中国古代社会传统价值观念与西方社会价值观念、市场经济与价值观念变革、中国特色社会主义的价值观念等历史和现实社会的重要问题。更为突出的是，作者把价值与文化作为独立的一编（第四编），论述了价值与文化类型、文化结构、文化功利、文化悖论等关系问题，使《新探》一书以社会历史和文化为坐标建构体系的特点更为鲜明。(3) 系统探讨了真、善、美、自由等价值哲学的基本范畴，对这些范畴的涵义及其相互关系，作了多层次、多方面的分析。特别是对作为真、善、美统一的自由范畴，分别从认识论、社会学、政治学、历史观和价值论等层次进行了深入具体的论述，条分缕析，严密细致。在此基础上建立了价值哲学的范畴体系。而且，无论是范畴分析还是体系建构，都立足于现实社会生活的实际。我国价值哲学兴起较晚，仅十多年的历史，而且是由真理标准问题讨论的深入引起的，这就形成了我国价值哲学研究的角度侧重于价值与认识、评价与反映、价值与真理等问题。这种视角固然与价值哲学兴起的特殊历史条件有关，所探讨的问题也很有意义，但是在一定程度上却局限了研究的视野。《新探》一书的这种体系建构，不仅克服了侧重于认识论角度研究价值的局限性，也避免了价值哲学研究的纯思辨化、抽象化的缺陷，更为重要的是开阔了价值哲学研究的视野，使价值哲学内容更为丰富、充实，体系更加完整、合理，而且也有利于引导人们关注社会现实中的价值问题，深入思考和探索价值与社会历史文化发展的关系。

三 揭示价值活动与历史发展的内在联系

历史发展的合规律性与合目的性、历史决定论与选择论的关系问题，是学术界争议很大的问题。《新探》从价值论这个视角作了深入分析，认为历史发展是合规律的，历史发展的合规律性，从根本上说是符合生产力发展的要求。人类历史总是朝着有利于生产力发展的方向发展，这是历史发展的总规律。

生产力的发展，就是人的本质力量的发展，主体能力的增强，自由的扩大，创造的价值客体增多，人类就可获得更大的价值。有利于生产力发展的方向，就是有利于获得更大价值的方向。价值追求，是发展生产力的动力和目的，发展生产力是实现最大价值的根本手段，也是人们的最高价值所在，是人心所向。所以，一切不利于生产力发展的生产关系和上层建筑，或迟或早都要被适合生产力发展的生产关系和上层建筑所取代，因而使历史发展呈现出合规律性，历史发展的合规律性，就是向适合生产力发展的方向发展，就是适合人类社会以物质利益为基础的争取实现价值最大化的价值取向。有利于生产力发展的方向，就是有利于实现最大价值的方向。历史发展的合目的性，不是符合历史发展中众多个人各不相同的特殊目的，而是符合人类社会共同的根本的目的，即人类社会总是向着有利于获得更大价值的方向发展，向价值最大化方向发展。而实现人类社会这一共同目的的根本途径是加快发展生产力，生产力发展必然引起生产关系与上层建筑的变革，从而使社会发展具有合规律性。可见，历史发展的合规律性与合目的性不是相互否定的，而是一致的。合目的性是历史发展的目标，合规律性是手段；合规律性、合生产力发展是基础，合目的性、合人类争取价值最大化的价值取向是归宿。二者是辩证的统一。

《新探》认为，唯物史观的历史发展的决定论是辩证的历史决定论，其实质是历史的合规律性，社会发展最根本上决定于生产力的发展，而价值追求是生产力发展的根本动力。历史发展的规律是以趋势的形式出现的。历史发展过程存在着多种可能性，不同的可能性对不同的人们具有不同价值。历史是人们自己创造的，人们面对历史发展的诸种可能性是有选择的。历史选择就是历史主体对存在的各种可能性进行评价以确定最优价值目标与价值取向的过程，实质上是一种价值选择。价值是历史选择的内在动力。不同的历史选择对历史的作用也不同，有的起促进作用，有的起阻碍作用，但从整个历史发展来看，历史选择归根到底是选择有利于生产力发展、有利于人类实现更大价值的方向。所以历史决定论决定历史选择论，历史选择论以历史决定论为前提，是历史决定论的表现形式，二者是对立的统一，是互补的。《新探》还探讨了社会发展的历史尺度与道德尺度问题。《新探》的这些论述，给探讨这些问题提供了新的视角，给人不少启迪。

四　探索中国特色的社会主义价值观念

面向现实生活研究价值理论，是作者长期坚持的理论追求，作者在他的《价值哲学》中已自觉地体现了这种意识。《新探》一书面向新的时代环境，进一步发扬了这种关注现实的精神和热情，时代气息更加浓郁。这不仅表现在对我国现代化建设和改革开放过程中日益突出的人格问题、人才问题、生命价值、死亡价值问题的深入探讨上，而且还面对社会主义经济的建立，设立专门一节论述了"市场经济与价值观念变革"，对市场经济下价值观念变革的内容、变革的根源以及如何坚持义利统一，树立以集体主义为核心的价值观念等都作了具体而有说服力的论述。尤其可贵的是，作者用整个一章的篇幅对中国古代传统价值观念与西方价值观念、中国特色社会主义价值观念与西方资本主义价值观念进行了比较研究，探讨了它们之间的区别和联系，分析了中国特色社会主义价值观念的基本特征，提出了一系列富有新意的独到见解。这种面向沸腾的现实生活研究价值问题，特别是对中国特色社会主义价值观念的探索，使《新探》一书不仅充满了生机和活力，富有时代气息，而且对于建立有中国特色社会主义价值观念体系具有重大的理论意义和现实意义。

五 运用辩证方法研究价值问题

价值问题遍及社会生活的各个领域，同时，现实生活中的价值关系又十分复杂。价值问题的广泛性和复杂性，就要求研究者必须用辩证的方法研究价值问题，只有这样才能避免对价值的片面、肤浅的理解。运用辩证方法分析价值问题，正是《新探》一书的重要特色。

《新探》一书运用辩证方法不仅在于它把价值活动作为独立一编，研究了价值的动态发展过程；更值得称道的是它运用矛盾辩证法分析了价值存在、价值特性、价值范畴、价值与历史文化等一系列重大问题。例如，把价值存在概括为普遍价值与特殊价值、自在价值与自为价值、潜在价值与现实价值、内在价值与外在价值、直接价值与间接价值、真实价值与虚假价值、眼前价值与长远价值、局部价值与全局价值、效益与代价等形式。这些形式充分揭示了价值存在的矛盾辩证性。又如作者对价值特性不是从单方面进行规定，而是着眼于对价值特性的内在矛盾的分析，提出客观性与主体性、社会性与历史性、相对性与绝对性、多元性与一元性是价值具有的基本规定性。书中还对价值的主体性与客体性、人的主体价值与客体价值、社会价值与自我价值、直接自我价值与间接自我价值、人的贡献与享受等等都作了辩证的分析。

此外，该书还运用辩证方法分析了我国哲学价值理论研究中存在的问题，提出了推进价值论研究的建议。认为目前最重要的问题是要深入研究马克思主义经典作家的价值理论；既要重视价值哲学基本理论的研究，又要面向沸腾的现实生活；既要借鉴国外的研究成果，又要重视对我国传统哲学和近十年价值理论成果的研究。这些意见符合当前价值理论研究的实际，切中价值论研究的弊端，对推动价值哲学理论研究走向深入，无疑有积极的作用。

总之，《新探》一书充满了辩证精神，可以说它是一部价值的矛盾辩证法，为进一步深化价值理论研究提供了方法论的启示。

《价值哲学新探》一书，是我国哲学研究领域的新成果，它以马克思主义为指导，对价值哲学的一系列基本问题作了比较全面、系统、深入的探讨，新意迭出、观点独到、资料翔实、内容充实。尽管其中一些问题，如价值一元性与多元性问题，"以满足主体需要"界定价值和以"效应"界定价值的关系问题，主体需要的性质问题等等，尚待进一步讨论，但该书无论在观点、体系和方法上，所取得的重大成果都是具有创新性的，它的出版必将进一步推动价值哲学的研究。

（原载于《人文杂志》1996年第4期）

中国哲学伟大变革的宏阔画卷

在近年来出现的"毛泽东热"中，关于毛泽东的书籍大量出版，可是比较系统深入地研究毛泽东哲学思想的著作还为数不多，尤其是对毛泽东哲学思想史的系统研究，更是凤毛麟角。当此之际，西北大学哲学与管理科学系教授周树志同志撰写的45万字的《毛泽东哲学思想史》（陕西人民出版社1993年版），弥显珍贵。该书内容丰富，资料翔实，观点新颖，体例严谨，视野宏阔，除导言和总结论外，分为四编十一章，系统论述了毛泽东哲学思想的萌芽、形成、成熟和发展的历史过程和内在规律，提出了一系列深刻而富有新意的学术观点。本文仅就其对毛泽东哲学思想和中国哲学关系的考察论述，略陈管见。

在《毛泽东哲学思想史》中，作者为自己提出的重要任务之一就是："考察毛泽东哲学思想和中国古代哲学及现代哲学的关系，研究毛泽东哲学思想对中国古今各派哲学的批判继承，在中国哲学史上实现的伟大革命变革。"[①] 统观全书，可以说作者很好地实现了这一研究任务，取得了重大的学术成果。

1. 在"三维坐标系"中把握毛泽东哲学思想史的特点，突出了毛泽东哲学思想是中国传统哲学历史发展的产物这个特色。该书在导言中提出，毛泽东哲学思想史在马克思列宁主义哲学发展史上有自己新的特点，这就是：（1）"它是马克思列宁主义哲学在中国传播和发展的历史"；（2）"它是中国哲学的革命变革史"；（3）"它是中国革命和建设实践经

---

① 周树志：《毛泽东哲学思想史》，陕西人民出版社1993年版，第3页。

验的哲学概括史"。显然,这是在理论、历史和现实三维坐标系中对毛泽东哲学思想史特点的确定。作者这种观点,不但全面概括了毛泽东哲学思想史的特点,而且克服了只从某一个角度说明毛泽东哲学思想特征的片面性和简单化。尤其值得称道的是,作者认为:"毛泽东哲学思想在使马克思列宁主义哲学中国化的过程中,紧密结合中国哲学战线斗争的实际,对各种反马克思列宁主义的哲学给予了有力的批判,对从孔夫子到孙中山的哲学遗产给予了科学的分析和总结,特别注意把中国哲学的民族形式和马克思列宁主义哲学的科学内容相结合。"①"毛泽东哲学思想史是中国哲学的革命变革史。"②明确地把中国哲学自身发展变革的历史进程作为考察毛泽东哲学思想史的一个维度,甚有见地。从马克思主义的哲学史方法论角度来看,任何哲学的发展虽然最终是由社会存在的发展决定的,但哲学本身也有自己相对独立发展的历史,具有历史的继承性。毛泽东哲学思想作为马克思主义哲学中国化的新的哲学形态,它的根源固然深藏在中国社会的经济变革中,立足于中国革命和建设的实践中,但它不可能脱离中国哲学史上的成果,不可能抛弃以前哲学所提供的思想资料。因此,周著在把中国革命和建设实践和马克思主义哲学的传播发展作为两个维度的同时,又把中国哲学自身发展作为一维,形成一个三维坐标系,不仅全面系统地展现了毛泽东哲学思想的历史,而且突出了中国哲学自身发展的内在逻辑,这是对马克思主义唯物史观和哲学史方法论原则的具体贯彻和科学应用。

2. 用辩证观点考察了毛泽东哲学思想与中国传统哲学和现代哲学的关系,提出了许多创见。首先,它辩证地论述了毛泽东从信奉中国传统哲学到走向马克思主义哲学的曲折转变历程。该书认为毛泽东学生时代的思想是混杂多变的,1919年五四运动中开始了向马克思主义的转变历程,到1921年初最终实现了这一转变。该书具体剖析了在这一思想转变

---

① 周树志:《毛泽东哲学思想史》,陕西人民出版社1993年版,第4页。
② 周树志:《毛泽东哲学思想史》,陕西人民出版社1993年版,第3页。

过程中科学的毛泽东哲学思想萌芽,一改大革命时期毛泽东哲学思想萌芽的传统观点。最后,它辩证地论述了毛泽东哲学思想在二三十年代哲学战线斗争中的形成过程。该书认为毛泽东哲学思想形成于1921—1935年期间,在这期间,毛泽东不但创造性地运用了阶级分析方法,发挥了群众观点,更重要的是创立了工农武装割据的政治哲学新理论,创立了马克思主义军事哲学,提出了马克思主义本本必须与中国实际相结合的原则,制订了调查实际的社会认识论,开拓了群众路线的工作方法理论新领域。作者以宏阔画面描绘了二三十年代哲学战线上"科学与玄学"的论战,马克思主义与国家主义、戴季陶主义的论战,中国社会性质问题的论战以及党内两条思想路线的斗争,在这些论战和斗争中,展现了毛泽东哲学思想形成时期的哲学背景和毛泽东在论战中的作用及受到的哲学启示。再次,它辩证地论述了成熟的毛泽东哲学思想对中国传统哲学思想和现代哲学思想的批判和继承。该书认为成熟时期(1935—1945)的毛泽东哲学思想,以《实践论》和《矛盾论》为理论化的标志,集中表现在认识论问题上,对中国哲学史上长期争论的知行关系问题作出了最高的科学概括和总结;在辩证法问题上,对当时关于唯物辩证法论战及中国古代辩证法与形而上学的斗争,从对立统一的新的高度作了概括和总结。该书还辩证地分析论述了毛泽东40年代与唯生论、战国策派、托派哲学、力行哲学等学派的斗争,说明毛泽东哲学思想活的灵魂——独立自主、实事求是、群众路线思想的成熟。最后,该书结合当代哲学界对中间派哲学的批判及关于经济基础的争论、思维与存在有无同一性的争论、一分为二与合二而一的争论等,论述了毛泽东哲学思想成熟之后的丰富和发展。该书的这些论述辩证地说明了毛泽东哲学思想与中国哲学自身发展的关系,具体深入地揭示了毛泽东哲学思想的萌芽、形成、成熟、发展的历史过程的内在规律和理论轨迹。

3. 从理论高度概括了毛泽东对中国传统哲学的批判继承的方法论原则。该书认为毛泽东处理与中国传统哲学的关系,不是纯粹的经验层次上的操作过程，而是在马克思主义唯物辩证法和唯物史观指导下自觉的理性思索活动。抗战时期，文化界的斗争和政治斗争交织在一起，在文化、哲学领域，关于如何处理中国文化与西方文化、中国古代文化与马克思主义文化的关系问题，曾引起激烈争论，胡适鼓吹全盘西化，梁漱溟提倡复古主义，冯友兰发表新理学，贺麟提出新心学，熊十力倡导新唯识论。面对这场争论，毛泽东以马克思主义哲学为指导，提出了自己的文化哲学思想，发表了一系列重要观点。周著对毛泽东这些论述概括为"文化的唯物史观""文化的反映论"和"文化的辩证法"三大命题。在"文化的辩证法"中又专题论述了毛泽东对待中国传统文化的"批判和继承的辩证法"观点，认为毛泽东主张继承文化遗产要采取批判分析的态度，取其精华、弃其糟粕；其批判分析的原则是为了创造"民族的科学的大众的文化"；坚持批判与继承的辩证统一，就必须反对全盘西化和复古主义等形式主义和教条主义态度。这就从理论高度清晰而系统地概括了毛泽东批判继承中国传统哲学的方法论原则，它既是毛泽东对马克思主义文化观、哲学史观的坚持和发展，也是毛泽东对自己创建具有中国特色的毛泽东哲学思想的理论活动经验的总结。毛泽东之所以能实现中国哲学的伟大变革，正是自觉以这种方法论为指导的结果。

总之，周树志同志的著作《毛泽东哲学思想史》以丰富翔实的史料、严谨扎实的学风、科学求实的态度、勇于探索创新的精神，深刻地分析和探讨了毛泽东哲学思想在萌芽、形成、成熟和发展过程中批判继承中国哲学遗产的特点、内容和方法，并在此分析和探讨的基础上，得出了"毛泽东哲学思想是中国哲学史上第一个科学的大众哲学体系，实现了中国哲学的伟大革命变革，真正代表了中国哲学的发展方向，是中国哲学在当代取得的最大成果"[①] 这一重要结论。诚然，关于毛泽东在创造自己哲学思想的过程中如何批判地继承中国古代哲学优秀遗产的问

---

① 周树志：《毛泽东哲学思想史》，陕西人民出版社1993年版，第4页。

题，是一个具有重大学术意义和现实意义的课题，有待深入研究和拓展的领域尚多，但周著《毛泽东哲学思想史》已在这一方面迈出重大的步伐，取得创造性的学术成果，这无疑是值得称道的。

（原载于《西电社科研究》1996 年第 1 期）

邓小平哲学思想研究的新开拓

邓小平同志的著作中包含十分丰富的价值思想，它是邓小平哲学思想的重要组成部分。可是近些年出版和发表的研究邓小平哲学思想的专著和论文，虽对邓小平哲学思想的诸多方面都有论述，但却没有对邓小平的价值观进行专门系统的研究。王玉樑研究员的新著《邓小平的价值观》（陕西人民出版社1995年版）一书，填补了这一空白，这无疑是邓小平哲学思想研究的新开拓，也是价值哲学研究的新成果。

《邓小平的价值观》一书，共十六章，分别对邓小平关于价值本质、物质价值、精神价值、人的价值、历史价值、价值目标、价值选择、价值评价、价值创造、价值实现、价值观念、价值辩证关系、价值观与真理观历史观的统一、价值观与方法论的统一等方面的思想，进行了深入系统的研究。从价值理论构成来看，该书所概括的邓小平的这些思想，基本包括了价值观问题的各个主要方面，特别是价值本质、价值评价和价值标准问题更是价值观的理论主干。经过这样全面而深入地论述，不但阐发了邓小平同志丰富而深刻的价值思想，更为重要的是展现了邓小平同志的价值思想体系，把对邓小平哲学思想的研究大大地向前推进了一步。

该书认为，邓小平的价值观，是以人民为价值主体和评价主体的价值观，是实事求是、讲求实效的价值观，是发展的价值观。"实事求是，讲求实效，是邓小平价值观的精髓"。这一精髓集中表现在他关于价值本质的观点上。邓小平在论述各种价值问题时，总是以客体"对社会、国家、人民的实际效益、效果、影响来确定价值，这正是邓小平同志关于价值问题的根本观点。"作者认为,这一思想,深刻地揭示了价值的本质,为价值的客观性、哲学价值进行了深入细致的分析,认为邓小平的价值观"是革命功利主义的价值观,是义利统一的价值观";"是理想与现实相结合的价值观";"是求实与创新相统一的价值观";"是动机与效果相统一的价值观"。书中对邓小平价值观精髓和特征的概括,是准确的科学的,这一概括对深刻理解邓小平的价值观及其重大贡献具有高屋建瓴、纲举目张的重要意义。

邓小平同志的价值观,是他建设有中国特色社会主义理论的有机组成部分。所以,系统研究邓小平的价值观也是探索中国特色社会主义价值观念体系的基本途径。在此问题上,该书也取得了开拓性的成果。作者提出中国特色社会主义价值观念的内涵,主要包括社会主义信念、共同富裕目标、"三个有利于"标准、集体主义原则和爱国主义思想五个方面。该书还深入探索了邓小平关于社会主义市场经济条件下价值观念建设的思想,即树立适合市场经济的新的价值观念;弘扬优良的传统价值观念;强化社会主义的价值观念;坚决抵制腐朽没落的价值观念四个方面,并对其中的每项内容都作了详细具体地阐发。该书通过对邓小平价值观念的研究,系统论述了中国特色社会主义价值观念的基本内容和建设途径,这种探索无论在理论上还是在实践上都具有极其深远的意义。

价值哲学研究虽然属于抽象的学术探索领域,但它绝不是超越现实、脱离实践的哲理玄思。特别是对邓小平价值观的研究,更是一个现实感强烈、实践性鲜明的理论课题。因此,把学术上的创造性探索和实践上的正确性导向紧密结合起来,就成为一个十分重要的要求。在这一点上,《邓小平的价值观》一书也颇有建树。书中,作者一方面分析了邓小平同志关于一系列价值理论问题的重要见解;另一方面又把价值理论转化为研究方法,通过对邓小平价值观的研究,密切关注现实,阐发和弘扬了正确的有利于社会的价值观念,深刻剖析和严肃批评了"一切向钱看"的拜金主义价值观念、奢侈浪费腐化堕落的享乐主义价值观念和损人利己、唯利是图的极端个人主义的价值观念。这种理论联系实际的特征，使该书不但具有重要的学术价值，而且发挥了正确的价值导向功能，使学术创新与实践导向二者紧密结合起来。

《邓小平的价值观》不但具有严谨的学术性，而且体现着鲜明的时代精神，洋溢着充沛的现实热情。它既开拓了邓小平理论研究的新领域，扩展了价值哲学研究的新视野，而且，对于深入学习有中国特色社会主义理论，推动社会主义精神文明建设，引导人们树立正确的世界观、人生观和价值观，都具有重要的现实意义。

（原载于《光明日报》1996年5月16日）

《邓小平改革的哲学思维》评介

　　邓小平建设有中国特色社会主义的理论，是一个内容丰富、含义深刻的科学理论体系，要系统完整地掌握、融会贯通地理解这一科学理论，就必须对其中贯穿的辩证唯物主义和历史唯物主义的哲学思维着力研究。陕西省社会科学院徐博涵研究员等编著的《邓小平改革的哲学思维》（陕西省1994年社科规划项目，西安交通大学出版社1994年版），就是一部研究邓小平哲学思想的专著，具有十分鲜明的特色。

　　1. 该书较全面地概括了邓小平哲学思想的内容，有系统性。一部全方位研究邓小平哲学思想的专著，首先必须从总体上把握邓小平哲学思想的结构，并使各个部分的论述具有内在的逻辑性。该书把邓小平哲学思想概括为新实践论、生产力首要论、第一生产力论、特色论、改革论、开放论、对立统一关系新论、一元为主多元统一论、本质与非本质论、两手抓论等十大理论，并按照认识论—社会历史观—方法论的逻辑层次予以展开，这种概括虽然是作者的一家之言，但基本上包括了邓小平哲学思想的主要内容，比较全面系统地论述了邓小平在新的历史时期形成的哲学思想成果。

　　2. 该书突出地探讨了邓小平哲学思想的特征，富有深度。作者认为，邓小平的哲学思想"充分体现了邓小平思想方法论的突出特点和个人独特风格"。根据这一看法，该书在论述邓小平哲学理论中，突出了对邓小平哲理思想特征的探讨。例如，关于邓小平的新实践论，书中提出，实事求是的"精髓论"，是新实践论的奠基石；"生产力首要论"是新实践论的核心；"摸着石头过河"的"摸论"，是实践认识论总公式的形象化、实用化概括;"黄猫、黑猫,只要捉住老鼠就是好猫"的"猫论",实际是生产力标准论最初的通俗化、形象化表述方式。这些论述和分析,不但富有深度,而且颇多新意。

3. 本书深入论述了邓小平对马克思主义哲学和毛泽东哲学思想的继承和发展,新意迭出。该书论述邓小平哲学思想,不是孤立地仅就论述对象自身进行探讨,而是放在马克思主义思想发展的历史进程中进行考察,深入揭示邓小平哲学思想对马列主义、毛泽东哲学思想的重大发展。几乎在每个部分的论述中,作者都明确地以历史发展的维度为参照系。如在"生产力首要论"一章中,它既概括论述了马克思唯物史观关于发展生产力的基本原理,又总结了列宁时期、斯大林时期和我国新中国成立后一段长时期内在发展生产力问题上的经验教训,在此基础上系统论述了邓小平关于社会主义本质首先在于解放生产力、发展生产力的思想,及其对马克思主义理论的巨大贡献。这种研究,不但活生生地体现了历史和逻辑相统一的方法论原则,具有深厚的历史感,更重要的是鲜明地展示了邓小平哲学思想对马克思主义哲学、毛泽东哲学思想的继承和发展,阐发了邓小平哲学思想的新贡献、新特色。

深入研究邓小平的哲学是一个大课题,在我国理论界还起步不久,《邓小平改革的哲学思维》作为研究初期的成果,也难免有其不足,如书中对邓小平的以人民为主体的价值观,就未及专章论述。尽管如此,该书在结构上、观点上、方法上,都颇富有新意,不失为一部既有理论深度,又具有时代精神的成功之作。

(原载于《光明日报》1994年12月4日)

《马克思主义哲学导读》序

在社会发展剧烈变革的时期，人们的价值观念也发生着深刻的变化，这种变化表现在社会生活的各个方面，甚至在学科功能的评价上也明显地表现了出来。20年来，哲学在中国的命运经历了从十分"辉煌"到相当窘迫，饱经世态炎凉，人们对哲学功能的看法也经历了从似乎能包医百病到好像毫无用处的观念转变，这就充分地映射了一些人对学科功能评价观念发生的变化。在政治挂帅、阶级斗争为纲的"文化大革命"时期，几乎把一切"大是大非"问题最后都要归结到哲学的殿堂上来裁决，于是哲学似乎具有包容万般、包医百病的功能；而在改革开放，以经济建设为中心、发展商品经济的时期，功利、物欲、实用的追求成了相当一部分人的时尚，于是哲学又好像没有什么用处了。

从"包医百病"到"毫无用处"的两极跳跃，表现出人们对哲学功能的同一期待，即希望和要求哲学成为能直接快速地解决人们面临的现实实际问题，甚至能直接满足人们迫切需要，给人们带来实际利益。然而，这是对哲学特点和功能的误解。

哲学的本义是智慧之光，在古希腊，哲学一词是"爱智慧"的意思，在中国古代的词书中也是以"智"释"哲"的，《尔雅》云："哲，智也。"马克思也认为，哲学是"现世的智慧"。作为智慧之学，哲学的基本内容就是世界观和方法论，是理论化、系统化了的世界观和方法论。哲学的这种本性，决定了它在研究的对象上和把握对象的方式上具有自身的特点。从研究对象说，哲学始终把人与世界的总体性关系作为探讨的对象；从掌握对象的方式说，哲学总是从整体上和运动中把握人与世界的关系的整体结构、普遍形式和一般内容。这种特点,表现在思维方式上,就是高度的概括性、抽象性和广泛深远的普适性。作为一种高度概括、极其抽象和广泛普适的理论体系,哲学在整个社会意识形态中,乃至在整个人类精神世界中,都处于核心的地位,起着统摄一切灵魂的作用。而这种作用则是通过给人们提供系统化的世界观、高层次的方法论和最宏观的价值理念等功能展现出来和发挥出来的。哲学为人们提供的乃是一种宇宙和人生智慧、终极关怀和人文精神,真、善、美三位一体的价值理想。我们对哲学功能的期待和要求,必须以这些基本认识为出发点。

明确了这一出发点,我们就不难理解哲学对法学、哲学对法律、哲学对法律活动和哲学对法律工作者所具有的重要意义了。

法学是关于法律、法制的学问,它以法律、法制作为研究对象,它讨论法的本质,法的起源,法的作用,法治和人治的关系,法和一般意识形态、道德的关系,法的产生和发展的规律等理论问题。与法律部门的划分相适应,法学体系也划分为许多部门。从科学定位上看,法学属于一门具体的社会科学,它研究人与世界的关系一个具体侧面,它与哲学的关系是特殊与一般的关系:一方面,它与其他具体科学一样,是哲学总结和概括的对象;另方面哲学对它又有着普遍的指导作用。任何一种法学思想体系,都受着一定的哲学世界观和方法论的指导,在对法的一系列理论说明中,都渗透着法学家对世界整体的看法和处理人同外部世界关系的基本准则,也蕴涵着法学家的理想、信念和价值观念。翻开中外法律思想史,不难看出,许多法学家本身就是哲学家,不少法学家都有着自己的哲学思想;翻开中外哲学思想史,也不难看出,许多哲学家都有自己的法学著作,不少哲学家都有自己的法律观。马克思主义法学就充分体现着辩证唯物主义、历史唯物主义的世界观、方法论和无产阶级的价值观。因此,学习和掌握哲学,对学习和研究法学,有着十分重要的指导作用;学习和掌握马克思主义哲学更是理解马克思主义的法律思想的钥匙,也是分析、研究和评论古今中外各种法学思想的锐利武器。

　　与法学不同，法律是国家制定的或认可的强制人们必须遵守的行为规范，不论是成文法还是习惯法，都是如此。法是建立在一定经济基础之上的上层建筑的重要组成部分，是构成人类社会这个活的有机体的诸要素中的一个因素。因此，要深刻认识法的本质与社会作用，只有把它放到整个社会有机体中，放到它与社会诸要素的内在联系及其相互作用中，才能获得全面的科学的把握。而且，法在人类历史上有它产生、发展的原因、过程和一般规律，所以还必须把它放到人类社会历史发展的长河中，才能获得正确的认识。而马克思主义哲学作为理论化、系统化的世界观和方法论，则能够把世界和人类社会的各种因素有序地组织起来、联合起来，从而为人们认识世界和认识社会历史的各种现象，提供一个总体性的世界图景和一般性的方法论原则。所以，离开了哲学的指导，就不可能认识法律与人类社会历史发展的关系，不可能认识法律与其他社会现象的关系，也不可能认识法律现象的内在联系及其发展规律。因而，对法的本质和作用也难以把握。

　　法律作为由国家政权强制力支配的行为规范，必须通过人们的有意识活动才能产生和发挥作用。社会主体的法律活动包括立法、执法、司法和法律监督等一系列环节。这一系列活动都是人们社会实践的有机构成部分，都是既在一定的法学理论的指导下，更在一定的世界观和方法论的指导下进行的。只有认真学习马克思主义哲学，树立正确的世界观和方法论，才能指导每项法律活动沿着正确的轨道、朝着正确的方向展开，并取得良好的效果，达到预期的目的。而且，就立法、执法、司法、法律监督之间的关系来说，它们既有各自的独立性，每项活动都是一个独立系统；又是一个相互依存的法制活动整体，具有结构上的系统性、作用上的相关性和建设上的同步性，因此，就必须正确地观察和处理它们之间的协调发展问题。离开了唯物辩证法的联系观点、动态观点和矛盾观点，就不可能使四个环节有机统一，互相协调。所以，学习和掌握马克思主义哲学，对于法律活动和法制建设，也是十分重要的。

无论是法学理论研究，还是法律活动和法制建设实践，都要靠人来进行，因此法律工作者的素质是至关重要的。一个好的法律工作者，不但应该具备人的基本素质，还应该具备法律工作所要求的特殊素质，例如，意志坚强、头脑冷静、尊重事实、对事业满怀热情的心理素质；知识丰富、智力明察、方法得当、善于把握规律和探求本质的科学文化智力素质；刚劲正直、公正无私、是非分明、忠于职守、服从法律的思想道德素质等等。我国古代法家的集大成者韩非，在谈到法律人才的素质时指出："能法之士"，要"去私心行公义"，"去私行行公法"；"远见而明察"，"强毅而劲直"；"循名实而定是非"，"处其实不处其华"。这很好地说明了法律人才应该具有的基本素质。这些素质的培养和提高固然需要具备多方面的条件，通过多渠道的途径，进行多式样的工作，但学好马克思主义哲学无疑是培养和提高法律人才素质的重要因素。马克思主义哲学的认识功能，为人们揭示了正确认识客观世界的基本前提、认识规律和思维方式，它能够从总体上提高人们的智慧水平，从而能提高法律工作者透过现象认识本质、依据结果探索原因、利用偶然把握必然的"远见明察"能力；马克思主义哲学的方法论功能，为人们提供了观察问题与处理问题的一般科学方法，它能够从客观上增强人们的分析问题的能力和实际工作能力，从而就有利于法律工作者掌握辩证的科学方法，增强工作才能，提高工作质量；马克思主义哲学的价值导向功能，为人们指出了人类社会发展和进步的基本方向，它能指导人们遵循"实然"法则去追求"应然"目标，把社会文明的进步和个人价值的实现统一起来，为培养自己真、善、美的人格而努力。从而就有益于法律工作者掌握人生的价值尺度和评价标准，在自己的工作中体现高尚的道德情操、崇高的人格境界，通过自己的事业去实现个人的和社会的价值理想。因此，马克思主义哲学也是培养和提高法律工作者素质的雨露和阳光。

可见，无论是对法学、对法律、对法律活动，还是对提高法律工作者的素质，哲学都具有重要意义，都起着指导作用。然而，哲学与法学究竟是两个不同层次、有不同研究对象的学科，哲学对法学的"指导"

作用并不是"取代"作用。因此，在学好哲学的同时，一个法律工作者或有志于将来从事法律工作的大学生，还应该学好各门法律专业知识，掌握法律工作所要求的特殊才能。而且，正如我们一开始就指出的，哲学的价值功能和巨大作用，乃是智慧层次上的，思维方式上的，终极关怀上的，人文精神上的，它不可能直接导致感性的经验和实证性的知识，也不可能立即提供每一个具体行动所遵循的操作技能，更不可能慷慨奉献能直接满足人们现实生活需要的物质利益。即使通过紧扣时代脉搏，展现时代精神，服务社会现实，来发展哲学、振兴哲学，赋予它以新的生命力，但只要它仍然是哲学，仍然保持哲学的特质，它就不可能满足人们急功近利的要求。因此，任何从事实证性学科（包括法学）研究的人和从事具体职业的人都不应对哲学怀有立即给自己带来看得见、摸得着的实效的期待。要知道，凡是指望某一具体学科或某一具体活动所直接带来的东西，哲学往往是无能为力的；而哲学为人所奉献的宇宙智慧和人生智慧，任何具体科学和专门知识，也只能对之望洋兴叹。懂得了这一点，我们对哲学功能的期待就既不会太多，也不会太少！

刘进田、李少伟二同志主编的这本《马克思主义哲学导读》，是为马克思主义哲学教学提供的一本辅导书，也是为学习马克思主义哲学提供的一本指导书，它密切联系教学实际，紧密结合教科书的体系结构，每章都从教学目的、要求和大纲；经典著作摘要；重要哲学家、哲学命题、科学概念简介；学术争论简介；思考练习题等五个方面进行教和学的揭示和辅导，不但明确了教学的目的、要求，充实、拓展了教科书的内容，而且为进一步深入学习和开展学术研究提供了线索，开阔了视野，启迪于思路，是一本内容充实，设计新颖，颇具特色，而又切实有用的书。

像这样一本宗旨明确、内容晓畅、纲目井然的教学指导书，本来用不着一篇冗长的序言赘疣其端，浪费读者的时间和精力，大概因为司法部教材编辑部编审的高等政法院校规划教材《马克思主义哲学》一书是由我主编的，而该书又是供法律专业使用的，所以进田同志要我借《马克思主义哲学导读》出版之机，谈谈哲学和法学的关系，以提高法律专业学生对学好哲学的认识，增强学习的自觉性。我深感盛意难却，于是就写了上面一些话。朱熹诗云："旧学商量加邃密，新知培养转深沉。"哲学和具体科学（包括和法学）的关系，是个老题目，我在序言中说的这番话，尽管在重解老题、"商量旧学"中，未发新意，未达"邃密"，但满怀着的却是一片"培养新知"的"深沉"感情。

（原载于《政治教育研究》1994年第4期）

《中西哲学比较论》序

"梅雪争春未肯降，骚人搁笔费评章。梅须逊雪三分白，雪却输梅一段香。"中西哲学，犹如争春的雪梅，各有所长，亦各有所短。其高下优劣、利害得失，的确难以比较，不易品评。故此长期以来，中外哲人、学者，虽并未畏难到"搁笔"的地步，但却常常为之伤神，为之劳思，为之争辩不已，甚至为之困惑不安。

中西哲学比较之所以成为颇费评章的难题，除中西哲学本身各有自己的丰富的内涵和复杂的特点之外，从研究主体方面考虑，大体有如下一些原因。一是研究者总是囿于自己的文化背景之中，深受本民族文化传统的熏陶和制约，因而对异于自己文化传统的哲学思想，难以全面准确地把握，更难以透彻深入地理解；二是从事中西比较哲学研究，需要有深厚的学术功底和广博的学识修养，需要具备语通中外、学贯中西的功力，而要达到这一点，相当不易；三是中西哲学比较是中西文化交流的产物，受中西方文化交流的制约。不同社会条件下中西文化交流的态势，不同历史时期中西文化交流的课题，都会对研究者形成这样或那样的影响。

然而，尽管"其事之难也如此"（严复语），学者们并没有知难而退。他们或出于中西文化交流的主观需要，或迫于中西文化交流的客观趋势，不辞艰辛地在这片学术园地里辛勤耕耘，努力探索，为解决这一难题，付出了大量的心血。远者毋论，即就中国近代以来言之，致力于中西哲学比较研究的学者，可谓代有其人。严复、梁启超、胡适、陈独秀、李大钊、梁漱溟、冯友兰、贺麟、黄建中、朱谦之、唐君毅、牟宗三、张君劢、庞景仁、金岳霖、程石泉、韦政通等，都在这一研究领域中作出了自己的贡献。20世纪80年代以后，随着改革开放的推进和中西文化交流的扩展，中西哲学比较研究，更是形成了继本世纪初期高潮之后的又一次高潮。很多学者特别是青年学子，都着力于此，试图通过中西哲学、中西文化比较，探索中国哲学乃至新时期精神文化的发展道路。正是这种知难而进的探索，坚持不懈的努力，才为我国中西比较哲学的研究，奠定了进一步发展的基础。

张再林同志，也是在80年代以来的中西哲学、中西文化比较研究的高潮中步入比较哲学研究领域的。先是有《弘道——中国古典哲学与现象学》一书的出版，后又有胡塞尔《观念——纯粹现象学的一般性导论》一书的翻译和《治论——中国古代管理思想》一书的写作，现在又为读者奉献出了这部专著《中西哲学比较论》。身处于大言炎炎、小言詹詹、议论纷纭、歧见迭出的学术氛围之中，面对中西哲学比较这一难题，张再林同志却能不蹈故辙，不囿成说，独辟蹊径，别开生面，惟陈言之务去，寓新意于特识，使该书呈现出了角度新、观点新、方法新的鲜明特色。

和那种从总体上进行客观比较的角度不同，《中西哲学比较论》选取了专题深入、由点及面的新视角。所选的十二个专题，大多是中西哲学的深层次问题，因之具有突出的典型性和重要性。这些专题，虽然是"点"，但却涉及中西哲学的本体论、认识论、人性论、方法论、语言论、道德论、管理论等诸多方面。研究视角的这种转换不但具体地表现了以"点"摄面、以"点"映"体"的特征，也大大避免了以往客观总体研究易于陷入空泛、笼统的弊端。

与有些将比较仅仅停留于异同辨析和优劣评判的研究有别，《中西哲学比较论》的致思趋向在于，为人们展现由中西哲学相反相成所构成的人类哲学的整体，为人们揭示中西哲学由对立而走向同一的趋势。作者说:"在中西文化和哲学的比较问题上,本书则力图向人们展示一种兼容并蓄的、更为辩证的理解,即坚持中西两种哲学实际上是'互为本体'地你中有我、我中有你的,二者的关系是服从于一种解释学的'问答逻辑'的。在二者之间的对立之中恰恰隐含着其深刻的同一。或换言之,如果说中国哲学是'正题',西方哲学是'反题'的话,那么,一种正确的人类哲学的结论只能是二者之兼综的'合题'"。这一致思趋向,既是贯穿于全书的中心点,也是作者观照中西哲学异同的制高点。依据这一论点,作者认为传统西方哲学是"一种以认知性的、主客关系为其主导方面的理论",而传统中国哲学则是"一种偏重于价值性的、主体间关系的理论",二者的一体两面、互补互动,就构成了"普遍性的世界性的人类哲学的结构"。这种颇有见地的看法,不但是对中、西哲学本质特征所作的新解,而且也是以"全球史观"研究中西哲学比较拓出的新境。此即所谓"夫道,天下之公道也"。

也和某些仅作简单类比、只进行横向把握的方法相异,《中西哲学比较论》坚持运用了史与论结合、横向与纵向兼重,即历史与逻辑相统一的研究方法。在各专题的研究中,既有逻辑理论上的"异""同"分析,更有历史动态中的"分""合"观照。从而,使该书不但具有高度的思辨性,而且具有深沉的历史感。

学术探索,贵在提出创见;历史研究,贵在关注现实。再林同志以新颖的致思趋向和新鲜的运思方式,进行中西哲学比较研究,其宗旨可归结到一点,就是促进中西文化、哲学的交流和融合,探索人类哲学的出路和前景。对于中国传统哲学来说,则是"把它置身于一个新的更大的视野中予以现代化的再阐释,即在对话中丰富自己。"这正是我们今天在现代化过程中所亟待解决的时代性的文化课题。于是,我深切地感受到了这部著作中所寄寓的现实情怀和所絪缊的时代精神。

张再林同志是一位勤奋扎实、笃学深思的中年学者,他的累累研究成果已为学术界所瞩目，六年前的《弘道》就是一本见解别致，新意颇多的书。而今，他又以这部续篇推进和发展了《弘道》的研究。这说明，张再林同志在学术研究上，有着一种勇于进取，勤于提升，乐于更新的精神，也说明，中西哲学比较研究是一个动态的历史过程，随着社会历史的发展，文化交流和融合的演进，以及人们认识的深化和提高，中西哲学比较这一研究课题也会不断开发出新的意蕴来。由此，我满怀信心地期待着再林同志的新成果，也满怀喜悦地企盼着中西哲学比较研究的新进展。

（原载于《人文杂志》1997年增刊）

《佛学西学在中国——中国比较哲学的历程》序

中华民族在实现现代化的过程中，必然面临着对传统文化与现代化关系的认识和处理，也必然会遇到对中华文化与外来文化的评判和选择。鸦片战争以来的"古今""中西"之辩，近十多年来的文化研究热潮，都是围绕着这一历史性课题而展开的。探索和研究这一课题，是中国几代知识分子的文化使命。在一个半世纪、特别是在近十年的研究中，尽管已取得了重大进展，收获了丰硕成果，但由于问题的复杂性，层面的繁多性，主体认识的局限性，和现代化建设实践本身的发展，因而需要拓展和深化的领域尚多，研究探索的任务仍然十分艰巨。

面对这一历史性课题，人们可以从不同角度、用不同方法、在不同层面予以研究。或从宏观上进行总体把握，或从微观上进行事例剖析，或横向上作理论思辨，或纵向上作历史追溯，都可以自成经纬，自立新说，成一家言。鲁君子平，从事中国哲学史教学和研究多年，在学术园地里辛勤耕耘，奋力开拓，今从比较哲学史的角度，对中外哲学、文化的关系这一重大课题进行深沉反思，著成《佛学西学在中国——中西比较哲学的历程》一书，体大思深，新见迭出。

该书认为，比较文化、比较哲学是一个动态的历史过程，这一历史过程包括外来文化和哲学的传播、译解，本民族对外来文化和哲学的认同、辨异、排斥、吸取，以至融汇，最终使本民族自己的文化和哲学得以发展等丰富内涵，而不仅是两种文化、哲学的异同优劣之辨。故应在历史动态的考察中寻找中外文化、哲学比较的价值尺度和可比性原则，把握中外文化、哲学比较活动发生和演变的客观条件及内在逻辑，洞察当今中外文化、哲学比较的运动趋势。

从这一基本认识出发，根据中国文化、哲学演进的史实，作者把中国比较文化、比较哲学历史运动概括为两大周期：第一运行周期是从两汉之际到宋明时期，儒、道与佛教文化围绕出世与入世、心性与理欲、本体与有无等基本问题而展开的比较过程。经过比较，形成了以宋明理学为代表的、儒佛道三家协调的中国传统文化、哲学形态；第二运行周期是从明清时期到 20 世纪中期，以宋明理学为代表的中华文化与西方文化围绕道与器、体与用、科学与民主、心与物、科学与玄学、社会经济与阶级斗争等基本问题而展开的比较过程。通过比较，产生了以毛泽东哲学思想为代表的马克思主义、现代新儒家和西化派三家互黜互取的现代中国文化、哲学格局。

研究历史贵在揭示规律。可贵的是，作者并没有把中国比较哲学史的研究停止在过程的描述和周期的勾画上（尽管对周期的概括也颇有新意），而是在观照历史进程的基础上，深入探索中国比较文化和哲学发展的客观规律性。书中所总结的规律性内容，既有对中国比较哲学史基本特征的明确概括，也有对中国比较哲学发生、发展的特殊自然地理、社会政治、经济和文化、精神诸方面条件的精到分析，还有对中国比较文化、哲学自身发展演变的内在逻辑的深刻揭示，充分表现了作者"探赜索隐""钩深致远"的精神和追求。即以其所揭示的内在逻辑而论，书中提出：中国比较文化、哲学发展的必然逻辑就是中国文化、哲学对外来文化、哲学认同与辨异、排斥与吸取、融汇与创新的矛盾及其运动，这种矛盾及其运动造成比较的周期性发展，其中每一周期的终点又是下一周期的起点；而对外来文化、哲学原义的认识和外来文化、哲学自身的独立发展，及其他的中国化、民族化，则是每一周期运动中必经的、不可缺少的中间环节。通过上述运动，中国文化与哲学不断吸取、融汇外来文化与哲学而发展、完善自身。这些见解，不但令人耳目一新，而且深受启发。

读书系言 《佛学西学在中国——中国比较哲学的历程》序

历史以过去的光芒照耀着现在，也预示着未来。历史的研究者应该把关注现在、开拓未来作为自己的致思趣向。子平同志的这部著作，依据其所揭示的中国比较文化、比较哲学的历史规律和历史经验，对当代中国文化与外来文化相互冲撞和融合的态势以及未来中国文化的发展趋向，提出了自己的看法。他说："中国文化的大系统目前正处于孕育过程，而不是已经确立……中国大陆的毛泽东思想是以马克思主义为主吸取中国文化的结果，港台的新儒家是以中国文化为主吸取西方文化的产物，二者恰好形成一个协调互补的关系。因此，可以料想中国文化对外来文化的融汇，必将在马克思主义、中国文化和西方文化的矛盾运动中，形成中国文化的大系统。""未来中国文化系统的基本特征，将是以现代科学知识为基础、以马克思主义哲学为主导、以中国文化的价值系统为主体和基质的有机统一。……这个文化系统的突出特点，将是凝聚了当代科学精神与民主精神的中华民族的人本主义。"虽然，预测性的议论，未必语诸中的，但这种前瞻性的观点，却不囿成说，有异时论，不但抛弃了"西化说"，扬弃了"中体西用论"，而且，也超越了那种将中西文化取长补短、拼凑杂糅的机械组合范式，不失为一家之言。

总之，鲁子平同志的这部学术专著，是一部资料翔实，内容丰富，结构独特，论点新颖的佳作，它立足"求实"，着力"求是"，而尤贵"求新"。其构思立论，能发前人所未发；其史论深层次结合的方法，运用得颇有成效；其所取的研究视角，也是可供读者参考、借鉴。多年与子平同志交往，深感他淡泊明志，宁静致远，谦虚严谨，笃学深思，每讨论学术问题，言不苟发，意必己出，不喜随波逐流，人云亦云。记得在1991年8月下旬的张载哲学学术讨论会上，鲁子平同志对张载积极进取的人生态度、严谨求实的治学作风和独立思考、勇于开拓的创新精神，给予了高度评价并极力赞许。今读子平之书，我分明觉得他正是把横渠先生"学贵心悟，守旧无功""濯去旧见，以来新意"的教诲，作为自己的治学箴铭的。中外哲学、文化比较史的研究，是一个驰骋古今，综兼中外，历史跨度极大，覆盖范围甚广，理论难点很多的大课题，绝不可能毕于一人一时一书之功，希望子平同志继续发扬求实创新的精神，在已有成果的基础上，拓展深化，日有进益，再续新篇。

值此神州国运再造辉煌之际，民族文化慧命承续更新之时，此书获行于世，其功于学术、社会不浅，真快事也，甚可钦也，谨次其心所欲言者如上，并以质之子平、质之学界同仁如何？

(1994年9月)

审视中国文化的新角度

中国传统文化源远流长、博大精深，蕴涵着无限丰富的文化宝藏和难以穷尽的精神资源。从不同的角度审视，自会有不同的发现，不同的收获。田文棠先生的新著《中国文化的整合与认知》一书（陕西人民教育出版社1993年版），就是选取新角度，研究中国传统文化的一部力作。和那些用静态分析方法考察中国文化的视角不同，该书的突出特点是选取动态视角，即从文化整合和文化认知两个角度，观照传统文化。通过这两个视角的考察，作者提出了自己关于中国传统文化结构模式的新见解。

文化整合是文化发展中不同个性文化相遇、相处时相互交流、吸取、融合而逐步趋于整体化的运动过程，它是与文化分化现象相对应的运动现象。中国传统文化在历史发展过程中固然有分化有整合、有矛盾有统一，"但合流交融却是带根本性的发展倾向"[1]。因此，该书以文化整合为研究视角，的确抓住了中华文化运动发展的重要方面和主导趋向。该书上篇用十一章的篇幅对中国文化整合现象进行了深入、系统的分析。既有宏观上的"提要勾弦"，总体把握，又有微观上的"探赜索隐"、具体辨析；既有对从先秦至宋明的文化整合历程的历史纵述，又有对文化整合的基本涵义、社会时代依据、民族认同基础、深层心态导因以及文化整合与文化变迁关系等问题的理论探索；既有对文化整合的主线儒道互补的重点阐发，又有对文化整合的关键时期魏晋名理、玄理、佛理三

---

[1] 田文棠：《中国文化的整合与认知》，陕西人民教育出版社1993年版，第7页。

家融摄协调而形成的新文化格局的突出论述；既有从地域文化（例如荆楚文化和三秦文化）上进行的范例分析，又有从典籍文化（《易传》和《文心雕龙》）上进行的典型解剖。通过这种总分结合、史论统一、点面兼顾式的论述，作者深刻揭示了中国传统文化在整合中变迁、在变迁中更新的历史规律，并依据这一规律提出了当代中国实现文化转型"必须在文化激进主义和文化保守主义之间保持必要的张力，以从现实的需要出发，批判继承传统文化，发挥其重视伦理的人文精神，同时，有选择地引入西方文化中追求政治民主、发展自由贸易的有用成分，并在唯物主义史观的指导下进行文化整合，以形成新的文化结构模式和文化思想体系"这一真知灼见。

文化认知与文化整合密切相关。它是指"把文化现象特别是经过长时间文化创造实践积累起来的比较稳定的深层文化因素同认识论相结合而形成的一种新的研究方向和新的认识视角"[①]。该书对文化认知的研究，具有鲜明的独创性。首先，它从理论高度，撰写了"文化认知简论"，对文化认知现象的性质、特征、结构、范畴等有关问题进行了系统论述，提出了一系列富有新意的独到见解；其次，它从文化认知角度探讨了认识的主体性原则。对主体认识的内部结构、多种功能、思维方式与表现形式作了深入分析，从文化认知的意义上深化了认识的主体性研究；再次，它以张载、传统医学、佛家文化和李二曲为典型代表，具体分析了其文化认知的结构，特别是他们的思维方式和价值取向，从而，展现了中国文化认知的基本特征。通过这几个方面的论述，该书深刻阐明了文化认知的重要意义，它指出：科学认识、哲学认识、社会认识和历史认识诚然对文化认知的形成有重要作用，但从某种意义上说，上述认识之中都含有文化认知因素。这是因为，任何认识主体都处于一定的文化环境和文化背景之中，所以在从事认识活动时必然将其不同的文化

[①] 田文棠：《中国文化的整合与认知》，陕西人民教育出版社1993年版，第195页。

类型和文化特质所具有的深层文化因素的认识论意义，渗透和贯注于专门科学的认识之中，从而"直接影响着认识的宽狭范围及其深浅程度，并使其认识的内容和体系必然带着不同的文化色彩"①。作者的这种观点，无论对研究中国哲学的认识论特征，还是对研究人们的认识活动，都具有极其重要的启示。

该书探讨文化整合和文化认知的落脚点在于对中国文化结构模式的特征、形成和演变，进行新的探索。通过对文化整合的充分论述和对文化认知的精到分析，作者认为："中国传统文化，是一个以儒家思想为核心，儒道互补为主线，儒释道合流发展为基础的、多元同一的复合伦理型结构模式。"②书中对这一结构模式的各构成因素及其内在关系作了具体阐发。这种中国传统文化的结构模式论，既不同于"儒家主干说"，也不同于"道家主干说"，还不同于简单的"儒道互补说"，而是在吸取学术界研究成果的同时，根据作者多年来的思考和探索，所形成的新概括。它不但比较全面地概括了中华文化的基本结构特征，而且深刻揭示了这种文化结构模式的社会经济（农业经济）基础及其随农业文明的发展而发展、随农业文明的式微而式微的演变过程。这无疑是关于传统文化模式研究的重大进展，具有重要的学术价值。更值得称道的是，该书对文化模式的研究方式不是通过孤立静止地结构分析来进行的，而是从文化整合、文化认知的矛盾运动角度来展开的。这就使文化模式研究和文化运动考察形成了一个有机结合的统一体。

总之，《中国文化的整合与认知》是一部内容充实、资料翔实、论述深入、观点新颖的佳作，它坚持用唯物史观研究文化问题，而又思路独运，它重在从文化整合、文化认知的角度阐释传统文化模式而又视野宏阔，它虽以传统文化为研究对象而又关注现实。尽管该书在内容的系统化、理论的贯通性方面尚有可完善之处，但它的开拓性学术精神、独

---

① 田文棠：《中国文化的整合与认知》，陕西人民教育出版社1993年版，第196页。
② 田文棠：《中国文化的整合与认知》，陕西人民教育出版社1993年版，第7页。

特性学术思路、创新性学术见解，应能自立于学术之林，也当对中国传统文化研究的深入和拓展产生有力的推进作用。

（原载于《光明日报》1999年7月2日）

《老子》研究的新成果

老子《道德经》是中国文化的瑰宝，中国哲学的经典。自先秦韩非《解老》、《喻老》以来，历代注老、诂老、解老、释老之书层出不穷，连篇累牍，数以千计。其中有真知灼见，能光被学林之作，亦不在少数。致使后来为学之士，欲超越前人水平，另为独具创见之诠释者，甚难。不意李水海同志却知难而进，独辟蹊径，从楚语方言入手，考证训解《老子》，成《老子〈道德经〉楚语考论》（下简称《考论》）一书，严谨精细，系统深入，新意迭出，成一家言，使《老子》研究别开生面。

《考论》一书，考释帛书《老子》中楚方言辞语凡五十一个，探索楚语的起源、形成、演变以及《老子》所用楚语和通语异同的专论三节，考证《老子》成书时代的论文一篇，无论是词语考释还是专题研究，都达到了相当高的学术水平。概言之，全书特点有四：

一　训释楚语，凿凿有据

欲读一书必知其意；欲知其意，必先识其字，解其言。而语言具有历史性，地域性。老子为楚人，其书《道德经》又是先秦古籍，用语不但有时代特点，且有地方特色。这就必须进行训诂。现存解老之作，惟朱谦之先生"特重楚方言"。然其所涉也不过十余个，而《考论》一书则对《老子》书中所用楚方言进行了系统的考释。在考释中作者采取实证方法，广博取证，别择是非，力求使每一楚语的释义都有坚实而充分的根据。例如，释《老子》中素称难解的"不穀"一词，作者征引辨析了《国语》《左传》二书中诸侯及国王称引"不穀"的凡三十五次用法，又引证了《左传》《经典释文》《广雅》《汉书叙传注》《韩非子》《孙子兵法》佚文、《礼记》等书对"不穀"的原文资料制成数表，详加比较。在此基础上，作者提出："穀"乃是楚语，音 nòu，义为"乳"，"不穀"意为"没有恩德乳养（百姓）"。一扫历来注者的七种解说，言之成理，持之有故，凿凿有据，堪称不易之说。对其他词语的解释，也无不以充分可靠的资料为据，详尽考证，一丝不苟。作者引据，也不是以多取胜，以繁示博，而是注意鉴别，重视剪裁，具有高度的科学性和很强的说服力。

二　阐发哲理，头头是道

语言是思想的载体，训诂语词是为了阐发著作的思想真谛。《考论》对《老子》所用楚语的解释，都服务于老子哲学思想和政治见解的阐发和研究。由于作者选取了从楚方言特定涵义出发的新角度，所以在对老子思想的理解上颇多创见。使以往许多隐而不显，阻而难通，说不自圆，似是而非的诠释，豁然开朗，情通理顺。《老子》的"前识者，道之华也，而愚之首也。"和"居其实而不足其华"等句中"华"字，以往学者多以通语释之为"虚华""浮华"，虽也可通，但不如《考论》以之作楚方言释解为"哦"（盛美），更符合老子思想。因为老子不仅反对表面的"浮华"，而且反对"盛美"，认为"美言不信"。"道之华"即悖于道的敦实原则的表象盛美，老子认为应该予以排斥（"不居其华"）。帛书《老子》的"昔之得一者，天得一以清，地得一以宁，神得一以霝（灵），浴（谷）得一以盈，侯王得一而以为正"和"胃（谓）神毋已霝（灵）将恐歇"二句中的"霝（灵）"字，古今学者有"灵变""神灵""灵验""灵应""英灵""灵妙"诸说，而《考论》认为，此"灵"当训为楚方言意义的"灵"，其涵义与常语"巫"同，并引《楚辞》九歌之《东皇太一》《云中君》等篇中的"灵"字作参证。这样，将上二句释为"神因为巫灵而得到一"；"神不凭靠巫灵恐怕就要消失"。这既符合古代楚人帝神崇拜、巫风盛行的文化风俗，又切合《老子》无神论思想的要旨。比解释为"神得'一'就灵验","神得到'一'而灵妙",更得《老子》哲理之真,而且也能使全书思想一脉贯通,避免了既说老子以"道"为本体而又说老子承认"神灵"这种解释上的逻辑矛盾。

三 标立新义,灼灼有见

《考论》一书不但在《老子》楚语训释中创获颇多,而且还对楚语的源流、形成、演变和《老子》所用楚语与通语的关系等问题进行了系统深入的探索;对《老子》的成书时代作了新的考证,提出了许多真知灼见。作者认为,楚方言的概念虽出现于公元前666年,但是它产生的实际时间要比公元前7世纪早得多。远在夏殷之际季连开始以芈(Mi)为姓,标志着楚族已经形成,其方言就是楚方言的前身,至春秋时期"楚语"已经发展成为一支影响很大的方言语系,与北方各国语言存在较大差别,形成了"楚夏殊音,方俗异语"的语言现象。书中引证了大量切实有据的历史资料,运用唯物史观的方法,对楚语形成、演变的地理因素、政治因素、社会风俗和古华夏语本身发展变化的不平衡性等内外部条件,进行了精到的分析。并根据语言变化的规律和《老子》中的大量例证,对《道德经》所用楚语与北方各地语言在语音、词汇、语法、语义等方面的异同,作了深入的研究,指出,《老子》所载楚语后世大多统一为全国通语,这不但表现了汉语方言发展的历史必然性,也足以说明"我们伟大祖国的民族文化是汇同全国各地各民族的各自贡献,而融为一体的"。这些见解,无论对语言学研究还是对民族文化研究,都极有价值。关于《老子》成书时代,作者通过对帛书《老子》甲本《德经》"人之饥也,以亓(其)取食(税)之多也,是以饥"一节和帛书《老子》乙本《道经》"若何万乘之王而以身轻天下"一节的语意解释和大量的历史背景事实考证,认为"取食税之多"反映的剥削形式是封建田税制,封建田税制从春秋前期开始到春秋晚期已经普遍推行,并非到战国时代才普遍推行;"万乘之王"反映的是拥有万乘兵力的诸侯称王、称霸的情势，诸侯称王、称霸始于春秋中期，到春秋晚期已形成时代特点。当时已经出现了拥有万乘兵力的诸侯王，并非到战国时代才出现此等情势。此外，作者又以《墨子》对《老子》文句的明文引证；《庄子》关于孔、老对话的记载；《论语》中孔子对老子不少思想言论的取舍等大量证据，说明老子年长于孔子，《道德经》早于《论语》，《老子》成书时代的下限可能在战国时期。由此，作者得出结论："老子生活在春秋晚期，他的《老子》一书，至迟成书于春秋末年"的结论，作者的见解，堪称一家之言。

四　结构严谨，井井有条

《考论》一书，层次分明，熔校、训、注、解、译、释于一炉，汇考证、辨析、说理于一书，充分表现了作者的研究功力和严谨学风。因此，《考论》一书，有较高的学术价值，是《老子》研究的可喜成果。

（原载于《人文杂志》1991年第1期）

《白话解读公孙龙子》序

战国时期是中国社会大变革、大动荡的时代。与政治上"礼崩乐坏""诸侯异政"的局面相呼应，思想文化领域也出现了风猛雨骤、波谲云诡的景象。当其时也，诸子蜂起，百家争鸣，处士横议，辩士云涌。各派学者，都从自己的立场出发，以自己的独特视角，用自己的思维方式，洞察时变，思考人生，探索哲理，设计未来。名家者流，就是以着眼于名实关系的辨察，而在百家之学中独树一帜的，惠施、公孙龙乃即是其中的佼佼者。

名家的独特处在于，他们并不热衷于过多地直接干预世变，议论时政，而是以思维本身作为思考的对象和探索的领域。也就是说，是对思维的思维，或者说，是对思维的反思。他们企图通过对思维本身的合理化，间接地达到化天下、正人伦的目的。当人们的认识，从以自然为对象，进展到以社会为对象，再进而上升到以思维为对象时，标志着人类的认识已达到了最高的层次。就这种意义言，名家学派的理论，比起先秦儒、道、法诸家，哲理思辨色彩更浓，逻辑思维意识更强。

以公孙龙言之，他身处政治风雷激荡的战国后期，却"不溺仕宦""笃志文学"。虽曾提出过"偃兵"的政治主张和"兼爱"的价值观念，但都语焉不详，没有展开论述，不足以显示他的学术个性；而却怀着"疾名实之散乱"的忧患意识，以"审其名实，慎其所谓"为志趣，以"正名实而化天下"为宗旨，大力发扬自己的"察慧"之才、"大体"之智，自觉地遨游于思维的王国。辨"白马"、议"坚白"、论"通变"、说"指物"、审"名实"，对于个性与共性、殊相与共相、统一与差异、物体与物性、事物与概念、能指与所指等一系列抽象的哲学问题和概念、判断、推理等思维逻辑问题，进行了深入的思考和精细的探讨，提出了自己的独到见解，形成了自己的鲜明个性，作出了自己的特殊贡献，并由此而昭著哲坛，名垂哲史！

然而，对于这样一位"持论精微""巧譬善辩"的哲人不但历史上"多致讥评"，近现代学者也评价不一。虽然取得了不少研究成果，特别是七八十年代以来，宏论迭出，成就可观，但仍显得不够系统深入，而且值得讨论之处颇多。尤其是与对儒家、道家的研究相比，更显得相形见绌。王宏印君海外归来，致力国学，取《公孙龙子》而观之，其始焉不过欲将其移译英文，播之海外，继而发现其思想独特，涵义丰盛，见解深微，于是在熟读精思的基础上，证之以文史典籍，参之以古今论著，较之以东西哲理，撰成《白话解读公孙龙子：文本注译与思想重建》一书，洋洋二十余万言。我有幸先睹为快，深感其出手不凡，见解独到，视野宏阔，内容系统，是一部特色十分鲜明、学术价值很高的著作。

作者提出，对公孙龙子的研究要有所推进，必须转换研究视角，即从"史"的因果联系与事实评价的研究路径向"思"的逻辑勾连与思想重建的研究路径转变，以便透过"史"的迷雾以寻求"思"的本质。书中通过对公孙龙学说误解与歪曲原因的历史考察和对近现代公孙龙研究状况的考察，揭示了以"史"代"思"的研究倾向的弊端，从而为研究视角的转换铺垫了道路，在方法论上实现了标异立新。

为了探求"思"的本质，重建公孙龙的思想，作者主张以文本为本，参考其他史料，返本探源，推陈出新。据此，该书通过重新排列篇目顺序，以展示公孙龙的思想演变历程；通过图示、校注、今译、疏解、关键词释例等方式解读文本，以再现公孙龙的思想图景；通过逻辑学、哲学和语言哲学三方面的分科研究，以重建公孙龙的理论体系。而在文本解读和思想研究的过程中，综合地运用了纵向横向交织、宏观微观兼顾、国学西学并用、中哲外哲贯通的多视角多维度的研究方法。真可谓绚丽多姿，异彩纷呈！虽不能说，书中提出的每一观点都准确无误，每个环节都完美无缺，但其研究品位，可以说达到了细而微、深而广、全而新的境界。

学术研究，贵在创新。此书不但在研究方法上新颖别致，而且在学术观点上也有许多前人所未发的见解。例如，从文化史的高度对公孙龙的思想产生、兴盛和衰落的原因的论述；对《公孙龙子》篇目排列顺序的看法；对公孙龙逻辑学思想特征与哲学基础的分析；对公孙龙哲学的一般特征与理论渊源的考察；对公孙龙哲学本体论、认识论的探索；特别是对公孙龙语言哲学思想的系统研究等等，都能另辟蹊径，别开生面，使人耳目一新。而且，这些独到的见解，都持之有据，言之成理，立论实在，思路通达。

艺苑鲜花，哲坛硕果，需从人类所创造的文化沃壤中汲取水分和养料，方能争奇斗艳。宏印同志先是学习外语，后赴美国访学，攻读哲学，兼修心理学、传播学、社会学、教育学、文化学，回国后又致力于中国传统文化和传统哲学的研究，矢志学术，潜游书海，长于博采，善于兼收，且思路开阔，思维敏捷，加之精通英语，熟悉西典，故能在前人研究的基础上，贯古今，融中西，有所创造，有所发展。我相信，他的这项成果，一定会推进国内的公孙龙子研究和中国哲学史研究，也一定会对《公孙龙子》走向世界作出贡献。

宏印同志在撰写这部书的过程中，曾就一些问题与我切磋，书成后又嘱为之序。我与宏印同志交往有年，赞叹其学，赏识其才，乐读其书，虽自愧对《公孙龙子》未能深究，但不敢辞，姑且为之，以表欣喜之意，以助其书之传云尔！

丙子春节于西北政法学院静致斋

张载学术生命的再现

张载是北宋时代的关中硕儒，他创立的关学是宋代的四大学派之一；他建构的气本论，把中国古代唯物主义提到了新的理论水平，在中国哲学史上具有崇高的地位。然而，这位被王夫之誉为"思辨之功，古今无两"、被张岱年先生称为"中国近古（宋元明清）时代唯物主义传统的奠基人"的伟大哲学家，却长期没有一部系统完整的评传。正当研究思想史、哲学史的学者们翘首而望、企心而盼之时，西北大学龚杰教授的《张载评传》一书，作为中国思想家评传丛书之一，由南京大学出版社出版了。这部凝结着作者十数年之功的专著，以其笃实严谨、体大思精、史论结合、考释相兼的学术品格，增补了张载研究的空白，为中国哲学史、思想史研究的学术之林，增添了一棵枝繁叶茂的新株。

一 张载学术背景的全新展示

关于张载的学术渊源，长期以来学术界沿袭王夫之的观点，视张载之学为易学。王夫之在《张子正蒙注·序论》中说："张子之学，无非《易》也"；"张子言无非易，立天、立地、立人，反经研几，精义存神，以纲维三才，贞生而安死，则往圣之传，非张子其孰与归！"这种看法，影响极为深远，几成定论。而《张载评传》却别开生面，提出张载之学源于"四书"，张载是北宋新兴的"四书学"的创始人之一的新见解。这一见解提出的根据，在于作者对北宋时期文化学术背景的深刻认识、全面展示和对张载本人学术取向的深入把握。

在作者看来，四书学的兴起乃是北宋初期文化格局的重要特征，也是学术思想发展的重要趋势。对此，该书以丰富翔实的资料为依据，进行了严谨清晰的论证。首先，它分析了宋初复兴儒家文化，把儒学作为加强中央集权和稳定社会秩序的精神支柱的文化政策。从统治者的国策上说明了重"四书"的时代风尚的形成；其次，它探讨了佛、道二教与儒学合流，向儒学靠拢，实现佛、道的儒学化的学术趋势，以及佛、道以"四书"中的"性与天道"问题作为与儒学融会的结合点的时代潮流；再次，它论述了儒学面对多元文化格局对自身进行调整、改造，建立新儒学体系的学术建构历程，以及在这一历程中，"四书"日渐受到推崇的历史命运。从儒学的自身发展，说明了"四书学"形成的必然性；最后，它描绘了北宋初年发生的一场贬孟与尊孟之争，以及尊孟派最终在争论中取胜的学术史实，从思想斗争的角度，证明了"四书学"地位的确立。通过上述四个方面的有力论证，该书既全面清晰又突出重点地展示了北宋时期的文化学术格局，揭示了张载思想赖以产生的特殊文化条件。

如果说文化学术背景的展示，还只是对思想家活动的外在环境的探讨的话，那么，对作为主体的传主本人的学术取向和思想特征的研究，则显得更为重要。该书在论述了文化学术大环境大趋势之后，专设一节，系统深入地论述了张载的"四书"观和"四书学"，作者指出，张载对北宋王朝所认定的儒家经典都有评说，但其学术取向却有鲜明的特色。其一，张载和二程率先把"四书"并提，并认为《论语》《孟子》《中庸》《大学》是儒家的真传，是学者为人、为学、为政的根本。其二，张载认为"四书"的主题是"性与天道"。他十分重视《论语》的"性与天道"说、《孟子》的"尽心说"、《中庸》的"至诚"论、《大学》的"格物"论。其三，张载提出，"四书"的奥义真蕴还没有被充分认识和深入阐发，还"须涵泳"，还有待于学者发挥理性思维的功能，去努力探索、着力领悟、大力阐发。张载正是从这些认识出发，才把"四书"作为自己的学术思想的依据，把阐发"性与天道"作为自己的学术使命的。由此，《张载评传》对张载的学术渊源和思想纲领作出了结论：

"张载把《论语》的'性与天道'命题、《孟子》'尽心'学说、《中庸》的'至诚'理论、《大学》的'格物'思想,糅合为一个学术整体,作为自己'四书学'的理论根据,并在此基础上与二程互相发明,遂成为新兴的'四书学'的创始人之一"①。立足于张载之学是"四书学"的观点,作者对王夫之的张载之学是易学的看法,作了辨析,认为"王夫之对张载之学的认识,只是他为了自己学术需要,而成立的一家之言,不能作为评论张载之学的基调。"②

张载之学是易学还是四书学,乃是一个学术问题,该书作者的看法也属一家之言。但是,提出这一观点,并对其所进行持之有故、言之成理的论证,对研究张载思想乃至宋代理学无疑是一个推进,具有重要的学术价值。

二 张载思想体系的系统建构

张载作为北宋时期的伟大思想家、哲学家,它的学术思想内容丰富、视野广博。如何理解和建构他的思想体系,不但是一部学术评传必须回答的重要问题,而且还应该成为评传的主体部分。《张载评传》在建构张载的思想体系上,也甚具特色,颇见功力。它以"四书"的"性与天道"为纲,以张载的"为天地立心,为生民立道,为去圣继绝学,为万世开太平"四句箴言为框架,以为学、为人、为政的理论与方法为内容,系统地建构了张载的学术思想体系。书中以四章的篇幅对这一体系展开了论述,构成了该书的主体内容。

该书以"性与天道"作为张载之学的主题,准确地把握了张载思想的纲领,也把握了宋代理学的共同论题。宋儒将儒学发展为理学,不仅促使了儒学形式上的更新,更重要的是实现了儒学的主题转换。儒学从先秦至汉唐,都是以政治、伦理思想为其基本内容的,与道家比较,其本体论相当淡薄,与佛家比较,其人性论相对粗疏。西汉的董仲舒,唐

---

① 龚杰:《张载评传》,南京大学出版社1996年版,第27页。
② 龚杰:《张载评传》,南京大学出版社1996年版,第30页。

代的韩愈、李翱已看到这一缺陷，但董氏企图以神秘主义的"天"代替本体、韩愈企图以仁义道德填充"虚位"、李翱企图以"灭情复性"来治心修身，虽然都推进了儒学的发展，但却没有真正克服儒学的先天缺陷。迨至宋儒，才自觉地认识到：要发展儒学，必须重建儒学，要重建儒学必须首先实现主题转换。于是，才从《论》《孟》《学》《庸》诸典中抬出了"性与天道"的命题，作为儒学的纲领，作为建构儒家本体论和人性论的基础，于是"义理之学"大兴。对此张载有十分清醒的认识，他不但指出孔子"性与天道"思想的重要性和深刻性，而且，还抓住这一命题来阐释《周易》，曰："《易》乃是性与天道"、"不见《易》则何以知天道，不知天道则何以悟性？"由于这一主题的确立，张载才成为理学的奠基人之一，张载思想才具有了时代特色。《评传》作者对张载思想和宋代理学这一主题的分析，可谓高屋建瓴、提要勾弦、纲举目张，抓住了关键，把握了核心。

然而，同为理学，张载自有其独特的个性，其思想自有其独特的体系，对此，《评传》以张载自己的论述来概括和建构张载的思想体系。"为天地立心，为生民立道，为去圣继绝学，为万世开太平"乃是张载对自己学术使命的自觉认识和高度概括，它体现了一个哲学家崇高的学术追求和人生理想。张载的一生学术活动，都是对这一人生理想的实践，张载全部的学术思想都是对这一学术宗旨的展开。因此，以此为框架来建构张载的思想体系是恰当的，更是深刻的，它体现了《评传》作者对张载学术使命和学术思想的内在一致性、张载人生理想和学术成果的高度统一性的深刻认识和精到把握。

根据这种认识，《评传》把张载的思想体系归纳为"为天地立心"的天道观、"为生民立道"的人学思想、"为去圣继绝学"的道统论和"为万世开太平"的社会理想四个部分。这四个部分，也是张载为学、为人、为政的思想观念和思想方法的充分体现。在每一个部分中，作者根据张的著作文本和文献资料，进行分类归纳、阐释论述、分析评判，全面而准确地呈现了张载思想的原貌，细致而深入地阐述了张载思想的本义，客观而公允地分析了张载思想的得失。更为可贵的是，作者在评述张载思想时，不是外在的罗列描述，而是着力探索张载的运思路径和内在逻辑，揭示张载学说的思想渊源和理论创新，比较张载与同时代学者的观点异同和志趣共殊。从而，有机性地、立体式地建构了张载的思想体系，把张载的学术个性、理论贡献、思想局限完整展现了出来。例如，论张载天道观的"太虚即气"一节，书中先考察了历史上道家、佛家和儒家对"太虚"范畴和"太虚"与"气"之关系的思维成果，接着论述了张载如何继承前人又超越前人提出了"太虚即气"的命题，并按张载的逻辑思路阐发了这一观点的具体内涵，最后指出了张载"太虚即气"所达到的思维水平及其在哲学史上的重要价值。并且在论述过程中比较了张载天道与二程的区别。又如，论述张载人学思想中的"天地之性"与"气质之性"，书中既探讨了张载人性论与气本论的内在联系，以说明张载如何从"太虚即气"的观点出发对人的本质、本性进行解释，又辨析了张载的人性论与中国哲学史上告子、孟子、荀子、韩非、杨雄、董仲舒、班固、王充、韩愈、李翱等思想家的人性论的区别，还指出了张载人性论对宋明理学的贡献及其内在矛盾。这种论述方式和研究视角，不但显得充实丰厚，而且富有深度，颇多新解，对人甚有启迪。

三 张载思想影响的纵横考察

张载作为理学的奠基人和关学的创始人，在中国思想史上影响深远而且复杂。不仅同时代的理学家与其多有思想联系，而且后代学者也有不少受其影响；不仅关学弟子对其多有赞评，而且其他学派的学人也对其颇多论说；不仅唯物主义者对其有继承发展，而且唯心主义者也对其有取舍扬弃。面对如此异彩纷呈的思想史场景，《评传》一书，沿波探源，提纲挈领，从纵向和横向两个角度，以关学与其他学派的关系问题为轴心，清晰而全面地展开了论述。

关于张载与关学的关系。书中考证和论述了张载创立关学时期的从学弟子们的著述和思想及其所形成的关学学派的特点。接着研究了张载逝世后关学后继者们如吕大临、吕大钧等对张载思想的坚持、发挥与修正，深刻揭示了关学后学在气、一物两体、性论、礼论等方面与张载思想的关系。由于张载的从学者可以考见的已为数不多，所以，作者从大量史料中进行发掘，以翔实的资料为据，来呈现思想史的本来面貌，其探颐索隐之功，实堪赞佩。

关于关学与洛学的关系。书中辨析和研究了北宋时期关学与洛学两大学派及两派创始人张载与二程的关系，揭示了两派之间相互排斥又相互融合的错综复杂的情况，并从哲学理论的高度比较了两派的异同。值得注意的是，该书在探讨"关系"时，着力澄清了二程弟子和朱熹关于张载学自二程、关学源于洛学的成说，还原了二者相互独立又相互联系的历史事实；在比较"异同"时，则着重分析了二程与张载在伦理观、人性论上的"同"和在本体论、认识论上的"异"。从而，从史实上的关系和理论上的异同两个方面，深入研究了关学和洛学的思想源渊和理论特色。

关于关学与闽学的关系。书中通过朱熹对张载著作的选辑、注释与增益以及朱熹对张载思想的总结，探讨了张载对朱熹闽学的影响。明确指出，关学是闽学的重要理论来源之一，并认为"理一分殊"是朱熹评价张载思想的纲领，"凡是符合所谓'理一分殊'的，就赞成，反之，则予以批评"[①]。根据这种看法，作者对朱熹在伦理观、人性论上如何肯定继承和发展张载的思想，而在宇宙论、认识论上又如何批评和反对张载的思想，作了具体而深入的分析和评论。

关于关学与反理学的关系。书中对起于南宋盛于明清的反理学思潮如何取舍张载思想作了系统阐述，并以罗钦顺、王廷相特别是王夫之为代表，具体分析了他们继承和发展张载的气本论、批评和扬弃张载的伦理学的思想观点和运思路径。其中，对以张载之学为宗的王夫之的论述，最为精到、系统。它以王夫之的《张子正蒙注》为核心，全面探讨了王

---

① 龚杰：《张载评传》，南京大学出版社1996年版，第255页。

夫之在气本、动静、理气、道器、知行、理欲等问题上对张载哲学思想的阐释、继承和创造性发展。指出王夫之继承和发展张载的最大特色是"把对张载思想的总结与对'异端'思想的批评紧密结合",并在这一结合中创造性地建立了自己的哲学体系,把古代的气一元论哲学发展到了最高水平。

总之,《张载评传》一书从纵横两个视角考察了张载哲学思想的影响。通过这种考察,使张载思想的历史地位和理论特色在宋、明、清思想史长河的映照下更加明晰,也使宋、明、清思想史在张载思想的辐射下更显色彩。

四 张载学术研究的深入辨析

对张载思想及关学的研究在张载逝世后就开始了,宋至明清,注释、阐发、评论张载及其著作的学者代不乏人。新中国成立后,对张载哲学的研究更是取得了重大进展,出现了一批高水平的学术成果,提出了许多独到的学术见解。《评传》一书,在认真吸取这些学术成果的同时,对不少学术观点进行了辨析,提出了自己的看法。这些看法,不但言之成理,而且富有新意,充分表现了作者严谨的治学态度和独到的学术见解。

据笔者初步阅读所见,书中这类属于学术争论的辨析颇多,例如,张载之学出于《周易》还是出于"四书";张载的"一物两体"中的"一物"是指"气",或指"统一物"还是指"物质的感应性能";张载所说的"仇必和而解"是矛盾调和论还是指对立面"总还是处在统一体中";张载的"德性之知"是一种先验知识还是仅在同人的道德修养相结合时才具有某些先验性,而在穷物理、穷物性时指的是思维的能动作用;"天地之性"是超乎"气质之性"之外的人性还是存在于"气质之性"之中的人性;张载思想的主流是批评佛、道还是"尽用"佛、老"而不自知"或"来自佛教";张载在政治上是改革派还是与保守派站在一起,抑或介于改革派与保守派之间;关学是指由北宋张载所创见的一个理学派别,至南宋初年即告终结,还是指宋明清时期的"关中理学";张载关学与二程洛学是两个相互独立的学派,还是关学源于洛学。这些问题,有的是对张载学术渊源的认识,有的属于对张载思想观点、哲学范畴的解释,有的涉及对张载政治倾向的评判,还有的关乎对关学学术范围的界定。无论是微观问题还是宏观问题,作者都本着实事求是的态度,在史料的基础上,运用史实与理论相结合、历史与逻辑相统一的方法进行了深入的辨析,提出了独到的见解。

学术探索,贵在独立思考;学术成果,贵在富有创见。《张载评传》所提出的学术观点虽属一家之言,它未必都会被学术界所认同,更不一定会成为定论,但是这些既不同于前人也有异于时贤的新解独识,无疑是对张载及其关学研究的深化和推进,其学术价值也肯定会受到学术界的重视。

总之,《张载评传》是一部全面分析和系统论述张载学术环境、学术生平、学术思想和学术影响的精心之作。尽管其在对传主的人格特征、个性精神的刻画上尚感不足,但作为张载研究史上的第一部系统评传,其内容之系统,结构之新颖,观点之独到,分析之深入,文字之准确洗练,以及风格之严谨笃实,都堪称佳构,足以自立于学术之林而传之久远。

(原载于《书与人》2001年第3期)

在学说与为人之间的张力中把握王阳明哲学

近年来，研究王阳明哲学的专著颇多，且各具特色，引起了学术界的关注。丁为祥副教授的《实践与超越——王阳明哲学的诠释·解析与评价》（陕西人民出版社1994年版），是研究王阳明哲学的又一新作。该书以独特的视角、精到的分析、洒脱的风格和活泼的文风，对王阳明哲学进行了深入系统的研究，新意迭出，见解独到，特色鲜明：

1. 从人生与学说的统一中把握王阳明哲学的基本特征。作者认为中国哲学基本上是以人生划界的哲学，王阳明哲学最典型地体现了人生与哲学统一的特征，然而，以往研究王阳明哲学者，有的仅着眼于王阳明的思想学说，很少叙述其为人，离开形而下的人生，去探讨形而上学的道统；有的虽然注意以其一生逆境说明其学说的形成，但对于二者如何统一却语焉不详。根据这种看法，作者以治学与为人的实践统一作为全面把握王学的基本前提。具体地说，就是用王阳明的人生实践去探索其学说，以王阳明的哲学理论去揭示其实践修持。这种视角，是对马克思历史与逻辑统一的活生生的应用，因而，也深入地把握了王学的实质。为了体现这种视角，该书分为上、中、下三篇，上篇主要以王阳明的人生经历——主客观相互碰撞的历史来说明其哲学的形成动因与发展指向；中篇则是以逻辑的方式分析其哲学命题的内涵、结构与特征；下篇将上述两个方面统一起来，揭示其一生实践追求与理论探索共同指向的人生境界。

2. 用本体与立体同一、体与用的同一、知行合一概括王阳明哲学的体系结构。该书认为王阳明哲学作为个体人生的道德践履之学，其体系的建构原则是本体与立体的本质同一，即"心即理，理即心"，本体之"理"（人生中的天理）与主体之"心"相互规定和相互限制，从而使其本体论成为面向人生的本体论；使其人生成为由道德本体主宰的人生。其体系组合方式是体与用、本体与功夫的互渗互证式的统一，其体系的功能表现便是"知行合一"。作者对王阳明哲学体系的这种概括，不但言之成理，而且比较以往学术界或以"致良知"，或以"知行合一"，或以"心物合一"表述王学体系，显得更为全面，更为系统，而且更富有逻辑的合理性。

3. 以主客体相互碰撞的动态运动描绘王阳明的哲学境界。作者认为王阳明的哲学境界和人生境界是统一的，都是主体的艰苦追求和客观有逆险处境相互碰撞的结果，其境界以情与理的精神矛盾为始点，随着对生命体认的深入而递次升华为万物一体、廓然大公、无善无恶几个层次。这种动态把握境界的方式，不但克服了以静止观点表述境界的局限性，而且突出显示了王阳明哲学与人生体认相统一的特征。

4. 多角度、多层面地对王学作了深入全面地评价。作者认为，对王阳明哲学的评价，是一个比较复杂的问题，评价可以有不同视角，每一视角虽有其长，但也有其短，例如对象性评价难免外在色彩，内在评价难脱出阳明视角，错位评价则前后不够统一。为了在取各种视角之长时又能避免其短，作者提出了"历史与现实相统一的评价标准"，就是将阳明哲学既放在其本身的文化氛围中来把握，又以现实的眼光将其作为对象来审视。并在生生不息的实践理性基础上，把二者统一了起来。依据这一标准，该书从为人精神、学说特征、人生境界三个层面，对王阳明哲学进行了历史评价；从感性人生态度、理性认知结构、境界的安身立命三大层次，对王明阳哲学作了现实评价。通过评价探讨了超越王阳明哲学、超越传统儒家精神以及实现传统文化向现代化转换的基本路径。多角度多层面地评价及其结论充分显示了作者在学术研究中立足历史的深沉历史感和面向现实、面向未来的时代意识。

总之,《实践与超越》一书视角新、方法新、观点新,是王阳明哲学的一部有创见的力作,也是中国哲学史苑的一株新葩。

(原载于《西安日报》1999年11月14日)

《文化哲学导论》序

市场熙攘，商潮澎湃，争利之行，历历在目，下海之声，洋洋盈耳，但学苑中自有埋头耕耘、俯案沉思者在。刘进田同志就是一位甘于寂寞，勤于读书，乐于思考，勇于探索的青年学者。十多年来，他以敬业精神，播哲理于讲坛，以学者器识，探慧珠于书海，潜心致力于哲学和文化问题的思考与研究，发表了不少有真知灼见的论文。近年内，又奋力著述，把自己研究文化哲学的心得，凝结成书，名之曰：《文化哲学导论》。

20世纪80年代的"文化热"，90年代的"国学热"，都热出了一批文化学和文化哲学方面的学术著作。要在已经取得不少成果的领域中另辟蹊径，在众多的著述之林里再植新株，虽不能说绝无可能，但的确颇有难度。非创意开拓之作，实难在学术园地里占据新的位置，展现新的景观。而刘进田同志的这部书，正是在创新的意义上，显示了自己的特色和价值。

"横看成岭侧成峰，远近高低各不同。"视角的转换，方法的变更，往往能有新的发现，得到新的创获。《文化哲学导论》一书，首先在研究的方法上别开生面，它不是把文化作为外在于人的纯客体现象去观照，而是从文化与人的内在相关性中去考察。视文化为人的生命本体的外显、发用、确证和实现，视文化本质为人的主体性本质。作者称这种研究方法为"归文于人""以人释文"。沿着这种思路，该书果然发前人所未发，见时贤所未见，新意迭出，妙解纷呈。

该书以人的主体实践为基础来探求文化的本质。认为文化是存在和灌注于人能动地改造和适应自然、社会和人自身的对象性活动、方式和结果中的普遍而恒定的集体意向。这种集体意向的终极目标是自由,因此,自由乃是文化的灵魂、文化的本体、文化的"太极"。

该书以人的本体规定为圆点来阐释文化各领域的形成及其统一性。认为科学文化、伦理文化、审美文化、物质文化、制度文化、宗教文化以及传统文化、现代文化、未来文化及诸文化领域的形成,乃是人的真、善、美、欲、群、信、时等本体规定向外发用的结果。因此,各文化领域虽然有其差异,但都统一于人的本体。

该书以人的经验和超验二重本质的张力来揭示文化的存在方式和文化的基本矛盾。提出由于人的集体意向既存在于经验的具象之中又蕴涵于超验的抽象形式之内,而符号具有经验与超验相统一的特征,它集中反映着文化本性,因此文化以符号方式存在。又提出由于人的经验和超验的二重本质,决定了文化内在地包含着"文化虚灵心境世界"和"文化现实物境世界"的基本矛盾。这一基本矛盾反映着人和文化发展的受动和能动、合规律性和合目的性、工具理性和价值理性、实然和应然、命运和境界这些永恒矛盾及其复杂关系。因此,它也构成了文化哲学的基本问题。

此外,关于文化结构及其文化主导观念的探讨,关于文化变迁及其文化动力的分析,关于文化作用及其文化与经济、人的本质、人格、人的行为的关系的论述,莫不贯穿着"人"与"文"相互规定、相互发明这一主线,真可谓"文化"之道以"人"贯之!

这些论点,不但真正把文化研究提到了哲学层次,提到了哲学本体论的高度。而且,既坚持了实践唯物主义的原则,又批判地超越了以往文化哲学研究中"经验实在论"和"超验观念论"双峰对峙、二溪分流的局限。把认知方法和评价方法、规范化方法和表意化方法、"目视"方法和"神遇"方法,巧妙地结合了起来。因而,既客观地揭示了文化的发展规律又深刻地把握了文化的价值意蕴。这不仅对文化哲学学术研究是一大贡献,而且还能深化人们对文化的认识和理解,进而也有益于推动文化建设的实践。

更值得赞赏的是,《导论》一书的文化研究,并没有停止在对文化一般原理的哲学反思上,更没有局限于对文化本体的抽象思辨上,而是把浓厚的研究热情和强烈的学术责任感,投注于对中国现代文化发展和文化建设的深入思考。书中运用自己提出的独特的文化哲学方法和建构的文化哲学理论,分析了中国当代文化的价值取向和文化格局。提出以大力发展科学技术和生产力为时代内容的物质文化所追求的价值目标是"幸福",以民主和法制建设为时代内容的制度文化所追求的价值目标是"正义",以精神文明建设为时代内容的精神文化所追求的价值目标是"高尚",而"幸福""正义""高尚"又统一、升华为"自由"这一最高的价值取向。并认为中国文化和西方文化"两方",马列主义、自由主义、当代新儒家"三家"的健康互动,乃是当代中国文化的基本格局。这种构想中所体观的已不仅仅是新颖的学术观点,而且还蕴涵着作者对中国文化的深厚敬意和对中国特色社会主义文化建设的崇高信念。其理论观点,也不仅具有学术价值,而且具有实践意义。

我和进田既有师生之情更多朋友之谊,虽年龄有不少差距,但切磋学问,甚觉融洽。读书思考,或有所得,灯下畅谈,欣然忘倦,相互启迪,获益良多。太史公有言:"好学深思,心知其意",我窃以为,进田乃好学深思之士,故对相当玄奥的哲学问题,每每能心知其意,且往往别有特识。今读此书,足可印证。庄生曾云:"吾生也有涯而知也无涯",学海茫茫,渺无边际,未知之域尚多,奥妙之境无穷,唯有虚心进取,潜心探求,不懈努力,方可望登上山外青山,峰上高峰。愿以些意与进田共勉。是为序。

(原载于《西安日报》1998年12月14日)

《哲学视野中的全球化问题》序

经济全球化、政治多极化、文化多元化、科技信息化是当代四大国际性潮流，这四大潮流交互作用，将人类社会带入了一个飞速变化的新世纪，也给世界各国带来了千载难逢的发展机遇和前所未有的严峻挑战。在当今世界，任何国家如果游离于全球化之外，就很难使本国经济得到快速的发展。自改革开放以来，尤其是进入20世纪90年代以来，我国一直致力于加入经济全球化进程，随着加入世贸组织，中国融入经济全球化大潮已成为历史的必然。

面对着这一既是机遇又是挑战的时代潮流，必然有许多重大而复杂的问题，需要我们深入思考，认真研究，切实解决。而研究这些问题，固然可以从各种角度、用多种方法去进行。但是马克思主义哲学，由于它所具有的高屋建瓴、探赜索隐的功能，它所体现的反思方式和批判精神，它所运用的辩证方法和唯物史观，却会在思考和探索这些问题时发挥独特的理论优势，提供宝贵的思维成果，发射璀璨的智慧光芒。从而，为我们在理论上深刻认识全球化问题，在实践中有力应对全球化挑战，在工作中科学制订社会发展战略，提供重要的启示。为此，中国社会科学院哲学研究所、陕西省社会科学联合会、陕西省哲学学会和西安交通大学人文社会科学学院于2001年10月12日—14日，在西安交通大学联合举办了"哲学视野中的全球化问题"学术研讨会。

在这次会议上，与会学者从哲学的高度、以哲学的思维、用哲学的话语，探讨了经济全球化问题。把全球化问题的诸多方面，如经济全球化的涵义、实质和基本特征问题、经济全球化的历史进程及其内在规律问题、经济全球化与政治、文化的关系问题、经济全球化的信息技术基础和知识创新动力问题、经济全球化与生态环境的保护问题、经济全球化过程中的价值观念和伦理道德问题、经济全球化与民族文化传统的关系问题、经济全球化与哲学的时代转型问题、经济全球化与马克思主义哲学的理论创新问题，等等，都置于哲学的视野中予以观照，予以反思。这部论文集，就是与会学者们认真思考、深入探讨所凝结的学术成果。

这部文集立足求实、着意求新，充分体现了有哲学高度、有理论深度、有思维广度的学术品格，具体贯彻了百家争鸣、百花齐放的学术方针，也在一定程度上表现了学者们努力代表先进文化前进方向的治学精神。

尽管我们以哲学的思维与全球化的现实相碰撞，迸发的思想火花是五彩缤纷、灿烂夺目的，但全球化是一个正在展开的历史过程，是一个包含多方面、多层次的复杂问题，数十篇论文不可能穷究它的所有内涵，更不可能断定它的发展趋势，我们有志于在已有研究的基础上，进一步推进和深化，以期取得更深入更丰硕的学术成果。是为序。

（2002年3月1日于西北政法学院）

《科学方法要论》序

"炼汞烧铅四十年，至今犹在药炉前；不知子晋缘何事？只学吹箫便得仙。"这首诗可以说是古代诗人对方法重要性的形象思维。如果不懂方法，不得要领，即使兢兢业业，勤勤恳恳，一生坚守药炉，烧汞炼铅，也炼不出仙丹灵药；而如果方法得当，诀窍独知，那就会如子晋修道，仅凭吹箫，就可以引凤乘龙，羽化登仙。当今时代，世事纷纭，万象日新，科技发达，学科分合，矛盾如织，难题成堆。不论认识何种对象，处理什么问题，研究那些学科，都不能不重视方法的选择和运用。选择合适，运用得当，可以事半功倍；选择失误，运用乏术，难免事倍功半，甚至劳而无功，走向失败。子曰："工欲善其事，必先利其器"，此之谓也。

要掌握科学的方法，就必须对方法有所了解，有所认识，从而提高学习和掌握方法的自觉性。特别是对于科学研究来说，它的目的是揭示本质，探索规律，追求真理，获得新知，因此对方法的思考尤为重要。在人类历史上，特别是近代以来，科学每获得一项成就，每经历一场变革，都得益于方法的转换和更新。由此使哲学家、科学家们深切地感受到，必须对方法本身进行相对独立的研究，于是有科学方法论，于是有研究科学方法论的各种著作。科学研究的道路没有尽头，科学方法论的探索也就没有极限，科学方法论的著作也会层出不穷。

张鸿骊同志长期以来从事马克思主义哲学的教学和研究，尤其是对科学方法论情有独钟。近年来，他把自己和其他几位同志对科学方法论的思考和研究，凝结成书，名曰《科学方法要论》。这本著作，视野广阔，内容丰富，特色鲜明。它从宏观上把方法分为哲学方法、一般科学方法和专门科学方法三个层次，重点论述了一般科学方法，包括观察和实验、调查和统计、逻辑方法、非逻辑方法、数学与模型方法、系统方法等。该书在论述这些方法时，注意自然科学方法与社会科学方法的兼顾，传统方法与现代方法的贯通，学理性与操作性的结合，还着力吸取了现代西方方法论研究成果，形成了自己鲜明的特色。更为可贵的是，该书不囿成说，别开生面，提出了许多富有新意的学术见解。例如，书中提出，方法的发生与认识发生具有一致性；主体借助于中介与客体的相互作用是方法发展的推动力；方法的发展既受到客体方面的经济、政治、精神等因素的作用，又受到主体的功利、感性、理性、心理等因素的影响。又如，在具体方法的论述中注意其内部结构与外部结构的联系，重视其实际运用和操作技巧的探讨。这些新见，不但在学理上有重要意义，而且在实际上有应用价值。总之，这本特色独具、新意迭出的书，无论是对于专业科研人员，还是对于学习科学方法的大学生、研究生，以及关心科学方法的一般读者，都会有所启迪，有所帮助。

我虽对方法论问题很感兴趣，也读过一些方法论方面的书籍，但仅知其大略，未作深究。今鸿骊同志以大著见示，并问序于余，余既乐其书之成，又感其情之挚，乃于秋雨之夜，临窗展读，颇有所获，但却又苦于难以尽申其意，姑且写了上面一些话，以赞其功，以广其传。是为序。

(1998 年 9 月)

《圆点哲学》序

　　人们每天都会看到壮丽的日出和苍茫的日落，但并非每个人都能由此而感发出玄远的哲思，领悟到深邃的哲理。然而，马建勋同志却由观日出所引发的意念开始，不断沉思，逐渐阐发，反复酝酿，终于建构了一种新的哲学——圆点哲学。

　　圆点哲学作为一个新的哲学形态，富有十分可贵的创造开拓精神。它以"圆"和"点"这两个基本概念及其关系为出发点，来揭示一般事物的性质、状态和发展变化的规律。认为"事物一般都具有或圆或点的属性"，宏观宇宙、中观万物、微观世界、人体结构、人生命运、社会发展、思维方式，其形态大都是圆的，也大都是按圆的规律运动的。总之，"万物皆以圆统之"，"圆是宇宙运行的规律，是人类社会发展的规律，是万事万物生灭不息的总规律"。从这一基本观点出发，圆点哲学阐发了圆点运动的基本规律，建构了自己的宇宙观、社会观、真理观、人体生命观、美学观、价值观和方法论，形成了一个独具特色的哲学体系。这种"从圆点视角看世界"的哲学，可谓发前人所未发，言时贤所未言，见解独特，新意迭出，无论如何对它的观点进行评论，其开拓创新精神，则是值得赞许的。

　　圆点哲学作为一种新的哲学思维，具有突出的辩证法特征。它承认世界的物质性，尊重辩证法，主张人与自然万物和谐发展；它认为圆和点的关系是辩证、互补关系，是宏观微观、共相殊相、群体个体、动态静态、分析综合的关系；它提炼出圆点无限律、异质同构律、圆点嬗变律、圆点全息律、普遍和谐律、圆点均衡律、内外交换律、反序逆向律、波粒双旋律、互为因果律，作为圆点哲学的基本原理。在这种意义上，可以说，圆点哲学是阐发辩证法的一种新形式，是从"圆点"视角对辩证法的一种新探索。

圆点哲学作为一种新的哲学思路，表现了融合东西方哲学的鲜明倾向，马建勋同志认为西方哲学和东方哲学，"都是在各自一定的社会历史条件下产生和发展的，各有千秋，各有长短，无所谓谁优谁劣，谁高谁低，亦不必厚此薄彼，更不能相互征服、代替"，因此，"只有东西合璧，将二者熔铸一体"，即把东西方文明的优长结合起来，才能真正体现时代精神的精华，培植新世纪哲学的绿洲。而圆点哲学以"圆"体现东方哲学的整合精神，以"点"体现西方哲学的分析精神，就是为融合东西方哲学进行的一次尝试，一个创举。马建勋同志关于东西方哲学各有长短的看法是正确的，他以圆点哲学作为熔铸东西方哲学的尝试，也无疑具有重要的学术价值。

探索真理的道路是艰难曲折的，创立一种新的哲学体系更非易事。它不仅需要昂扬的激情，豪迈的气魄，创新的勇气，良好的悟性和丰富的想象，还需要科学的态度，求实的精神，严谨的学风，缜密的思维和渊博的学识。圆点哲学创立至今将近十年，十年中，建勋同志励志读书，勤奋实践，潜习研究，独立思考，反复琢磨。然而，正如他所说的"圆点哲学离完备严谨的科学理论体系尚有相当远的距离，还需要付出艰辛的努力和探索"。我深信，建勋同志本着充沛的创造激情和严谨的科学态度、活跃的形象思维和深刻的抽象思维、敏锐的灵感和严密的逻辑相结合的精神，继续探索，精密思考，不断完善，圆点哲学必会长成一棵根深干实，枝繁叶茂的智慧之树，和哲苑中的其他智慧之树一起，共同构成一道面向新世纪的智慧风景线。

(1998 年)

科学家的品格与辩证法的本质

澳大利亚动物学家贝费里奇在《科学研究的艺术》一书中，分析了科学研究的方法和技巧，根据这些分析，他提出了对科学家在品格上的要求。

他说："研究人员在很多方面酷似开拓者。研究人员探测知识的疆界需要很多与开拓者同样的品格：事业心和进取心；随时准备以自己的才智迎战并克服困难的精神状态；冒险精神；对现有知识和流行观念的不满足；以及急于试验自己判断力的迫切心情。

一共提出了六点，其实质是三个字：创造性。科学家要有敢于创造的精神和善于创造的方法，这样才能在研究工作中有新发现，开拓出新的境界。

这使我们想起了马克思的话："辩证法在对现存事物的肯定的理解中同时包含对现存事物的否定的理解，即对现存事物的必然灭亡的理解；辩证法对每一种既成的形式都是从不断的运动中，因而也是从它的暂时性方面去理解；辩证法不崇拜任何东西，按其本质来说，它是批判的和革命的。"[1]

在我们看来，要求科学家具有创造性的品格，就是要求他们用辩证法武装起来。

只要用辩证法的观点看世界，把一切看成是发展变化、永远流逝的，那就会在研究工作中，不断去探索自然的无穷无尽的奥秘，不把任何一

---

[1] 《马克思恩格斯选集》第 2 卷，人民出版社 2012 年版，第 94 页。

种事物和现象的存在，看作僵死和凝固的。不论宏观宇宙，还是微观世界，都有未知的领域，通过研究和探索，发现它们内在的新规律。

只要用辩证法的观点去分析现存的理论和流行的观念，从暂时性的方面去理解它们，那就会在研究工作中，根据新发现的事实和材料，揭示现行理论的相对性和局限性，不是把它们看成穷尽了事物本质和规律的终极真理。而是看作人们向绝对真理接近的一个阶梯和环节，从而去大胆地创立新的科学理论。

在科学研究工作中的保守思想、停止观点和自满情绪，是一种形而上学，它同辩证法的、批判的、革命的本质是背道而驰的。而且这些思想，还会成为创造性的巨大障碍和阻力，成为束缚新发现的桎梏，成为扼杀新理论的绞索。科学史上很多新发现、新创造和新观点，之所以早死于胎中，夭折于襁褓，莫不是这种保守观念的罪过。

在科学研究的道路上，必须敢于同一切保守观念作斗争，必须勇于同过时的理论挑战，不怕困难，不怕压抑，披荆斩棘，冲破一切阻力前进。

当然，要坚持辩证法，发挥创造性，不能光靠热情和勇气，还要有客观事实作根据，以充分的资料为基础，创造不等于乱闯，它是从实际出发的。这就是说，辩证法必须是唯物论基础上的辩证法，创造性必须是科学性基础上的创造性。

总而言之，只有坚持辩证法的本质，才能具有创造性的品格。当然，具有了创造性的品格，也有利于掌握辩证的思维方法。这就是《科学研究的艺术》一书给予我们的启示。

（原载于《西安日报》1998年9月7日）

《爱国主义与中华文明》序

母亲、家园、故乡、祖国都是人们深深眷恋的对象,这种眷恋深情起源于人的生命情结、生存意识。无论人们居于何地、处于何时,都深深热爱和切切怀恋着自己的生命之根、生养之境。所以每一个中华儿女,对养育自己的祖国母亲,都怀抱着无限崇高、无限深厚的情感,都保持着一颗永不失落的中国心,"经万变而不改其芳,经万难而不忍负国"。

爱国主义蕴藏着十分丰富的内涵,具有无比深远的意义。发掘它的内涵,阐发它的意义,弘扬它的精神,不但是理论研究、学术探索的重要课题,而且对于培育民族精神,提高民族素质,强化国民的责任意识,推进精神文明建设,有着极其重大的作用。董小龙、段建海和周忠社三位同志撰著的《爱国主义与中华文明》,就是一部深入研究和着力弘扬爱国主义精神的好书,初读之后,觉得它在已出版的同类著作中,呈现着十分鲜明的特色。大体言之,约有数端:

一曰史论结合。该书按历史发展的线索,分为上、中、下三篇,分别论述了传统爱国主义、近代爱国主义和现代爱国主义。对爱国主义在不同历史时期的具体内容和历史特点作了系统而又深入地阐发,体现着深沉的历史感。而对每一时期爱国主义的内涵又从历史背景、内容结构、主题指向、时代特点、社会功能等方面进行了理论探讨,形成了较完整的理论框架。从而,把"史"的线索和"论"的逻辑有机地结合了起来,纵横交织,虚实并重,较全面地展开了爱国主义的丰富思想内涵和宏伟历史画卷。

二曰古今贯通。该书从中国古代爱国主义的形式写起,到新时期爱国主义精神的重构收笔,对中华民族上下五千年来爱国主义的历史源流、时代演变、主题转换,作了从古到今的观照,犹如构筑了一条源远流长的爱国主义生命长河,谱写了一曲气势磅礴的爱国主义英雄史诗。人们从其中,既可以汲取绵延不断的爱国主义的历史营养,又可以总结不同时代的爱国主义的历史经验。特别是对改革开放新时期爱国主义的主体素质、主题特征和教育方式的阐发,充满着鲜明的时代精神和现实内容,具有重要的实际意义。

三曰体用统一。爱国主义既有其"体",又有其"用","体"指其本质、特点和构成,"用"指其地位、功能和作用。该书的重要特色之一,就是既从理论深度上探索了爱国主义的本质、特点和内容构成,回答了什么是爱国主义的问题,而"明其体";又以丰富史实为依据叙述了爱国主义在不同历史时期的地位、功能和作用,回答了爱国主义有何重要意义的问题,而"达其用"。尤其是把爱国主义的"用",归结为推动民族文化历史进程的精神动力,并将其具体地分为社会功能、历史功能、文化功能三个方面。进而,从历史发展角度,阐发了传统爱国主义对中华古代文明的演进、近代爱国主义对近代中国革命的发展、现代爱国主义对中国特色社会主义建设的重大作用。由此,实现了爱国主义作为民族的"内在精神需求"之"体"与作为民族"人文化成的实践品性"之"用"、作为民族"生命本质"之"体"与作为"本质力量的对象化"之"用"的高度统一。这种"体用统一",亦即爱国主义的实然与应然、本体与价值的统一。该书以"爱国主义与中华文明"为主题,充分表现了作者对"体用统一"的自觉追求。这实在是难能可贵的。

四曰情理兼备。爱国主义作为一种心理情感、道德原则、价值观念、思想意识和行为准则的统一体,既凝聚着浓厚的感情,又包含着深刻的理念,该书充分注意到了爱国主义的这种主体结构特征。因此,在论述内容中,一方面重视抒发从古至今仁人志士的爱国之情;另一方面又着意阐明作为民族生命本质的爱国主义之理。而且,把理性的探求上升到了本体论的高度,从民族的"生命情结""生命本质""人格品性"的层次上来揭示爱国主义的本质。在此基础上，作者提出了"爱国主义的主体心理结构是其动力系统、调控系统和行为系统相统一的复合体，是爱国主义的情感与理智的交织互渗"的新颖见解。在表述方式上，该书运哲理于思路，注激情于笔端。在阐明爱国主义理论内容的过程中，不仅做到了言之有理，以理教人，还特别注意说之有情，以情动人。文字表述生动活泼、形象鲜明，富有感染力。

此外，值得重视的是，作者在研究这一传统性强、谈论甚多的常见课题时，并不囿于成说，限于时论，而是以探索的精神、创新的勇气，努力开拓，推陈出新，提出了许多颇有新意的观点。例如，关于爱国主义的本质、结构、内容、特点、形式和功能的论述，关于传统爱国主义的特点、阶级分野和理性反思的探讨，关于近代爱国主义的主旋律、思想分野和内容构成的论述，关于现代爱国主义的社会思潮、主体素质和主题的分析，莫不新意别具，独解时呈。这些观点，对推进和深化爱国主义的研究，显然会有重要的学术价值。

三位作者，都是积极勤奋、努力进取、虚心好学的青年同志，为撰写此书，他们付出了艰巨的劳动，洒下了辛勤的汗水。不但在写作过程中勤读精思，反复酝酿，而且在初稿写出后又虚心求证，多次修改，也曾就一些问题与我切磋，书成后，又嘱为之序。清人章学诚有言："文章经世之业，立言有补于世"。著"经世"之书，立"补世"之言，此亦爱国之一端！今董小龙等三位同志，于敬业之余，著爱国之书，不正是爱国主义精神的具体表现吗？故不敢辞，仅书数言于其首，以助此书之流传，以鼓爱国精神之高扬云。

（1998 年 6 月）

人文素质教育的探索性"文本"

世纪之交，我国教育正经历着从应试教育、专业教育向素质教育的转变，这是一次意义深远、影响深刻的教育思想转变，它不但关系到中国教育的前途和命运，关系到未来世纪的人才塑造，而且还关系到中华民族素质的提高和中国社会的发展。在这场教育思想和教育方式的大变革中，最重要的环节就是加强人文素质教育。只有抓住这个重点，才会使我国教育，特别是高等教育不仅发挥培养专门人才的作用，而且发挥优化民族性格、塑造民族灵魂、提高民族素质的巨大功能。为此，探索人文素质教育的内容、方式和途径，编写人文素质教育的著作、资料和教材，就成为一项极其重要而又十分迫切的任务。在这种情势下，宝鸡文理学院王磊教授任主编，李思民、赵怀玉二教授任副主编的《人文素质教育视点》（以下简称《视点》）一书应运而生。这部由陕西人民出版社1997年9月出版、分上中下三册，计85万字的集体研究硕果，宗旨明确、视野广阔、内容丰富、视角多维、见解独创、表述生动，是一部人文素质教育的优秀文本。

一　正确的教育宗旨

人文素质教育包括的内容很多，而其实质是通过人文学科的学习和人文精神的弘扬，使学生了解和掌握处理人与自然、人与历史、个人与社会、自我与他人的正确态度和能力，树立正确的世界观、人生观和价值观，从而使感情得以陶冶，心智得以充实，精神得以提升，人格得以完善。可见，完善人格，乃是人文素质教育的凝聚点和归宿点。用中国古代教育家的话说就是"成人"，用我国现代教育家的话说就是"养成人格"，用马克思的话说就是促使"人自由而全面的发展"。《视点》一书，尽管篇幅宏大、章节颇多，但主题明确，主线突出，紧紧抓住了"人格教育为核心"，最终达到"促使人全面发展的目的"这个宗旨。不但全书一开始就从阐释"人生智慧"、展现"人格魅力"入手，而且全书六篇，都围绕着完善人格这一核心展开，把引导学生"立人""成人""做人"，作为人文教育的主旋律和制高点。这不仅使全书有了一以贯之的主旨和纲举目张的脉络，更重要的是体现了人文素质教育的实质精神和价值取向，也符合我国高等教育加强素质教育的根本要求。国家教委领导同志曾多次提出"素质……最重要的是做人"。

二 宏阔的人文视野

围绕着人格教育、人格养成这一核心，该书六篇分别从人生哲学、人格美学、文化学、传统文化、创造思维、表达艺术六方面展开了人文知识的广阔视野。并在每一篇中又立有若干章节，具体展开论述。例如，在"人生的智慧"篇中，具体论述了"人对自己本质的认识""人在世界中的需要""人在世界中的位置""人在世界中的意义""人在世界中的存在方式""人在世界中的使命"等问题；在"人格的魅力"篇中，分别讨论了"自然美的启示""人格美的内涵""人格丑的表现""人格美的形成""中国传统人格美的发展历程"等内容；在"人格文化论"篇中，详细阐述了"人格的文化解读""人格的价值观照""人类的自我认识""中、日、美国民性格比较""作为文化全息元的个体人格"等专题。这种从多学科的视野上观照人文素质、从宏观和微观的兼顾中论述人文知识的思路，使该书形成了视野宏阔、知识广博、内容丰富、思想充实的优点，从而能使读者受到多学科、多方面的人文知识教育，吸取到丰富广博的人文精神营养，促使自己人格的充实完善、个性的全面养成和能力的全面提高。

三　多维的研究方法

人文素质包含诸多要素，人文知识涉及多种学科，因此进行人文素质教育，必须综合运用多种方法，采取多种视角。该书的另一重要特点，就是研究思路和研究方法的多维化。在总体上以马克思主义方法论为指导的前提下，各篇的研究方法不尽相同，各具千秋。《人生的智慧》从哲学的高度对人的本质和人生价值作了深入阐发，《人格的魅力》综合运用心理学、伦理学、美学、教育学的方法，对人格美作了跨学科的研究，《传统经典导读》采用历史学、诠释学的方法，发掘中国传统文化的精华，《文化人格论》立足文化学的方法，对国民性和现实人格进行了深刻分析，《表述艺术》是语言学方法的实际应用，《创造与思维》则是创造学和思维学方法的具体展开。可贵的是，作者在运用多维研究方法的过程中，都注意贯彻了理论和实际、历史和现实、知识和技能的密切结合和有机统一。而且，其归结点都落实在对学生人格境界的实际提高和创造能力的切实培养上，避免了抽象的学理议论和空泛的学术研讨。

四　生动的表述艺术

人文素质教育诚然离不开知识的灌输、道理的阐发和思想观念的传授，但更需要环境的熏陶、感情的激发和艺术的感染。因此，一部人文素质教育的书，应该是情与理、道与艺、质与文兼备的佳作。在这一点上，《视点》一书，也作了可贵的探索、有益的尝试，且取得了显著的成功。该书在表达艺术上颇具特色，其标题设计形象生动，富于诗意。例如以"纵横交错的人生关系之网"表述"人在世界中的位置"，以"扑朔迷离的人生价值王国"来描述"人在世界中的意义"，以"天生我材必有用"形容"自信"，以"任尔东西南北风"来描绘"自尊"，以"不为五斗米折腰"来赞美"个性自由"，以"小曲好唱口难开"来说明"把准表达基调"的重要，以"心有灵犀一点通"来说明"表达的心理共鸣"等等。其资料引用，丰富多彩，十分广博。哲学、历史、文学、艺术、诗、词、歌、赋、音乐、美术等诸多领域中的佳作、名著、格言、警句，广收博采，摇曳多姿。此外，其实证举例，典型准确，有说服力；其表述方式，灵活多样，富有变化；其语言风格，生动活泼，有感染力。所有表达艺术上这些优点，足以说明作者充分注意到了人文素质教育的重要特征，并自觉地追求作品的生动性和可读性，以获得既"达理"又"通情"，即既以理服人又以情动人的阅读效果。

总观《视点》一书，可以看出，这是一部探索人文素质教育的成功著作。它既可以作为对大学生进行人文素质教育的教科书，也可以作为青年一代加强人文素质修养的读本，而且，它所提出的一系列学术观点，对进一步研究和探索人文素质教育，也具有重要的学术价值。尽管这部书，在体例的统一、逻辑的联系、文气的贯通等方面，还有待进一步完善，但瑕不掩瑜，它的开拓之功、创新之举，一定会得到教育界、学术界的关注，也一定会对推动人文素质教育的进展发挥积极的作用。1996年秋季，宝鸡文理学院开始实施一项加强人文素质教育的系统工程，这部书就是为实施这一工程的开展而编写的。由此言之，这部书所体现的不仅仅是几位著者的个人学术水平和教育观念，而且还体现着我国高等教育思想、教育观念改革的趋向。因而，它的意义是具有普遍性的。

（原载于《宝鸡文理学院学报》1998年第4期）

中国法制史研究的可喜成果

中国自古就颇重行政管理，春秋时代已有"德立、刑行、政成、事时、典从、礼顺"的主张，以政与刑、德并列。在以后漫长的封建时代，更形成了甚为严密的行政管理制度和行政法规范，构成了中国古代整个法制体系的重要组成部分，在国家政治生活中发挥了重要作用。然而，关于中国行政法制史的理论研究和学科建设，却远远落后于其他法学部门，至今仍是一个尚待开发的学术领域。正因为如此，西北政法学院王士伟教授的新著《中国行政法制史》（陕西人民出版社1993年版）的出版，必将受到学术界的关注。该书视野宏阔，体例新颖，新意迭出，创获颇多，具有十分鲜明的特色：

一　历史与逻辑相统一的研究方法

中国行政法制史要形成一个科学的理论体系，既要根据历史的自然进程，研究中国古代行政法律制度产生、演变的历史过程，又要舍弃历史曲折过程中的偶然因素，着力揭示中国行政法律制度的演变趋势和发展规律，把历史和逻辑统一起来。这无疑是一个很高的方法论要求。该书作者在研究中具体贯彻了这一方法论原则。首先，在体例上，该书采取了以基本问题为纲分章，每章之内又以历史阶段为目分节的专题史体例。全书八章依次论述了行政法的渊源根据、国家和行政机关的建立、中央行政体制、地方行政体制、行政官员的管理制度、行政管理的内容、行政管理的程序方式以及对行政管理的监察制度等，这八章实际上涉及行政法制史必须研究的八个基本问题，而各章内部又按历史发展顺序分节立目，探源溯流，叙述该问题的渊源脉络，沿革演变。这种研究和叙述方法，从总体结构上体现了历史和逻辑的有机统一，是对法制史著作传统体例的重大突破。其次，在对每个基本问题和每个历史时期行政法制现象的具体分析上，既将问题置于一定的历史范围之内，观其是非，明其得失，把握其历史的必然性和局限性，又坚持了马克思主义的法律观和阶级分析方法，揭示其所体现的阶级利益和阶级意志，又着力揭示一定的历史条件及历史发展的客观规律对统治阶级意志的制约和影响，这种历史分析与理论分析的统一，也是历史和逻辑统一的具体应用，从而逻辑地再现了中国古代行政法制的历史发展过程。

二 新意迭出的学术创见

该书提出了一系列富有新意的学术见解，启人深思。例如，它明确提出中国行政法制史"是研究中国古代国家行政管理体制、管理内容和程序方式的发展史，以及与这些实际存在的体制、内容和程序方式相对应的行政法规范的发展史的一门学科"[1]。这种将行政管理制度和行政法规范二者都作为行政法制史研究对象的提法，在国内有关论著中尚属首见，可能也更为全面；它明确坚持"中国古代特别是封建时代存在着自成体系、别具特色的行政法律规范"[2]，并对长期以来特别是近几年中，有些论著或因拘于中华法系"诸法合体，以刑为主"的编纂形式，或因强调古今中外行政法的重大差异，从而断定中国古代根本不存在行政法的论点，征引大量的历史文献资料，进行了颇有说服力的辨析（见该书第一章）；在叙述中国古代行政管理的内容时，作者既以古代实际存在的分类方法为基础，又参酌近现代法学通行的分类方法和名称，将中国封建时代行政管理的内容分为六大类，对它们进行了认真的历史考察和系统的叙述（见第六章）。当代海内外流行的中国行政法制史论

---

[1] 王士伟：《中国行政法制史》，陕西人民出版社1993年版，第2页。
[2] 王士伟：《中国行政法制史》，陕西人民出版社1993年版，第6页。

著，大都偏重于行政体制特别是官制，甚少涉及行政管理的内容，对于行政管理和程序方式一般均付诸阙如。为了克服这种体例和内容上的缺陷，该书第六章和第七章，专门研究和叙述这两方面的问题。在第七章中，作者以古代的程式性法规为依凭，对中国古代行政管理的程序方式进行了历史的归纳和系统的叙述，并对其实质进行了深刻剖析，认为中国古代行政管理活动的运行过程，始于决策和立法，继之以实行的行政执行，而其实质和目的则在于维护中央集权制，最终期求封建国家的"长治久安"。这就填补了学术界在这一问题研究上长期存在的空白。此外，在其他问题的论述上也新见纷呈，突破了学术界的许多传统看法。

三 "引古筹今"的价值取向

该书自地坚持"引古筹今"、服务现实的学术研究方向。在"绪论"中集中论述了研究中国行政法制史的理论意义和现实意义，它在正文各章中始终着力揭示中国古代行政法制演变的趋势和规律，注意总结中国古代行政管理活动的经验教训，为当代中国的社会主义法制建设，特别是行政法制建设，提供了宝贵的历史借鉴。在一些重大问题上，还提出了自己的现实构想。例如，该书的第三章和第四章，在对封建制国家的中央和地方行政体制分别予以系统叙述之后，又分别设立专节，论述了"辅政体制演变的规律和特征""政务机关演变的一般趋势和规律"及"地方行政体制演变的一般趋势和规律"。这些规律性探讨，不但增强了该书的学术性和理论价值，而且便于发挥史学古为今用的作用。又如关于行政法制建设同政权久暂、社会盛衰的关系，关于妥善处理各部门行政机关之间的权力关系问题，关于建立严格的官员管理制度和监察制度问题等，作者都从总结历史经验入手，提出了可供今人借鉴的意见。任官回避制度是中国古代任命官员的程序方式中极有特色的内容，该书对此进行了专门叙述。该书完稿后，作者又撰成《中国任官回避制度的历史经验和现实构想》一文①,通过反思历史经验,对社会主义国家公务人员任职回避制度的必要性,及其立法、执行、监督的职能和权限,回避的范围和重点等重大问题,提出了自己现实的理论构想,甚有见地。作者引古筹今、古为今用的学术价值取向,使该书具有强烈的时代感和现实意义。

(原载于《人文杂志》1994年第5期)

---

① 王士伟:《中国任官回避制度的历史经验和现实构想》,《中国社会科学》1993年第6期。

党风廉政建设研究的新成果

在建立社会主义市场经济体制的过程中，如何搞好党风廉政建设，解决好反腐倡廉问题，是一个值得认真思考、深入探索的重大课题。安启元同志主编的《建立社会主义市场经济体制中的党风廉政建设》（陕西人民出版社1994年版）一书，就是对这一重大课题深入分析、系统研究的成功之作。

一　全面系统的总体研究

党风廉政建设问题，是一个内涵丰富的系统工程，它涉及党和政府工作的诸多方面，关系到社会生活的广泛领域，而且其本身包含的方面、层次、环节、要素也很复杂。要深入研究这一课题，就不能拘泥于从一时一地、一个行业、一个单位的情况来片面立论，更不能局限于对某一方面、某个环节的孤立考察，而必须以宏阔的视野，观照全局，把握总体，全面系统地进行论述。由于该书的主编和作者都是对廉政建设全面情况和实际工作有深切了解的同志，掌握的材料十分丰富具体，所以能够站在时代的高度，统观社会的整体运行，着眼于反腐倡廉和党风廉政建设的全局，高屋建瓴地分析问题，提出见解；全面系统地把握总体，设计框架。该书共十五章，详细论述了新时期党风廉政建设的总体形势、指导思想、方针、思路、原则、对策、任务、重点、工作机制、领导职能、干部队伍等方面的重大问题，深入探讨了党风廉政建设与社会各行业、各领域的关系以及与社会主义市场经济运行的内在联系，充分体现了全面性把握和总体性研究的特点。这一特点，不但使该书具有很强的说服力，而且还具有现实的指导性。

二 探索规律的理论追求

社会问题的研究，贵在透过现象揭示本质。该书在这方面作了可贵的努力。书中从分析新时期党风廉政建设面临的形势入手，根据大量典型可靠的实际材料，具体地分析了新形势下腐败现象的特点和产生根源；新时期违纪违法行为的主要表现及特点；深入地探讨了市场经济对党风廉政建设提供的有利条件和带来的负面影响；全面论述了党风廉政建设与发展经济的关系，更新观念与发扬优良传统的关系，党性原则与商品经济原则的关系，惩治腐败与保持稳定的关系，改革创新与遵纪守法的关系。对这一系列问题的探索和研究，不是罗列现象，描述事实，而是把揭示本质和探索规律作为理论追求的目标，提出了许多深刻而独到的理论观点，达到了相当高的理论水平和较深的认识层次。

三 实践经验的科学总结

我们党在加强自身建设和同形形色色腐败现象作斗争的实践中，已积累了丰富的经验。这些经验是新形势下开展反腐倡廉斗争的重要借鉴。该书通过对改革开放以来党风廉政建设状况的全面回顾，借鉴历史实践经验，着眼于当前实际，科学地总结了党风廉政建设的新鲜经验，从理论和实际的结合上，提出了在建立市场经济中加强党风廉政建设的基本思路和方法。它既使经验上升到理论高度，又为下一个过程的实践提供方法指导。该书的这一特点，表现了作者实事求是的研究态度和服务实践的求实精神。

四 邓小平党风廉政思想的系统阐述

全面论述和系统阐发邓小平的党风廉政思想，对于在市场经济条件下进行党风廉政建设具有重要的理论意义和实际意义。该书在这方面也进行了有益的探索，取得了可贵的成果。该书专设章节，比较全面系地阐述了邓小平党风廉政思想的形成、发展和内容，从九个方面完整地概括了邓小平党风廉政思想的科学体系，并对邓小平党风廉政思想的特征和意义作了颇有新意的阐发。这样做，不但有助于推进党风廉政建设的理论研究，而且还丰富和加深了对中国特色社会主义理论的学习和理解。

此外，该书还紧密联系实际，注重对工作方法、工作程序和在工作中应该注意问题的具体论述。因而形成了应用性强、易于操作、便于落实的鲜明特色。

（原载于《陕西日报》1995年3月1日）

《中国古代惩贪》序

贪污腐败现象，并非始自今日。自从人类社会产生私有制、出现国家政权之后，官吏贪污贿赂这种丑恶现象也就随之而生。为了同这种丑恶现象作斗争，历代开明的统治者采用了许多行之有效的办法，积累了许多颇为宝贵的经验。研究和总结这些经验，从其中汲取历史智慧，对于我们今天开展反腐惩贪，无疑具有重要的借鉴意义。王培生、贺乐民二位同志检千秋国史，积数年学功，撰成《中国古代惩贪》一书，对中国古代的惩贪斗争作了较为系统的论述和总结。该书以古代法典和有关文献资料为依据，以马克思主义观点为指导，以"法"为轴心，以"惩"为重点，剖析了历代官吏贪污的典型事例，概述了贪污贿赂的种种类型，分析了重刑严惩的政策、惩戒大臣的法律和纠贪绳墨的监察制度。并且还深入探讨了在封建制度下虽有重刑严惩的法律而贪污现象却史不绝迹的原因。史料翔实，内容丰富，论述清晰，分析深入，是一本史与论结合、历史感和现实感兼备的不可多得的好书。它不但值得一般读者阅读，值得法律工作者和监察、纪检部门的干部阅读，更值得各级官员阅读，以从中吸取经验、教训和劝诫。

培生同志和乐民同志治行政法多年，累积了学识和学力，使他们能够驾驭一个并不轻松的题目。撰《中国古代惩贪》，不但须对中国古代的法制作理性观照，也须怀有关注现实廉政建设、痛切反对腐败现象的责任意识。初读此书，深感其字里行间所蕴含的那种对历史的真诚和对现实的关切。书中说："那些贪赃枉法的官吏，不仅仅是官僚队伍中的败类，而且也是整个人类的败类。因此，在任何历史时期，贪官总是为人们所不齿的。"又说:"法律和制度是要人去遵守和执行的。如果各级政府的官吏,特别是那些身居高位的大臣不奉公守法,再好的法律和制度也不过是一堆废纸。"还说:历代"有远见卓识的统治者和思想家,在注重制定法律和制度的同时,都很重视用我国优良的传统美德来教育大臣们要加强自身修养,严于律己,为属下官吏作出廉洁从政的表率。"这固然是历史经验的总结,但又何尝不是作者情怀的寄托呢?

"生年不满百,常怀千岁忧""位卑未敢忘忧国",凡是出于这种关心国运民命的责任心而撰成的著作,总是能够留存得久远一些的。

(原载于《党风与廉政》1997 年第 6 期)

咸阳文化的宏伟画卷

咸阳是周族的发祥地、秦人的建都地、汉唐的京畿地、宋明时期关学的兴盛地，其传统文化源远流长，积淀深厚。近代以来，革新思潮广泛传播；新中国成立后，文化事业欣欣向荣。如此悠久博厚的文化遗产和宏伟壮阔的文化业绩，蕴涵着多少宝贵的历史经验值得总结，包含着多少深邃的思想智慧值得借鉴。咸阳市地方志编纂委员会，经历数年的辛勤努力，撰成了近百万字的《咸阳市志》文化卷，纵贯古今，横通门类，描绘现状，展示成就，总结经验，是一部展现咸阳古代文化和现代文化的宏伟画卷。该志书体大义丰、例谨文畅，具有十分鲜明的特色：

一　文化辉煌业绩的全方位呈现

《咸阳市志》文化卷，对今日咸阳市所辖地区的文化发展成果和文化建设成就，作了全方位的记述。为了既客观全面，又纲目井然地记述这些业绩，该志书按照文化事业所包括的主要部门和领域，分为教育、科技、文化、新闻出版、文物、卫生、体育、档案和地方志、民族和宗教、民俗、方言等十一编，而且每编内先作概述然后再分为若干章节。这样，使读者既能从宏观上把握其文化发展的总体面貌，又能从微观上了解各文化领域的具体情况，可谓"致广大而尽精微"。例如，在教育编中，先概述了自西周以至当代咸阳教育发展的历程和主要成就，然后分别记述了传统教育、学前教育、小学教育、中学教育、普通高等教育、职业技术教育、成人教育和教育管理的发展过程和成就，全面展现了教育事业的历史和现状。又如，在文物编中，对咸阳地区现存的古遗址、古墓群、古建筑和该地区出土的石刻、青铜器、陶瓷器和其他遗物，以及近现代史迹和文博事业，都分章作了较为详细地介绍。这种以编、章、节的体例，记述文化发展和文化业绩的方式，既达到了客观全面系统的要求，又具有纲举目张、分门别类、秩序井然、层次清晰的鲜明特色。十分有利于各文化部门的读者了解本部门的历史和现状，以扩大知识视野，推动实际工作。

二 文化演变源流的翔实记述

"存史"是志书的基本功能之一，史料的真实、丰富是志书的生命。《咸阳市志》文化卷的编纂者充分认识到咸阳作为文化古都，作为中华文明的发祥地，数千年的中华文明在境内留下了丰富而珍贵的遗存。因此，在该志书中，以大量丰富可信的历史文献、档案资料、文化遗物、考古发现为根据，翔实地记述了咸阳地区的文化演变源流史。捧读这近百万字的洋洋巨志，犹如观赏一幕幕连续而壮美的文化景观，游览一座座深厚而丰饶的文化宝库，领略一批批文化巨人的创造智慧。书中有对史前长武古人类化石及旧石器时代仰韶文化遗址和碾子坡先周文化遗存的详细介绍；有对以"尊德"为价值取向、以"制礼"为文明制度的西周文化的如实写照；有对建都咸阳、"以吏为师"的秦文化的翔实记述；有对西汉时代咸阳五个陵邑聚集天下学人、大儒的文化盛况的精彩描绘；有对李唐时代咸阳作为京畿之地所培养的一大批文化精英和咸阳九座唐陵中文化艺术瑰宝的全面展示；有对北宋以至明清时代"关学"在咸阳地区的广泛传播和地方教育兴盛、学术著述丰硕的具体记录；有对近代以来咸阳地区的先进知识分子、开明绅士、爱国志士和革命先烈的文化活动、文化功业的热情记颂；更有对新中国成立五十年来，咸阳地区文化事业日新月异、欣欣向荣的发展历程的确切记载。更为可贵的是，不但在总体概述中有对历史演变历程的论述，而且在分门别类的各编各章中也对每一文化领域的历史发展作了具体记叙。所有这些考镜源流、记载历史的篇章，都是持之有故、言之有据的信史，因而，具有珍贵的史料价值和文献价值。

三 历史经验的科学总结

方志不仅要"存史",而且要"资治",即充分发挥其以史为鉴、服务当代、有助治国的作用。这就要求一部史志,不但要资料翔实、客观准确,而且要观点正确、总结经验。然而志书的体例本身和笔法特点又必须做到述而不议。于是,如何处理好记述史实与总结经验的关系,就成为衡量一部史志质量高低的重要标准。综观《咸阳市志》文化卷,笔者认为,它在处理这一关系上,颇具特色。一是寓论于史,把对历史经验的总结寓于历史事实的叙述之中。在教育、科技、文化、文博事业、卫生、体育等编和章中,都体现了这一特点。而在全书的概述和一些文化门类的概述中,体现得更为鲜明,例如在教育编的概述中,作者从西周时代设庠序之教写起,历述了从古至今咸阳教育的演变、发展历史,特别是清中叶以来的教育发展状况。在史实的记述中,既有对晚清以来四次教育大发展成就的展示,又有对新中国成立前国民党政府统治时期教育的萎缩、1958年"大跃进"时期教育的盲目发展和"文革"时期教育遭到严重破坏的如实记录,使人从正反两个方面受到启迪。二是寓意于文,把对历史事件成败得失的评价寄寓于文字的表达之中。例如述北宋时张载的关学,明确指出了它的朴素唯物主义和辩证法思想以及重实践、求实用的学风;记清代陕甘味经书院,简明地概括了它的以实学为主、教师亲授和权不归官的优点;谈民俗则鲜明地指出咸阳地处西部,经济发展滞后,民俗中有不少表现封建意识和小农经济传统的陈规陋习。这种述中有议、文中寓评的表达方式,显然有助于人们总结经验教训。总之,该书采取了寓论于史、寓意于文的记述方式,使"论""意"和历史的真实记述紧密结合,从而达到了史实的准确性和观点的科学性的统一,有助资治,有益教化。

四 地方特色和时代特征的突出体现

突出地方特色,体现时代精神,是对地方志编纂的重要要求。方志是一方的百科全书,既要纵贯古今、统揽门类,同时也要关注地方特色,体现时代特征。《咸阳市志》文化卷在地方特色的体现上,突出了咸阳作为远古时代"泾渭文化"的创建地,自周、秦、汉、唐以来,又作为国都和京畿之地,因而具有悠久的传统文化和人文精神的重要特点;突出了咸阳在明清时期文化发达、教育繁荣、书院集中的鲜明特色;突出了咸阳在新中国成立后轻纺织业和中医药业发达,成为我国重要的轻工基地的重大优势;还突出了咸阳文物丰富,境内帝王陵墓多达34座的世所罕有的文化资源优势。在体现时代特征上,该书不仅贯彻了略古详今的原则,详细地记述了咸阳在新中国成立以后特别是改革开放以来文化事业突飞猛进的发展,而且突出了咸阳独树一帜的杨凌农业科学城、轻纺科研教学成果和异军突起的中医药科研事业,对蒸蒸日上、欣欣向荣的文化新成就、新景观,作了充分地展现。这种地方文化优势和时代文化景象的突出体现,必然会对该市文化资源的开发、文化事业的前进和文化成果的交流,起到十分重要的推动作用。

总之,《咸阳市志》文化卷是一部高质量的优秀专门史志,是一部展现咸阳古代文化和现代文化的宏伟画卷。

(2000年)

在书中读自己

读书的重要，不在于它可以帮助人们求取身外的功名利禄，如古人所谓的"千钟粟""黄金屋""颜如玉"之类。也不仅在于它可赏心悦目，娱乐身心，如诗人所咏"读书之乐乐陶陶"。读书的真正意义在于它本身就是人生活动的重要方面，是人生内涵的必然因素。法国文学家罗曼·罗兰说过："从来没有人读书，只有人在书中读自己，发现自己或检验自己。"这是罗曼·罗兰在自己读书生活中的真切体会，也是他对读书真谛的深刻揭示。

罗曼·罗兰从小喜欢读书，少年时代就读了莎士比亚等优秀作家的著作，甚至在投考高等师院的紧张学习中，仍泛读古今文学名著并重读莎士比亚，以致两次投考失败。他说："我把整个的时光给了莎士比亚，我把他整个吞下去了。或者，不如说我被他整个吞没了。"一次，他偶然在书摊上发现荷兰哲学家斯宾诺莎的著作，读后大为振奋，他说仿佛一道灵光，"令人神昏目眩！……我的囚笼砸碎了"，"光辉的答复就在这里，它回答了我自童年来就紧紧抱着不撒手的司芬克斯之谜。"后来，他又被托尔斯泰强烈吸引，惊呼"终于发现了一个活的莎士比亚！这位征服者使我俯首帖耳，让他架走；使我在热爱与兴奋的激情中，气都喘不过来。"罗曼·罗兰之所以觉得被莎士比亚"整个吞没了"，感到斯宾诺莎把他的"囚笼砸碎了"，愿意在托尔斯泰面前"俯首帖耳""让他架走"，就是因为他在这些大师的书中"读自己""发现自己""检查自己"！

在书中读自己，就是把书作为心灵的一面镜子。在阅读中，用书中所包含的崇高思想、高尚道德和伟大精神，来观照自己，度量自己，从而达到对自我的深刻认识和正确判断，实现对自我的重新发现和重新校正。一个人在生活中往往容易把注意力投向外界，面向客体，面对自己的心灵则处之以常，安之若素，很少反视、反观和反思。于是，对自我的认识常常是盲目的。在读书时若能自觉地让自己的心灵和书中人物的心灵相碰撞，把自我的灵魂和那些杰出思想家、文学家、科学家的灵魂相比照，就会对自己有一个重新的认识和检验，甚至会发现一个新的自我。

在书中读自己，就是把书作为自己的精神营养。在读书中，用人类所创造的丰富知识、灿烂文化和宝贵经验，来滋养自己，充实自己，从而使自己的视野更开阔，思想更活跃，精神更丰富，才能更优化。好的书籍，犹如一座宝库，只要我们勤于采撷，勇于开发，善于获取，就会由空虚走向充实，从贫乏变为富有。正如16世纪法国著名思想家和散文家蒙田说的"人要有三个头脑，天生一个头脑，从书中得来一个头脑，从生活中得来一个头脑。"可见，从书中求智慧，从生活中积经验，自我就会具有"三头六臂"般的本领和神通，这无异于"自我"生命的增长。

从书中读自己，就是把书作为自己精神境界和人格品位升华的阶梯。在读书中，让自己的心灵与书中那些真、善、美的人物和真、善、美的境界相互贯通，彼此交融，休戚与共。让那一颗颗火红的心激励自己，让那一缕缕清澈的思牵引自己，让那一束束生命的光照亮自己，让那一股股来自历史长河深处和来自时代海洋底层的智泉圣水荡涤自己的灵魂。经过这样的涵泳陶冶，潜移默化，久而久之，书就会为我们悬架起一座精神的长虹，使自己的灵魂得到净化，人生境界得到升华。当此之时，自己就像经历了一次蝉蜕，功利不计，宠辱皆忘，物我同化，天人合一，达到超俗脱庸的境界了。这样读书，可谓是读出了一个新的"自己"。

总之，在书中读自己，就是通过读书发现自己，充实自己，升华自己。先秦儒学大师荀子说："古之学者为己，今之学者为人。君子之学也以美其身。""为人"就是向人炫耀博识、卖弄学问，"为己"就是充实自己、升华自己、美化自己。荀子说的读书"为己""以美其身"，和罗曼·罗兰"从书中读自己"，意思是一致的。可见，古今中外的哲人、学者，都认为读书的真正意义在于"在书中读自己"，通过读书"美其身"。然而，我们不应忘记，能读出一个美好自己的书必定是好书。

（原载于《西安日报》1996年4月2日）

教学感言

新的大学理念与人文素质教育

在新世纪即将到来的时刻，中国教育正经历着从应试教育、专业教育向素质教育的转变。这是一次意义深刻、影响深远的教育思想转变，它不但关系到我国基础教育和高等教育的前途和命运，关系到未来世纪的人才塑造，而且还关系到中华民族的民族素质和中国社会的发展。思考和探索这场教育思想、教育观念转变中的理论和实践问题，特别是大学理念和人文素质教育问题，对于高等教育改革无疑具有先导性的作用。

一 建立新的大学理念

高等教育的改革，包括体制改革、教学改革、教育思想和教育观念改革诸多方面，一般来说，教育思想和教育观念改革是各项改革的先导。而在教育思想和教育观念改革中，首先必须对我们现有的大学理念即大学观进行反思，认识现有的大学理念和大学观中的优越性成分和局限性因素，在此基础上推陈出新，建立适合中国社会发展要求的、符合高等教育发展规律的、具有时代精神的大学理念，以作为教育改革的先导。

中国现在的大学理念，包含四个方面的基本内容。

1. 知识理念。认为大学是传授知识的场所，大学教育就是把古今中外的各门科学知识传授给学生，使学生了解这些知识、记忆这些知识，进而学会运用这些知识。中国当前几乎所有大学的基本教学活动、教学工作就是传授知识。

2. 专业理念。认为大学所传授的知识，不同于中小学所传授的基础知识，而是传授专业知识，培养专业人才。中国大学的专业设立得很多，划分得很细，不但分为多门学科，而且一门学科中还分为多种专业，一种专业中还分为多个方向。系、专业、教研室都是适应这种专业划分而建立的。尽管本科专业、研究生专业在近年都做了压缩，本科专业将至少压缩一半，设240种专业，但仍是世界上大学专业最多的国家（俄罗斯1995年公布的专业是83个，日本现有大学本科专业70多个）。

3. 共性观念。在人才培养的规格、模式上过分强调共性，强调统一目标、统一规格、统一要求。为此，课程设置、教材编写、教学内容、考试科目都突出了共同性、统一性、普遍性，而忽视学校的特殊性，忽视学生的个性发展，忽视因材施教的原则和方法。

4. 功利理念。中国高等教育，长期以来强调教育要为社会现实服务，强调培养社会急需的人才，以所谓"产销对路"作为专业设置原则，以学生毕业后能在社会上找到职业为衡量大学的重要标准。学生上大学、选专业也把"拿到文凭、取得学位、找好工作"作为基本目标。这种急功近利的观念，在近几年来市场经济的驱使下，表现得尤为突出。一些文史哲学科专业，就是在这种适应市场的功利观念支配下而停办的；许多经贸、经管、商业、金融、法律等所谓"热点"专业，重复设置，多而欲滥，也与这种功利意识有直接关系。

这些大学理念，究其来源，一是近代以来受西方近代大学理念的影响，二是新中国成立后对苏联大学理念的引进。究其作用，一方面对高等教育的发展和专业人才特别是社会急需的专业人才的培养起了积极作用，为中国社会主义建设培养了一大批有用的人才；另一方面，随着社会的发展、时代的前进、科学的进步、教育的改革，这种大学理念的局限性和弊端也日渐显露。第一，知识传授的孤立化，使学生的人格养成和能力锻炼被忽视；第二，专业教育的狭窄化，使学生的知识视野不宽，学术基础薄弱；第三，功利导向的强化，使学生的全面素质降低、精神境界不高，第四，共同制约的僵化，使学生健康的个性发展不足。总而言之，文化素质、人文素质、人格陶冶的弱化，不能使学生的素质、人格、个性、精神得到自由而全面的发展。继续按这种大学理念培养学生，是适应不了21世纪对高层次人才的需要的。

为此，我们必须转变教育思想，树立新的大学理念，形成人才培养的新模式。新的大学理念，应该具有四个方面的内涵：

1. 在适应社会的同时努力引导社会。大学要根据社会的现实需要来设置专业、建设学科、培养人才，这是十分必要的，也是完全正确的，但是这只是大学发挥功能的一个方面。另一方面，大学作为人类知识的汇集之地、学术成果创造之所、知识精英的凝聚之处，应洞察历史发展趋势，把握社会前进方向，立足科学发展前沿，引导社会向更美好、更理想的境界发展。就是说，大学应该成为社会的精神旗帜、文明标志、思想宝库、社会理想的制定者和实行者，而不应仅仅满足社会的现实功利需求，蔡元培曾说，"教育指导社会而非随逐社会者也"。因此，在适应社会的同时着力引导社会，把关注社会现实需要和关怀人类的崇高理想结合起来，是应该首先确立的大学理念。

2. 在知识传授的基础上，着力养成人格。大学是传授知识的场所，传授知识是大学的基本活动，但是不能把大学的任务只局限于知识的传授上。而应该在知识传授的基础上，着力培育学生的人格，使学生在德、识、才、学几个方面得到全面地发展和提高，成为德、智、体、美诸因素兼备的现代型健康人格。有知识而无能力，有能力而无人格的大学生，不但不能满足现代社会发展对人的素质的要求，也不能全面体现大学的育人功能。蔡元培先生说："教育者，养成人格之事业也"。大学"不可视为贩卖知识之所"，而"尤当养成学问家之人格"。化知识为德性、化理性为人格，是大学教育异于和高于职业教育的根本标志。

3. 在专业教育的过程中弘扬人文精神。大学自近代以来，实行专业教育，至今仍以专业教育为特征，以培养专业人才为目标。这是社会分工和科学分化的要求，因此是必要的。但专业划分愈细，学生的专业知识面愈窄，特别是在专业教育中长期以来重理科轻文科、重科技轻文化，致使学生缺乏坚实广博的文化基础，缺乏以"做人之道"为核心的人文精神，从而成为"工匠人""技术人"，不懂为人处世之道，不知人类文化的丰富成果，难以树立正确的世界观、人生观和价值观。因此，在专业教育的过程中，打通专业界限，扩展知识领域，奠定文化基础，灌注人文精神，就成为高教改革的重要内容。

4. 在共性的指导下充分发展个性。为了保证大学的教育质量，实现统一标准的人才规格要求，对全体大学生提出共性的教学质量指标，统一的管理规范，设置共同基础课程和政治理论课程，开设具有通识性的文化课程，是完全必要的。但同时应该充分注意发挥学生的个性特长，因材施教，使每个学生的知识优势和能力优势，通过教育都得到进一步发展，使每个学生的健康、积极的兴趣、爱好、志向、特长在大学的文化氛围里都有发挥的条件和环境，从而形成万波争流、千帆竞发、百花齐放、百家争鸣的生动活泼的学术局面，这就要求大学教育在共性的指导下发展学生个性，在统一人才培养规格的原则下为每个学生的自由而全面的成长创造条件。

这种新的大学理念，是现实和理想相统一的理念，是认知功能和价值功能双兼备的理念，是科技理性和人文精神相贯通的理念，是人才培育和人格养成相结合的理念。要实现这种新的大学理念，最基本的途径就是加强人文素质教育。

二 人文素质教育的意义

素质指人的思想、道德、文化、知识、心理、身体等内在品质和内在因素。素质教育就是通过教育使学生的思想道德素质、文化知识素质、身体心理素质都得到全面的发展和提高。在素质教育中文化素质教育是基础。文化素质教育是指用人类文化发展的优秀成果教育和熏陶学生，将人类历史上所创造的优秀文化结晶，内化为学生的内在品质和内在精神，使学生的知识、能力和教养得到综合发展，使学生具有广博的知识、卓越的能力和崇高的品格。在文化素质教育中，人文素质教育是核心。人文素质教育是指通过学习人文学科（包括文学、艺术、伦理、哲学、历史等）和弘扬人文精神，使学生了解和掌握处理人与自然、人与历史、个人与社会、自我与他人的正确态度和能力，树立正确的世界观、人生观和价值观，进而使情感得以陶冶，心智得以充实，精神得以提升，人格得以完善。当前，我国教育界提出的素质教育、文化素质教育、人文素质教育概念，涵义有广狭之别，针对的问题各有侧重。素质教育主要针对应试教育而言，文化素质教育主要针对专业知识教育而言，人文素质教育主要针对科技专业教育而言。但三者的精神实质是一致的，就是让学生在学习知识、学习专业、提高能力的同时，加强文化素养，学会做人之道，提升精神境界，养成高尚人格。用中国古代教育家的话说，就是"成人"，用我国现代教育家的话说就是"养成人格"（蔡元培），用马克思的话说，就是促使人自由而全面的发展。一句话，人文素质教育的宗旨就是引导学生"立人""成人""做人"；培养学生做高尚的人，做正确的事。

因此，从应试教育、知识教育向素质教育转变，从哲学上就是从工具理性向价值理性提升，从功利意识向人文精神升华，从育才模式向育人模式转轨。这种转变，不但是教育思想、教育观念、教育目标的深刻变革，而且关系到国民性的优化，民族魂的塑造，中国人的提升，其意义是广大而深远的。

1. 人文素质教育是当代教育发展的趋势。从教育发展史来看，古代的教育是一种铸造人文精神的教育，它以人格培养、人性完善为最高目标。中国春秋时代，孔子以《易》（哲学）、《书》（政治）、《诗》（文学）、《礼》（道德）、《乐》（艺术）、《春秋》（历史）等"六经"为教材，以"礼、乐、御、射、书、数"等"六艺"为课程，以文、行、忠、信等"四教"为目标对学生进行综合教育，突出地体现了"尽善""尽美"的人文教育特征。古希腊、罗马的教育，既有以发展健康体格和优美动作为内容的"体操教育"，又有以发展智育（包括哲学、政治、演说技巧、雄辩术、逻辑等）和美育（音乐、唱歌、朗诵诗歌等）为重点的"缪斯教育"。中世纪的大学教育虽然是神学教育，以培养僧侣为目标，但其主要内容是"七艺"（文法、修辞、辩证法、算术、几何、天文、音乐）和神学，学生学习"七艺"，打好人文基础，然后才能报考专门学科。文艺复兴时期的教育更是以培养身心健康、学识渊博、多才多艺的新人为任务的，其人文主义的特征更为鲜明，直到19世纪中叶以前，欧洲教育基本上仍是以培养"接受古希腊文化精神，多方面发展的人"为目标的人文教育。

从19世纪中叶开始西方教育发生了大变革。为了适应工业革命的需要，提出了以培养实用人才为目的，以专业科技教育为内容的教育模式。创办了许多专门的工学院和理工学院，开设的课程一般也以农业、工程、机械学科等专业科技为主，实现了从人文教育向科学技术教育的转变。英、美教育的这种变化，对世界教育产生了广泛影响，此后，各国的高等教育几乎都形成了以专业科技教育为主的教育体系，专业科技教育培养了大批实用的专门人才，适应了工业发展的需要，但却造成了削弱人文教育的倾向，带来了许多严重后果。

20世纪中叶以来，人们对近代的专业技术教育进行反思，认为它固然对社会经济发展和科学技术发展起了积极推动作用，但忽视了人的综合素质的提高，影响了人的全面发展。于是人文教育的复兴成为国际教育界关注的热点。许多教育家提出实行教育改革，把忽视的"另一半教育"恢复起来，实现"科学教育人文化"。美国的一些著名大学如哈佛大学、麻省理工学院、哥伦比亚大学等都进行教学改革，开设必修的核心课程，如哲学、文学、艺术等，占教学计划学时的20%，以强化学生的人文修养，提高学生的综合素质，培养符合现代化要求的全面发展的人才。当代的人文素质教育已不是简单地向古代复归，而是在新的基点上，在更高的文化层次上，在和科学技术教育的结合上，铸造新的现代人文精神，以克服近代教育重科技轻人文的倾向。

由此可见，人类教育从教育模式上经历了古代人文教育——近代科技教育——现代人文与科技综合教育的发展历程；从培养目标上经历了古代"成人"教育——近代"育才"教育——当代"素质"教育的发展历程。这是一个否定之否定过程，呈现着教育的发展趋势。

2. 人文素质教育是解决全球问题的重要途径。自工业革命以来，人类为了追求物质财富和物质享受，不断地干预自然、改造自然、征服自然，无限制地向自然索取，从而加剧了人与自然的冲突，遭到自然的报复。生态平衡破坏，环境污染严重，能源危机加剧，给人类的生存带来威胁。同时，贫富差距拉大，人口增长迅速，人与人的冲突也日益加剧。这些问题的产生，与人们的急功近利意识、迷信科技力量、醉心个人追求有密切关系。从教育上来说，也是只注意科技教育，忽视文化、道德教育所造成的恶果。尼克松 1969 年在就职演说中说："今天我们的危机是物质丰富，精神贫乏。"精神贫乏是忽视人文素质教育的必然产物。

我国当前正在进行现代化建设，发展生产力，发展经济，是我们的首要任务、中心工作。为了发展生产力，就必须建立市场经济，市场经济是利益驱动的经济，它必然引起利益的升值和功利观念的强化，在利益竞争中积蓄利益冲突。当前，社会上存在的道德滑坡、信仰危机、价值迷失、犯罪增多，以及拜金主义、享乐主义、个人主义的滋长，显然与市场经济的负效应有关，与重物质轻精神、重利益轻道义、重功利轻道德、重经济轻文化的价值误导有关。为了抑制市场经济的负效应，发挥市场经济的积极功能，并矫正价值导向上的偏失，就必须两个文明一起抓，在建设物质文明的同时，努力搞好精神文明建设。而精神文明建设的宗旨就是提高人的素质，特别是思想道德素质。而人文素质教育正是从根本上提高人的素质的重要途径。

因此，无论是发达国家，还是发展中的国家，实施人文素质教育，提高人的素质，都是解决社会问题，摆脱精神危机的根本途径。

3. 人文素质教育是促进人自由而全面发展的动力。人的解放，人的自由而全面的发展是一个漫长的历史过程，随着历史的发展、社会的进步，人自身也在发展。在古代，人是"神"的奴隶，民是"君"的奴隶，近代以来，随着生产力的发展，人掌握了机器、财富和金钱，用这种工具理性和经济力量，既控制了自然，又把人从神灵、从君主的统治下解放了出来，增强了人的主体地位，促进了人的发展。但是，随着科学技术的飞速发展和社会财富的迅猛积累，人又沦为"物"的奴隶，即物质技术工具和物质财富力量的奴隶。这种"人被物役""人役于物"的境况，又导致了人的片面性发展，使人成为"功利人""工具人"，成为只懂得用先进科学技术工具不断为自己创造财富、索取利益、满足物欲的"单面人"。曾经把人从神的奴役下解放出来的技术工具和物质财富，而今又成为奴役人、压迫人的外在力量，使人在物的统治下又发生了"异化"。于是，人变得自私、贪婪、冷酷、偏执、烦躁、焦虑、妄动；物欲膨胀而理性失落，技术高超而灵魂瘫痪，功利意识增强而道德观念淡化，自我价值升值而仁爱精神萎缩。这显然不利于人的自由而全面的发展。可是，社会的发展对人的素质要求是全面的，中国现代化对人的素质要求是深厚的。它既要求人有专业、技能，会"正确地做事"，又要求人有做人、为人的根本，"做正确的事"；既要求人具有广博的知识，又要求人具备高尚的道德和崇高的人格；既要求人有丰富的物质生活，也要求人有美好的精神境界；既要求人勇于"立己"，也要求人善于"待人"。而这些全面的综合的素质，只有通过全面的素质教育才能养成和获得，在当代，尤其要强调人文素质教育，使学生在德、识、才、学、体、美、劳等方面都得到发展。1988年美国哈佛大学对毕业生作过一次综合调查，毕业一年的学生后悔自己专业的知识未学好，毕业十年的学生后悔自己商业、管理未学好，毕业二十年的学生后悔自己文史哲学科未学好。这说明，愈是从长远的发展来考虑，愈显得人文素质重要；人生的经验体会愈多，对人文学科重要性的认识愈深。可见，人文素质教育对人的自由而全面的发展具有极其巨大的推动作用。

总之，无论对于教育的发展、社会的发展和人的发展来说，人文素质教育都具有重大的意义。在经济、政治、文化日趋一体化的时代，在自然科学、社会科学和人文学科的交叉渗透和综合化趋势越来越明显的今天，在国际竞争中民族文化传统、民族精神和精神文明水准方面的较量日渐突出的世纪，我国大学生"有知识，无文化""高学历，低素质"的缺陷远远不能适应21世纪的要求。从20世纪70年代联合国教科文组织对教育提出"学会生存"的主题，到 1989 年该组织在北京召开"面向 21 世纪教育国际研讨会"提出"学会关心"的主题，反映出人类教育观念从适应自然与社会到关心自然与社会转变，反映了人文素质教育被提高到十分重要的地位。因此，我们必须从时代的高度认识人文素质教育的意义。

三 人文素质教育的基本思路

加强人文素质教育，是我国教育特别是高等教育所面临的一场深刻变革，通过什么途径、采取哪些做法，是值得认真思考和深入探讨的课题。笔者认为，我国高校强化人文素质教育的基本思路是：

1. 开设人文学科类课程。为了使大学的人文素质教育达到一个基本规格，就必须将其纳入教学计划，开设一些必修的和选修的课程。例如哲学概论、哲学史、文化概论、中国传统文化、文史哲名著导读、文学名著欣赏、艺术欣赏（包括美术、音乐、电影、建筑艺术等）、科学技术史、中外文化史等等。这些课程课时不一定很多，但学科面要宽；在教学总时数中比例不一定很高，但课程内容应丰厚。通过课程学习，引导学生用人类所创造的优秀文化成果来充实自己，用这些文化成果中所蕴含的人文精神来陶冶自己，用真善美的精神境界来升华自己。开设人文课程，不但对理工院校、理工专业是必要的，对社会科学各专业（如经济学、政治学、社会学、法学、管理学等）也是必要的。因为社会科学的研究对象虽与自然科学不同，但在探索客观规律上、在阐述客观知识上则是一致的。它所体现的仍然是"工具理性"，所包含的仍然是"认知成果"，因此与以承载"价值理性"、传授价值观念、确立"应然准则"，阐释人类理想、信仰、情操、人格的人文学科有所不同。一些人将人文学科与社会科学完全等同，甚至以社会科学教育取代人文素质教育的观念是不对的。

2. 营造人文环境。人可以改造环境，但又受环境的制约和影响。人文素质教育更依赖于校园环境熏陶。因此，营造大学的人文环境是一项重要任务。大学既要有传授知识、开展科研、探讨学术的浓厚气氛，也应形成健康高尚的人文氛围。应有领导有组织地举办各种人文讲座、聚谈活动、文艺活动、读书活动、艺术节活动、讲演和诗歌朗诵活动。还应美化校园，强化环境保护意识，使学生在清洁、幽美、高雅、朴素的校园环境中受到审美情操的陶冶。更要在大学中形成热爱集体、关心他人、尊师重教、互相交流、相互帮助的人际关系和求实、创新、严谨、活泼的校风。校园人文环境的营造，绝不是一种外在形式的装饰，而是有丰富文化内涵的精神文明建设，它的意义不仅是给人们提供优美的学习、生活场所，而是进行人文教育的重要途径和方式。

3. 在专业教育中溶注人文精神。自然科学、社会科学，包括其下属的应用学科和技术学科，其研究对象是客观事物的本质和规律以及人们进行实际操作的方法，其内容是人们所获得的关于客观事物的各种知识。但这些知识及其应用这些知识的技能，并不是独立于人之外的认知领域，因此它也必然关联着人文精神。首先，建立、研究和发展这些科学的优秀科学家、大师、学者，自身都体现着高尚的人文精神、具备着优秀的人文素质；其次，应用这些科学知识，使其为人类服务，为历史前进和社会发展服务，必须要求掌握和应用这些科学知识的人，有关心人类命运和关心社会发展前景的崇高品格，有为人民服务、为人类作贡献的高尚道德，有追求美好理想、实现崇高价值的精神境界；再次，任何一门科学知识，任何一种专业知识，都是人类文化长河中的一朵浪花，是人类创造的整个文化成果中的组成部分。它是在人类文化积淀的基础上，在人类文化的支撑下，在人类文化的滋润、浇灌、培育下存在和发展的。既然如此，大学就应该在专业教育和专业知识传授的过程中，自觉地体现人文精神，着力地溶注人文精神，发掘和揭示出每门学科每个专业所蕴含的文化内涵，使得学生在学习专业的过程中受到人文精神教育。如果脱离开专业教育，人文素质教育就会流于空泛，使学生成为"万金油"，而如果不在专业教育中灌注人文精神，专业教育就没有后劲、没有支撑和滋润，使受教育者成为"工匠""技能人"。

4. 建构人文素质的基元。人文精神、人文素质、人文价值的基础和核心是做人之道,而做人之道的基元是关心人、尊重人、爱人、助人。这个基元,用孔子的话说就是"仁爱"("仁者,爱人"),用墨子的话说就是"兼爱"("兼相爱,交相利"),用老子的话说,就是"慈"("一曰滋,二曰俭"),用佛教的话说就是"大慈大悲",用基督教的话说就是"博爱",用马克思的话说就是"做人民的公仆",用毛泽东的话说就是"为人民服务"。可见,关心人、尊重人、爱人、助人,乃是人类共同的美德,共同的"良知"。一切时代,一切民族都以此为做人的根本、道德的根基。我们的人文素质尽管有许多方面的内涵,现代的人文素质教育虽然有时代性的内容,但这个基元仍然是起点,是种子。只有在学生的内心将这个基元建立起来,坚定起来,那么人文素质的丰富内涵和各种要素就会纲举目张、根深叶茂。所以,人文素质教育必须抓住这个根本、这个宗旨开展工作;人文素质养成必须着力这一基础,围绕这个核心,进行修养。

总之,人文素质教育是建立新的大学理念,实现教育思想、教育观念更新的灵魂,也是我国高等教育改革面临的时代性课题,对待这一时代性课题,必须从理论和实践的结合上努力进行探索。这一课题的解决,必定会使我国大学教育以新的形象、新的精神迈向新的世纪!

(原载于《政法教育研究》1998年第1期)

提高人的素质是大学教育的终极关怀

素质教育是 20 世纪末中国教育的最强音，是走向 21 世纪的中国教育的重大抉择。这一深刻的教育思想转变和伟大的教育事业变革，事关全局，意义深远。它标志着中国教育进一步向优化的理想的方向发展，即向更加符合教育本质和更加适应当代教育发展趋势的目标前进。从 90 年代初开展素质教育大讨论到 1999 年 6 月 13 日中共中央、国务院颁布关于深化教育改革全面推进素质教育的决定，经过近 10 年的理论探讨和实践探索，人们对素质教育的实质和意义，基本上取得了共识。然而，由于素质教育是关系教育事业全局和社会各方面的系统工程，由于社会实践的发展和教育工作本身的发展会对素质教育提出许多新的问题，因此，对素质教育仍需要不断地从理论上深入探讨，从思想上提高认识。本文拟从教育的深层本质、最高宗旨和终极关怀的角度，对大学素质教育当前应处理好的几个关系问题，略陈浅见。

一 以提高素质为宗旨，处理好传授知识、培养能力和提高素质的关系

21 世纪的中国需要有大量的优秀人才，以适应政治、经济、文化发展的需要。这种人才应该具有基础实、知识广、能力强、素质高的基本特征。因此，知识、能力、素质三位一体，应该成为高等院校为学生建构的人才内在结构。为了建成这一结构，高校就必须把传授知识、培养能力和提高素质统一起来，形成融三者为一体的人才培养模式。那么，如何实现这三者的辩证统一呢？这就必须深刻认识和合理把握知识、能

力和素质的内在关系。根据辩证唯物主义哲学的原理，知识是指人们认识世界所获得的成果，它集中凝结在各门科学之中，并以理论形态存在着；能力是指人们认识世界和改造世界、分析问题和解决问题的方法和手段，它集中表现为实践能力和创造能力，并以主观见之于客观的物质性形式展示着；素质则是人的比较稳定的身心发展的基本品质。从形成上说，它是在先天生理的基础上，受后天教育和环境的影响，通过个体自身的认识和社会实践而养成的，也就是说，它是知识、经验内化、凝结和升华的结果；从内容结构上说，它包括思想道德素质、文化素质、专业素质和身体心理素质四个方面。由此看来，相对于知识和能力而言，素质更内在、更稳定、更根本，和人本身有着内在的统一性。因此，它是知识、能力构成的智能结构，具有根据、动因和支配的功能。高的素质养成之后，不但可以促进知识和能力的进一步扩展和增强，更重要的是它可以使知识和能力得以更好地发挥。就是说，有了好的素质，一个人就会能动地积极地去追求知识、增强能力，应用知识、发挥能力。比喻言之，知识如弓，能力如箭，而素质就是射箭者自身气质、品格、心态和精神的总和。如果一个射者本身素质不好，箭就不能射出，即使射出也不会中的。借用中国古代哲学的概念来表达，可以说，素质是"体"，而知识、能力是"用"；素质是"道"，而知识、能力是"术"，只有"明体"才能"达用"，只有"得道"才能"用术"。知识、能力和素质的这种关系，决定了教育特别是大学教育必须以养成素质、提高素质为最高宗旨和终极关怀。高等教育当然要传授知识、培养能力，特别是要重视培养学生的创新能力和实践能力，然而，它绝不能以知识传授和能力培养为宗旨和归宿。而且，从终极的意义上说，知识传授和能力培养的目的正在于提高人的素质，即为了使人自由而全面的发展。正由于此，中共中央国务院关于深化教育改革全面推进素质教育的决定中才明确指出，全国教育要"以提高国民素质为根本宗旨"。

以提高人的素质为宗旨，处理好知识、能力和素质的关系，实现传授识、培养能力与提高素质的一体化，这种教育思想集中体现了对教育本质的深刻认识。教育的本质就是培养人、提升人，即育人、树人、成人。具体地说，就是把人培养成一个高尚的人、美好的人，一个顶天立地、光明正大的人，一个勇于承担历史重任，为人民幸福、民族振兴、国家发展和人类进步勤于作为、乐于奉献、敢于牺牲的人。对此，古今中外的思想家、教育家们都有所体认，在孟子看来，教育的目的就是使"人皆成为尧舜"；在陆九渊看来，教育的宗旨就是使学生"堂堂正正做个人"；在王阳明看来，教育的意义在于使满街都是圣人。蔡元培说，"教育者，养成人格之事业也"，大学"不可视为贩卖知识之所"，而"尤当养成学问家之人格"。爱因斯坦说："什么是教育？当你把学校交给你的所有知识都忘了之后，剩下的就是教育。"他们都不把传授知识作为教育的终极关怀，由此我们应该受到启示。

常常听到一些大学毕业生抱怨说，学校学得的知识到工作实践中不够用、不适用。似乎上大学没有多大意义。这一方面反映了我们的大学存在着教学内容陈旧、死板、脱离实际等弊端，亟待改革；但另一方面也表现了不少大学生没有正确认识大学教育的本质和宗旨在于养成素质而并非局限于传授知识。人生也有涯而知也无涯，学校教育的时间有限而知识无限，大学教给学生的知识总是有限的，而且是可以忘记的，但在大学养成的素质是永存的，其价值是高于知识的。在知识爆炸、信息膨胀的时代，更是如此。如果仅仅以传授的知识的多少作为评价教育好坏的尺度，认为传授的知识越多越是好教育，那绝不是在抬高教育而是在贬低教育，不是在赞扬教育而是在误解教育。大学教育当然要传授知识，更要培养能力，问题在于这只是教育的内容，而且仅是一部分内容，它并非教育的全部内容，更不是教育的最高宗旨，因而也不是教育的终极关怀，教育的终极关怀是超越于知识和能力之上的，对此，每一个教育者和被教育者，都应当深思之。

二 以思想道德为灵魂，处理好德育与智育的关系

人的素质包括思想道德素质、文化素质、专业素质、身体心理素质

诸多方面，因而，实施素质教育就必须在教育活动和教育工作中，把德育、智育、体育、美育等环节有机地统一起来。但由于在诸方面的素质中，思想道德素质是根本，是核心，所以在教育工作中要以思想道德教育为灵魂，处理好德育与智育、体育、美育的关系，尤其是要处理好德育与智育的关系。江泽民说，要说素质，思想政治素质是最重要的素质，不断增强学生和群众的爱国主义、集体主义、社会主义思想，是素质教育的灵魂。他还说，如果轻视政治思想教育、历史知识教育和人格培养，那就会产生很大的片面性，而这种片面性往往会影响人的一生轨迹。

思想道德教育之所以是灵魂，根本原因在于，人的思想道德对人的知识、才能的获取和应用起着价值导向的作用。它决定着学生的学习目的和学习态度，也决定着学生毕业后应用知识的目的和方向，更影响着学生在以后的人生道路上如何待人、处世、接物、做事的基本原则和方式。思想道德问题归根结底是为什么人服务的问题，是如何做人的问题。一个人懂得怎样做人，有了为人民服务的人生抱负，在求学上就会有明确的目标、持久的动力和端正的态度、优良的学风。反之，缺乏人生理想、胸无大志，在求学上就会不思进取，甚至消极懒惰。可见，在做人和求学的关系上，做人起着主导作用。对此，古今中外的学者们都有深刻的论述，史学家司马光曾说："才者，德之资也，德者，才之帅也。……德胜才，谓之君子；才胜德，谓之小人。……君子挟才以为善，小人挟才以为恶。"画家刘海粟说："艺术家人品不高，作品境界也高不了"。法国作家罗曼·罗兰说："没有伟大的品格，就没有伟大的人，甚至也没有伟大的艺术家，伟大的行动者。"中国语言学家王力说过：做人第一，做学问第二。科学家爱因斯坦在谈到居里夫人的伟大贡献时说："第一流人物对于时代和历史进程的意义，在其道德品质方面，也许比单纯的才智成就方面还要大。即使是后者，它们取决于品格的程度，也远远超过通常所认为的那样。"意大利诗人但丁，通过道德和智慧相互作用的差异，也深刻说明了道德的优先地位。他说："道德常常能填补智慧的缺陷，而智慧却永远填补不了道德的缺陷。"这些论述启示我们，道德与学问、才能相比，总是处于优先的地位。因此，学校教育应以德育为灵魂，处理好德育与智育的关系。在社会上一些人道德意识淡化、道德价值失落、道德原则失范的今天，这一点显得尤为重要。

当然，我们强调以德育为灵魂，并不是要忽视智育，更不是要否定智育，也不能以德育代替智育。在德、智的关系上，二者的作用是相互的、双向的。一方面，道德是主导、是灵魂，决定着知识、才能的方向；另一方面，知识也对道德养成起着重要的积极作用。一个知识丰富的人必然视野宽广，心胸开阔，容易深入理解为人之道，因此，有助于崇高道德和美好人格的养成。所以，正确的态度应该是在以德育为灵魂、为主导的原则下，实现德与才、德与智的辩证统一，把学生培养成德才兼备的人。正如关于深化教育改革全面推进素质教育的决定中所说的："要抓好智育，更要重视德育，还要加强体育、美育、劳动技术教育和社会实践，使诸方面教育相互渗透、协调发展，促进学生的全面发展和健康成长。"

三 以提高教育者的素质为主导，处理好教育者与被教育者、教师与学生、教与学的关系

高等教育实施素质教育，要靠广大的教师和管理干部，他们的素质高低，直接影响着素质教育的效果和质量。在高校的教育活动中，教师和学生都发挥着重要作用，但教师的作用是主导性的。

如果说，在整个高校的教学活动中，都需要发挥教师的主导性作用，都必须依赖于教师整体素质的提高的话，那么对于素质教育来说，这一点就显得尤为突出，尤其重要。这是因为，素质培养具有与单纯知识传授不同的特征。其一，素质培养的根本意义在于使学生成为一个崇高的人，使学生成为一个德智体美全面发展的现代人。这就要求学校和教师树立正确的教育观、质量观和人才观。深刻认识教育的本质和教育的宗旨，认识现代社会对人才的全面要求。而要达到这一要求，教师只掌握某一学科、某一课程的知识就很不够了。必须从教育者、教育家的高度

来提升自己，而不是简单地成为一个教书的教师。其二，素质教育向一个大学生提出的素质结构要求中，文化素质是基础。只有具备了良好的文化素质，才会在此基础上形成良好的思想道德素质和业务素质。这就要求教师具有高品位的文化涵养和文化底蕴。只有教师的文化涵养高，才会引导和帮助学生开阔视野、活跃思维、升华人格、陶冶精神。其三，素质教育和培养的过程，固然有知识传授，但更重要的是靠教师人格魅力的感染和熏陶，靠教师的人格榜样的示范和影响。这就对教师的人格、品德提出了很高的要求。如果一个教师知识很丰富，但人格低下、品德低劣，绝不会对学生的素质养成起到积极作用，这样的人，不是一个合格的教师，古人云"记问之学，不足以为人师"；而如果一个教师人格崇高、品德优秀、精神境界美好，既做学师又做人师，那就会对学生的素质提高起到言传身教、潜移默化的巨大作用；而且，会使学生留下美好的印象，影响他一生的为人处世。其四，大学的素质教育必须融注于、贯穿于专业教学中去，并且以专业教学为主要渠道。这就要求教师对自己的专业要充满热爱之情，要达到深切之思。不但熟悉本专业的知识而且要体认该专业、该学科所蕴含的人文价值和人文精神。并且在专业课程教学中，将科学知识、科学理论所体现的人文精神展现出来，从而使学生在学习专业知识的过程中，受到文化素质的熏陶。此外，素质教育需要大学具有良好的文化环境和学术气氛，具有高尚的学校格调和优良的校风、学风。而这些无形的精神资产和精神财富，也主要靠广大的教师和管理人员去体现、去承载、去创造。这些特征说明，素质教育与教师人格的关系比知识传授更内在、更直接、更有高度的统一性。因此，它对高校教师和管理人员提出了很高的素质要求。没有高素质的教育者，要教育出高素质的学生，无异于缘木求鱼，沙上筑塔。所以，在素质教育中，既要发挥学生的主体作用，更要发挥教师和管理人员的主导作用。要以教育者为主导，处理好教师与学生、教与学的关系。此之谓要铸学魂，先铸师魂！

四 以教学内容和方法的改革为核心，处理好教学改革和管理体制改革的关系

实施素质教育要以深化教育改革为条件。高等教育的改革，基本上包括教学改革和管理体制改革两大方面。教学改革主要包括课程体系改革，教学内容和教学方法改革。管理体制改革包括整个国家的高等教育管理体制改革和高校布局结构的调整以及学校内部的管理体制改革。这两大方面的改革必须兼顾，必须结合，才能为素质教育创造良好条件。

然而，在这两方面的各项改革中，教学改革处于核心地位。这不仅是因为，作为以培养人才为根本任务的高等学校，在任何时候教学工作都是经常性的中心工作。而且，更为重要的是，第一，高校各项改革对于人才培养所发生的效应，归根到底都要通过教学环节和教学活动表现出来，发挥出来；如果没有教学改革，特别是教学内容、教学方法和课程体系的改革，管理体制改革就没有归宿，就从根本上失去了改革的意义。第二，教学内容、方法和课程体系的改革，最集中地体现着教育思想、教育观念和人才培养模式。从一个学校设置什么样的课程，教授什么样的内容，采用何种教学方法，最能反映出它遵从什么样的教育思想和教育观念，也最能明显地看出它建构的是什么样的人才培养模式。第三，实施素质教育来说，我国高校现有的课程体系、教学内容和方法，还远远不能适应提高学生综合素质、整体素质的要求，还跟不上人才知识、能力、素质结构调整的整体走向。专业意识过强、专业设置过多、专业口径过窄、课程体系陈旧重复、教学内容单调、枯燥、教学方法死板落后偏重灌输等等弊端，严重影响着学生能力的培养和素质的提高。因此，在高校的各项改革中，必须坚持教学改革的核心地位。

近年来，我们在高校的管理体制改革和布局结构调整方面，进行了大量的工作，取得了重大的进展，有力地推动了管理工作向着更加科学化更加规范化的方向发展，有力地推进了教育资源的优化组合和充分利用。这对教育事业的发展和实施素质教育都是有意义的。但是，必须看到这方面的改革，相对于教学改革而言，仍然是外在的，如果不同时大力推进内在性的教学改革，不着力在课程体系、教学内容、教学方法的改革上下功夫，那么这些体制方面的改革与提高教学质量、提高学生素质就不会有必然性的联系。

五 以质量为生命，处理好扩大招生数量与提高教育质量的关系

扩大招生规模，是近年来我国高教改革和发展的大动作，也是50年来高校发展历程中的大手笔。这种超乎寻常的数量增长，不但对拉动消费需求、推动经济增长起了积极作用，而且也为减缓中学毕业生的升学竞争压力，克服基础教育中不利于素质教育的"应试教育"弊端，提供了机遇和环境。从长远看，也大大缩短了我国高等教育从精英教育向大众教育跨越的进程。它同时又为大学的素质教育提出了新的问题和新的挑战，这就是如何保证人才培养的基准，如何在扩大数量时提高教育质量。数量与质量、多与好、快与优，经常发生矛盾。当人们处理二者的关系时，也往往顾此失彼，重视质量时容易忽视数量，扩大数量时又容易不顾质量。这在历史上是有不少经验教训的。因此，如何保持清醒的头脑，处理好质量与数量的关系，就成为当前高校实施素质教育中的一个重要问题。

对于培养人才来说，在质量和数量的关系和比值中，质量是根本，是生命，只有保证质量、提高质量，扩大数量才有意义，才会有益于社会，有益于国家，也有益于学校品位、学校信誉、学校名望的提高。世界上的名牌大学，之所以有名，根本原因在于它们培养出了高质量、高素质的人才。美国哈佛大学之所以驰名世界，其原因并非在于培养的学生数量多，而在于它培养出的诺贝尔奖获得者多、国家总统多。如果一个大学培养的学生数量很大，但大都是些平庸之才，不但会影响这个大学的生命，也不适应于国家对高质量高素质人才的需要。所以，在扩大数量的同时，必须抓好教学质量，努力提高教学质量，如果重视了质量，即使培养不出诸葛亮，但可以使三个臭皮匠顶一个诸葛亮；而如果不顾质量，培养出的十个、八个臭皮匠还顶不上一个诸葛亮。这不但浪费了大学的资源，而且还会增加社会的负担。因此，必须树立质量意识，以质量为生命，把握好扩大数量与提高质量的统一。

总之，素质教育是大学教育的长期目标、系统工程，是面向21世纪中国高等教育的新课题，其中有许多重大问题有待于进一步思考和探讨，有待于从理论和实际的结合上不断进行探索。但是，只要我们从21世纪国家前途和民族命运的高度，从社会主义事业兴旺发达和中华民族伟大复兴的大局，以崇高的使命感和忧患意识，深刻认识素质教育的深远意义，认真研究和解决素质教育中的各种问题。我们相信，以提高人的素质为终极关怀的大学教育，一定会为21世纪中国民族素质的大幅度提高作出伟大贡献。

（原载于《政法教育研究》2000年第2期）

以求实、科学、积极的精神进行高校的精神文明建设

中共中央《关于社会主义精神文明建设指导方针的决议》（以下简称《决议》）自始至终贯穿着求实、科学、积极的精神。它以立足现实、遵循科学和积极前进的精神，确定了精神文明建设的战略地位，明确了精神文明建设的基本指导方针，提出了精神文明建设的根本任务，安排了精神文明建设的各项内容。高校的精神文明建设也应以这三种精神为指导。

高校是教育单位，是为"四化"培养高层次人才的基地。教育人、培养人是它的主要职能和基本任务。这就决定了它的精神文明建设有着自身的特点。一方面，它和企业及其他行业、部门一样，要搞好本单位、本部门的精神文明建设，提高全体工作人员（教师、干部、职工）的素质；另一方面，它还要通过教育工作、教学活动，对青年学生进行精神文明的教育，提高学生的素质。这就使高校的精神文明建设面临着提高教职工的素质和通过教育提高学生素质双重任务。而且，提高教职工素质的目的仍在于培养出好的人才。一句话，高校的精神文明建设本质上是对学生进行精神文明教育。着眼于教育，落脚于教育，是高校精神文明建设的根本特点。如果忽视了这个特点，就会提出不切实际的目标，就会违背高校工作的规律。

一 以求实精神，提出高校精神文明建设的具体目标

求实，即一切从实际出发，是"决议"的基本精神之一。表现在它的形成根据于全面改革发展的实际要求；它的内容总结了几年来以至新中国

成立以来精神文明建设的实践经验；它所倡导和反对的思想、行为，都针对着现实中存在的问题；特别是它提出的要求，适应了我国现阶段人们精神发展的实际水平。"决议"指出："我国还处在社会主义的初级阶段，不但必须实行按劳分配，发展社会主义的商品经济和竞争，而且在相当历史时期内，还要在公有制的前提下，发展多种经济成分，在共同富裕的目标下鼓励一部分人先富裕起来"。在这种历史条件下，人们的精神境界发展的实际水平，乃是精神文明建设所依据的实际。"决议"对理想、道德等方面分层次提出要求，就是从实际出发，以客观实际为立足点和出发点的。这种求实精神，也是高校精神文明建设应该遵循的原则。

高校的精神文明建设近几年来有很大进展，取得了显著成绩。当前存在的最普遍最突出的实际问题就是学校风气不够好，没有完全树立起优良、文明的校风。少数学生学习不努力，学风不扎实，行为不文明；一些学生养成了华而不实、浮而不入、脆而不坚的不良学风，志大才疏、眼高手低、头重脚轻。这种现象形成了一种消极的精神环境和条件，给学校的教学和工作带来了危害，很不利于人才的培养。解决这些问题，就要花大力气，认真进行优良校风的教育，切实地搞好校风建设。

校风是学校成员共同具有的富有特色的稳定的心理和行为倾向，它凝结着一个学校的道德风尚、价值取向、治学态度、办学风格和管理水平，它综合反映着一个学校的精神面貌和精神状态，表现为学生的学风、教师的教风和工作人员的作风。优良校风形成之后，就构成学校师生员工共同所处的良好精神环境，会对全校成员产生一种积极向上的激励力量和用共同的价值观念、集体荣誉把人们团结在一起的凝聚力量。还能对全校成员形成一种无形的强制力，使人们与校风相适应并自觉抵御不良风气的污染。由于它对学生有潜移默化、熏陶感染的巨大教育作用。因而被教育家称为"无形"的学校。良好校风必须经过有计划、有组织、有内容的教育，经过长期自觉地培养才能形成，这是一项艰巨的精神文明工程，是一项基本的精神建设项目。

在进行优良校风建设时，要提出一个明确、精炼、具体的目标，以便经常对全体师生开展教育。这种概括性的目标，要继承发扬本校的优良传统，反映本校的学科特点，体现时代精神。历史上许多著名大学都曾经用概括性的词语来表达自己的校风，在形成学校独特、优良的精神风貌和治学风格中，产生了巨大的作用和深远的影响。

良好校风的建设是高校精神文明建设的基础，也是发展和提高学校教学、科研水平，推动各项工作的重要条件。我们应该把它作为高校精神文明建设的第一个台阶和具体的目标，切实地认真地抓起来，为进一步提高精神文明的水平，奠定基础。

二　以科学精神，明确对学生进行精神文明教育的原则

科学精神，即全面的观点和辩证的方法，是"决议"的又一基本精神。这表现在：（1）它从现代化建设总体布局的高度说明了精神文明建设的战略地位；（2）它从推动建设、促进改革和坚持四项原则的统一上确定了精神文明建设的指导方针；（3）它从提高思想道德素质和提高科学文化素质的结合上提出了精神文明建设的根本任务；（4）它从多层次、多方面的辩证统一关系上提出了精神文明建设的各项内容和要求。这样，就把总体性和局部性、全面性和重点性、统一性和差异性、一般性和特殊性辩证地结合了起来，避免和防止了任何一种片面性、极端化、简单化的偏向。这种科学精神为我们进行精神文明教育，推动精神文明建设，提供了重要的方法论原则。

学校的精神文明建设对于学生来说，主要体现在教育上。向他们提出的要求，要遵循"决议"所体现的科学精神，防止和克服各种片面性和极端化。

1. 要把思想道德和科学文化两种素质的要求统一起来，对学生进行成才教育。使学生懂得，重德轻智和重智轻德都是片面的人才观，都不利人才的全面发展。当前要特别指出重智育、轻德育的倾向。这种片面的成才观念，不但不会使自己成为适应社会需要的人才，而且严重违背成才规律。在提高思想品德素质的教育中，还要注意思想品德既包括道德素质也

包括政治素质，没有正确的政治方向，不能算是具有好的思想品德素质。要克服学生中忽视政治素质的倾向。

2. 要把最高理想、共同理想和个人理想统一起来，对学生进行理想教育。引导学生首先要把个人理想和人生追求纳入共同理想的轨道，克服只考虑个人理想，只追求个人实惠，只计较个人得失的错误倾向。使学生在追求目标上把个人发展的需要和实现社会主义现代化一致起来，并努力提高自己的理想境界，成为有共产主义理想的先进分子。

3. 把先进性要求、广泛性要求和职业性要求结合起来，对学生进行道德教育。针对当前学生道德面貌的状况，对大学生的道德教育应该以社会公德教育为基础，职业道德教育（学生现在所学专业和以后从事的职业是基本一致的）为重点，以社会主义道德作为普遍要求，以树立共产主义道德作为教育目标，使学生在养成社会公德、懂得职业道德的基础上，达到社会主义道德的普遍要求，并努力把自己提高到共产主义道德境界。

4. 把民主观念和法制、纪律观念结合起来，对学生进行公民意识教育。使学生懂得公民意识包括权利和义务两个方面。一个社会主义公民既享有民主、自由的权利，也负有遵纪守法、维护安定团结的义务。离开民主权利，只讲守法遵纪义务固然是不对的，而离开守法遵纪义务，只片面要求民主权利，也是错误的。应该将二者统一起来，把自己培养成一个好的公民。

5. 把知识和能力统一起来，对学生进行专业知识和科学文化教育。使学生懂得离开才能讲知识和离开知识讲才能都是错误的。知识是才能的基础，才能是知识的升华，知识要靠能力的提高来获取，才能要靠知识的充实来发展。离开坚实广博的知识基础，企图有卓越的才能，无异于沙上筑塔、镜里折花。还应向学生指出简单地把人才归结为"知识型"或"智力型"是片面的，真正的人才必然是知识和能力的统一。克服重学（知识）轻才（能力）和重才（能力）轻学（知识）两种片面性。

6. 把坚持马克思主义和发展马克思主义统一起来，对学生进行马克思主义理论教育。理论教学要通过说明新情况、分析新变化、解决新问题、总结新经验和吸取新成果来发展马克思主义，来证明马克思主义的伟大生命力。当前要特别注意引导青年学生防止和克服认为马克思主义"过时了"从而盲目崇拜资产阶级某些哲学和社会学说的错误倾向。

只有坚持科学精神，运用辩证方法，提出全面要求，才能使大学生按照人才成长的规律，适应时代和人民的需要，全面健康地成长；才能提高青年学生的各种素质，培养出合格人才，实现对学生进行精神文明教育的任务。如果用片面性、简单化或摇摆性的观点，从一个极端跳到另一个极端，对学生进行教育，提出要求，那么，不但不能实现精神文明建设的任务，提高青年学生的素质，而且必然导致学生的片面发展，造成畸型"人才"。从而贻误一代人，危害千秋业。

三 以积极精神，建立高校思想政治工作的新模式

积极前进、着眼建设，是《决议》的又一突出精神，这表现在：①《决议》在坚持四项基本原则的同时，把推动经济建设、促进改革开放作为基本指导方针。②《决议》把培养四有公民、提高民族素质作为精神文明建设的根本任务。③《决议》把教育疏导、一切着眼于建设作为处理社会各种矛盾的方法和原则。④《决议》把发扬一切积极思想和精神作为实现共同理想的条件。⑤《决议》把引导不同觉悟程度的人一起向上，作为道德建设的目标。⑥《决议》把中国文明的复兴作为批判继承历史传统的着眼点。⑦《决议》把发展马克思主义，使马克思主义随着生活前进并指导生活前进作为马克思主义理论工作的任务。这些充分说明了《决议》着眼点是"推动""促进""发扬""向上""建设""前进""发展"，而不是批判、破除、堵塞、斗争、制止，更不是收缩、倒退，这就是说，它体现着一种积极前进的精神。简单地把它说成是"反左"或"反右"都是一种消极的理解。

这种着眼于积极前进的精神，对于高校的精神文明建设，特别是思想政治工作，有着极大的指导意义。高校的思想政治工作，近年来有很大的加强和改进，也取得了显著成效。但是面对着由于新旧体制交替、新旧观

念交织和新老两代交接时期而产生的复杂的精神环境和思想状况（这种精神环境和思想状况是历史大变革必然引起的精神震荡、观念冲突），思想政治工作还显得不适应。其中存在的主要问题是观念陈旧落后、内容单调空洞、方法死板简单。

观念陈旧落后主要表现在两方面，一是对青年学生思想状况的评价和衡量标准缺乏历史观点和辩证观点，脱离了当前的历史条件和时代特点。一些同志往往笼统地用50年代及60年代的青年学生形象为标准，要求当代青年。固然，青年学生中的确存在脱离实践、轻视工农、缺乏理想、纪律松弛等不良现象。少数人甚至盲目崇外，缺乏民族自尊心和自豪感，缺乏振兴中华、实现"四化"的责任感和事业心。对这些问题应给予足够的重视。但是，也要看到当代大学生中绝大多数还是热爱祖国、拥护改革、积极向上、勤奋好学的。他们有实现"四化"、振兴中华的强烈愿望，有重知识，重才能，敢开拓，喜创新，思想活跃，兴趣广泛等优点。这些都是符合历史发展趋势的新意识、新风格。如果忽视了这些主流，总是用50年代及60年代的青年作标准来要求他们，就会形成错误的估计，工作中也就会出现偏差。当代青年中有的人把"80年代如何如何"作为旗帜为自己的不良思想行为辩护，中老年同志中有的则用"50年代、60年代如何如何"作标准苛求当代青年，这都是一种不加分析的形而上学观点。各个时代的青年中都既有精英，也有败类，既有长处，也有短处，不能一概而论。如果你自己不是金子，时代绝不会使你闪光，这对任何时代的人都是适用的。鲁迅先生曾说："开口青年，闭口也是青年。但青年何能一概而论？有醒着的，有睡着的，有昏着的，有玩着的，此外还多。但是，自然也有要前进的。"这闪耀着辩证法光辉的深刻话语，多么值得我们教育工作者和我们青年一代深思啊！二是对思想政治工作作用的看法还往往停止在解决思想问题、纠正错误思想、防止不良现象的观念上。即把思想政治工作只看作是纠偏救弊、医伤治病、维持秩序、安定局势的方法，忽视它对提高人的觉悟、调动人的积极性，特别是对提高人的素质，促人团结向上的积极作用。这样一来，就使思想政治工作处于消极被动、软弱无力的地位。

内容单调空洞主要表现在教育内容往往只是政治性、道德性、纪律性的，而忽视社会的、历史的、心理的、审美的、价值观念的、行为方式和生活方式等方面的内容。而且提出的要求往往过窄而不够广阔，往往过高而不切实际。这就显得范围窄、内容单、要求空。

方法死板简单表现在，不少思想政治工作者还只习惯于应用我说你服、我讲你听、我打你通的说教；采取作大报告开大会的方式；运用防范、堵截、限制、批评的办法，提出一刀切、共同性的要求，解决思想领域中的种种问题。忽视民主讨论、自由交谈、生动活泼、情理交融、丰富多彩的方式和区分类别、层次，不能因人因时因地制宜地提出具体化要求，显得方法死板、简单，缺乏丰富性、灵活性、情感性和形象化的风格。

以上种种弊端形成了思想政治工作的消极性、被动性特点，影响了它的合理权威和积极效果。

因此，我们要遵循《决议》的积极精神，对思想政治工作进行改革，使其从纠偏、破除、防范、堵截的消极格局中摆脱出来，建立起着眼于引导人们前进，促使人们向上，推动人们前进，提高人们素质的积极化模式。要使思想政治工作积极化，建立起新的模式，应从以下几个方面着手：

1. 探索、研究在发展社会主义商品经济和竞争的历史条件下以及在实行全面改革、开放的新时期，人们思想变化的特点和规律，从现象中把握本质，从表现中分析原因，从偶然中认识必然。在此基础上，使思想政治工作科学化，为思想政治工作积极化提供认识论上的条件。

2. 重视引导和组织学生开展自我教育和自我管理，并参与学校的管理工作，使思想政治工作对象的主体性地位得到确立，能动性作用得到发挥；把对人们的外在性要求，转化为人的自觉的内在性要求，从而使思想政治工作的过程积极化。

3. 把思想政治工作的任务和作用统一到精神文明建设的根本任务（提

高人的素质）上来，一切着眼于建设，一切着力于对人的素质的提高，使思想政治工作的目标积极化。

4. 为思想政治工作创造一个民主、和谐、宽松、团结的气氛。把人格的尊重、感情的沟通、心理的理解、生活的关心等非理性的因素渗透到思想政治工作中去；把平等交流思想、自由讨论问题、双向（教育者和被教育者）进行教育的民主意识贯彻到思想政治工作中去，从而使思想政治工作的环境和气氛、方法和形式积极化。

5. 把思想政治工作和科学的民主的管理结合起来。进行管理体制的改革，提高管理的水平，建立思想政治方面的规章制度。尽量减少由于管理不善而引起的种种消极思想和消极情绪。使思想政治工作的管理体制、组织、制度积极化。

6. 努力提高学校的学术水平和教学质量，改革教学内容和方法，提高教师的教学艺术，增强教学效果。用高的教学质量吸引学生、激励学生、提高学生的科学文化素质和专业学习水平。学校思想政治工作是为教学服务的，这只是问题的一个方面，另一方面，教学质量的提高也能为思想政治工作提供有利的条件。脱离开教学质量的提高，思想政治工作必然软弱无力。搞好教学业务工作会使思想政治工作的业务基础积极化。

7. 尽力改善学校的办学条件和设施，搞好全校师生的物质生活条件，关心全体成员的正当物质利益，是减少矛盾、消除消极情绪的一个重要方面，也是搞好思想政治工作的重要条件。特别是在发展商品经济的环境中，重利轻义的观念固然有害，但崇义非利的空谈也脱离实际。必须将义、利观念统一起来，使思想政治工作有一个科学的价值观念作支柱。

总之，要通过各方面的工作，通过建构思想政治工作的系统工程（而且是一个开放性的系统），使思想政治工作的观念、目标、过程、气氛、内容、方法、制度、条件、环境都积极化。只有这样才能克服思想政治工作现存的种种不适应新时期新任务的弊端，建立起积极化的新型的思想政治工作模式。这既符合《决议》一切着眼于建设的积极精神，也必然会使思想政治工作摆脱目前的困境,在高校的精神文明建设中发挥积极的作用,取得积极的效果。

(原载于《思想教育》1986年第2期)

高校的哲学、社会科学研究工作亟待改进

高等院校哲学、社会科学的研究，近多年来有较大进展，取得了显著的成绩，涌现出了一批优秀的研究成果。但是，从现代科学发展的趋势、我国"四化"建设的要求和当前改革实践的需要看，科研工作和研究成果还显得很落后，存在着许多缺陷，远远不能回应当代科技革命的挑战，不能适应经济改革的形势。

存在的主要问题是：

1. "空"——内容空洞。研究的课题和成果，不少停留在书本上、概念上、抽象的理论上。结合实际的东西少，回答实践中提出的问题不够。甚至搞纯粹的范畴推演，逻辑思辨。

2. "旧"——观点陈旧。许多研究成果，重复既成的理论观点，注释尽人皆知的经典命题，没有新的突破，缺乏创造精神，不但无益于理论本身的提高，更不利于发挥指导实践的作用。

3. "差"——学术水平低。不少著作和论文，见解平平，分析浅薄，根据不实，论证无力。有的甚至粗制滥造，东拼西凑，左剪右抄，滥竽充数。更低劣者，竟漏洞百出，犯有常识性错误。

4. "慢"——研究工作的进展迟缓，跟不上社会前进的步伐。对社会改革、反应迟钝，对新生事物、很不敏感。往往停止在对以往事实的理论概括和对过去经验的简单总结上。因此，不能充当社会变革的前导。

为什么会产生这些问题呢？从主观因素看，是由于研究者自身存在许多不足。例如，知识结构上的陈旧性、狭窄性，学风上的教条性、经

院性，研究方法上的落后性、单一性，活动方式上的分散性、封闭性等等。这些就导致了一些同志在研究能力上的局限：对党和国家推进"四化"，实行改革的重大决策和正确政策，缺乏理论论证能力；对社会发展的客观规律，缺乏深刻洞察能力；对未来的发展前景，缺乏科学预见能力；对未知领域，缺乏开拓探索能力；对哲学社会科学的理论本身，缺乏自我发展能力。也造成了他们在研究方向和风格上，重理论轻实际，重基础轻应用，重纵向轻横向，重微观轻宏观，重继承轻创造，重统一轻争鸣等偏颇。因此，"空""旧""差""慢"的缺点也就难以避免了。

从客观条件看，是由于科研管理工作，在指导思想、管理体制、提供条件等方面，还存在许多弊病。例如，"左"的束缚和重理轻文、重教学轻科研的观念还未完全改变，高等院校应成为教学、科研两个中心的思想至今没有牢固树立；又如，科研管理体制不合理，条条框框多、工作方式死，科研管理干部缺乏胆识、缺少战略眼光，而且视野狭窄、信息闭塞。再如，经费少、资料缺、住房紧、设备差，许多教学、科研人员缺少必要的工作条件和生活条件。经常为非研究性活动而忙碌，舍本逐末，耗费了不少精力，浪费了许多时间，常常为衣、食、住等"民生"问题而操劳，顾小失大，总怀着后顾之忧，卸不了家务重担。还有，许多实际部门的干部，理论热情不高，理论兴趣不浓，满足于朴素经验，不重视理论思维。要求是实用性的，工作是经验型的。这就大大减轻了实践对理论的"压力"和"促力"，降低了理论工作者研究实际问题的紧迫感。上述种种客观条件对哲学社会科学的研究都是极为不利的。

可见，高等院校的哲学、社会科学的研究工作必须改进，亟待改进。办法是：

1. 知识结构合理化。教学、科研人员应尽快从单一、狭窄和陈旧的知识现状中解放出来，在本专业的基础上发展横向的知识联系，进行不同学科的知识渗透，构筑一专多能、纵横交织的网络式知识结构，使自己成为学有专长的通才，以适应当代科学的综合化趋势。特别是要尽快学习新知识，了解新学科，关心新领域。克服知识老化、思维僵化的缺点；扭转说老话、写旧题、走熟路的研究现状。

2. 研究方法多样化。教学科研人员应努力克服研究方法的单一性、陈旧性，注意学习用多种方法，从多种角度研究问题。尤其是要改变注释式、演绎式的旧方式，学会在唯物辩证法的指导下，运用现代的研究方法去开拓新领域，探索新问题。对于系统论、控制论、信息论等新学科中科学的方法论原则，要积极汲取，大胆尝试，努力借鉴。研究方法的更新，思维方式的变更，有助于提出新的学术观点，建立新的理论体系，取得有创见的成果。

3. 选题方向"现代化"。改变从书本出发、从概念出发的研究现状，面向现实，着眼实践，重视对现代化建设和社会改革中提出的重大实际问题的研究。历史课题的探讨，外国问题的研究，应贯彻古为今用、洋为中用的方针，努力为"四化"建设服务。哲学、社会科学各学科还应重视研究处于本门学科"前沿阵地"的尖端问题，并注意从与其他学科接壤的"边缘地带"选择课题，为新学科的诞生"孕胎育种"。对国际学术界普遍关心的重大学术问题，要在马克思主义指导下，积极探索，作出科学的回答，切勿置之不理，更不要嗤之以鼻。不然，就会在错误思潮的挑战面前，丧失应战能力；在正确理论的传播之时，坐失引进良机。在重视研究现实问题的同时，还应注意对哲学、社会科学的发展前景作出预测，高瞻远瞩，看到未来，现在就着手研究对未来有重大影响的理论问题，使我们在走向未来的道路上，保持理论"清醒"，处于主动地位。总之，"三个面向"是哲学社会科学研究选题的指导方针，这些选题方向的总特点可以概括为"现代化"。

4. 科研管理科学化。改变科研领导和管理工作中死板、僵化、缺乏活力的局面，建立科学的管理体制。在制定规划、组织队伍、落实任务、推广成果的工作中，要充分发挥教学、科研人员的"思想库""智囊团"作用，根据学者和专家的建议作出决策；管理机构应设立信息网络，收集交流外界的活动信息、学术动态；管理干部应了解、熟悉自己所辖范围的各门学科，努力成为哲学、社会科学方面的通才；管理机构应建立科研成果推广站，打通有关渠道，形成多向联系。可和出版单位、实际部门签订合同，有偿地提供科研成果。并利用"反馈效应"，及时了解有关人员和专家对本单位科研成果的反应和评价；对科研任务的落实要在从思想上调动积极性和从制度上予以保证的同时，注意发挥"经济杠杆的作用"，把收成果和给报酬结合起来。

5. 教学科研一体化。高等院校的科研和教学是相辅相成、彼此促进的，二者本质上有着内在的统一性。教学要靠科研来提高，科研要靠教学来推动，科研带教学，教学促科研。若就此二者的关系谈，可以说，科研是教学的"制高点"，教学是科研的"落脚点"。然而，在时间安排、人力分配和任务落实上，两方面往往存在着争时间、争人力的矛盾。要处理好二者的关系，除在工作上注意统筹兼顾，制度上实行人员轮换之外，实行教学科研一体化是一个可行的办法。这就是将科研成果尽可能多地直接转化为教学内容，教师的科研著作经过学校有关部门的审查批准，或者作为选修课、讲座课、专题课的教材，开设课程；或者在某门课程的计划学时内划出三分之一或四分之一的时间让教师讲授自己对该门课程中某一部分或某一专题的研究成果；或者将教师的科研著作、论文印发学生，组织学生和教师共同讨论、共同研究，并列入教学计划。这样做的好处是，既可使教师的科研和教学在工作时间和任务上统一起来，备课就是搞科研，上课就是讲"成果"（科研成果），还可以提高学生的学术水平和科研能力。并且有利于提高教学质量，改革教学方法，活跃学术空气。我国和外国许多知名学者的学术著作，不少就是为在大学开课而撰写的教材，这是一个宝贵的经验，应该借鉴和推广。

我们相信，如果本着改革的精神，从研究者和管理者两方面入手，着重解决好上述几个问题，并作好科研后勤工作，高等院校的哲学社会科学研究，肯定会有一个很大的提高，长足的进展，为改革和"四化"建设作出有益的贡献。

（原载于《西北政法学院学报》1985 年第 4 期）

论教师

一千年前，韩愈以论中寄慨的文笔写了《师说》一文，针对当时社会上耻于从师的世风和鄙师轻教的陋习，理直气壮地论述了尊师重教的重大意义。今天，教育已被提高到社会主义现代化建设的战略地位，教师已被赞为"太阳底下最光辉的职业"，尊师重教开始形成社会风尚。那么，我们如果要写新《师说》，就不但要谈社会应该尊重教师，还应该说一说教师应当尊重社会，尊重人民，认识自己职业的重要和责任的重大，并且不断提高自己的素质，去完成神圣的使命。

一　光荣的职业

教师职业的光荣取决于教师在社会发展中所起的重大作用。

首先，社会要发展，历史要前进，就得将人类在认识世界中所获得的知识和改造世界中所积累的经验一代一代传下去，从而使后一代人在上一代人所奠定的基础和所开辟的道路上更快地前进。任何一个时代所开拓的新知识和所创造的新经验，总是在以前的基础上进行的。如果离开了以往的基础，那么一代新人就不可能尽快地成长，社会也不可能飞速地发展。这是人类社会发展的特点之一。而在这个知识和经验的传递过程中，教师起着中介人的作用。社会主要是通过他们把上一代的知识、经验，传递给下一代，使下一代接过人类智慧的火炬，在新的时代进行创造，推动社会前进。如果没有教师的劳动和工作，人类文明的长河就会断流，知识的火炬就会熄灭，社会也就不能发展。因此，教育家乌申斯基说：教师"是过去历史上所有高尚而伟大的人物跟新一代之间的中介人，是那些争取真理和幸福的人的神圣遗训的保存者。他感到自己是过去和未来之间一个活的环节……他的事业，从表面来看虽然平凡，却是历史上最伟大的事业之一。"只有把教师放在这个广阔的历史视野上来看，才能够显示出这种职业的光荣。

其次，一个国家的发展，建设的成功，必须依靠一大批杰出的人才。没有成千上万的优秀人才，世界上任何一个国家都不能昌盛，社会上的任何一项建设事业都不可能取得成功。我国革命和建设的巨大成功，正是由于有了一大批用马克思主义理论武装起来的杰出的政治家、军事家、优秀干部和战士。今天，我们要建设现代化的社会主义国家，更需要有成千上万的各行各业的专家，需要上百万、上千万的各类技术人员，需要各个领域、各个层次的人才大军。而且社会越向前发展，对人才的素质要求越高。人才，主要靠教育、靠教师来培养；人才，都是教育的结果。明代胡瑗说："致天下之治者在人材，成天下之材者在教化，职教化者在师儒。"很好地说明了治世、人才、教育和教师的关系，强调了教师在人才培养中的作用。在现今的时代，几乎所有领域中的工作者都要先进入学校受教育，然后才走上工作岗位，因而，学校和教师在培养人才方面的作用，就显得更为重要了。正是在这个意义上，有的教育家说：人们把国家的前途、民族的振兴、社会的未来，在很大成分上寄托在教师身上。

第三，社会的发展和人的发展是统一的过程。共产主义的基本原则是人的全面自由的发展。现代化建设是由人来实现的，而人在实现现代化建设的过程中也将实现自己的现代化。人的现代化就是人重新塑造自己的形象，使自己的智能、道德、情操都提到更高的水平和境界。在这一过程中，教师也起着重要作用。因为，任何一个人在少年和青年时期都不可能处于学校影响之外，他们都要通过学校教师的教育，而逐步达到知识和道德上的成熟，为在以后的生活中把自己发展成一个真正的人而奠定基础。夸美纽斯说："只有受过一种合适的教育之后，人才能成为一个人。"王国维说："教育之宗旨何在？在使人为完全之人物而已。"

这就是说，教育的根本宗旨在于促使人的全面发展，在于塑造一代新人。我们说教师是人类灵魂的工程师，就是指教师在造就一代新人中，在促使人的全面发展中所发挥的这种重要作用。

第四，科学的发展，首先应归功于社会实践者的劳动和科学家的创造，然而，科学知识之传播却不得不依赖于教师。在现今时代每门科学要想得到广泛流传，为人们所系统掌握，并通过人们的实践而产生效果，在很大程度上必须依靠学校的课堂，依靠在课堂上讲授的教师。教师们把迄今已有的科学文化知识传授给年轻一代，使年轻一代在此基础上从事更深的研究，进行更新的创造，这自然会推动科学的发展。更何况有许多教师本身就是学者，是科学家，在人类的科学发展史上作出了宝贵的贡献。由此看来，教师不但是培养人才的工程师，也是发展科学的一支重要力量。

总之，教师在推动社会发展过程中起着巨大的作用，担负着崇高的历史使命，教师的职业的确是"太阳下最光辉的职业"。

二 重大的责任

教师的职业是光荣的、崇高的，而这种职业的使命，并不能自发实现，它必须通过广大教师尽职尽责来完成。

教师的责任可以概括为教书、启智、育人、治学。

教书。教书就是传授知识，即韩愈所谓的"传道、授业、解惑"，这是教师的首要责任。学习知识，主要靠学生自己的努力，靠学生自己去认真阅读教材，独立思考，但教师的引导作用极其重要。引导就是调动学生的积极性和兴趣；帮助学生掌握知识学习过程中的规律；引导学生抓住关键问题；教给学生排除难点的方法。把学习道路指明，把关键问题讲清，把疑难问题排除，就是打开了几把"锁"，锁一开，学生就会进入无限广阔的知识天地。在此基础上，就能进而引导学生登堂入室，探究知识的奥秘，攀登各门科学的高峰。如果把教书只理解为"满堂灌"，那是对教书过程的误解，这样做不能算是尽到了责任。教师在知识传授上的责任不是"灌"而是"导",概而言之就是"指路""搭桥""开锁"。特别对大学的老师来说,更应如此。

启智。启智就是培养和开发学生的智力。智力是保证人们有效进行认识活动的那些稳定的心理特点的有机结合,它包括观察力、记忆力、想象力、思维力、注意力等因素。智力是掌握知识的条件或武器(当然知识也是发展智力的基础或工具),学生智力水平提高了,就能学得多,学得快,学得深,学得巧,学得扎实,学得主动。因此培养智力对教学来说是必要的、重要的。贝斯特说:"真正的教育就是智慧的训练……经过训练的智慧乃是力量的源泉。"如果在教学中,只着眼于知识传授,不重视智力开发,很难取得优良效果,也不能培养出好的学生。古人说:"授人以鱼,只供一饭之需;教人以渔,则终身受用无穷"。培养智力就是"教人以渔"。因此,培养和提高学生智力是教师的一项重要责任。特别是在现代科学知识的高速增长率与学习时间有限性之间的矛盾日益尖锐的时代,培养和发展智力更处于十分突出的地位。在培养、发展智力方面,尤其应该重视培养学生智力的灵活性和创造性品质,帮助学生改变死抠书本,死背笔记,鹦鹉学舌,人云亦云,不知变通,不会创新的学习方式。

育人。广义的育人包括知识传授和智力启迪在内,狭义的育人则主要指对学生的思想品德和审美情操的培养。"四化"建设需要的人才是全面发展的人才,是有理想、有道德、有文化、有纪律的一代新人。无论是哪一学科、哪一领域的专业人才,都应该热爱社会主义祖国和社会主义事业,都应该具有献身精神和科学精神。即使就专业学习方面来说,一个学生在学业上的进步和将来在事业上的成功,除了知识、智力因素之外,还要有好的非智力因素,这就是热烈的感情、坚强的意志、良好的性格、刻苦的精神和优良的学风。培养和提高这些素质都是教师肩上的责无旁贷的任务。教师作为灵魂工程师要把做学生的思想工作,对学生进行理想、道德、纪律、学风等教育看成自己分内的事。当然,教师的"育人"主要还是通过"教书",即寓德育于智育之中。专业教师应该通过本门学科的教学来影响学生的思想政治品质，帮助学生世界观的形成。一个好的教师，他的诲人不倦的精神，条理清晰的讲解，立论新颖的观点，科学有效的方法，追求真理的信念，严谨扎实的学风都会产生强大的吸引力，在潜移默化中对学生的思想品德产生良好的影响。这就是教师的克尽育人之责的主要途径。此外，还应在专业教学之外，利用课余时间关心学生的全面成长，和学生互通心声，教给学生做人的道理。

治学。治学就是指搞科学研究。作为教师，一方面要教书、启智、育人，贡献出自己的知识；另一方面又要从人民中、生活中、书本中，不断学习新的知识，吸收丰富养料，提高业务，钻研学问。因此，治学也是教师的重要责任之一。教师的治学，除为了提高教学质量之外，还有进行科学研究，推动学术发展的任务。在教育史上，不少教师本身就是学有专长，业有专攻的学者、理论家、科学家。他们把教学和科研、教书和治学统一起来，不但培养了大量的优秀人才，而且在学术上有杰出贡献。特别是大学教师更应该把科学研究视为自己工作的有机组成部分，不但要育人才，而且要出成果。当然，在具体安排时，应力求做到教学与科研统筹兼顾、协调发展，使二者互相依赖、相互促进。

教书、启智、育人、治学是教师的基本责任，只有尽到这些责任，才能使教师的职业发挥其应有的作用。这几方面的责任是有机统一的，是互相联系、相辅相成的。如果离开了其他方面，只着眼于其中的某一项任务，那么连这一项也是不能很好完成的。一个教师只有将这几项任务都承担起来，才算是尽职尽责，也才能够尽责尽职。

三　必备的素质

教师的职业是崇高的，责任是艰巨的，要真正履行职责，决非轻易之举。这就要求教师本身必须从各方面提高自己的素质。提高素质应着重从以下几个方面下功夫：

1. 增强时代意识。现代化建设要求教育必须面向现代化，面向世界，面向未来。世界正面临的新技术革命，给当今的教育提出了许多问题，因此，要使我们的教育跟上世界前进的步伐，不只是教育界的领导者、教育科学的研究者，要有强烈的时代感，高瞻远瞩地探索当代教育的发展趋势。而且每个教师也都应该了解当今教育之现状，明日教育的蓝图，使自己在高见识、宽视野、新观念的指导、启迪下，不断地更新教学内容、改革教学方法、提高教学质量，培养出新的一代人才，以适应时代的要求。一个好的教师，总是有强烈的时代意识，紧跟现代教育进程，从而自觉地摆脱固有知识和陈旧观念的束缚，真正成为引导青年一代前进的人。如果缺乏时代意识，不能把握时代的脉搏，落后于自己的时代，缺乏高远的见识，就很难履行培养和教育青年的责任。

2. 更新知识结构。教师要完成教学和科研任务，就要首先精通自己所任学科的基础理论、专业知识、技能和技巧。而且，由于各个学科、各门功课都不是孤立的，它们之间相互综合、相互渗透。所以，教师还应了解一些邻近学科与相关的边缘学科的知识。这就是说教师要具备渊博的知识。不但如此，教师还应该十分重视掌握自己所从事的学科的最新科学成就和发展趋势，不断更新知识结构。使自己的知识素质向专、深、博、新的方向提高。这样就能在教学中做到古今通气，中外比较，纵横驰骋，融会贯通，引导学生在知识的海洋里探宝获珠。

3. 掌握教育规律。教师既要有高深的学问，又要善于向学生传授学问。而教和学是一个复杂的认识活动和心理活动过程，有其客观的规律性。如果教师掌握了这些规律，就会在教学中事半功倍，取得最佳效果；如果不了解规律，尽管知识渊博、工作努力，也不会取得好成绩。古人云"善师者，学逸而功倍，不善师者学劳而功半"，说的就是这个道理。因此，掌握教学规律，懂得各个教学环节和程序的必然要求是教师应具备的基本素质之一。要掌握教学规律，除了善于总结自己和学习别人的经验之外，学习一些教育学的知识是十分重要的。教育学、教学论是对教育过程中最基本规律的总结和概括，通过学习、研究和运用，可以大大提高自己开展教学活动的自觉性，减少盲目性。赫尔巴特说："教育学是教师本人所需要的一种科学。"赞可夫说得更明确："如果我们对于教师要掌握教育学和心理学知识这一点估计不足，那也是错误的。有了这方面的知识，教师才有可能把教材变成学生的真正的财富。"

4. 提高教学艺术。教育是一门科学，也是一种艺术。罗素说："教育就是获得运用知识的艺术。这是一种很难传授的艺术。"教学过程既要以理服人，也要以情感人；既要启智，又要释疑；既要有抽象的概括，又要有形象的描绘；教学内容既要有说服力，又要有感染力；教学方法既要有科学性，又要有情趣性；教学语言既要精当，又要精彩；课堂教态既要庄重，又要生动。这就得讲点技巧，就得提高教学艺术。实践证明，同一课程，在有经验的掌握了教学艺术的教师讲来和缺乏经验、不懂教学艺术的教师相比，效果会大不一样。要提高教学艺术，必须从各方面提高素养，掌握教学智慧，特别是要重视提高思想素养和发扬创造精神，不断在总结自己的教学实践中探索并虚心借鉴别人的经验。苏霍姆林斯基说："提高教育技巧——这首先是要自己进修，付出个人的努力，来提高劳动的素养，首先是提高思想的修养。没有个人的思考，没有对自己的劳动寻根究底的研究精神，那么任何提高教学法的工作都是不可思议的。"

5. 加强道德修养。许多教育家认为要培养全面发展的人才，起主导作用的是德育。古人说，在人的诸素质结构中"德为才之帅，才为德之资。"这自然就要求教师本人必须具备高尚的道德品质，养成优良的师德。有了优良的师德，不但可以在德育中起到为人师表的作用，而且也能在智育中发挥巨大的力量。教师的高尚人格、优秀品质本身就是一种巨大的教育力量。因此，古今中外的教育家都非常重视教师的道德素质。扬雄说："师者，人之模范。"韩婴说："智如泉源，行可以为表仪者，人师也。"卢梭说："一个教师！啊，是多么高尚的人！"洛克说："希望作导师的人也具有一个谨严的人和一个学者的性格。"他们都从德和才两方面对教师提出要求。在今天，教师高尚道德品质和崇高的精神境界表现在坚持四项原则，热爱社会主义祖国，忠于人民的教育事业，关心爱护学生，以身作则，为人师表等等方面。只有这样，才能在学生中树立威信，成为可资仿效的榜样。

6. 养成优良教风。教风是教师的教学态度和作风，它不但对教好课程有重要作用，而且对学生的学风影响很大。治学严谨，教学认真；工作负责，循循善诱；尊重科学，热爱真理；情调高尚，仪表庄重，行为文明，作风朴实；对学生严格要求，对自己严于律己等优良教风，通过教学过程表现出来，会使学生如沐春风，如沐时雨，在学风和人格上受到强烈的感染和熏陶。教风包括的内容很多，"实""正""严"是最重要的方面，就是说学问"实"、行为"正"、要求"严"是优秀教风的基础。《学记》云："凡学之道，严师为难。师严然后道尊，道尊然后民知敬学。"此语至今仍是正确的。

以上六个方面，可以概括为"识"（见识）、"学"（知识）、"道"（规律）、"技"（技巧）、"德"（道德）、"风"（教风）。这六种素质，是教师最基本的素质。只有在这些方面努力提高，教师才能履行好自己的责任，完成好自己的任务，无愧于自己光荣的岗位和崇高的职业。每个教师都应记住：教育者必先受教育。谁要是自我发展、培养和教育还没有完成，他就不能发展、培养和教育别人。最后让我们引用德国教育学家第斯多惠的话作为结语："教育者和教师必须在他自身和他自己的使命中找到真正的教育的最强烈的刺激……把自我教育作为他终身的任务。"

（原载于《教学研究》1986 年第 3 期）

学风十戒

搞学习，做学问，必须解决好学习目的、学习态度和学习方法三个问题，其中的学习态度问题，直接影响着学习目的的实现，支配着学习方法的运用。学习态度就是学风，学风涉及的内容很多，但有十种弊病应该警惕和防止。

一 戒满，满则无求

"满"就是满足于自己的学习成就和知识水平，处于一种自满自足状态中。自满的人就不会有强烈的求知欲和上进心。毛泽东同志说："学习的敌人是自己的满足，要认真学习一点东西，必须从不自满开始。"鲁迅说："不自满是向上的车轮。"

二 戒骄，骄则无识

有骄心，就看不见别人的长处，无视于别人的才能，不尊重别人的成果，当然就更学不到别人的优点。苏格拉底说："我唯一知道的就是自己的无知。"富兰克林说："缺少谦虚就是缺少见识。"要进步，必须防止骄傲，保持谦逊，勇于寻找自己的差距，善于学习别人的特长。

三 戒惰，惰则无进

学习上的懒惰表现为懒于动脑想、动手写、动口问；怕吃苦、怕困难、怕麻烦；无耐性、无恒心、无韧劲。特别是不乐意做打基础的"笨"工作，企图轻而易举、毫不费力地获得成就；懒惰会消磨意志，损耗智力，腐蚀才能。

四　戒浮，浮则不深

学风上的飘浮，就是停在表面，不求深入，浮光掠影，浅尝辄止。看事物，停留于浮泛的观察；读书籍，满足于浮浅的理解；写文章，爱追求浮华的语词。这样搞学问，就不能掌握问题的本质，不能抓住内容的关键，不能懂得知识的真谛。

五　戒躁，躁则无得

"躁"就是急躁，烦躁，学习时不专心致志，不安静踏实。坐不住，钻不进，心猿意马，心慌意乱。有这种学风，听讲则充耳不闻，读书则一目十行，写作则草草了事，不会有任何收获。学问乃寂寞之道，要甘于寂寞，耐得寂寞，心情平静，思想专一，才会钻进去，学到手。孟子说："不专心致志则不得也。"诸葛亮说："学须静也，才须学也。"

六　戒急，急则不达

急于求成，急于达到目的，获得成果，因而不循序渐进，就会不顾学习质量的提高，只求数量的增加。甚至囫囵吞枣，食而不化。不按科学知识的内在顺序，由浅入深，由易到难，由基础到尖端，而企图走捷径，搞速成。这不但达不到目的，反而还会事倍功半，劳而无功，造成时间和精力上的浪费。学习有程序，知识有规律，既要抓紧时间，反对松松垮垮，也要遵循规律，一步一个脚印。孔子说："欲速则不达。"

七　戒粗，粗则易错

治学中的粗糙作风表现在阅读时粗心大意，写作时粗枝大叶，操作时粗手粗脚。科学研究中的错误，有的出于偏见，有些出于无知，还有不少是出于粗心。宋代的吕祖谦说："天下之事，成于惧而败于忽。"陆九渊说："学问贵细密。"

八　戒袭，袭则无创

因袭会束缚思想活动，抑制创造才能，有创造，有新意，才会有成就，有贡献。这就要求养成独立思考的习惯，不拘于传统观念，不囿于习惯势力。韩愈说："惟陈言之务去。"章太炎主张："学问须有自己意思；专法他人，而自己无独立之精神，大为不可。"

九　戒奇，奇则常谬

没有根据地标新立异，故意发表奇特不经的观点，企图靠猎奇示博以哗众取宠，甚至用奇谈怪论以骇人听闻，这也是一种不正的学风。章太炎倡导"师古而不为所役，趋新而不畔其规"的治学态度。李四光反对不尊重事实"胡乱编造理由来附会一个学说"。

十　戒名，名则难实

把搞学问当作个人求名求利的手段，不仅是一种不正当的学习目的，而且也是一种不正派的治学态度。一味求名求利，就会导致态度上不踏实，知识上不坚实，品德上不老实。王阳明说："为学大病在好名。"唐敖庆教授说："有的人由于个人名利思想作怪，往往急于求成，一个课题明明还没有达到解决的程度，却说已经解决了，有的只解决了五六分，却认为解决了十分，这不是实事求是的态度。当然，弄虚作假、骗取荣誉，这就更坏了。"正确的态度应该是，身寄名利浮云外，心游真理海洋中，为追求真理，发展科学，实现"四化"，振兴中华而学习。

力行十戒，养成高尚的治学道德，树立良好的治学作风，成才有望，成功可期。

（原载于《陕西教育》1982年第10期）

无形的环境　巨大的力量

一个学校总是存在于一定的社会环境中。学校环境包括外部环境和内部环境，外部环境指学校以外的客观因素的总和，内部环境指学校范围内对每个成员心理和行为有影响作用的全部客观因素。校风则是内部环境的重要构成部分。

校风是学校风气的简称。它是学校成员共同具有的富有特色的稳定的心理和行为倾向。它集中反映着一个学校的精神面貌和精神状态，反映着学校的集体态度和行为方式。当它形成之后，就构成学校师生员工所处的精神环境。校风主要通过学生的学风、教师的教风和领导的作风表现出来。因此，校风和学校的物质条件不同，它是一种精神因素，是一种无形的精神环境。

但无形却并非无力。一个学校风气的好坏会对师生员工产生巨大的有力的影响。

良好的校风是一种激励力量。它激励师生员工积极向上，奋发进取，在思想、品德、学业、工作和作风上追求崇高目标，实现最优价值，维护集体荣誉。当它在学校全体成员的心理结构中凝聚积淀之后，就会成为推动人们前进的内在动力。

良好的校风是一种"强制"力量。它的健康、积极、文明的环境气氛，对学校成员形成一种无形的"强制"感染，促使人们与校风相适应，使学校每一个体在表现上、情感上、信念上自觉地与集体精神相一致，把人们的精神风貌导往统一的方向。

良好的校风是一种抵御力量。它所形成的稳定性精神支柱，能排除各种不良的心理倾向和行为的侵蚀和干扰，能抵御各种不良的风气对学校精神环境的污染。从而保护和增进学校全体成员的心理健康发展。

良好校风是一种凝聚力量。它能把学校师生员工的意向凝聚在共同的成就、共同的荣誉和共同的价值观念上，从而不断加强每个成员的从众行为，日渐形成学校的集体感受，使学校的人际关系融洽亲密，使集体成员的心理特性协调一致。

总之，积极良好的校风对于巩固和发展学校集体，加强学校纪律，形成学校的优良传统都有重要意义；对于培养学校师生员工的社会主义责任感、成就感、荣誉感和实现学校的培养目标都有推动作用。校风这种无形的环境，的确对人才的成长有着有力的影响。

然而，良好的校风作为学校内部的环境却不是自发地偶然地形成的。它必须经过长期自觉地培育，经过有目的有计划有组织有内容的教育才能实现。校风建设是一所高等学校的基本精神建设项目，也是一项艰苦的精神文明工程。

（原载于《西北政法学院院刊》1986 年月 15 日）

严格·严谨·严明

教育是培养人才的伟大事业,学校是培养人才的重要阵地,人才的培养是关系社会发展和国家强盛的百年大计。要培养出符合时代要求、满足社会和国家需要的合格人才,必须遵循从严治校的原则。严师出高徒,严校育高才,是中外教育史上的成功经验。

从严治校就是以教育方针为指导,对学校的教学、科研、管理、思想教育等各项工作建立系统严密的规范,制定科学的规章制度,使各项工作有章可循,有法可依。在此前提下,根据规范、制度的规定对教师、学生、干部、工人等各类人员,提出严格的要求,养成严谨的作风,执行严明的纪律。

严格要求是从严治校的前提。高等学校各专业的培养目标和国家对高校提出的人才规格具有法定的意义,学校的一切工作都要为此而努力。因此,必须在德育、智育、体育各方面对师生提出严格的要求,规定明确的质量标准。每个学生都应按照学校的培养目标,自觉地树立高标准观念,使自己在政治、思想、品德、学业、身体上达到国家的要求。任何降低标准,放松要求的思想和行为,都不能培养出一个合格的大学生。学校的所有成员都应该明确,只有严格要求,才会有合格人才。根据人才规格和培养目标而提出严格要求,是搞好学校一切工作的前提。

严谨治学是从严治校的核心。教学是学校的中心工作,从严治校集中表现在严谨的治学态度上。科学是老老实实的学问,任何一点调皮都是不行的。只有严肃认真、一丝不苟的治学态度,才能求得真知,传授真知,学到真知。严谨是科学的生命,马虎是科学上的自杀。浮而不入、华而不实、脆而不坚、敷衍塞责、虚伪骄傲、疏忽随意的轻率浮夸学风是科学的大敌，是教育的祸根，必须予以根除，才能提高教育质量，培养出有真才实学的有用人才。

严明的纪律是从严治校的保证。学校是一个集体，而且是一个通过追求真理，传授知识来培养人才的特殊集体。它以合格人才为自己的"产品"。因此，严明的纪律就显得特别重要。只有严明的纪律，才能保证学校教学工作的顺利进行，才能维持学校的正常学习秩序，才能养成文明良好的校风，也才能增强学生的纪律观念，使其成为一个遵纪守法的人。学校规定的各项纪律每个学生都要严格遵守，切实执行。凡是违反校纪的学生，在加强教育的同时，都应按照规定给以严肃的纪律处分。纪律的松弛和执行纪律上的是非不分、赏罚不明、奖惩不公，不但会影响教学工作秩序，而且本身就是一种错误的教育。因为培养最拥护纪律的人，培养纪律的最热烈的保卫者，培养纪律的最忠实的宣传者本身就是教育的一项重要内容。

总之，严格的要求、严谨的学风、严明的纪律是从严治校的基本内容，是培养合格人才的必要条件。我们必须遵循这一教育学原则，办好学校。

（原载于《西北政法学院院刊》1986年4月5日）

非学无以广才

知识和才能是智力内部的两个侧面，二者的关系如何，是教育家和治学者长期探讨的理论问题，也是大学生们值得重视的现实问题。

过去，人们常说学校是传授知识的场所，教师教知识，学生学知识，把智育只理解为知识灌输，忽视对学生能力的培养。结果培养出的人才，知识尚丰厚而才能嫌不足。甚至如李白所讽刺的"鲁叟谈五经，白发死章句，问以经济策，茫如堕烟雾"。这显然是一种片面性的教育方式。

近年来，社会重人才，教育重能力，青年望成才，大学把培养智能型、创造型、开拓型人才作为重要课题。这无疑对于纠正只强调灌输知识、不重视培养能力的弊病有着积极意义。然而，这又引起了一些人的误解，似乎能力与知识无关，能力的提高可以不以知识的学习为条件。于是，又出现了离开知识、空谈能力的现象，一些学生则简单地把刻苦读书、认真学习基本知识的人视为"书呆子"，而认为只有那些会社交、会讲演、会谈论的人才是智能型人才。有的人甚至认为知识是学来的，而才能是想来的，提高才能不需要掌握知识。这又陷入了另一种片面性。

其实，知识和才能是辩证统一的关系。一般说来，人的知识愈丰富，愈有助于能力的增强；而能力愈强，又可以愈有效地汲取知识、发挥知识的力量。诚然，知识不等于能力，知识多的人不一定才能高。也就是说，有知不一定有能，学博不一定才高。但是才能必须以知识为条件，必须靠知识来转化，即成才必须有知，无知必然无能，这则是一条重要的智力发展规律。可见，知识与能力之间虽不是简单地成正比例，但两者之间有内在的统一性却是毫无疑义的。因而，偏重知识学习而忽视能力提高的学习方法固然有很大弊病,而忽视基本知识、专业知识的学习,空谈能力的培养,又何尝不是一种学习上的歧途呢?正确的方法是把二者统一起来。

清代诗人袁枚形象地把学问(知识)比作弓弩,把才能比作箭头,认为只有弓强才会箭快,这是很有见地的。三国时的诸葛亮,肯定也认识到这种关系,他在《诫子书》中说:"学须静也,才须学也,非学无以广才,非志无以成学。"这实在是一则符合教育规律的格言,值得深思,值得遵循!

(原载于《西北政法学院院刊》1986年6月15日)

戒浮求实

搞学习，做学问，必须有良好的学风。学风直接影响着学习目的的实现和学习方法的运用。学风就是学习的态度和习惯，它包括多方面的内容，而戒浮求实则是其中的重要问题。

学风上的浮，就是停在表面，不求深入，浮光掠影，浅尝辄止。读书籍，满足于浮浅的理解；写文章，爱追求浮华的言辞；看问题，停留于浮泛的观察。总之，浮而不入，华而不实，用飘浮的态度对待学习。

浮而不入的学风，会产生许多弊病，严重危害学习。

浮则躁。学风浮的人，学习时不专心致志，不安静踏实。坐不住、钻不进、心猿意马、心慌意乱。听讲则充耳不闻，读书则一目十行，作业则草草了事。

浮则急。学风浮的人，学习时急于求成，急于达到目的。不循序渐进，不顾学习的质量，只求数量多、速度快。企图走捷径，搞速成。

浮则粗。学风浮的人，学习时粗心大意，粗枝大叶，粗手粗脚。不认真、不细密、不严谨。由此造成阅读、理解、谈论、写作时，含混不清，似是而非，常出差错。

浮则浅。学风浮的人，对知识的掌握停在表面，知其一不知其二，知其流不知其源，知其然而不知其所以然。抓不住内容的关键，探不到问题的本质，弄不懂知识的真谛。

学风上的浮，是一种志大才疏、眼高手低、头重脚轻、外强中干的坏习气。用这种态度对待学习，不会取得任何真正的收获。因此应该力戒。

戒浮就必须树立求实的学风。求实，就是采取诚实的科学态度。科学是老老实实的学问，来不得半点虚伪和骄傲。没有诚实的态度，企图靠几句夸夸其谈去一鸣惊人，企图靠自我吹嘘去显示才华，企图投机取巧去达到目的，那就是水中捞月，镜里折花，最后落得个"一枕黄粱再现"，空空如也。因此，必须实事求是，遵循科学的规律，对科学以诚相待。

求实就要建立坚实的知识基础。知识是才能的食粮，知识基础不坚实，想要才能卓越，无异于沙上筑塔，缘木求鱼。所以，要重视基本知识的学习、基本理论的掌握、基本技能的锻炼。在掌握知识时，要循序渐进，由浅入深，乐意下苦功夫，做笨工作。

求实，就是要养成踏实的学习作风。学问要靠刻苦努力、辛勤劳动才能取得，企图轻而易举、少劳多得是根本不可能的。因此，学习时要踏实认真、刻苦严谨、好学深思、勤学多练。敢于下大决心，下硬功夫，不怕困难，不受干扰，发挥学习中的主动性和积极性，养成专心致志、耐得寂寞的良好习惯。

古人说："学问之道，惟虚（谦虚）乃有益，惟实乃有功。"戒浮求实，是治学之大本，是学风的基石，我们要在学习上鼓实力，做实事，求实功，使自己成为有真才实学的人。

（原载于《西北政法学院院刊》1986年5月20日）

做人师

革命老前辈、教育家徐特立认为，教师具有两种人格，一种是"经师"，一种是人师。"经师"就是教知识，人师就是教行为，教学生怎样做人。他说："我们的教学是要采取人师和经师二者合一的，每个教科学知识的人，他就是一个模范人物，同时也是一个有学问的人。"

社会主义大学要培养出合格人才，教师不仅是传授知识，更重要的是教学生怎样做人，即既做"经师"，又做人师。正是在教书和育人二者统一的意义上，我们才称教师为人类灵魂的工程师。

做人师，除了教学问、传授知识之外，还得关心学生的思想、学生的品质、学生的作风、学生的生活和学生的习惯，引导学生在德、智、体、美等方面全面发展。而不能只管课堂讲授、业务学习，除此之外，置之不问，统统视为分外之事。

做人师，就得寓德育于智育之中，注意发挥专业课讲授中的思想教育因素。大学生的主要精力和大部分时间用于业务学习，他们的思想品德常常在业务学习中表现出来。因此，要把思想教育贯穿在各学科的课程教学中，结合课程教学对学生进行政治方向、学习目的、专业思想、治学态度、创造精神和职业道德的教育。

做人师，就要有优良的教风。教师具备良好的教风不但对教好课程有重要作用，而且对学生的学风影响很大。治学严谨、教学认真；工作负责、循循善诱；尊重科学、热爱真理；情调高尚、仪表庄重；行为文明、作风朴实；对学生严格要求，对自身严于律己等优良教风，通过教学过程表现出来，会使学生如坐春风，如沐时雨，在学风和人格上都受到强烈的感染和熏陶。

做人师，就要具备良好的教育素质和高尚的人格修养，以自己的模范行为给学生作出表率。身教是无声的教育，也是对学生真正有力的教育。教师端正的政治方向，高尚的道德品质；渊博坚实的知识，积极进取的精神；乐观向上的热情，创新开拓的意识；勤恳负责的态度，严谨求实的作风，都会给学生树立良好的榜样，产生巨大的教育力量。

《韩诗外传》云："智如泉源，行可以为表仪者，人师也。"我们每位教师都应该既有渊博知识，更有高尚人格，在治学和做人上都为人模范，为人师表。

（原载于《西北政法学院院刊》1986年4月25日）

灵魂工程师的美好心灵

教师是人类灵魂的工程师，他设计和塑造着青年一代的灵魂！

有什么样的工程师，就会塑造出什么样的灵魂。因此，要使青年一代的灵魂美好，教师首先要有美好的心灵。

这颗美好心灵闪耀的，不仅是智慧之光，知识之光，而且还有道德之光，人格之光！教师用这些光辉照亮学生，使他们的心灵也发出光彩。

教师的美好心灵是许多高尚品质的结晶体。

他有着伟大的献身精神。为了人民的教育事业，为了培养年轻一代，他不顾个人的利害得失，全心全意工作在自己的岗位上，像一支红烛，无私地奉献自己的光和热。环境的艰苦，工作的艰巨，都不足以动摇他忠于教育事业的信念。当他看到自己教出的学生一批批地走向社会，为国家作出贡献时，他由衷地感到高兴。因为这里包含着他辛勤的劳绩，凝结着他平生的心血。这是对他献身精神的最大的报偿，他孜孜以求的正是这种报偿。

他具有高度的责任心。他懂得：作为一个教育者，他的肩上担负着一代人才成长的重任，寄托着人民对未来的希望；为学生负责，为工作负责，就是为人民负责，为国家负责。因此，他对学生绝不敷衍塞责，对工作绝不得过且过。世界上再没有别的工作比培养人、塑造人的工作责任重大了。责任心是教育者的良心。

他热爱自己的学生。没有热爱就没有教育，只有热爱学生才能教育学生。热爱学生，不仅表在以现慈祥的、关注的态度对待他们，更重要的是表现在对学生合理的严格要求上，表现在对学生德、智、体、美、劳全面发展的关心上。只有在传授知识的过程中伴随着与学生情感的交流，才能取得良好的教育效果。因此，对学生的热爱，是教师美好心灵的重要方面。

他具有优秀的品德。一个为人师表的教师，应该是一个道德品质高尚的人。他的一言一行、一举一动，都应表现出人类的优秀品质和良好的修养，从而成为学生的楷模。如果一位教师虽有渊博的知识而缺乏美好的品质和情操，那么他的教育学生的力量就会大大的削弱。在教师的工作中，知识的传授和道德的影响是同时发生作用的。"其身正，不令而行；其身不正，虽令不从。"这句话对于教育者也是适用的。

教师，从事着光荣的职业；教师，有着美好的心灵。让我们赞美教师，让我们歌唱教师的美好心灵吧！

（原载于《西北政法学院院刊》1987年9月16日）

振作精神

人总是要有一点精神的！

精神是人的信心、勇气、意志、活动的总和。人们干任何事情，都要受精神力量的支配，精神状态怎样，对人们的工作目标、工作效率和工作成绩影响很大。同样的工作，让精神状态不同的人去干，即使在其他客观条件相当的情况下，也会出现完全不同的效果。因此，我们要大力发扬一种积极进取、昂扬向上、奋发图强、百折不挠的精神，搞好学校的各项工作。

当前，在实现"四化"、进行改革的历史时期，任务重、困难多。特别是在新旧体制转变之际，有许多新情况要我们去适应，有许多新问题要我们去认识，有许多新矛盾要我们去处理。在我们的面前，常常碰到许许多多前所未遇的现象，复杂纷纭，是非交织。如何看，说不准；如何办，没把握；旧观念，应放弃，新观念，未建立；旧办法，不能用，新办法，不会用。这时，人往往容易产生疑虑、迷惑、徘徊和畏难情绪，甚至会消极、失望。如果不注意激励，就会大大影响人们的精神状态。在这种形势下，振作精神就具有更重要的意义。

振作精神，就要对"四化"大业的实现充满必胜的信心，对改革开放的前景树立乐观的信念。相信高等教育的改革进程，一定能克服旧教育体制的弊端，使大学教育焕发新的活力。

振作精神，就要对前进中的困难有正确的估计，增强克服困难的勇气。我们的不利条件还有许多，我们的思想水平、工作能力、机构运转还有许多缺陷。但是，我们还要看到工作的有利条件，看到工作的成绩。

而且坚信，只要我们上下一致，左右协调，齐心协力，就能克服困难，取得更大的成绩。

振作精神，就要鼓足干劲，激发活力，以积极有为的姿态投入工作。事在人为，贵在奋发。饱满的热情、乐观的态度、负责的精神、战斗的作风、持久不衰的积极性、坚韧不拔的意志力，对干任何工作都是重要的。只要有了这种精神状态，才会去想解决问题的办法。而办法总会有的。

振作精神，就要扫荡一切因循守旧、萎靡不振、消极悲观、停滞不前、松松垮垮、懒懒散散的思想作风和心理状态。这些是精神的腐蚀剂，前进的绊脚石。它会动摇信心，瓦解意志，分解群体，贻误工作。不扫荡这些消极的情绪，精神何能振作？

让我们振作精神，把各项工作推向前进！

（原载于《西北政法学院院刊》1987年10月10日）

后　　记

　　我致力于哲学教学和研究凡四十年，前二十年以马克思主义哲学为主，后二十年以中国传统哲学为主。回顾四十年的治学历程，自感耕耘颇勤而自愧收获不丰。面对岁月的匆匆流逝，检点思路的雪泥鸿爪，虽无孤芳自赏之意，却有敝帚自珍之心。于是，将以往所写的学术文章，择要汇编，辑为两集。一为探讨中国传统哲学和传统文化中的价值观的论文。这些论文是我完成国家社科基金课题"中国传统哲学价值论"（该课题的成果于1991年由陕西人民出版社出版）以后，继续沿着这一方向进行研究的部分成果，依论题旨意将其分为中国哲学的价值思维、中国哲学的价值观念、中国文化的价值内涵、传统价值观的现代意义、中华智慧的世界意义五编，总冠其名曰"中华智慧的价值意蕴"。二为中国传统价值观论题之外的哲理文章。这些文章时间跨度较长，论域涉及稍宽，体例形式有别，篇幅长短不一，略依内容、体例，将其分为哲理刍言、哲史片言、哲学简言、文化建言、读书系言、教学感言六编，总冠其名曰《哲苑耘言》。两部文集中的文章，绝大多数曾在国内外报刊上发表过，只有少数取自手稿。由于写于不同的时期，文章难免烙有时代的印痕，也难免留有当时认识的局限，但为了如实反映自己学术思想的演进历程，除个别字句略有修改外，基本上保持原貌，以存其真。

　　"爝火不能为日月之明，瓦斧不能为金石之声，潢汗不能为江海之涛澜，犬羊不能为虎豹之炳蔚。"（陆游：《上辛给事书》）我的这些思痕墨影，比之时贤、后秀的高见卓识、妙语美文，既少创意，又乏文采，可谓卑之无甚高论。但"愚者千虑，必有所得"，它毕竟凝结着自己辛勤耕耘的汗水，记录着自己努力探索的心迹，更表达着自己独立思考的心得，其中不少篇章也曾受到学术界的认可和赞许。今将其收集起来，付之枣梨，公之于世，或能对茫茫学林有株木之增。而且，砖石一抛，必能引玉。平凡的见解，往往会以问题的形式拨动人们的思弦，开拓人们的思路，从而会在问题的回应和观点的碰撞中，引发出新的学术见解。这正是我出版这两册文集的愿望所在。

学海无涯，人生有限。在学术探索的征途上，未知之域尚多，未解之谜无穷。然而，青春背我，白发欺人，一转瞬间，当年的春华芳草已变为今日的秋水斜阳，只有珍惜时光，加倍努力，才可望在已有的基础上，有所前进，有所创新。于是，这些文章的结集对于自己也就有着温故而出新、继往以开来的鞭策意义。

这两册论文的编纂，并不是由我独立苍茫、独钓寒江所完成的，它还凝结着我的家人、同学、学生的辛勤劳动。老同学李忠云等同志，牺牲了不少休息时间帮助校对了大量印稿，盛情可佩；研究生郭明俊等几位同学，在紧张的学习之余，也帮助校对了大部分文稿，热情可感。我的妻子毛改英，日日辛劳，往来奔波，在文章收集、目录编写、送稿取稿、校对审读等每个环节都付出了大量心血，深情可铭。假如没有他们的殷勤协助，这两册文集是难以成形的。在此，我仅以无声的文字铭记他们的高贵情意谊，表达自己的衷心谢意。

赵馥洁

2002年6月1日于西北政法学院